KB253013

일제하 아나키즘운동의 전개

한국민족운동사학회

국학자료원

국립중앙도서관 출판시도서목록(CIP)

일제하 아나키즘운동의 전개 / 한국민족운동사학회 지음. -- 서울 : 국
학자료원, 2003
    p. ;   cm. -- (한국민족운동사연구 ; 36)

ISBN 89-541-0149-6 93900 : ₩25000

911.066-KDC4
951.903-DDC21   CIP2003000591

발간사

우리나라의 독립운동사 연구는 여러 연구자들에 의하여 일제 시대를 중심으로 다양한 연구가 이루어져왔으며, 민족진영과 사회주의진영을 중심으로 한 항일무장투쟁과 의열투쟁사, 그리고 조선총독부의 지배정책 및 그에 대한 각 독립운동세력의 동향 등에 대한 연구가 심도 있게 진행되어 왔다는 것이 학계의 공통된 견해인 것으로 생각된다. 그러나 이념적으로 볼 때 일제시대에 적극적 항일투쟁의 한 측면을 담당했던 아나키즘(Anarchism)에 대한 연구는 한국민족운동사연구에 있어서 여전히 연구영역의 확장이 필요한 부분인 것으로 여겨지고 있으며, 이러한 학계의 현실을 반영하여 한국민족운동사학회에서는 제37집을 발간하면서 '일제하 아나키즘의 전개'를 특집으로 기획해 보았다. 국민족운동사는 양적, 질적으로 많이 연구된 상태지만 여전히 공백기로 남아 있는 부분들이 많다. 그 중에서도 연구가 가장 미진한 부분이 1930년대 연구일 것이다. 1930년대는 일제의 식민정책이 바뀌고 민족운동의 성격과 모습이 크게 달라졌던 시기이다.

일제하 아나카즘의 연구가 국내와 만주지역에서의 활동에 집중되어 있었던 것을 반영하여 이번 특집에서는 우선 북경지역과 일본지역에서의 한인아니키스트들의 활동에 대해 천착해 보았다. 그리고 아나키즘의 역사에 대한 전반적 이해를 확장하기 위한 노력의 일환으로 중국사와 러시아사를 연구하는 학자들의 도움을 받아 '중국아나키즘의 수용과 전개'와 아나카즘과 연방주의라는 논문을 게재하였고 특히 '우리역사 전통속의 아나키즘적 요소'라는 논문에서는 아나키즘의 한국사적 전개에 대한 인식을 넓히는데 기여했다고 생각한다.

이밖에 일반 논문들에도 다양한 주제의 논문들이 수록되었다. '메이지시대의 한일관계와 일선동조론'은 식민주의사관에 대한 학계의 인식을 보다 밀도 있게 정리하고 있으며, '금융조합연합회의 설립과 초기 활동'과 '일제 파시즘기 영화정책과 영화계의 동향'은 이 분야에서는 거의 선구적인 연구업적으로서 이후의 연구에 지침이 될 수 있는 성과인 것으로 생각된다. '1920년대 중반 재북경 창조파의 민족유일당운동'은 새롭게 발견된 자료를 이용하여 북경지역 민족유일당운동의 활동을 보다 구체적으로 조명하고 있으며, '만주국에서의 일제의 미곡정책과 이주조선인'이 분야와 관련된 중국지역 학자의 연구로서 일제의 식민지정책과 만주국, 그리고 조선인의 관계를 해당지역 학자의 관점에서 보다 객관적으로 이해할 수 있는 의미 있는 성과가 될 수 있을 것으로 생각된다. '북한주민의 역사인식과 의식변화'와 '12세기 학국사학의 방향모색'은 한국현대사와 역사인식의 문제에 관한 내용을 다룬 논문으로써 현재 우리사회의 역사적 상황을 이해하는데 도움을 줄 수 있을 것이며, 앞으로 한국민족운동사학회에서는 현대사분야에 대해서도 그 연구영역을 확장해 나가고자 한다.

본 학회에서는 특집논문을 통해 우리학계가 보완해야 하거나 새롭게 확장해야 한다고 생각되는 연구 분야를 중점적으로 발굴하여 많은 연구자들의 활발한 토론의 장이 될 수 있도록 꾸준히 노력하고자 하며, 일반 논문들에 있어서도 각 연구 주제별로 다양한 논문들이 발표·토론될 수 있도록 하고자 한다.

끝으로 본서를 만들기 위해 애써주신 박수현, 성주현, 황민호 선생님께 고마움을 표하며, 원고 교정을 도와주신 여러 선생님들께도 감사드립니다.

한국민족운동사학회
회장 유영렬

목 차

특 집 : 일제하 아나키즘운동의 전개

1920년대 전반 북경지역 한인아나키즘 ▌박환 ……………………… 5

1930년대 재일조선인 아나키스트들의 활동과 이념 ▌김명섭 …… 39

우리 역사 전통 속의 아나키즘적 요소 ▌이덕일 ……………… 75

중국 아나키즘의 수용과 전개 ▌박철홍 ……………………… 109

아나키즘과 연방주의 ▌오두영 ……………………………… 139

일반논문

메이지(明治)시대의 한일관계 인식과 日鮮同祖論 ▌최혜주 …… 161

금융조합연합회의 설립과 초기 활동 ▌최재성 ……………… 205

1920년대 중반 在北京 創造派의 民族唯一黨運動 ▌조규태 …… 243

'滿洲國'에서의 일제의 米穀政策과 이주 조선인 ▌김영 ……… 279

일제 파시즘기 영화 정책과 영화계의 동향 ▌이준식 ………… 311

북한주민의 역사인식과 의식변화 ▌이주철 · 최완규 ………… 347

21세기의 한국 사학의 방향 모색 ▌박노자 ………………… 387

설 림

中國地域 韓國獨立運動史料 蒐集戰略 ▌송권면 ……………… 417

1920년대 전반 북경지역 한인아나키즘

박 환*

— 목 차 —

머리말
Ⅰ. 한인 아나키스트들이 접한 중국, 일본, 러시아, 대만
인들
1. 중국인들의 아나키즘 동향
2. 일본인, 러시아인들과의 접촉
3. 대만인
Ⅱ. 한인들의 아나키즘 수용에 영향을 준 사람들
1. 에로생코와 노신
2. 크로포트킨, 행덕추수, 유자명
Ⅲ. 한인 아나키즘 단체의 조직
1. 한인 아나키즘 단체의 결성 배경
2. 한인 아나키즘 단체들: 다물단, 재중국조선무정부
주의자연맹, 고려청년사
맺음말

머리말

1919년 3 · 1운동 이후 한국사상계는 민족주의, 공산주의, 아나키즘 등

---

* 수원대학교 사학과 교수

다양한 사상적 조류에 의하여 새로운 민족국가를 건설하기 위한 노력들이 전개되기 시작하였다. 그 가운데 하나인 아나키즘은 그 활동면에 있어서는 크게 부각되지는 못하였으나[2] 사상적 조류로서는 역사적으로 중요한 의미를 갖는 것으로 생각된다.[3] 특히 1990년대 구소련이 붕괴된 이후 이념적 공황상태가 나타나고 있는 요즈음, 아나키즘은 하나의 가능성으로 많은 이들의 관심의 대상이 되고 있기도 하다.[4] 이러한 시점에서 아나키즘의 수용과 그 발전을 검토해 보는 것은 중요한 의미를 갖는 것으로 생각된다.

아나키즘이 한국인들에게 소개된 것은 훨씬 이른 시점이겠지만[5] 하나의 사상으로서 수용되기 시작한 것은 1919년 3·1운동이후가 아닌가 한다. 특히 중국에서 활동하고 있던 한인 독립운동가들 사이에 아나키즘은 독립운동의 사상과 방략으로서 주목받기 시작하였다. 아울러 북경지역을 중심으로 한 중국인, 러시아인, 일본인, 대만인 등 다양한 국적의 사람들과의 교류는 한국인들이 새로운 사상을 수용하는 중요한 기회로 작용한 것으로 보인다.[6]

1920년대 초 중국에서 활동하고 있던 한인들 가운데 특히 북경지역에 거주하고 있던 한인들을 중심으로 아나키즘이 적극적으로 수용되었으며,

---

2) 아나키즘운동사에 대한 대표적인 연구성과로는 다음의 것을 들 수 있다.
  무정부주의운동사편찬위원회, 『한국아나키즘운동사』, 형설출판사, 1978
  오장환, 『한국 아나키즘운동사 연구』, 국학자료원, 1998.
3) 대표적인 연구성과로는 이호룡의 『한국의 아나키즘-사상편』, 지식산업사, 2001을 들 수 있다.
4) 김성국은 특히 이러한 점을 그의 논문 「유자명과 한국 아나키즘의 형성」, 『신용하교수 정년기념논총 한국사회사상사연구』, 나남출판, 2003의 「21세기 대안이념으로서 아나키즘」에서 강조하고 있다.
5) 이호룡은 그의 저서에서 특히 아나키즘의 수용 시기에 대하여 기존의 일반적인 견해보다도 일찍 아나키즘이 수용되었음을 강조하고 있다.
6) 한국의 아나키즘을 국제적인 관계속에서 살펴볼 수 있도록 한 대표적인 업적으로는 조세현의 글을 들 수 있다. 조세현, 『동아시아 아나키즘, 그 반역의 역사』 책세상문고 029, 2001.

이들을 중심으로 아나키즘 단체가 출현하게 되었다. 본고는 이러한 북경지역을 중심으로 수용된 아나키즘을 살펴보고자 한다.[7]

먼저 이를 위하여 1920년대 전반기 북경지역의 한인들의 그곳에서 활동하던 중국인, 일본인, 러시아인, 대만인들과의 접촉에 대하여 알아보고자 한다. 한국인의 아나키즘 수용은 이들과 밀접한 관련을 맺고 있다고 생각하기 때문이다. 다음에는 한인들의 아나키즘 수용에 영향을 준 중국, 일본, 러시아 등 다양한 국적의 인물들에 대하여 검토해보고자 한다. 또한 한인들이 독자적인 아나키즘 단체를 조직해 나가는 과정 및 한인아나키즘 단체들에 대하여도 밝혀보고자 한다. 결국 이러한 검토는 외국인들과의 관계 속에서 중국지역에서의 한인들의 아나키즘 수용과 그 발전을 살피는 작업의 일환이라고 하겠다.

본고를 다룸에 있어서 몇 가지 새로운 자료들을 이용하였다. 우선 들 수 있는 것은 일본외무성에 소장되어 있는 『불령단관계잡건』 중 '在支那各地', '新聞과 雜誌' 등이다. 전자는 북경지역의 상황을 이해하는 데 큰 도움을 주고 있으며, 후자는 북경지역에서 활동하고 있던 한인 및 대만인들이 간행한 선전물의 내용을 이해하는 데 도움을 주고 있다. 그 대표적인 것으로는 한인들이 간행한 『고려청년』 등과 대만인들이 간행한 『신대만』 등을 들 수 있다. 다음으로는 중국에서 간행된 글들이다. 한인 아나키즘에 큰 영향을 준 에로생코에 관한 자료와 중국의 대표적인 문호 巴金이 「고려청년사에 주는 글」 등은 대표적인 것이라 할 수 있다.

---

7) 중국지역을 전체적으로 검토한 선구적 연구로 조세현의 논문이 있다. 「1920년대 전반기 재중국 한인 아나키즘운동」, 『중국에서의 한국독립운동』, 한국근현대사학회 등편, 2002, 북경.

I. 한인 아나키스트들이 접한 중국, 일본, 러시아, 대만인들

북경지역의 한인 아나키즘을 이해하기 위해서는 우선 북경에서의 아나키즘 동향을 이해하는 것이 중요하다고 생각된다. 무엇보다도 당시 중국인들의 아나키즘 운동이 한인들에게 가장 큰 영향을 끼쳤음은 자연스러운 귀결일 것이다. 아울러 일본인, 대만인, 러사아인들과의 접촉 역시 한인들이 국제적인 연대 속에서 아나키즘을 수용하는데 일조를 하지 않았을까 짐작된다.

1. 중국인들의 아나키즘 동향

우선 중국의 경우를 살펴보면, 5·4운동을 전후해 북경에서는 『自由錄』, 『奮鬪』, 『北大學生週刊』, 『社會運動』 등과 같은 아나키스트 잡지들이 쏟아져 나왔다. 이 시기는 중국 아나키즘 운동이 사회주의 운동의 주도권을 가지고 있던 시기로, "각파의 사회주의 사상 가운데 무정부주의가 우세를 점하고 있었다"라는 기록을 곳곳에서 확인할 수 있다.

특히 당시 북경은 아나키즘의 선전장이었다. 新世紀派의 吳稚暉, 李石曾 등이 차례로 귀국해 북경에 자리잡고, 특히 蔡元培의 북경대학 교장 취임은 신문화운동의 출발과 더불어 청년 아나키스트에게 새로운 활력의 장을 제공했기 때문이다. 따라서 이 시기의 북경은 중국 아나키즘 운동의 새로운 중심이었으며, 그 가운데에서도 북경대학은 그 중심의 중심이었다.[8]

그러므로 당시 북경대학 및 북경에서 학교에 다니던 한인 학생들은 자연스럽게 아나키즘에 접할 수 있었을 것이다. 특히 신세기파인 오치휘·

---

8) 조세현, 위의 논문, 38-39쪽.

이석증 · 채원배 등의 영향을 받았을 것이다. 앞으로 언급할 李丁奎[9] · 李乙奎 등 또한 마찬가지 경우라고 볼 수 있을 듯하다.

한편 중국에서 활동하던 한국인들은 중국의 아나카스트인 신세기파와 天意派의 영향을 받은 것으로 생각된다. 전자는 오치휘 · 이석증 · 褚民誼 등이 주요 구성원이었다. 그리고 후자는 劉師培를 중심으로 何震 · 張繼 등이 참가하고 있었다. 이들 두 그룹의 사상은 중국 근대 아나키즘의 출발점이었고, 동시에 중국 아나키즘 사조의 두 가지 경향 -과학주의와 진화론의 관점에서 아나키즘을 이해하는 입장과 國學과 아나키즘을 결합하여 이른바 '中國式' 아나키즘을 만들려는 입장-을 대표하고 있었다.

신세기파의 오치휘 · 이석증 등은 기본적으로 반전통과 서구화의 주장을 했다고 볼 수 있으나 엄격한 의미에서 그들의 반전통의 대상은 주로 송명이학이 성립한 후의 전제군주체제에 집중되었으며, 그들의 서구화의 모델도 주로 프랑스 혁명 정신 및 체제와 관련된 것들이었다. 그리고 그 방향은 과학 기술이 고도로 발전한 미래에 맞추어져 있었다. 이와 달리 천의파의 지도자 유사배는 서양 부르주아 사상과 아나키즘을 오히려 국수의 보존을 위해 차례대로 이용하고 있는데, 최종 목적은 중국 고대 문화의 재생과 부흥에 있었다. 따라서 그의 이른바 근대 부르주아 문명에 대한 회의와 비판은 전통주의에 더욱 가까운 것이었다. 단 여기서도 전통이란 그가 새롭게 해석한 전통이었으며, 기본적으로는 서구화에 반대하는 다소 복고적인 것이었다.[10]

전자의 경우 이정규 · 이을규 · 이회영 등이, 후자의 경우 신채호 등이 그 범주에 속할 것으로 짐작된다. 그러나 이 부분에 대하여는 앞으로 보다 심층적인 검토가 필요할 것으로 생각된다.

---

9) 이정규의 아나키즘 운동에 대하여는 오장환의 연구가 있다. 오장환, 「이정규(1897-1984)의 무정부주의운동」, 『사학연구』 49, 1995 참조.
10) 조세현, 「중국 아나키즘에 나타난 '西洋' 이미지」, 『한국민족운동사연구』 35, 2003 참조

2. 일본인, 러시아인들과의 접촉

1920년대 초반 북경지역에 있던 한인들은 에스페란토어를[11] 매게로 중국인 아나키스트뿐만 아니라 일본인, 러시아인들과도 사상적 동지로서 밀접한 관련을 맺고 있었던 것으로 보인다. 1922년 5월 아나키스트들은 북경 서역 병마사 남탑련 골목에서 세계어학회를 조직하고 에스페란토어를 공부하고 있었다. 당시 교무는 중국인 아나키스트인 李(陳)聲樹·陳空三·馮懋 및 러시아인 두 명이 담당하고 있었다. 대체로 세계어 인재를 양성한다는 명목이지만, 사실은 아나키즘을 전파하고 철저히 주입시키기 위한 것이었다. 이점은 1922년 6월 5일 載德이란 인물이 정부에 보고한 보고문을 통해 살펴볼 수 있다.

> 무정부당인들이 지난 달 서역 병마사 남탑련 골목에 세계어학회 乙所를 설립하여, 이미 60여 명의 학생들이 있으며 모두가 전문학교학생들로 보습에 참가하고 있다는 것을 보고한다. 모든 경비는 발기인들이 매월 乙元을 원조하고, 학생들은 오각의 비용을 받는다. 지금 무정부당인으로 李(陳)聲樹, 陳空三, 馮懋 및 러시아인 두 명이 교무를 담당하고 있다. 대체로 세계어 인재를 양성한다는 명목이지만, 사실은 당의를 전파하고 철저히 주입시키고 있다. 근래에는 경제적인 곤란으로 인하여 날로 쇠퇴해지고 있다.[12]

세계어학회에서 이정규, 이을규 등은 중국인 아나키스트 및 일본인 공산주의자 近藤光, 러시아인 에로셍코, 쿤사노, 바디모브 투루비예프 등과도[13] 사상적 교류를 하며 서로 친선을 도모하고 있는 모습도 볼 수 있다.

---

11) 한국 에스페란토운동사에 대하여는 다음의 책을 참조할 것. 김삼수, 『한국 에스페란토운동사(1906-1975)』, 1975 참조
12) 葛懋春·蔣俊·李興芝編:『無政府主義思想資料選』(下), 北京大學出版社, 1984年, 1057-1058쪽.

앞서 언급한 載德이란 인물이 보고한 보고문을 보면 이를 짐작해 볼
수 있다.

　또 일전에 일본에서 중국으로 건너 온 공산당 近藤光 및 고려인 李丁
奎·李丙奎(이을규--필자주) 등을 환영하기 위하여 일찍이 세계어학회 내
에서 다과회를 열었는데, 모인 사람은 러시아인 1명, 무정부당 朱謙之·陳
友琴·劉果航·呂傅周·陳聲樹·關益之·陳德榮·馮省三·陳杢三·
郭憎愷 등 10여 명에 이른다. 가장 먼저 중국인이 환영사를 하였고 그리고
중국 무정부당의 각지의 상황을 알렸으며, 계속해서 日·韓 양국의 사람이
답사를 하였고 그리고 일본과 각 국의 나쁜 감정은 모두 귀족군벌의 특수
권력이 조성한 것으로 향민과는 아무런 관련이 없다는 것을 상세히 설명하
였다. 이로써 청년들이 互助하기를 바랐다. 또 일본은 大衫榮·片三榮 등
이 공산주의를 제창한지 이미 20여 년이 되었고, 지금 모든 각지에서 동지
들이 신속히 개조하고 있어 오래지 않아 일본은 곧 親愛를 화려하게 실행
할 것 같다고 보고하였다. 이정규는 대략 다음과 같이 말하였다. 고려의
모든 국민들은 국토와 주권을 회복하고자 하는 마음을 가지고 있기 때문에
희생을 아끼지 않으면서 해방을 도모하고 있으므로 中·日·韓의 청년들
이 대동단결하여 진행하기를 가장 바란다. 또한 한국에서 경험한 역사를
말하는 것으로 마쳤다. 서로 한담하면서 모두가 적당한 장소에서 대회를
열기를 계획하여, 먼저 본국의 동지들과 협의하여 실현되도록 하였다. 회
의가 끝나자 모두 해사하였다.……근래 각 방면을 조사하였지만 아직 어떠
한 인쇄물도 나오지 않았으며, 오직 무정부당이 安社社約(첨부하여 보낸
다)을 확장하였다는 것과 얻은 바의 정보만 있다.14)

---

13)『동아일보』1924년 12월 1일자「에스페란토 고정란」에서 러시아의 유명한 에스페란토운동
　　자인 이노센트 세리쩨프는「중국 에스페란토운동」이란 제목하에 "중국의 수도 북경의 국립
　　대학에서 2년전에 에스페란토어가 소개되어, 인도와 일본 정부로부터 추방된 우리의 동료
　　이며 널리 알려진 장님 에로셍코씨가 거기서 에스페란토를 가르치고 있다. 그는 매달 200달
　　러씩 받고 있다. 그밖에 쿤사노 교수가 1년전에 북경에서 북경 에스페란토대학을 개설하여
　　나의 러시아인 친구 바디모브 투루비예프 학생이 가르치고 있다"라고 있음을 통해 추정해
　　볼 수 있다.
14) 葛懋春·蔣俊·李興芝編:『無政府主義思想資料選』(下), 北京大學出版社, 1984年, 1057-
　　1058쪽.

한편 1924년 북경에서 아나키즘 관련 중국신문인 『國風日報』 편집으로 활동한 沈容海(심여추) 역시 일본인들과 교류를 갖고 있었다. 심용해의 동생인 아나키스트 沈克秋가 쓴 「26개의 춘추」란 글에,

> 『국풍일보』사는 위량호동리에 있으며 여추는 소비와 함께 한 편집실에 있었다. 그때 일본인 두청년과 함께 주숙했다. 그들은 부대에서 도주해 북경에 왔는데 인신안전에 주의하고 있었다. 그들은 중국어도 몰랐는데 이 신문사에서는 여추만이 일본어를 알고 있었다. 그들은 여추와 함께 주숙하였고, 여추와 친절한 벗으로 되었다.
> 여추와 그들은 대동주의 사상, 천하는 모두 한 집안이며, 사해는 친형제라는 사상을 갖고 있었다. 인민들 사이에는 원한이 없고, 일본제국주의만인 적이라는 생각을 갖고 항상 이야기를 나누었다. 이두 일본 사람은 左野와 松本이었다. 얼마지나 좌야는 일본어로 「소위 불령선인」이란 글을 써 여추가 중문으로 번역하여 『국풍일보』 부간 「학회」에 실었다. 좌야 글의 중심 내용은 불령선인이란 표현은 조선혁명가를 모욕하는 대명사이지만 사실상 불령선인은 일본인의 진정한 벗이라는 내용이다.(중략) 후에 좌야와 송본은 북경을 떠나 상해로 갔으며, 필선교의 한 정자에 주숙을 정하고 일본제국주의의 중국침략에 반대하는 선전삐라를 만들어 뿌리다 일본 영사관 경찰에 체포되어 본국으로 송환되었다.

라고 하여 일본군에서 탈출한 左野와 松本 등을 들 수 있다. 이들 역시 심용해 등과 활발한 의견 교환을 하였으며, 반제국주의 운동을 전개하였던 것이다.

3. 대만인

한국인 아나키스트들은 일제의 식민지치하에 있던 대만인들과도 밀접한 관련을 맺고 있다. 한국의 대표적인 인물인 申采浩와 柳子明이 그렇다는 측면에서 앞으로 대만인들의 아나키즘운동에도 주의를 기울일 필요가

있을 듯하다.

유자명은 자신의 회고록『나의 회억』에서,

> 나는 1924년에 북경에서 대만사람인 林炳文과 范本樑을 알게 되었으며 그들과 나는 무정부주의의 동지로 되어 서로 친밀하게 지내었다. 림병문은 그때 북평 우정국에서 일하고 있었고, 前門밖 泉州會館에 기숙하고 있었다. 그때 생활이 곤란하여 림병문의 관계로 나도 천주회관에서 한동안 임병문과 같이 있었기 때문에 단재선생과 임병문도 서로 친하게 되었다.[15]

라고 하여 대만인 아나키스트 임병문, 범본량 등과 함께 활동하고 있음을 보여주고 있다. 임병문과 범본량 등 대만인 아나키스트들은 1924년 북경에 있는 대만인들이 동년 2월 8일 鳴俠·致遠·贊是·慕眞·愛陽 외 18인이 중심이 되어 조직한 新台灣安社의 일원이었을 것으로 짐작된다. 이 단체는 아나키스트 단체로 1924년 4월 선전지로서『新台灣』을 창간 발간하였다. 또한 동년 12월에 제2호를 발간한 후 정간되었다가 1925년 3월 1일 다시 발간하여 북경의 중국신문사와 각지에 다수 배포하였다.

이 잡지에서 대만인들은 직접행동에 의한 사회혁명을 강조하였다. 특히「新發議文」에서는 일본정부의 포악불인으로 대만동포들이 고통 속에서 지내는 것을 목도하고 대만인의 혁명을 목표로 신대만안사를 조직한다고 밝히고 있다. 이어 신대만안사의 실행부 선언과 社約 3장도 발표하고 있다. 사약 3장을 보면 다음과 같다.

1. 비밀을 누설하는 자는 사형에 처한다.
2. 최선을 다해 노력하지 않는 자는 견책을 당한다.
3. 동인은 각각 무한책임을 진다.

이들은 또한 二事를 강조하였다 첫째, 머릿속의 사상은 총속의 탄환이

---

15) 유자명,『유자명 수기 한 혁명자의 회억록』, 독립기념관, 1999, 179-180쪽.

다. 둘째, 1개의 폭열탄은 10만 서책의 선전을 능가한다라고 하고 아울러 목적은 수단은 택하지 않음을 강조하고 있다.[16]

북경에서의 한인들은 중국·러시아·일본, 대만인들과 더불어 사상적 교류를 가짐으로서 민족적 성격과 더불어 국제적인 연대하에서 투쟁하였음을 알 수 있다.

II. 한인들의 아나키즘 수용에 영향을 준 사람들

1. 에로생코와 魯迅

중국에서 활동하던 한국인 가운데 가장 대표적인 아나키스트 이론가들이 된 李丁奎[17]와 이을규 등과 대표적인 활동가인 鄭賢燮(정화암)은 당시 북경대학 교수로 있던 러시아 맹인 시인 에로생코를 통하여 아나키즘을 수용하게 되었다고 밝히고 있다. 이는『혁명가들의 항일회상』에서 정현섭의 다음과 같은 회고에서도 짐작해 볼 수 있다.

> 중국 북경에 있던 이을규, 이정규, 정현섭 등은 북경대학 교수인 러시아 맹인 시인 에로생코와 노신 등과의 접촉을 통하여 아나키즘을 접하게 되었다. 전자는 아주 유명한 시인으로 러시아에서 일본으로 갔다가 일본에서 더 이상 못 있게 되어 북경으로 와 강의를 하고 있었다. 당시 그는 볼세비키 혁명이후의 러시아의 현실을 알려 주는 역할을 하였다. 특히 그는 볼세비키 혁명 후에 크론스타트라는 곳에서 수병들이 반란을 일으킨 사실, 수병들의 반란을 레닌이 무자비하게—진압해 수많은 수병들을 죽인 사실, 또한 우크라이나에서 농민들의 반란을 탄압하고 학살한 사실을 자세히 설명해 주었다.[18]

---

16)『불령단관계잡건, 선인의 부』, 신문잡지5, 1926년 4월 1일, 불온신문 신대만기사에 관한 건.
17) 이정규는 동아일보 1929년 2월 16일자에서 "筆鋒으로 주의선전"한 인물로 평가되고 있다.
18) 김학준,『혁명가들의 항일회상』, 민음사, 1988, 272쪽.

즉, 이을규·이정규·정현섭 등은 에로생코를 통하여 러시아의 상황에 대하여 많은 사실을 알게 된 것으로 알려지고 있다. 또한 조선일보 1929년 2월 12일자 「러시인 에로생코 연락 동방무정부연맹」이란 제목 하에 피고 이정규에 대하여,

> 피고는 대정10년(1921년-필자주) 9월경에 고학의 목적으로 중국 상해에 도항하여 그 후 천진, 북경지방을 방랑하든 중 북경에서 당시 체제중인 러시아아인 에로생코와 교제하야 동인의 감화를 바더 무정부주의에 공명하기에 일으러던 바(하략)

라고 하여 에로생코의 영향 하에 아나키스트가 되었다고 밝히고 있다.

에로생코는 이처럼 중국에 있는 한인들의 아나키즘 수용에 중요한 역할을 한 인물이다. 그러나 그에 대하여는 지금까지 잘 알려져 있지 않았다. 에로생코(Vasiliy Yakovlevich Eroshenko(1889-1952)는 러시아의 맹인시인으로 1889년 12월 31일 우크라이나의 중농의 아들로 태어났으며, 4살 때 병으로 실명하였다 한다. 1906년 모스크바 맹인학교를 졸업하였으며, 영국 런던 왕립맹인학교에서 바이올린을 학습하였다. 1914년에 일본 동경에 와서 일본어와 에스페란토로 민화, 동화를 발표하였다. 1916년 태국, 버어마, 인도 등을 여행하였으며, 그곳에서 추방되어 일본에 재입국하였다. 1919년 소련의 스파이 혐의로 블라디보스톡으로 송환되었고, 1921년 일본에서 5월 1일 노동절 행사에 참가한 혐의로 추방되었다. 그 후 상해를 거처 북경에 도착하여 북경대학 및 북경세계어전문학교에서 가르쳤다. 북경에서는 魯迅과 친교하여 그의 소설 『오리의 희극』의 모델이 되었다. 1923년 소련으로 귀국하여 에스페란토 자서전 『내 학교 생활의 한 페이지』(1923), 『고독한 영혼의 신음』(1923), 일본어 단편소설 「제등(提燈)」, 기타 수많은 시와 단편을 간행하였다. 그 중에는 방랑하는 맹목시인의

고독과 애수를 담은 작품이 많다.[19]

에로생코는 국내의 한인들에게 에스페란토어를 홍보하는데도 일정한 역할을 하였다. 그는 동아일보 「에스페란토 고정란」에, 1924년 10월 13일, 20일, 27일 등 3회에 걸쳐 「세계의 평화」(1,2,3)를 연재하였던 것이다.

당시 북경에 있는 한인들은 에스페란토어에 일정한 관심을 보이고 있었다. 북경지역의 에스페란토운동에 대하여 『동아일보』 1924년 12월 1일자 「에스페란토 고정란」에서 러시아의 유명한 에스페란토운동자인 이노센트 세리쎄프는 「중국 에스페란토운동」이란 제목하에,

> 중국의 수도 북경의 국립대학에서 2년 전에 에스페란토어가 소개되어, 인도와 일본 정부로부터 추방된 우리의 동료이며 널리 알려진 장님 에로생코씨가 거기서 에스페란토를 가르치고 있다. 그는 매달 200달러씩 받고 있다. 그밖에 쿤사노 교수가 1년전에 북경에서 북경 에스페란토대학을 개설하여 나의 러시아인 친구 바디모브 투루비예프 학생이 가르치고 있다. 반년전에 또 하나의 에스페란토대학이 설립되었는데 거기서도 이 학생이 가르치고 있다. 몇 달전에 외무부에 있는 러시아 , 중국 대학에 에스페란토 강좌가 개설되어 서신을 통해 나와 알게된 하얼빈의 만주 에스페란토 협회의 러시아인 회장 소포클로오씨가 가르치고 있다. 이처럼 러시아인들은 동양의 에스페란토운동을 많이 돕고 있다. 3년전에 상하이에서 러시아계의 동지 스토파니씨가 열심히 에스페란토 운동을 했는데 나중에 자살했다. 지금 나는 쿤사노씨로부터 내가 그의 에스페란토 대학에서 2학년을 가르쳐 달라는 초청을 받았으며, 에로생코 동지도 독일로부터 초청되었다.
> 그밖에 나는 북경으로부터, 거기에서 동아시아 에스페란티스토 연맹을 구성하려고 노력하고 있다는 소식을 들었다.

라고 하여 북경에서 에로생코, 쿤사노, 바디모브 투루비예프 등이 에스페란토어를 가르치고 있음을 보여 주고 있다. 한인들은 바로 에로생코 등

---

19) 김삼수의 『한국에스페란토운동사』 99-100쪽 및 작성자: 구사카 소토키치(草鹿外吉), 출전: Super Nipponica 2001 Light Edition CD-ROM for Windows, 小學館.

이들과의 교류를 통해 세계어 및 세계평화 등 세계사상에 눈을 뜨게 된 것으로 보인다.

에로생코는 한인 아나키스트들에게 큰 영향을 끼친 노신과도 긴밀한 관계였다. 1921년, 1923년『노신일기』에[20] 그의 이름이 종종 등장하고 있다. 1921년에는 12월 1일, 12월 3일, 12월 26일등 12월에 집중적으로 보인다. 1923년에는 1월 19일, 20일, 4월 15일, 16일7월 12, 17일, 8월 8일 등에 보인다. 1922년 7월 3일 에로생코는 필란드에서 개최되는 제14회 에스페란토대회에 참석하기 위하여 북경을 떠났다. 당초 9월 귀국예정이었으나 늦게 귀국하자 노신은 매우 초초한 마음을 숨기지 않고 있다. 에로셍코는 필란드에서 귀국하면서 중국 심양에서 일본기자에게 1923년 여름에 조국 러시아로 돌아갈 것이라고 하고, 1923년 1월 29일부터 2월 27일까지 겨울방학을 이용하여 상해 항주를 여행하면서 귀국을 준비한다. 1923년 4월 16일 에로생코는 러시아로 귀국하였다.[21]

노신은 에로생코가 활동한 세계어전문학교의 발기인 및 이사의 한 사람으로 활동하였다. 또한 1923년 9월부터 1925년 3월까지 이 학교에서 중국소설사를 강의하였다.[22] 또한 에로생코의 글을 번역하여 중국에 번역 소개하는 데 큰 역할을 하였다.[23]

노신은 자신이 번역한 에로생코의 동화집 중『행복한 배』서문에서 다

---

20) 노신, 『일기』, 학습연구사, 동경, 1984, 제10(1921년), 제12(1923년) 참조.
21) 노신일기 참조.
22) 노신일기 제12(1923년) 6월조 참조주 참고.
23) 1923년 1월 19일 에로생코는 북경의 고등사범학교 국문학회의 초청으로 「과거의 幽靈」이란 제목으로 강연을 하였다. 강연록은 耿勉之가 번역해서 노신이 孫伏園에게 보내서 29일 「晨報副刊」에 발표하였다. 동년 4월 10일 에로생코가 지음 동화 「赤花」를 노신이 번역한 후 4월 28일에 胡愈之에게 보냈다.『소설월보』제14권 제7호(1923년 7월)에 발표되었다. 이글은 1931년 상해 開明서점판『에로셍코 동화집』「행복한 배」에 수록되어 있다. 후에 1938년도판『노신전집』및 1958년도판『노신譯文集』에도 수록되어 있다. 그가 지은 동화 「2개의 작은 죽음」은 노신이 번역하여 『동방잡지』제19권, 제2호, (1922년 1월)에 발표되었고, 『에로생코동화집』에 수록되었다.

음과 같이 에로생토에 대한 정을 표현하고 있다.[24]

> 愛羅先珂는 우리 모두가 존경하는 友人이다. 그의 어깨까지 드리운 파도 같은 아마색의 머리카락, 여성 같은 얼굴, 굳게 감은 두 눈, 이 모든 것은 마치 우리 마음 속에 깊이 박인 듯하다. 이 러시아의 盲詩人은 인류의 悲哀를 자기의 悲哀로 하고 그가 인류에 대한 사랑은 자신에 대한 사랑보다 더 깊다. 그는 마치 琴師와 같았는데, 그는 그가 인류에 대한 사랑과 현실 사회제도에 대한 恨을 琴弦(거문고 시위줄-역자 주)에 타서 하나의 아름답고 처량한 형식을 가첨하여 연주함으로써 사람들의 마음을 감동시켰다. 때문에 중국에 短期的으로 거류하는 중에 그도 중국청년들의 마음에 사라지지 않는 印象을 남겼다.
>
> 그렇다. 그는 확실히 우리들에게 많은 禮物을 주었는데, 마치 그가 일본 청년들에게 『무지개 나라(虹的國)』, 『독수리의 마음(雕的心)』, 『복숭아색의 구름(桃色的雲)』, 『幸福의 돗배(幸福的船)』을 준 것처럼 그가 우리에게 『붉은 꽃(紅的花)』, 『愛字의 부스럼(愛字的瘡)』과 『한 적막한 영혼의 신음소리(一個寂寞的靈魂的呻吟)』을 주었다.

아울러 위의 글에서는 에로생코가 일본청년들에게는 『무지개 나라(虹的國)』, 『독수리의 마음(雕的心)』, 『복숭아색의 구름(桃色的雲)』, 『幸福한 배(幸福的船)』라는 글을, 중국인들에게는 『붉은 꽃(紅的花)』, 『愛字의 부스럼(愛字的瘡)』과 『한 적막한 영혼의 신음소리(一個寂寞的靈魂的呻吟)』 등을 남겼음을 밝히고 있다.

한편 노신은 중국인 독자들을 위하여 에로생코 동화집을 중국어로 번역 출판하였다. 이 책의 서문을 보면[25] 노신의 심중을 살펴 볼 수 있다.

> 愛羅先珂 선생의 童話가 지금 한 集으로 편집되어 중국에 거주하는 독자들의 눈앞에 보이게 되었다. 이것은 워낙 나의 희망이었기 때문에 나로

---

24) 『파금전집』 17, 인민문학출판사, 북경, 1991, 311-314쪽.
25) 『魯迅全集』 10, 인민문학출판사, 북경, 1981, 197-198쪽.

하여금 매우 감사할 뿐만 아니라 또한 즐겁게 한다.

노신은 조선인 가운데 柳絮와 깊은 관련을 맺고 있었다. 유서는 柳基石·柳樹人라고도 한다.[26] 아나키즘 이론에 밝았을 뿐만 아니라 강인함 실천가로서도 널리 알려진 인물이다.[27] 황해도 금천 태생으로 만주 연길에서 중학교 입학시 심여추와 같은 반이었다고 한다. 남경의 금릉중학을 졸업한 후 상해로 가서 안창호 등과 함께 생활하였고, 朝陽大學을 다녔다. 1923년 여름 조양대학을 떠나 태원에 가서 안창남의 추천에 의해 군벌이 염석산의 항공부대에 들어가 비행기 운전 기술을 학습하였고, 1925년 심여추가 『국풍일보』에서 일할 때 만났다. 그 후 해방 후인 1952년 강소사범학원 역사계 교수를 지냈다. 1980년에 심장병으로 중국 사망하였다.[28] 아울러 이정규·이회영 등도 노신과 교류가 있었다고 한다.[29]

2. 크로포트킨, 幸德秋水, 柳子明

크로포트킨은 한국인들이 아나키즘을 수용하는 데 주요한 역할을 하였다. 신채호는 한국청년들이 바쿠닌이나 크로포트킨의 감화를 받지 못함을 한탄하면서, 크로포트킨의 「청년에게 고하노라」란 논문의 세례를 받자고 호소한 것은 널리 알려진 사실이다.

유자명의 경우도 크로포트킨의 영향을 크게 받고 있다. 그는 그의 자서전 『한 혁명자의 회억』이 자신의 사상변화, 즉 공산주의자에서 아나키스트로 전환하는데 큰 영향을 주었으며 나중에는 무정부주의자로 되게 하였

---

26) 朝鮮總督府警察局, 『韓國ニ於ケル容疑朝鮮人名簿』, 1934, 彰文閣, 서울, 1978, 영인본, 330
    쪽; 社會問題資料研究所, 『社會問題資料叢書第一輯 思想情勢視察報告書』(其の二), 東洋
    文化社, 京都, 1976, 448쪽.
27) 앞의 책, 296쪽.
28) 심극추, 「류수인의 전기문」, 1989년 2월 3일.
29) 無政府主義運動史編纂委員會, 『韓國아나키즘運動史』, 288쪽.

다고 밝히고 있다.30)

  유자명은 크로포트킨의 저서에 대하여 다음과 같이 언급하고 있다.31)

> 끄로뽀뜨낀의 저작은 철학, 경제학, 생물학, 문학예술 등 광범한 내용을
> 포괄하고 있었다. 그가 쓴『윤리학』은 인생철학을 서술한 것이고,『상호부
> 조론』은 생존경쟁이 생물진화의 동력이라고 인정하는 다윈의「진화론」과
> 반대로 상호부조가 생물진화의 주요 인소라고 주장하였다. 당시 구라파
> 각국의 제국주의자들은 다윈의 생존경쟁의 학설을 저들의 식민침략전쟁
> 을 변호하는데 이용하였다. 그러나 끄로뽀뜨낀의『상호부조론』은 침략을
> 반대하는 근거로 된다고 나는 생각하였다.

  유자명은 일제가 조선을 식민지로 만들고 인민을 탄압학살하는 당시에
있어서 국가권력을 반대하는 것은 일제를 반대하는 것으로 되며, 일제의
우두머리를 암살하고 일제의 통치기관을 폭파하는 것은 반일애국행동으
로 되었다고 평가하고 있다.32)

  이을규・이정규의 경우도 크로포트킨의 영향을 받고 있다. 이정규는
1926년에는 영국 런던에 있는 Freedom Press의 사상 시리즈인 크로포트킨
Kropotkin, Peter Alekseevich(1842~1921)의 저서인『法律과 强權』Law and
authority 등 10여 편의 소책자를 변역하기도 하였다.33) 이을규는 크로포트
킨의 'An Appeal to the Young'을「青年에게 訴함」이란 제목으로 그 일부
를 번역 소개하였다. 이을규는 이정규의 兄이다. 號는 晦觀이다.34) 그는
1930년 체포된 후『東亞日報』에서는 그를 '아나키스트 巨頭'라고 표현하
였다.35)

---

30)『나의 회억』, 53쪽.
31)『나의 회억』, 51-53쪽.
32)『나의 회억』, 53.쪽
33) 李丁奎,『又觀文存』, 4쪽 및 11~12쪽.
34) 無政府主義運動史編纂委員會,『韓國아나키즘運動史』, 289쪽.
35)『東亞日報』, 1931년 11월 16일자.

한편 북경에서 활동한 사회주의자 金星淑 역시 "무정부주의와 관련해서 크로포트킨의 『告解』를 읽었지요. 그 책은 사회주의운동 책으로는 아주 좋은 책이지요"[36]라고 언급하고 있어 크로포트킨의 책은 아나키스트뿐만 아니라 공산주의자들에게도 일정한 영향을 끼친 것으로 보인다.

幸德秋水의 저작은 신채호가 아나키즘을 수용하게 되는 하나의 계기로 작용하였다. 1929년 10월 3일 행해진 제4회 공판에서 "그 후 일본 무정부주의자 幸德秋水의 저작한 책을 보고 공명하여 李弼鉉의 소개로 동방연맹에 가입하였던가"라는 재판관의 질문에 "幸德의 저서가 가장 합리한 줄을 알았다고 답변하고"[37] 있음에서도 짐작해 볼 수 있다.

신채호가 幸德秋水로부터 상당한 영향력을 받았다는 것은 다음의 사실에서도 확인된다. 첫째, 신채호는 중국 신문『晨報』에 기고한 글에서 "일본에 오직 幸德秋水 한 사람만이 있을 따름"이라고 할 정도로 幸德秋水를 높게 평가하였으며, 둘째, 幸德秋水의『基督抹殺論』을 漢譯해서 소개하기도 하였다.[38]

유자명은 아나키즘 이론가로 널리 알려져 있고,[39] 북경에서 사회주의 활동을 한 김성숙도 "무정부주의자인데 이론수준이 높았지요"[40]라고 언급하고 있듯이 이론 수준이 높은 인물이었다.

이회영·이정규·이을규·신채호 등에게 아나키즘 사상을 전달하는데 유자명 역시 중요한 역할을 한 것으로 생각된다. 이을규와 이정규는 일찍이 유자명이 1919년 12월 국내에 들어와 김한과 더불어 통일전선활동을 할 때 함께 하여 서로 알고 있던 터였다.[41] 또한 유자명은 1920년 가을

---

36) 김학준, 위의 책, 49쪽.
37) 『동아일보』 1929년 10월 7일자.
38) 이호룡, 「신채호의 아나키즘」, 『역사학보』 177, 2003, pp.72-73.
39) 유자명에 대하여는 최근 그에 대한 집중적인 조망이 이루어졌다(류자명(홍식)선생 조명을 위한 국제학술세미나, 예성문화연구회, 2003)
40) 김학준, 위의 책, 79쪽.

겨울 사이에 이회영을 만났다.[42] 그리고 1923년 가을 우당 이회영의 집에 거처하면서 살고 있었다. 유자명은 그의 자서전인 『나의 회억』에서[43],

> 우당 리회영 선생은 상해 한국임시정부의 재무총장인 리시영선생의 친형인데 조선이 망국하자 전 가족을 데리고 북평에 와서 생활하고 있었다. 나는 우당 선생과 친밀하게 지내게 되었다.

라고 언급하고 있어 이회영과 친밀한 관계가 있음을 밝히고 있다. 이와 같은 이들의 접촉이 유자명이 이들에게 아나키즘을 전파하는데 일익을 담당하였을 것으로 보인다.

Ⅲ. 한인 아나키즘 단체의 조직

1. 한인 아나키즘 단체의 결성 배경

국내와 마찬가지로 북경지역의 한인들도 초기에는 사회주의 노선을 분명히 인식하지 못하고 맑시즘과 아나키즘을 동시에 수용하였다.[44] 그러므로 1924년 아나키즘과 공산주의가 분명히 나누어지기 전까지 아나키즘과 공산주의는 서로 혼재한 분위기였다고 할 수 있다.

그러나 여기에 대하여는 학자들 간에 의견을 달리하는 부분들이 있다. 예컨대, 한때 무정부주의자였던 김산에 의하면 조선무정부주의자의 전성기는 1921년에서 22년이고, 1924년이 되면 대중운동이 공산주의로 기울어진다고 언급하고 있다.[45] 즉, 김산은,

---

41) 『나의 회억』, 50쪽.
42) 『우당 이회영약전』, 67쪽.
43) 『나의 회억』, 60쪽.
44) 오장환, 위의 책, 128-137쪽.
45) 김산, 『아리랑』, 조우화 옮김, 동녘, 1994, 103-105쪽.

> 1919년에서 1924년에 걸쳐 왜놈에 대한 테러를 국내에서만도 약 300건
> 이나 해냈다. (중략) 이 단체는 무정부주의 이데오르기에 지배되었다. 그러
> 므로 조선무정부주의자의 전성기는 1921년에서 1922년이었다.

라고 언급하고 있는 것이다. 김산이 1921년에서 1922년을 무정부주의의
전성기로 본 것은 의열단을 무정부주의단체로 보고 한 것이다. 의열단은
무정부주의이념 그 가운데서도 직접행동을 실천한 단체이다. 즉, 행동면
에서 무정부주의적인 방법론은 선택했는지는 모르겠지만 의열단원들을
모두 무정부주의자라고는 말할 수 없는 것 같다. 또한 의열단을 무정부
주의단체로 보기에는 무리가 있다고 생각된다.[46] 즉 1920년대 초반의 시
기는 무정부주의사상의 전성기라기보다는 사회주의 사상이 새롭게 도래
하고 북경의 한인 학생들을 중심으로 이러한 사상들이 자유로이 혼재된
시기라고 보아야 할 것이다.

또한 1921년에 북경에서 조직된 흑색청년동맹 북경지부 또한 순수 아나
키즘 단체로 보기 어려울 듯하다. 이 역시 공산주의 등 다양한 색깔의
사람들이 모인 단체로 인식되며 조선인만의 단체가 아니라 북경의 경우
특히 일본·대만·한국 등 다양한 국적의 인물들이 참여한 단체였던 것이
다. 김산은 이에 대하여 다음과 같이 언급하고 있는 것이다.

> 1921년에 비로소 "흑색청년동맹"이라는 무정부주의정당이 조선 국내에
> 서 만들어졌다. 이 정당은 소규모로, 완전히 지식인들로 구성되었다. 같은
> 해에 북경지부를 만들었다. 이 지부에는 소수의 중국인은 물론이요, 대만
> 인과 일본인도 있었다. 아직도 소수의 회원을 가진 "무정부주의자연맹"이
> 있기는 하지만 흑색청년동맹은 1924년 이후 해체되었다. 공산당이 홍기하

---

46) 이호룡도 최근 이러한 견해를 표명하고 있다. 이호룡, 「류자명과 재중국 한국인 아나키스트
운동」, 류자명 선생 조명을 위한 국제학술회의, 64-65쪽.

자마자 무정부주의자들은 모든 영향력을 상실해 버렸다. 동맹의 창설자 신채호는 현재 조선의 감옥에 갇혀 있다.[47]

김산의 언급에서 보는 바와 같이 북경에서 조직된 흑색청년연맹 북경지부의 경우, 조선인이 중심이 되었다고 하더라도 조선인만의 단체가 아니라 중국, 일본, 대만 등 다양한 국적을 가진 인사들과의 연합체적인 성격을 지닌 것으로 보아야 할 듯하다. 그러나 이 역시 1924년 공산주의가 홍기하면서 해체되었던 것이다.

재중국조선무정부주자연맹이 조직되던 1924년경의 북경의 분위기는 김산의 글에서도 잘 나타나고 있다.

> 1924년 조선의 계급관계가 뚜렷이 변화해서 조선의 정치방향이 전반적으로 재조정될 시기에 이르자 의열단은 세갈래로 분열되었다. -민족주의자, 무정부주의자, 공산주의자. 이 세 요소는 이전부터 무정부주의 철학의 지배를 받으면서 같은 대열속에 공존하고 있었지만, 결사가 하나의 결합력을 갖는 단위로 되어왔던 것이다.
>
> 이렇게 분열된 이유는 조선자체의 대중운동이 상당한 수준까지 솟구쳐 오르고 있었으며 1924년에 이르러 대중운동이 공산주의 이데오르기로 기울어졌기 때문이다. 대중운동의 발전은 의열단원들에게 커다란 자극을 주었으며, 마르크스주의의 정당성을 새로이 증명해 주었다.[48]

이를 볼 때 1924년은 북경지역 사상계에 중요한 고비였던 것 같다. 그러므로 아나키스트들을 공산주의자들에 대항하기 위하여 자신의 정체성을 확실히 할 필요가 있었던 것 같다. 예컨대 1921년에 아나키스트로 변신한 유자명은[49] 의열단이 1924년을 전후하여 좌경화되면서부터 유자명은 단

---

47) 김산, 『아리랑』, 104쪽.
48) 김산, 『아리랑』, 104-105쪽.
49) 김성국, 위의 논문, 303쪽.

원의 신분은 유지한 채, 아나키스트로서 독자노선을 추구한다.50) 북경에서 활동하고 있던 대만인 아나키스트들도 자신들만의 조직인 '新台灣安社'를 1924년 2월에 조직하였던 것이다.

즉 공산주의와 아나키스트가 분리되면서 아니키스트들이 자신들의 정체성을 확보하면서 재중국무정부주의자연맹(이하 무련으로 약함)을 설립하였던 것이다.51) 이를 통해 볼 때 무련은 지금까지 여러 국적의 인사들이 모인 단체에서 조선인 중심의 단체로, 그리고 다양한 칼러의 사상가들의 모임에서 아나키스트들의 모임으로 전환된 단체라고 할 수 있을 것이다. 또한 공산주의의 강력한 대두로 중국지역의 한인 아나키스트들의 전체적인 단합과 단결이 어느 때보다 필요한 시점이었다고 생각된다.

한편 무련의 조직에 있어서 미주지역 한인들의 아나키즘운동의 영향도 일부 작용하였던 것으로 보인다. 정현섭은 이정식 교수와의 면담에서,

> 여기서 지명대라는 사람의 이야기를 해야겠군. 그는 경상도 사람으로 우리와 같이 상해에 있다가 미국으로 갔는데 그를 중심으로 몇몇 사람들이 『흑선풍』이란 우리말 잡지를 내면서 다소 아나키즘적 사상운동을 했지. 그 일이 통신에 보도된 것을 읽었어요. 여기서 자극 받아 우리도 조직을 만들고 소책자 기관지를 내보자고 애기하게 되었지요. 그래서 1924년 4월 북경에서 이회영, 이을규, 이정규, 백정기, 유자명 그리고 나 여섯이서 재중국조선무정부주의자연맹을 창립했지요. 약칭이 無聯이었습니다. 『정의공보』라는 기관지도 우리말로 발간했습니다.52)

라고 하여 미주지역에서 활동하던 한인 아나키스트들의 자극을 받은 것으로 기록하고 있다.

아나키즘의 수용에는 이러한 외부적인 요인 외에 민족주의 진영의 분열

---

50) 김성국, 위의 논문, 296쪽.
51) 조세현, 위의 논문, 55-56쪽.
52) 『항일혁명가의 회상』, 274쪽.

과 회의, 공산주의에 대한 거부감, 한인독립운동과 아나키즘 사이에 이론
상 모순이 없다는 인식 등을 들 수 있다.[53]

2. 한인 아나키즘 단체들:다물단, 재중국조선무정부주의자연맹, 고려청년사

중국지역에서 한인만의 아나키즘 단체가 정식으로 조직되기 시작한 것
은 1923년경부터가 아닌가 한다. 물론 1921년에 북경에서 흑색청년동맹
북경지부가 조직되었다고 하나 한국인만의 조직으로 보기 어렵고 또한
그 실체 역시 구체화되고 있지 못하기 때문이다. 또한 북경에서 신채호가
중심이 되어 1921년 1월 창간된 『천고』 역시 아나키즘 선전지로 보기
어렵다는 견해가 제시되고 있다.[54]

(1) 다물단

다물단이[55] 처음 조직된 것은 1923년경으로 추정된다. 이 단체에서 활
동한 李愚民[56]은 일제의 訊問調書에서,

---

53) 오장환, 위의 책, 129-134쪽.
54) 조세현은 앞서 언급한 그의 논문 40-41쪽에서 신채호가 간행한 『천고』에 대해 현재 수집
    가능한 『천고』제1호와 제2호만으로는 이것이 최초의 재중국 한인 아나키스트 잡지라고
    단정하기에는 어려움이 있다. 필자는 이 잡지가 민족주의 논리와 아나키즘 논리가 혼재된
    잡지라고 생각하며, 신채호 본인도 민족주의자와 아나키스트의 건널목에 서있는 듯한 인상
    을 받는다고 지적하고 있다.
55) 다물단에 대하여는 졸고가 있다. 박환, 「1920년대 중반 북경지역 다물단의 성립과 활동」,
    『한국민족운동사연구』 33, 2002.
56) 이우민은 1920년 孫文, 陳炯明 등으로부터 3백원의 보조를 받아 光明社를 廣東에 설립,
    독립운동잡지 『光明』을 발행하였다. 이 잡지는 조선의 독립을 절규하고, 중국인과 조선인
    의 제휴를 강조하였다. 이우민은 다시 중국인과 조선인이 제휴하여 배일을 보다 구체화하
    기 하기 위하여 손문을 움직여 손문을 책임자로 하는 한중배일운동기관인 中韓好助社를
    창립하였다(불령단관계잡건, 선인부 재지나각지 3, 중한호조사 창립자 이우민의 귀순의도
    (1924년 2월 7일)

> 그 후 1923년 9월경, 北京에 와서 당시 다물단 단장이었던 黃海觀을
> 만나 조선독립운동의 방침에 대하여 두 세 가지 협의한 결과 다물단에
> 입단하게 되었다.[57]

라고 하여 1923년 9월경에 다물단에 입단하였음을 밝히고 있다. 또한 南華韓人靑年聯盟에서 활동한 李圭昌도 그의 회고록 『運命의 餘燼』에서,

> 다물단의 시초 조직은 1923년경 李圭駿, 李圭鶴, 李性春 등 수명이 의열
> 단의 柳子明 선생과 상의하여 조직된 단체[58]

라고 하여 다물단이 처음에는 柳子明과 友堂 李會寧의 형인 李石寧의 아들 李圭駿과 우당 이회영의 아들 李圭鶴 등이 중심이 되어 조직한 단체임을 밝히고 있다. 그리고 이회영과 유자명 등과 가까운 단재 신채호가 다물단선언서를 작성하여 주었던 것이다.[59]

즉 1923년경 다물단을 조직하였을 때 그들은 申采浩·유자명·이회영 등의 지도하에 단체를 꾸려나갔던 것 같다. 그런데 1924년 북경에서 재중국조선무정부주의자연맹이 결성되었고, 이 단체의 중추적인 역할을 한 인물들이 유자명·이회영·신채호 등임을 감안하다면[60] 다물단은 아나키즘적 경향의 단체가 아니었을까 추정된다. 그리고 당시 단장은 黃海觀(黃翊秀)이[61] 담당하였고, 趙(柳)道一·李洋(魚一善)·李春·李圭駿·崔泰允·李志堅·金鍾聲 등으로 구성되었다. 그들은 모든 일을 비밀리 처

---

57) 국사편찬위원회, 『한민족독립운동사자료집』 30, 이우민 조서.

58) 이규창, 『운명의 여신』, 74쪽.

59) 위의 책, 74-75쪽.

60) 조세현, 「1920년대 전반기 재중국 한인 아나키즘운동」, 『중국에서의 한국독립운동:1920-30
　　년대 재중한인항일무장투쟁』, 50쪽.

61) 황익수(황해관, 호 一山, 경기도), 재북경조선인 유학생회에서 1924년 11월 25일 창간호를
　　발행한 「渡頭」 집필자의 1인(불령단관계잡건 조선인부 신문 잡지 5, 불온잡지 渡頭 기사에
　　관한 건)

리한다는 뜻으로 함구한다는 뜻의 다물[62]을 단체의 명칭으로 채택하였던 것이다.

다물단의 활동은 친일파 김달하 처단으로 대표된다. 1925년 3월 30일 오후 6시[63] 다물단에서는 김달하를 처단하였다. 김달하는 북양군벌의 거두 段祺瑞(1865-1936)의 부관으로 있으며, 뒤로는 조선총독부의 밀정역할을 하고 있었으며,[64] 당시 북경 安正門內 車輦胡洞 西口內路北 23호에 살고 있었다.[65]

한편 다물단은 1927년 기관지로서 『赤拳』을 간행하였다. 1927년 5월 북경에서 활동하고 있던 단원은 曺成煥·黃海觀·李圭駿·李洋·崔泰元·金鍾聲·柳道一 등으로 알려져 있다. 이들은 경제사정 등으로 곤궁한 삶을 영위하고 있었다고 한다.[66]

(2) 재중국조선무정부주의자연맹

아나키즘을 표방하며 북경지역의 한인들이 조직한 최초의 단체는 1924년 4월말에 북경에서 조직된 재중국조선무정부주의자연맹이다. 무련은

---

62) 다물은 '옛 땅을 회복한다'는 뜻의 고구려 말로서(『삼국사기』 고구려 동명성왕) 일제로부터 조선을 되찾자는 의미의 조직이라고도 한다.

63) 「1925년 4월 13일 재북경 불령선인의 近情에 관한 건」, 『독립신문』 1925년 5월 5일자 「김달하의 死」에는 1925년 3월 30일 오후 8시경이라고 언급하고 있다.

64) 일본측 기록에는 김달하를 조선총독부 촉탁으로 언급하고 있다(일본 외무성, 육해군성편, 「1927년 5월 조사 북경재류조선인의 개황」, 『일본의 한국침략사자료총서』 25.

65) 박태원, 『약산과 의열단』, 깊은 샘, 171쪽; 정화암은 그의 회고록『이 조국 어디로 갈 것인가』(자유문고, 19, 58-61쪽)에서 김달하는 본래 조선 안에서 어느 중등학교 교사로 있다가 1915년경 총독부의 은밀한 사명을 띠고 북경으로 잠입, 그의 능란한 달변과 의젓한 품위로 우리 독립운동가들에 접근하여 밀정노릇을 하던 괴물이었다고 회고하였다. 또한 그는 김창숙의 주도로 백정기, 이을규, 이정규 등과 함께 김달하를 처달할 자금 마련을 위해 친일파 李根洪의 첩인 고명복의 이모집을 몰래 들어가 값진 물건을 가지고 나온 상황 및 그 후의 어려움 등에 대하여 언급하고 있다.

66) 일본 외무성, 육해군성편, 「1927년 5월 조사 북경재류조선인의 개황」, 『일본의 한국침략사자료총서』 25.

이회영·이을규·이정규·백정기·유자명·정현섭 등이 창립맹원이었
다.[67] 신채호는 생활상의 곤란으로 1924년 3월 10일 관음사에 들어가 중
이 되었다.[68] 이 무렵 재중국 한국인 아나키스트들이 무련을 조직하였으
나 그는 여기에 참가하지 않았다. 이호룡은 그 원인을 노선 차이에 기인
하는 것으로 파악하고 있다. 즉 무련은 이회영·이정규·이을규·백정
기·정화암 등에 의하여 결성되었는데, 그들은 대부분이 혁명근거지건설
을 도모하던 아나키스트들이었으며, 신채호는 그들과는 방법론을 달리하
고 있었다. 신채호는 테러활동을 주로 하는 다물단에 관계하였다. 다물단
의 테러활동에는 직접 참가하지 않았지만 「다물단선언서」를 작성하는 등
다물단을 정신적으로 지도하였다.[69] 이러한 구분은 아나키즘의 운동론을
파악하는데 크게 도움을 주고 있다. 그러나 이회영·백정기·정현섭 역시
터레활동을 전개한 인물임도 주목해야 할 듯하다. 또한 다물단에서 중심
적인 역할을 한 이규준은 이회영의 조카이며, 이규학은 이회영의 아들이
다. 또한 다물단의 대표적인 활동인 김달하 처단에 있어서도 이회영의
딸 이규숙이 심부름을 하는 등도 주시할 필요가 있을 것 같다.

　무련은 기관지로서 旬刊『정의공보』를 석판으로 발행하였다.[70] 그러나
현재 잡지는 전해지고 있지 않아 그 구체적인 내용들이 대하여 살필 수
없다. 다만『선봉』1924년 10월 20일자 「북경에 있는 고려인의 최근 형편」
에, "시사비평을 주비로 하는『정의공보』가 비밀리에 발행되다"라고 언급
하고 있다. 즉『정의공보』는 시사비평을 주로 하는 잡지였던 것이다.

　이 잡지의 발행에는 무련의 최고 연장자이며, 중심 인물이었던 이회영
이 약간의 자금을 조달하였다. 이 순간지는 중앙집권적 공산주의와 파벌

---

67) 무정부주의운동사편찬위원회, 위의 책, 288쪽.
68) 이규창, 위의 책, 66-67쪽 참조.
69) 이호룡, 신채호의 아나키즘, 『역사학보』, 87-88쪽.
70) 무정부주의운동사편찬위원회, 『한국아나키즘운동사』, 형설출판사, 1978, 288-289쪽.

주의적 독립운동가를 비판하면서 자유연합의 조직원리에 따라 모든 독립
운동세력들이 서로 협조하고 서로 제휴할 것을 주장했다. 특히 독립운동
단체들의 영도권 쟁탈의 싸움과 한 집단 내에서의 자리다툼에 대하여
냉혹한 비판을 가하고 모든 독립운동단체들이 무정부주의적 자유연합의
원리아래 전력을 집결할 것을 강력히 호소해 나갔다.『정의공보』는 9호까
지를 내고 자금부족으로 부득이 휴간했다고 알려져 있다.[71]

무련은 조직 이후 북경지역에서 활발한 활동을 전개하지 못하였다. 일
본의 감시와 자금의 부족의 그 원인이었다. 당시 맹원들은 좁쌀밥도 하루
에 한 끼 먹기가 어려운 실정이었다. 그 결과 이회영과 유자명은 북경에
남고·정현섭·이을규·이정규·백정기 등은 1924년 9월 10월경 상해로
이동하여 재중국조선무정부공산주의자연맹을 결성하였다.[72]

(3) 고려청년사

1926년 북경에서 유서와 심용해 등을 중심으로 고려청년사가 조직되었
다. 이 단체는 중국북경에서 중국인들과의 연합에 의해 이루어진 흑기연
맹의 전통을 계승하고 있는 듯 하다. 1924년에 10월경 巴金, 向培良, 高長
虹, 郭桐軒, 方宗鰲 등의 중국 청년과 柳絮, 심용해 등의 한인 청년들이
民國大學 학생들을 중심으로 공산주의에 대항하기 위하여 '黑旗聯盟'을
조직하였다.[73] 이들은 이 단체를 통하여 아나키즘을 연구하고 선전하고자
하였다. 이들 가운데 巴金은 1920-30년대 중국 아나키즘 운동의 대표 인
물의 한 사람이다.[74] 그는 1930년에도 유자명·백정기·王亞樵·華均
實·鄭海理 등과 함께 월간 잡지『자유』를 간행하여 아나키즘 이론 투쟁

---

71) 위와 같음.
72) 김학준, 위의 책, p. 275.
73) 무정부주의운동사편찬위원회, 위의 책, 298쪽.
74) 파금의 아나키즘과 신채호를 비교한 연구가 있어 주목된다. 파금 전문가인 박난영 교수(수
   원대)의, 「1920년대 파금과 신채호의 아나키즘 비교」(미발표논문)가 그것이다.

을 전개하기도 하였다.[75] 柳絮는 1926년 말「主張組織東亞無政府主義者大聯盟」이라는 유명한 글을 남기기도 했다.[76] 심용해는 1919년 3·1운동 당시 간도에서 유서와 함께 충열대 입단하여 만세운동을 전개하였다. 1924년 북경으로 와『국풍일보』편집하는 등 활발한 언론활동을 전개한 아나키스트이다.[77]

흑기연맹은 1925년 봄부터 채원배·장계(민대 이사장)·이석증(북경대 교수)·吳稚暉(북경대 교수) 등이 지원을 받아 방종오를 주간으로『동방잡지』(중문)를 발행, 시판하여 아나키즘 선전에 힘을 기울였다.[78]

흑기연맹에 관여했던 유서와 심용해 등은 고려청년사를 조직하고 1926년 3월 27일부터 중국어로 된 週刊 신문『고려청년』을 간행하였다. 심용해의 말에 의하면 제1호는 1천부를 발행해서 각 방면에 보냈다고 한다.[79] 『고려청년』의 통신처는 북경 郵務總局信箱 31호 呂君瑞라고 기록되어 있다. 그러나 이 신문은 오랫동안 북경 西郊 海甸에 칩거하고 있는 安定根이 자본금은 17元을 출연하였다. 사회에 자신의 존재를 인식시킬 목적으로 자금을 지출하고 있는 것으로 일본측은 파악하고 있다.[80]

고려청년의 창간 취지와 목적 등은 창간 선언문을 통하여 그 일단을 살펴볼 수 있을 듯하다.

> 러시아혁명이 일어나자 일반민중의 영수라고 자임하는 자 '약소민족원조'의 간판에 만족해서 모두 그의 아래로 달려가서 長城과 같이 의지를

---

75)『흑색신문』,「BTP 사건이전의 재중한인문정부주의자운동 개황」, 1933년 12월 31일자. 파금과 조선인과의 관련에 대하여는 嶋田恭子,「파금과 한국인 아나키스트들」,『한국아나키즘운동의 궤적과 21세기 전망』, 자유사회운동연구회, 1995년참조.
76) 柳絮:「主張組織東亞無政府主義者大聯盟」,『民鐘』제16기(1926.12.15.).
77) 심극추,「26개의 춘추」.
78) 무정부주의운동사편찬위원회, 위의 책, 297쪽.
79) 불령단관계잡건 선인부 신문잡지, 불온신문 고려청년의 발간의 건(1926년 4월 28일).
80) 불온신문 고려청년의 발간의 건(1926년 4월 28일).

하는 것도 그 결과 수천명의 용맹한 우리 독립군은 한갖 그들을 위해 이용
만 당하고 즉 일본군과 싸운 후 토끼가 죽자 개를 쌀마 먹었다는 것과
같이 붉은 군대의 참살을 당하는 일 등은 두, 셋의 집정자가 스스로를 민중
의 영수라고 자임하는 자의 하는 짓에 불과하다. 소위 집정이라고 하는
자와 민중의 영수로 자임하는 자는 민중을 멸시하고 이와 같이 발호해서
우리 민중은 단지 적의 포화가 맹렬한 지 알면서도 자신의 결심이 있어서
안으로는 적을 취체하고 밖으로는 강한 이웃을 방어하는 일을 알지 못하고
있기 때문에 국가의 전진은 계속 잘못되어서 장차 수습할수 없이 되어
마침내 몰락하게 된다. 그러므로 현재 우리의 급무는 자신을 독려하고,
양심의 엄중한 명령으로서 자신의 새로운 생명을 개척하고 타인을 원망할
겨를이 없고, 하물며 옛날을 追想하는데 있어서도 잘 해서 그러므로 여하
한 주의나 여하한 제도도 우리 민족의 생존에 적합하지 않을 경우에는
전세계가 그것을 좋게 그것을 채용하여도 우리는 그것을 악으로 보고 배척
하고, 우리가 민족으로서 혹은 야심가의 희생품, 이용품이 되어서는 안되
고, 세계상에 존립한 각 민족과 동등하게 공존공영을 향유할 것을 기대한
다. 본보 동인은 이 정신, 이 주장에 기초해서 우리의 운동을 개척해나가고
자 한다.

라고 하여 공산주의에 대하여 비판하고 우리 민족의 생존에 적합한 주의
와 제도를 채용해야 함을 강조하고 아울러 세계상에 존립한 각 민족과
동등하게 공존공영을 향유해야 함을 주장하고 있다. 이 내용만을 통하여
볼 때 고려청년의 주의와 색채가 분명하지 않지만, 주간인 심용해가 일본
의 아나키스트 大杉榮을 숭배하고, 아나키스트임을 자임하고 있으므로
무정부주의를 고취하려고 하는 것으로 생각된다 81)

　한편 고려청년사는 파금 등 중국 아나키스트들과의 연대를 통하여도
활발한 선전활동을 전개하였다. 그러므로 파금은 다음과 같이 공개적 편
지를82) 통하여 고려청년의 발간과 자신과의 인연을 강조하고 있다.

---

81) 불온신문 고려청년의 발간의 건(1926년 4월 28일).
82) 「一封公開的信」, 『파금전집』 18, 인민문학출판사, 북경, 1993, 77-79쪽.

북경 고려청년사 제군.

편지 잘 받았습니다. 여러분이 고려청년 주간을 출판함은 '고려 민중을 우방 민중에게 소개하고 우리 민족 및 기타 약소민족에 대한 적의 모든 제국주의 침략정책 및 그 수단을 폭로함으로써 피압박민족간에 강대한 결합을 도모하고자 한다'니, 이는 물론 좋은 일입니다. 저는 크로포트킨 주의에 헌신하고 하며 평생 자유, 평등, 정의, 인도를 위해 분투하고자 하는 사람이니 여러분의 운동에 대해서 당연히 힘을 다해 돕고자 합니다.

본래 고려 민중의 독립운동은 일반 사람들의 마음 속의 독립운동과는 다릅니다. 그들은 고려를 강대한 국가로 만들려 하는 것이 아니라 단지 고려 사람들이 다 자유롭고 평등한 행복을 누릴 수 있기를 바랄 뿐입니다. 그러므로 독립운동에 종사하는 청년은 결코 국가주의자가 아니라 자유와 평등을 쟁취하려는 전사입니다(물론 소수의 예외는 있읍니다만). 저는 고려 청년과 자주 접하므로 당신들 고려 민중의 독립운동을 깊이 이해합니다.

이 글에서 파금은 고려청년의 발간 목적이 "고려 민중을 우방 민중에게 소개하고 우리 민족 및 기타 약소민족에 대한 적의 모든 제국주의 침략정책 및 그 수단을 폭로함으로써 피압박민족간에 강대한 결합을 도모하고자 한다"임을 분명히 밝히고 있다. 아울러 자신을 "저는 크로포트킨 주의에 헌신하고 하며 평생 자유, 평등, 정의, 인도를 위해 분투하고자 하는 사람"이라고 하고 고려청년사 운동에 대해서 당연히 힘을 다해 돕고자 함을 공개적으로 밝히고 있다.

아울러 파금은 한인들의 독립운동을 "그들은 고려를 강대한 국가로 만들려 하는 것이 아니라 단지 고려 사람들이 다 자유롭고 평등한 행복을 누릴 수 있기를 바랄 뿐입니다"라고 규정하고 심용해 등 고려청년사의 인물들을 "독립운동에 종사하는 청년은 결코 국가주의자가 아니라 자유와 평등을 쟁취하려는 전사입니다(물론 소수의 예외는 있읍니다만)"라고 하고 있다.

파금은 조선인들과 특히 심용해와 유서와 깊은 관련을 맺고 있음을 밝히고 있다.[83] 특히 그는 유서와의 인연을 강조하고 있다.

> 나중에 저는 여러분들과 접하고서 존경심이 깊어졌습니다. 작년에 북경에서 고려 친구 'S', 'L'군을 만났는데 그들은 고려 민중운동의 상세한 상황을 저에게 알려주었습니다. 저는 특히 'L'군에게 감사합니다. 어느 고요한 밤, 밝은 달이 하늘에 높이 걸려있을 때 그는 고려 민중의 힘든 싸움을 나의 눈앞에 상세하고도 격분에 가득찬 채 이야기해주었습니다. 그는 고려 독립군이 일본군대와 만주에서 고전하던 상황을 알려주었습니다. 고려 혁명당 이십여 명이 이삼백명의 일본 병사에게 포위되었는데 그 중 몇 명이 자신이 희생하여 다른 열몇 명을 구출해주었는지, 그리고 수천명의 일본군이 높은 산에서 이삼백명의 고려 혁명당에게 섬멸되었는지를 이야기해주었습니다. 그는 또 고려 혁명당 모군이 천신만고 끝에 일본 총독의 사무실에 뛰어들어가 폭탄을 던지고 유유히 빠져나왔는지, 또 다른 혁명당원이 어떻게 전차에서 일본 경찰서에 폭탄을 던진 후 달아나다가 한 집에서 포위도어 경찰과 대치하다가 죽게 되었는지, 그리고 소비에트 러시아가 고려 혁명군을 어떻게 억압했는지를 상세히 알려주었다. 나는 이 이야기를 들으며 내가 북영에 있다는 것을 잊은 채 마치 나도 북만주 일대를 떠도는 것처럼 정말 감동적이었다. 이들은 자신의 모든 것을 바쳐, 자유, 평등, 인도를 위해 분투했다. 그들의 인격이 얼마나 위대한지 나는 정말 그들의 그러한 정신에 감동되지 않을 수 없었다.

또한 파금은 고려청년들이 일본 무산계급과의 연대투쟁을 주장하고 있는 측면도 보여주고 있다. 아울러 그는 전세계 민중들이 마땅히 서로 사랑하고 연합 단결해야 함을 강조하고 있다.

> 친애하는 고려 형제 여러분, 그 때 이후 나는 언제 어디서든 여러분을

---

83) 파금은 조선인과의 인연에 대하여 「關於『火』」라는 글에서 밝히고 있다(1980년 2월 24일 홍콩『文匯報』) 이글에 유림, 심용해, 유서, 유자명 등과의 만남에 대하여 밝히고 있다.

잊을 수 없습니다. 작년에 여러분의 「일본 무산계급에게 보내는 편지」를 읽고 일본 정부가 또 1923년 대지진 때 고려인을 도살한 비극을 재연하려고 준비한다는 것을 알게 되었습니다. 나의 분노는 극도에 다다랐으나 후에 일본 노동단체가 여러분을 돕겠다는 선언을 한 것을 보고 위로 받았습니다. 이는 전 세계 민중의 서로 도우며 사랑하고 동고동락한다는 보여준 것이기 때문입니다.

본래 전세계의 민중의 마땅히 서로 사랑하고 연합 단결해야 됩니다. 민중은 원래 국가의 구분이 없으므로 甲국의 민중이 乙 제국주의자의 억압을 받으면 을국 민중은 마땅히 일어나서 그들을 도와 본국(을국)의 제국주의자들을 타도해야 합니다. 저는 일본 민중은 여러분을 동정하며 단지 정부와 자산계급이야말로 여러분의 적이라는 것을 알고 있습니다. 그러므로 여러분은 일본민중과 연합하여 일본정부와 자산계급을 타도해야 합니다.

"우리가 고투하는 진상을 중국민중에게 알려주시오." 라고 'L'군은 일찍이 저에게 간절하게 말했습니다. 부끄럽게도 저는 이런동안 단지 아주 미미한 일을 했을 뿐입니다. 이번에 여러분이 스스로 간행물을 출판하여 여러분이 고투하는 진상을 우리 중국민중에게 알려주어 중국민중으로 하여금 여러분의 정신에 감동되어 꿈 속에서 깨어나게 하니 저로서는 몹시 감사할 뿐입니다. 그러니 우리가 어떻게 다른 사람이 고투하는 것을 보며 수수방관할 수 있겠습니까?

여러분은 러시아 정부의 사기로 흑하에서 피를 홀린 후 민중의 해방은 민중자신의 일이라는 것을 깨닫게 되었으므로 여러분의 운동에 야심가들이 참가하는 것은 용납하지 않겠다고 'L'군은 저에게 알려주었습니다. 저는 이런 방법으은 여러분을 틀림없이 성공의 길로 인도할 것이라고 감히 말할 수 있습니다.

여러분의 승리를 진심으로 기원합니다.

맺음말

지금까지 1920년대 전반기 북경지역에서 전개된 한인아나키즘에 대하여 살펴보았다. 몇가지 특징을 정리하는 것으로 결어에 대신하고자 한다. 첫째, 중국지역의 경우 특정 개인을 중심으로 상해, 광동 등에서 아나키즘에 접한 경우는 있으나 수용의 경우는 북경지역을 중심으로 이루어진 것이 아닌가 한다. 북경의 한인사회는 사상운동에 있어서 학생 및 젊은이들이 그 중심적 역할을 하였던 것이다.

둘째, 북경지역에서 한인들은 중국 아나키스트들뿐만 아니라 러시아, 대만인들과도 접촉을 통하여 아나키즘을 수용하였고, 이들과 국제적인 연대를 이루어나갔던 것이다. 특히 이들은 에스페란토 학습을 통하여 아나키즘을 수용하는 한편 사상적 교류를 하였던 것이다.

셋째, 한인들의 아나키즘 수용에 있어서 러시아 맹인 시인 에로생코가 비교적 주요한 역할을 한 것으로 보인다. 그는 중국의 대문호 노신 등 및 일본인들에게도 큰 영향을 주었다. 앞으로 이 부분에 대한 보다 심도 있는 검토가 요망된다.

넷째, 한인들은 1923년부터 아나키즘 단체를 조직하기 시작한 것 같다. 다물단은 아나키즘적 성향의 단체로 보이며, 1924년 재중국조선무정부주의자연맹이 성립되면서 분명한 아나키즘단체로서의 정체성을 확립하는 것으로 보인다. 고려청년사의 경우 중국인들에게 한국의 실상을 소개하며, 아나키즘을 선전하는 한편 피압박민족 상호간의 단결을 모색하는 국제적인 성격의 아나키즘 단체로 볼 수 있을 것 같다.

결국 북경에서의 한인아나키즘 운동은 당시 이 지역에서 전개된 항일운동의 중심적인 역할을 이루지는 못하였으나 한인아나키즘의 기초를 이루었고, 상해, 만주 등 타지역으로 발전해 나가는 토대를 형성했다는 점에서 큰 의의가 있다고 생각된다.

• 투고일 : 2003년 10월 5일 • 심사완료일 : 2003년 11월 10일
• 주제어 : 다물던, 재중국조선무정부주의자연맹, 고려청년사, 에
　　　　　로생코

Korean Anarchism in Peking Area in the Mid-1920's

Park, Hwan

Some characteristics of the Korean anarchism carried out in Peking area in the mid-1920's are as follows:

First, the contact with the anarchism was made by some specific individuals in Shanghai, Guangdong, and other areas, but it seems that it was accepted centering around Peking area. The Korean students and young people in Peking played a pivotal role in an ideological movement.

Second, the Korean people in Peking accepted the anarchism through the contacts with the Chinese, Russian and Taiwanese anarchists and strengthened international solidarity with them. Particularly, they accepted the anarchism through the study of Esperanto, while exchanging their thoughts.

Third, it appears Russian poet, Vasiliy Yakovlevich Eroshenko played a relatively leading role in the acceptance of anarchism by the Korean people. He had a great influence on Lui-shin, known as the great Chinese writers, and Japanese people, too. In-depth study is required in this respect.

Fourth, the Korean people have organized the anarchists' parties from 1923. Damungdan is seen as a party which showed an inclination toward the anarchism. It began to establish its identity as a anarchists' party as the Korean Federation of Anarchists in China was formed in 1924. The Korean Youth Society in China was an international anarchists' party to introduce the realities of Korea and propagate the anarchism to Chinese people, while seeking the solidarity of the oppressed races.

In conclusion, the Korean anarchists movement in Peking did not play an important role in the anti-Japanese movement carried in that area at that time. But it was meaningful in that it formed the foundations for the Korean anarchism and its spread into other areas including Shanghai, Manchuria, and others.

Key Words : Damungdan, Korean Federation of Anarchists in China, The Korean Youth Society in China, Vasiliy Yakovlevich Eroshenko

1930년대 재일조선인 아나키스트들의 활동과 이념
- 黑友聯盟(1928~1936)을 중심으로

김명섭*

목 차

머리말
Ⅰ. 흑우연맹의 결성
Ⅱ. 흑우연맹의 활동
Ⅲ. 아나키스트들의 항일이념
맺음말

머리말

1923년 9월 關東大地震의 불길 속에 발생한 조선인대학살사건은 '무정부주의'와 조선인에 대한 일본 지배권력의 뿌리깊은 편견과 공포에서 비롯되었다고 할 수 있다. 일본의 대표적인 아나키스트 오스기 사가에(大杉榮) 살해와 노동자들을 참살한 龜戶사건, 천황폭살 계획혐의로 사형선고를 받은 '朴烈事件' 등은 그 대표적인 사례이다. 일본정부와 군부, 자경단 등의 조직적 협작과 묵인 속에 벌어진 8천명 이상의 대학살과 6천명이상의 강제구금 사태는 '선진일본'에서 일자리와 신지식을 얻으려던 조선인

---
* 단국대 역사학과 강사

들의 낭만적인 생각을 근본적으로 바꾸어 놓는 계기가 되었다.

반권력 허무사상으로 아나키즘을 연구, 선전하던 박열 등 不逞社 소속의 아나키스트들은 조선인대학살의 명분으로 이용하려는 일본검찰과 경찰에 의해 '천황암살과 폭동을 기도한 비밀결사'의 혐의를 받아 와해되고 말았다. 張祥重·韓睍相·鄭泰成 등 잔류한 東京의 아나키스트들은 1923년 12월부터 일기 시작한 조선인 학살 진상규명 투쟁 등 민족운동의 격렬한 분출에 힘입어 黑友會를 재건하기 시작했다. 재건된 흑우회는 그 동안 대립관계에 있던 민족주의 및 공산주의단체와 공동 연대하며 민족차별에 맞섰으며, 일본 아나키스트 단체와도 적극 교류활동을 펼쳤다.

이념을 넘어선 전 민족적 연대의 노력은 1927년 2월, 17개 조선인 단체로 구성된 東京朝鮮人團體協議會의 결성으로 결실을 보는 듯했다. 하지만 이 연합전선은 그해 5월 新幹會 東京지부 결성에 대한 黑友會의 반발로 와해되고 말았다. 新幹會 결성을 계기로 재일조선인 아나키스트들은 보다 적극적인 '反日·反공산주의' 활동을 펼치기 위해 黑友聯盟을 결성하기에 이르렀다. 이 단체는 이후 친일단체인 相愛會와 일본경찰, 공산주의자들과 투쟁하면서 반제독립사상과 아나키즘을 선전하며 독자적인 민족운동을 전개했다.

이 글에서는 1920년대 후반부터 30년대 중반까지 東京을 중심으로 전개된 조선인 아나키스트들의 활동과 그들의 항일이념을 살펴보고자 한다. 朴烈-金子文子의 천황폭살음모사건(이하 '朴烈事件') 등 1920년대 초기 운동에 대한 관심과 연구에 비해, 1930년대의 활동에 대한 연구는 아직 충분히 진척되고 있지 못하다.[1] 이에 본고는 1920년대 후반부터 아나키스

---

1) 재일조선인 아나키스트들의 활동에 관한 연구는 堀內稔, 「在日朝鮮人アナキズム勞動運動(解放前)-朝鮮東興勞動同盟會と朝鮮自由勞動組合」, 『在日朝鮮人硏究』第16號, 1986 ; 오장환, 「1920년대 재일한인아나키즘운동」, 『한국아나키즘운동사연구』, 국학자료원, 1998 ; 이호룡, 「재일본 조선인아나키스트들의 조직과 활동」, 『한국학보』제 91·92합집, 1998 ; 金廣烈,「大正期 일본의 사회사상과 在日韓人」, 『일본학보』42집, 1999 ; 金明燮, 『재일한인

트들의 구심체 역할을 한 흑우연맹을 중심으로 이들의 활동과 항일이념을 부분적으로나마 파악해 보고자 한다.

I. 흑우연맹의 결성

1. 사상단체 결성과정

1923년 9월 관동대학살과 '朴烈事件'으로 궤멸상태에 빠진 조선인 아나키스트들은 이듬해 9월부터 활동을 재개하기 시작했다. 재건 흑우회는 흑도회 해체 이후 관계가 소원했던 공산주의 진영과도 일시나마 공동연대의 활동에 주력했다. 이러한 임시적인 통일전선은 여전히 '불안한 동거'상태였다고 할 수 있다.

대학살 진상규명과 규탄시위로 조성된 조선인들의 민족적 연대투쟁은 北星會와 朝鮮勞動總同盟을 중심으로 전개되었다. 북성회는 朝鮮勞動者調査會와 朝鮮勞動同盟, 그리고 日本勞働總同盟 등의 도움으로 진재피해 동포에 대한 조사, 위문대회를 주관하고 순회강연회와 각종 시위를 조직하면서 민족운동의 중심단체로 성장했다. 金若水·金鍾範 등 창립멤버들은 1924년 11월 25일 서울에서 北風會를 조직, 이듬해 조선공산당 결성활동에 주력했다. 이와 함께 東京에 잔류한 李如星·安光泉 등은 1925년 1월 3일 一月會를 결성, 대중운동을 본위로 한 계급투쟁의 전개를 선언하였다.[2]

一月會는 결성 이후 노동자 조직의 전국적인 연대를 꾀하기 위해 朝鮮勞動同盟會 재건에 주력했다. 그 결과 대중단체로서 1925년 2월, 12개

아나키즘운동연구』, 단국대 박사학위논문, 2001 ; 李浩龍,『한국의 아나키즘』, 지식산업사, 2001년 ; 金明燮,「1930년대 在日韓人 아나키즘운동의 제 양상」,『한국근현대사연구』제17집, 2001년 여름호 등을 참조.
2) 李錫泰 편,『社會科學大辭典』, 文友人書館, 1948, 536~537쪽.

단체 8백 명의 회원을 가진 在日本朝鮮勞動總同盟(이하 '在日勞總'으로 약칭)이 조직되었다. 在日勞總은 1925년 10월 조합원 수가 1,220명으로 증가했다가, 1년 후인 1926년 10월에는 9,900명으로 급성장했다.[3]

一月會와 在日勞總의 급성장은 아나키스트들에게 큰 동경과 동시에 위협의 대상이 아닐 수 없었다. 당시 아나키즘 진영의 위기감은 1926년 2월 在日勞總 창립대회에서도 단적으로 드러났다. 이날 대회의 우의단체 축하연설 순서에서 黑友會 대표로 단상에 오른 金正根은 동맹의 설립이 한인노동자의 자유해방을 기쁜 일이라고 전제하고, 하지만 "그 지도자는 누구든 사복을 채운다"고 발언하였다. 이 말에 반발한 동맹 관계자들에 의해 장내가 소란해지자, 경찰은 이를 빌미로 강제해산시키고 말았다.[4] 또 흑우회 회원들은 3월 東京 一月會 주최의 강연회에도 나타나 회의 진행을 방해하기도 했다.

이러한 갈등은 1926년말부터 일기 시작한 공산진영의 정치투쟁 및 단일정당 결성 선언으로 더욱 첨예하게 진행되었다. 정치투쟁으로의 '방향전환론'은 그동안 일본 공산당의 공식 지도이념이었던 야마카와이즘(山川均主義)를 정면 비판한 후쿠모토이즘(福本主義)이 새 당 노선으로 자리잡으면서 비롯되었다.[5] 福本和夫는 레닌주의에 의거하여, 이론투쟁과 분리 결합론에 기초한 전위당 조직론을 내걸었다. 그는 그동안 일본공산당을 지도해 온 山川均主義가 대중과 조합에 의존한 경제투쟁에 매몰되었기 때문에, 이를 전위당의 지도에 의한 정치투쟁으로 전환해야 한다고 주장했다.

코민테른은 소위「27년 테제」(「日本問題에 관한 결의」)에서 山川主義를 우익기회주의로 비판하는 한편, 福本主義에 대해서도 '대중에서 유리된

---

3) 김인덕, 『식민지시대 재일조선인운동 연구』, 국학자료원, 80쪽.
4) 「大正十四年中ニ於ケル在留朝鮮人ノ狀況」, 金正柱 편, 『朝鮮統治史料』7, 853쪽.
5) 小山弘健 저 · 한상구 옮김, 『일본마르크스주의사개설』, 이론과 실천사, 1991, 58~84쪽.

宗派主義’라고 비판했다.[6] 즉 극소수의 지식인만이 공산당조직에 결합해야 한다는 후쿠모토의 주장은 대중조직과 당을 분리시키는 ‘추상적인 논리’이며 지나친 이론주의 및 코민테른 편향이란 지적이다. 하지만 福本主義는 日本共産黨 제3회 대회의 공식견해로 결정되어 재건운동에 적용되었다. 더욱이 일월회의 李如星·崔益翰 등은 福本主義를 적극 받아들여 정치운동으로의 방향전환을 꾀하였다.[7]

일월회는 국내로 진출, 正友會 조직을 개편해 1926년 11월 15일 정우회 선언을 발표하여 정치투쟁으로의 전환을 선언했다.[8] 이에 東京의 일월회와 삼월회·노동총동맹·조선노동총동맹 등 4단체는 1927년 1월 20일 즉각 이를 환영했다. 이미 일월회는 1월 3일 민족협동전선 결성취지에 따라 스스로 해체하였다. 노동총동맹은 1926년 11월 18일 종래 정치운동을 부인해왔던 태도를 버리고, “그것(정치운동)을 승인함과 동시에 노동대중에게 정치적 의식을 환기시켜 정치무대에 적극 참여시킴으로서 이익을 취한다”는 요지의 새 방침을 발표했다.[9] 합법적 정치투쟁으로의 전환과 민족협동전선 운동은 1927년 2월 서울을 시발로 전국적으로, 나아가 일본에도 新幹會 지부를 결성함에 따라 민족운동의 새로운 흐름으로 자리잡아가기 시작했다.

이러한 새로운 국면 속에서 당시 아나키즘세력은 전 민족적 연대라는 명분을 살리기 위해 1927년 2월 朝鮮人團體協議會 구성에 참여했다. 이

---

6) 鄭惠善, 「1920-30년대 日本 共産主義運動硏究」, 숙명여대 박사학위논문, 1995, 61~63쪽.
7) 일월회의 福本主義 수용과 그 해악에 관한 연구로는 金錫根, 「후쿠모토이즘(福本主義)과 식민지하 한국사회주의운동」, 『아세아연구』 94, 1996 참조.
8) 선언문의 주요내용은 분파투쟁의 청산과 사상단체의 통일, 경제투쟁 형태에서 정치투쟁으로의 전환, 민족주의세력과의 적극적 제휴, 운동의 현실화와 이론의 실천을 통한 검증 등이다 (『조선일보』 1926년 11월 16일자). 이 선언을 계기로 일본과 조선의 모든 사상단체들은 사상단체 해체 찬반론, 양당논쟁, 청산논쟁을 벌이며 격렬한 논란에 휩싸였다.
9) 金俊燁·金昌順 共著, 『韓國共産主義運動史』 3, 高麗大 亞細亞問題硏究所, 1973, 105~106쪽.

협의회는 相愛會 등 친일단체를 제외한 민족 및 공산주의계열의 단체와
아나키즘계열의 연합전선에 의해 이루어졌다. 이는 1926년 5월 조직된
大阪의 朝鮮人中央協議會에 큰 자극을 받은 것으로 보인다.[10]

당시 朝鮮人團體協議會에 참여한 단체는 총 26개이다. 이 중 공산주의
진영은 在日勞總을 비롯한 11개 단체, 민족주의 진영은 學友會 등 9개
단체가 각각 참여했다. 이에 비해 아나키즘 진영은 흑우회의 후신인 黑風
會와 朝鮮自由勞動者組合 山手部·江東部, 朝鮮人配達人組合·朝鮮東
興勞動同盟·大岐朝鮮人一般勞動組合 등 6개 단체가 참여하였다.[11] 이
와 함께 黑風會는 협의회에서 書務部의 활동을 맡았다.[12] 서무부가 단체
의 연락관계와 회의준비를 맡는 관례에 비추어 볼 때, 모임의 중심역할을
담당했을 것으로 짐작된다. 조선인단체협의회 대표들은 2월 19일 회합하
여 3·1운동 기념일을 공동 개최하기로 하고 당일 각종 선전물을 배포하
였다.[13]

그러나 민족협동전선과 新幹會 결성 움직임이 東京에도 본격 나타나기
시작함에 따라 아나키스트들의 갈등도 표면화되고 말았다. 아나키스트들
의 구체적인 반대 움직임은 메이데이 행사를 별도로 치르면서 드러나기
시작했다. 1927년 5월 1일 조선인단체협의회 주최로 열린 메이데이 행사
에는 東京에 1천8백명, 大阪 1천2백여 명 가량의 조선인들이 참여하였다.
이때 아나키즘계열의 단체들은 소속회원 3백여 명과 함께 별도의 행사를
치루고 격문을 배포한 것이다.

이어 5월 5일 新幹會 東京支會가 무稻田 스콧트홀에서 결성식을 가졌

---

10) 鄭惠瓊은 大阪의 中央協議會가 東京의 단체협의회 결성에 영향을 미쳤다고 보았고, 아나
   키즘 계열이 중심이 되어 결성되었다는 데 양 단체의 공통점이 있다고 평가했다(鄭惠瓊,
   『日帝時代 在日朝鮮人의 민족운동연구』, 국학자료원, 2001, 173쪽, 각주 474) 참조).
11) 朴尙僖, 『朝鮮思想通信』(1927년 12월 24일자).
12) 『동아일보』 1927년 3월 2일자, '전 민족의 공동이익을 위하여 공동행동을 취하자'.
13) 朴慶植 편, 『在日朝鮮人關係資料集成』 2권, 61~63쪽.

다. 대회는 회원 61명을 비롯해 각계의 단체대표와 방청객 등 150명이 출석하여, 趙憲泳을 지회장으로 선출했다. 하지만 아나키즘계열의 인사들은 이 자리에 참석하지 않았다.[14)]

신간회 東京지부는 1927년 8월부터 조선총독부 폭압정치 반대운동을 대대적으로 전개하였다. 이들은 9월 17일 여러 단체를 규합해 朝鮮總督 暴壓政治反對關東地方同盟을 결성했다. 이 동맹에는 모두 14개 단체가 참가했으나,[15)] 아나키스트들은 이 자리에도 정치투쟁을 부정한다는 이유로 참가하지 않았다.

또한 아나키스트들은 東京朝鮮人團體協議會의 운영을 두고 공산주의 진영과 대립하였다. 즉 이들은 상시적 의결기관으로 두려는 중앙집권주의에 맞서 자유연합적 협의기관으로 운영하자고 주장했던 것이다.[16)] 그러나 이 단체는 민족주의 단체와 공산진영의 제휴에 의해 상시적 결의기관으로 결정되고 말았다. 이미 협의회는 朝鮮共産黨 日本部와 日本總局의 지도를 받고 있었기 때문이다. 이러한 결정에 대해 아나키스트들은 크게 반발하고, 1927년 12월 협의회를 전격 탈퇴하고 말았다.

이처럼 민족협동전선 주장과 신간회 결성에 대해 아나키스트들은 적극 반대하였다. 개인의 자유의지와 평등한 연합주의를 강조해 온 아나키스트들에게 있어 일사불란한 중앙집권적 조직으로의 일치단결을 요구하는 것은 받아들이기 힘든 논리였던 것이다. 이들은 "주의와 행동이 일치하여 전 회원이 하나의 몸과 같은 움직이는 단체"야말로 쉽게 비밀이 새어나가기 때문에 혁명을 망치게 한다고 지적하였다.[17)]

나아가 조선인 아나키스트들은 공산주의자들의 정치투쟁 선언을 '직업

---

14) 『無産者新聞』 1927년 5월 14일자.
15) 『동아일보』 1927년 9월 22일 ; 9월 24일자.
16) 朴尙僖, 『朝鮮思想通信』 1927년 12월 24일자(『在日朝鮮人史硏究』 제5호, 1979년 12월).
17) '朝鮮民衆に訴ふ-新興獨裁運動を排擊', 『黑色靑年』 제12호(1927년 9월 5일자).

적 운동자의 정치운동’으로 규정하고,[18] 직접행동에 입각한 항일운동을 고집하였다. 또 민족협동전선 주장에 대해서도 “단결을 이용하여 그들의 야심과 소권력적 만족을 충족하려는”[19] 술책으로 보고, 新幹會 결성운동에 참여하지 않았다.

이러한 아나키스트들의 인식은 당시 일본 사상단체인 黑色靑年聯盟 기관지 『黑色靑年』에 실린 「新幹會를 埋葬시키자」는 기고에 잘 나타나 있다.

> 작년(1927년-역자 주) 이래 詐欺的 徒輩 등이 조선현하의 경제조건을 무시하고 정치적 독재를 꿈꾸며 마스크를 쓰고 있으며, 민족주의자(反動)와 赤色 볼셰비키 정치광들은 서로 조선민중을 이용하여 민족해방운동 이름 아래 공동전선을 펴고 있다. 저들 권력광들이 표면에는 약소민족해방을 걸지만, 裏面에서는 권력쟁투와 간부쟁탈을 일삼으니 저들의 민족해방전선은 혼란에 빠지고 사기적 策義는 민중 앞에 추악한 사실과 마각을 드러내고 있다..(중략)..(볼셰비키들이 신간회에 유입되는 것은) 신간회를 정치운동의 도구로 삼아 赤色 러시아의 환심을 사고 조선을 러시아제국주의의 식민지로 삼으려는 데 있다..(중략)..반동분자와 공산당의 烏合, 신간회 도배가 만든 사실에 비추어, 아울러 저들이 조선민족의 해방을 해치는 사기적 애심가라는 사실을 알고, 인류의 적인 신간회를 매장시키자.[20]

위의 글에서 보여지듯, 당시 조선인 아나키스트들은 민족협동전선 논리에 대해 자치주의 지향의 반동 민족주의자들과 코민테른에 종속된 공산주의자들의 연합전선으로 인식하고 있었다. 이에 따라, 이들은 신간회를 “인류의 적”으로 규정하고, 타도할 것을 주장하였던 것이다.

당시 신간회, 나아가 공산주의 진영에 대한 적대적 분위기는 한 기자에

---

18) 朴尙僙, 『朝鮮思想通信』(1927년 12월 13일자).
19) 「宣言」, 『自我聲』創刊號(1926년 3월 20일자).
20) 『黑色靑年』제16호(1928년 2월 5일자).

의해 묘사된 黑風會 사무실 풍경에서도 잘 나타나 있다. 즉 사무실 벽에는 '자본가와 동일한 적인 공산당 일파를 배격하자', '직업적 운동자를 放逐하고 정치 운동자를 埋葬하자'는 등의 표어가 붙어 있었던 것이다.21) 이러한 배경을 통해 조선인 아나키스트들은 보다 강력한 반일반공산주의 세력 결집을 위해 1928년 1월 흑우연맹을 결성하기에 이른 것이다.

2. 흑우연맹의 구성원

민족협동전선과 신간회 결성에 반발한 조선인 아나키스트들은 보다 강력한 반일·반공산주의적 조직으로의 재편을 꾀하였다. 즉 黑風會의 元心昌·張祥重·韓何然·李時雨 등이 1928년 1월 15일 반공산주의 노선을 분명히 하고, 黑友聯盟을 결성한 것이다. 이들은 조직개편 이후 사무실을 이전하였다.22)

1928년 창립부터 1936년 해체시기까지 黑友聯盟에서 활동한 회원들의 면모를 살펴보면, 「표1」과 같다.

회원의 구성과 이전활동에서 보여지듯, 黑友聯盟 회원들은 黑友會-黑風會 등에서 꾸준히 활동한 인물들이 주류를 이루고 있다. 즉 元心昌·鄭泰成·張祥重·李允熙 등은 朴烈과 黑友會의 유지를 받들어 반일 직접행동에 나섰던 인물들이다. 경남과 함남 출신이 많은 이유 역시 朴烈의 영향력 아래 있던 고학생들이 동향출신 선후배들과 합숙하면서 함께 참여했기 때문으로 여겨진다.

이와 함께 눈에 띠는 점은, 입회한 회원들이 대개 相愛會나 공산주의자들과 심한 충돌을 겪은 바 있다는 사실이다. 우선 핵심멤버인 元心昌과 吳宇泳·李時雨 등이 이미 1926년부터 친일단체인 相愛會와 수차의 충

---

21) 朴尙僖, 『朝鮮思想通信』(1927년 12월 13일자).
22) 개편 당시 사무실은 東京의 '下落合町 下落合 630'이었으나(『黑色靑年』18호, 1928년 9월 5일자), 이듬해 '外高田町 高田 783'으로 이전하였다(『黑色靑年』호외, 1929년 5월 1일자).

돌을 빚은 바 있다. 1928년 2월 일본 경찰의 후원 하에 자행된 相愛會의 습격사건에도 이들은 적극 항거하였다.

「표1」黑友聯盟(1928년~1936년)의 주요회원 명단

이 름	출신고향	이전 활동	주요 활동
元心昌 (元動, 1906~1973)	경기 평택	· 黑友會 재건(1925) · 東興勞動同盟(1926)	· 上海 南華韓人靑年聯盟(1931) · 六三亭의거로 구속(1933~45)
鄭泰成 (泰星,太成,1897~?)	함남 단천	· 黑友會	
張祥重 (贊壽, 1898~1962)	경남 울산	· 흑색청년연맹 · 東興勞動同盟(1926)	
韓何然(河鉉, (1903~1960)	부산 초량	· 원산 본능아연맹(1926)	· 자유청년연맹(1928) · 자유코문사(1932)
李允熙 (1906~1951)		· 흑노회(1923) · 黑友會 참여(1923)	· 芝浦勞動者自由聯合(1932) · 朝鮮一般勞動組合(1934)
洪性煥 (1905~1973)	함남 홍원		· 『흑색신문』, 『자유코문』 발행
吳致燮 (? ~ 1932)	평남 대동	· 關西黑友會(1928)	· 相愛會 박멸투쟁 참여 · 『흑색신문』편집위원(1931)
吳宇泳 (佑泳, ? ~ ?)		· 조선자유노동자조합 (1927)	· 극동노동자연맹(1929) · 朝鮮一般勞動組合(1934)
李東淳 (河中, 1909~ ?)	강원 양양		· 東興勞動同盟(1931) · 日本無政府共産黨 가입(1935)
洪亨義 (1911~1968)	함남 홍원	· 일본대학 사회학과 학생	· 『자유코문』편집위원(1933) · 조선에스페란토문화사(1937)
崔洛鍾 (? ~ ?)	경남 고성		· 芝浦勞動者自由聯合(1932)
李時雨 (? ~ ?)	경남 대구	· 대구아나키즘연구회 (1925)	· 자유청년연맹(1928)
卞榮宇 (? ~ ?)	경남 합천	· 조선자유노동자조합 (1927)	· 극동노동자연맹(1929)
朴成俊 (朴茫,1900~ ?)	강원 양양	· 大阪 三一靑年會 · 東興勞動同盟(1925)	· 黑友聯盟(1928) · 獨立勞農黨 위원(1947)
全春燮(寒村, (? ~ ?)		· 東興勞動同盟(1928)	· 土民社(1933) · 『法律과 强權』 발행
丁贊鎭 (1905~ ?)	경남 통영	· 一聲圍(1928) · 계림장(1929)	· 黑旗勞動者聯盟(1930) · 『黑色新聞』편집위원
崔學柱 (1906~ ?)	경남 통영		· 東興勞動同盟(1931)

주요 참고자료는 대한민국독립운동공훈사발간위원회 편, 『대한민국독립운동공훈사』, 광복출판사, 1984 ; 대한독립운동항일투쟁총사 편찬위원회 편, 『大韓獨立運動抗日鬪爭總史』下, 광명인쇄공사, 1989 ;『日帝下社會運動人名索引集』, 여강출판사, 1989 ;『リベルテール』, 東京:三浦精一, 1989.7 ·

9·10월호 ; 강만길·성대경 엮음,『한국사회주의운동인명사전』, 창작과비평사, 1996 ;『近代社會運動
 人物大辭典』, 東京:日外アソシエーツ株式會社, 1997 등.

　韓何然과 洪性煥은 조선에서 공산주의자들과 충돌을 경험했다. 한하연
은 1927년 4월 元山에서 공산진영과 유혈충돌을 빚은 이른바 '元山靑年
會습격사건'23)으로 구속된 바 있다. 이 사건으로 그는 상해치사 혐의로
징역 3년형을 받았으나 이듬해 정당방위를 인정받아 무죄로 풀려났다.
그후 元山에서 강제 추방당하자, 1928년 2월 東京으로 건너와 黑友聯盟
에 합류하였다.24)

　洪性煥도 고향인 洪原에서 공산주의자들과 대립한 後에 渡日한 경우이
다. 그는 일찍이 홍원군 일대에서 농민대중조직과 계몽운동으로 수차례
구속되는 항일전력을 가졌으나, 1930년 공산주의자들의 金錢貸借文書 소
각운동에 협력하지 않았다. 이 일로 집단테러를 당하게 되어 유혈충돌을
빚게 되자, 그는 동향출신의 사촌동생인 洪亨義의 도움으로 1932년 3월
東京으로 건너갔다.25)

---

23) 공산주의 풍조가 강했던 元山에 청년회가 결성된 이후, 회원들의 금품갈취와 횡포가 심해
　　아나키스트들이 습격한 사건이다. 이 일로 양측의 사상자가 다수 발생했다(『黑色靑年』제
　　10호, 1927년 7월 5일자).
24) 韓何然(1903.12.8～1960.3.26)은 慶尙南道 釜山 草梁 출생으로 별명은 韓河鉉, 韓河源, 小
　　龍善. 13세 되던 해에 부모를 따라 원산으로 이주하였다. 16세 때에 금강산에 들어가 불경을
　　익혔으며 원산불교포교당에서 철학과 문학을 수학하였다. 1924년부터 李鄕, 趙時元 등과
　　함께 아나키스트 모임을 갖다가 비밀결사 本能兒聯盟을 결성, 대중적인 청년단체인 元山靑
　　年會를 중심으로 사상계몽운동을 폈다. 1927년 4월 '원산사건'으로 구속되어 징역 3년형을
　　판결 받았으나, 이듬해 7월 정당방위를 인정받아 무죄로 풀려났다. 그해 黑友聯盟에 가입해
　　기관지『互助運動』발행에 기여하였다. 친일융화단체인 相愛會와의 잦은 충돌로 수차 체포
　　되었다가 경찰의 추방명령으로 1929년 12월 일시 귀국하여 마산에 머물면서 金山목사와
　　함께 소비조합운동을 전개했다. 1930년 재차 東京으로 밀항하여 自由靑年聯盟에 가입하여
　　相愛會와 朝鮮留學生學友會 등과 쟁투를 벌였고 메이데이투쟁, 관동대지진희생자추도회
　　에서 참가하였다. 1932년 洪性煥 등과 함께 자유코뮨사를 설립해『自由코뮨』과『黑色新聞』
　　지를 발간하였다. 해방 후 귀국하여 1960년 서울에서 병사하였다. 1990년 건국훈장 애족장
　　을 수여받았다(『獨立有功者功勳錄』9권).
25) 洪性煥(1905.10.24～1973.8.14)은 咸鏡南道 洪原郡 龍源面 龍湖里에서 출생해 18세에 서울

　이처럼 흑우연맹은 1926년부터 일기 시작한 정치투쟁으로의 방향전환과 유일정당, 신간회 결성에 반대한 아나키스트들의 결집으로 결성되었다. 회원의 구성 역시 상애회 등 친일파나 공산주의자들과의 쟁투를 겪은 이들이 적지 않다. 이같은 결성배경과 구성원 성향으로 인해 흑우연맹은 이후 ‘반일·반공산주의적 민족운동’이라는 독자적인 영역을 구축하며, 1920년대 후반에 이어 1930년대 중반에 이르기까지 조선인 아나키스트운동을 주도하였던 것이다.

Ⅱ. 흑우연맹의 활동

1. 反相愛會·反공산주의 투쟁

　黑友聯盟 회원들은 相愛會나 공산주의계열의 단체에 대해서는 매우 강경한 입장을 취하였다. 특히 상애회는 일자리를 찾아 도일한 조선의 여공들과 어린 노동자들에게 취업알선을 명목으로 갖은 협박과 갈취를 일삼았다. 이들은 일본 자본가 및 경찰 등과 협작하여 일본정부에 협력할 것을 강요하거나, 노동쟁의 현장이나 민족단체 대회 등에 나타나 폭력을 휘둘러 동포들로부터 많은 지탄을 받아왔다.

　한 조선인 노동자는 相愛會를 ‘同親兄弟의 몸을 먹는 개’이며 ‘不俱載天의 원수’라고 비난한 바 있다. 그는 상애회의 존재자체가 ‘커다란 굴욕’일 뿐 아니라 ‘세계 노동운동의 수치’이기 때문에, 박멸투쟁에 나서야 한다고 주장하였다.[26] 흑우연맹 회원들은 이같이 전 조선인들의 원망을 받는 상애회의 횡포에 맞서 노동자들의 권익보호에 적극 나섰다.

中央高普로 유학, 항일운동을 전개하다가 서대문형무소에 복역하였다. 1932년 3월 동향출신의 洪亨義의 알선으로 渡日하여 黑友聯盟의 핵심멤버로 활동한다(「洪性煥 자필이력서 ‘나는 이렇게 걸어왔다’」(1965년 작성) ; 『近代日本社會運動史人物大事典』, 1997).
26) 朝鮮勞動 K生, 「相愛會か, 相穢會か」 『自由聯合』 第11號(1927년 4월 5일자).

우선 元心昌과 吳宇泳·李時雨 등 아나키스트들은 1926년부터 相愛會와 줄곧 폭력적 대립을 거듭한 바 있다. 相愛會는 1926년 6월 在日勞總 사무실을 습격해 9명에게 중경상을 입힌 사건을 저질렀다.[27] 또한 이들은 1927년 濱松동맹파업 파괴에 동원되어 조선인 아나키스트단체인 自由勞動組合 회원들을 납치하여 폭력을 가한 바 있다. 이때 吳宇泳과 卞榮宇·韓何然 등 간부들도 구타를 당했던 것이다. 이에 黑友聯盟 회원들이 相愛會의 행동대장인 河古奉에게 반격을 가하였다.[28]

이런 잦은 분쟁으로 인해 相愛會는 1928년 2월 黑友聯盟과 아나키스트들의 기숙사인 鷄林莊을 습격하기에 이르렀다. 이들은 공공연히 경찰의 후원을 받은 채 권총과 일본도, 단도 등으로 무장한 채, 아나키스트들의 본거지를 일거에 섬멸하려 한 것이다. 하지만 이같은 상해회의 만행은 잠복 중이던 韓何然의 반격으로 뜻을 이루지 못했다. 여러 회원들이 부상당하고 경찰에 검속되었으나, 검찰에 의해 정당방위로 입증됨에 따라 저들의 만행이 백일하에 드러나고 말았다.[29]

이후에도 韓何然은 1928년 8월 친일융화단체인 大同協會의 습격을 기도한 바 있다. 洪性煥도 조선인노동자 합숙소에서 회원가입을 강요하던 相愛會 회원들을 내쫓은 바 있다고 한다. 그는 이 일로 상애회로부터 가택침입 및 상해죄 등으로 고소당해 2개월 동안 경찰의 수배를 받은 바 있다고 진술하였다.[30]

한편, 민족협동전선과 유일당 결성을 꾀하는 공산주의자들에 대해서도 아나키스트들은 강력히 반발하였다. 아나키스트들의 반공산주의 인식은 1927년 12월 조선인단체협의회의 탈퇴 이후 폭력적인 양상으로 변모했

---

27) 『동아일보』 1926년 6월 15일자 「홍기 휴대한 相愛會員 在日朝鮮勞總 再襲」,
28) 『한국아나키즘운동사』, 278~279쪽.
29) 玉川信明, 「アナキスト鄭哲の闘争」, 『勞働史研究』 第2號(1985년 1월).
30) 「洪性煥 자필이력서 '나는 이렇게 걸어왔다'」(1965년 작성).

다. 우선 1929년 2월 黑友聯盟員인 元心昌·李革 등이 在日勞總 東京노
동조합을 습격해 수명에게 중상을 입힌 바 있다. 발단은 회원의 탈퇴와
이적문제로 빚어졌지만, 그 근본원인은 공산주의에 대한 반감 때문이라
하겠다.[31]

또한 그해 6월 學友會 주최의 운동회 준비에 불만을 품은 元心昌·金炳
運·韓何然 등 일부 회원들이 新幹會 東京지부를 습격, 6명의 사상자를
내고 구속되기에 이르렀다. 일명 '學友會사건'이라 불리는 이 사건에 대해
당사자들은 본국의 가뭄피해 구호에 아랑곳없이 운동회 개최준비에만 열
중하는 유학생들의 비민주적 태도에 반성을 촉구하고자 했다고 주장하였
다.[32] 하지만 이 역시 민족주의계열과 공산주의계열의 연합만으로 운동회
를 펼치려는 기도에 대한 아나키스트들의 소외와 반발 때문이라고 볼
수 있다.

이외에도 흑우연맹 회원들과 아나키즘계열의 노동조합원들은 在日勞
總과 회원확보를 둘러싸고 여러 차례 충돌하였다. 특히 朝鮮自由勞動者
組合은 1932년경 江東방면의 공산주의자들과 충돌을 빚어 共助會 분회나
직업소개소를 습격하기도 했다. 이같은 폭력화로 黑友聯盟은 점차 다른
진영으로부터 비난을 받고 고립되고 말았다.

하지만 아나키스트들의 반공산주의 투쟁이 반드시 폭력으로 전개된 것
은 아니다. 비록 양 진영간의 대립은 1922년 흑도회 해체 이래 줄곧 있어
왔지만, 주로 기관지를 통한 이념적 논쟁이 주류를 이루었다고 할 수 있다.
新幹會를 둘러싼 마찰 또한 주로 1928년과 이듬해 東京지역에서 회원쟁
탈의 건으로 발생했을 뿐이다. 大阪 등 타 지역에서는 거의 쟁투 없이

---

31) 『조선일보』 1929년 2월 19일자, 「200여 노동자와 흑색연맹원 난투」 ; 4월 1일자 「無政府系
   京勞組員과 勞總系組員 충돌」.
32) 『조선일보』 1929년 6월 9일자, 「在東京 동포간 主義衝突로 유혈참극」.『한국아나키즘운동
   사』(279-280쪽)에는 1928년으로 기록하고 있으나, 이는 착오로 여겨진다.

논쟁만 펼친 것으로 조사되었다.33)

2. 사상선전 활동

黑友聯盟 회원들은 독자적인 항일운동과 사상투쟁을 전개하기 위해 선전활동에 주력하였다. 월간신문인『黑色新聞』을 비롯한 각종 팜플렛 발행이 그것이다. 우선 黑友聯盟 회원들은 東京의 아나키스트 노동단체인 東興勞動同盟과 自由靑年聯盟과의 협력으로『黑色新聞』을 발간하였다.

이 신문은 東興勞動同盟의 李汶烈과 黑友聯盟의 元心昌·韓何然 등에 의해 1930년 5월부터 준비하여 8월 1일자로 창간호를 냈다. 창간호에서 편집자는 "불합리한 사회에 대하여 OO(파괴＝역자 주)적 행동으로 돌진한다"라는 포부를 밝혔다.34) 흑우연맹은 1930년 4월 기관지 발행을 위해 東興勞動同盟 등 각 노동조합으로부터 후원금을 받아 매월 25일 편집위원회를 개최하였다.

편집은 崔學柱·吳宇泳·梁一東 등 10여명이, 인쇄는 崔洛鍾이 책임을 맡았다. 그후 최학주(23～26호)에 이어 1934년 1월부터 李東淳(27～35호)이, 그리고 36호부터 종간까지는 丁贊鎭이 발행과 편집을 맡아 꾸준히 신문을 발행했다. 신문사는 처음 東京 神田區 北神保町에 사무실을 두었으나, 1934년 4월 淀橋區 上落合町으로 옮겼다.35)

그러나 신문은 창간호부터 당국으로부터 발매금지와 지형압수를 당한 데 이어, 심지어 신문사 압수수색과 편집책임자 검속 등,36) 경찰의 탄압이

---

33) 大阪지역에서는 1927년 12월 新幹會 발회식에서 '新幹會 타도' 삐라가 뿌려졌을 뿐, 공산주의 진영과의 충돌양상은 거의 찾아 볼 수 없었다고 한다(정혜경,『일제시대 在日조선인 민족운동 연구』, 2001, 175쪽).
34) 內務省 警保局,「在留朝鮮人狀況(1930)」(朴慶植 編,『在日朝鮮人關係資料集成』2권, 155쪽).
35)『黑色新聞』제23호(1933년 12월)～37호(1935년 4월) 종합.

거듭되었다. 더욱이 재정악화로 인해 집세체납으로 벌금을 물거나 강제철거 당하는 등의 어려움을 겪어야 했다. 이러한 어려움 속에서도 『黑色新聞』은 反日 독립사상 고취와 아나키즘 선전의 중요기관으로 기능하였다.

신문은 매월 5일 1회, 2천부 가량 2면씩 발행되었다.[37] 수차례 4면 증면 발행을 목표로 후원금 모집에 노력했으나, 재정사정이 열악하여 2면에 머물렀다. 각 호별 주요 내용은 일본과 국내소식과 함께 중국, 또는 서구 아나키스트들의 활동상황을 담고 있다. 또 각종 아나키즘 이론을 선전하거나 외국의 운동상황을 상세히 전하기도 했다.

이외에도 신문은 메이데이행사 참여, 萬寶山사건 규탄연설회 개최, 관동대학살기념대회 등을 비롯해 진재동포 구호운동이나 有吉公使사건의 구속동지 지원 등 항일활동과 조선인 인권옹호운동에도 적극 앞장섰다. 그러나 이 신문은 일본당국의 탄압과 편집자들의 잦은 구속, 그리고 발간자금의 부족 등으로 37호(1935년 4월)를 끝으로 1936년 5월 6일 폐간되고 말았다.[38]

『黑色新聞』이 잦은 발행금지와 편집진의 구속으로 중단될 위기에 처하자, 東興勞動同盟은 이와 별도의 선전지를 발행하기도 했다. 즉 1933년 2월 16일 『芝浦勞動者뉴우스』 1호와 1935년 3월 2일자로 『朝鮮東興勞動뉴우스』 1호를 각각 발행·배포하였던 것이다.[39] 이후 수차례 기관지 속간을 꾀했으나, 기관지는 매호마다 과격한 반일성향의 기사와 논조로 인해 발매금지를 당하고 말았다.

이외에도 黑友聯盟 회원인 全寒村은 1932년 11월 11일 크로포트킨의

---

36) '同志梁一童君 拘禁'(『黑色新聞』23호) ; 「戶塚署官犬 本社 襲擊」(『黑色新聞』29호) ; 「李東淳君과 洪日君 檢束」(『黑色新聞』32호) 등.

37) 「1933年の共產主義運動」(金正明 編, 『朝鮮獨立運動』4, 439쪽).

38) 朴慶植 編, 『在日朝鮮人關係資料集成』3권, 360쪽.

39) 朴慶植 편, 『在日朝鮮人關係資料集成』2권, 790쪽 ; 3권, 363쪽. 이 두 선전지는 아직 확인되지 않았다.

저서인『法律과 强權』을 번역, 500부 가량 발행하였다. 그는 1933년 9월 1일 아나키즘 선전의 문예잡지를 발행하기 위해 土民社를 조직, 9월 12일 잡지『土民』창간호를 1천부 발행하였다.[40] 한글로 된 이 잡지는 일본뿐 아니라 조선에도 전해진 것으로 알려졌다. 그중 3호의 내용이 너무 과격하다는 이유로 발행금지 되었다.[41]

이듬해에도 그는『土民』4호부터 7호까지 발행하였으나, 모두 발행금지를 당하고 말았다. 이에 그는 부득이 형태를 바꿔 그해 6월 5일 잡지『詩 特輯號』를 발행하였다. 全寒村은 또 7월 27일 시집『無軌列車』를 200부 발행하였으나, 발행금지 되었고 출판법 위반혐의로 검속되어 벌금 30환에 처해졌다.[42]

3. 反帝민족운동

다음으로 黑友聯盟을 중심으로 전개된 조선인 아나키스트들의 독자적인 민족운동에 대해 살펴보기로 하자. 아나키즘단체들은 이미 1927년 12월 조선인단체협의회를 탈퇴한 이후 다른 민족주의 및 공산주의계열과의 연대활동을 포기한 채, 독자적인 운동을 전개하려 했다. 흑우연맹 회원들은 이른바 4대 민족투쟁(3·1운동 기념투쟁, 5월 1일 메이데이투쟁, 8월 28일 국치일 투쟁, 9월 1일 관동진재 기념투쟁)을 우의 노동단체와 일본 아나키즘 단체와 연대하여 주관하였다.

흑우연맹은 1929년 2월 28일 朝鮮人團體協議會에서 개최한 3·1 운동 기념 행사에 참여했다. 이들은 다른 단체와 별도로 각종 항일 선전물을

---

40)「1933年の共産主義運動」(金正明 編,『朝鮮獨立運動』4, 439쪽).

41) 朴慶植 編,『在日朝鮮人關係資料集成』2권, 518쪽.

42)『黑色新聞』제 31호(1932년 8월 29일자). 全寒村(이명 全春燮)은 黑友聯盟과 朝鮮東興勞動 同盟의 일원으로 활동했다. 이 잡지와 시집은 아직 확인되지 않았다(『近代日本社會運動史 人物大事典』, 1997).

배포하였다. 그해 5월 1일 열린 메이데이 행사에도 東興勞動은 회원 3백여 명과 함께 참가하였다. 이 단체는 행사장에서 「黑旗 아래 참가하라」는 책자를 배포했다.[43]

흑우연맹과 아나키스트 단체들은 8월 28일 國恥日을 맞아 1주일간 獨立記念宣傳週間으로 정하고, 각종 특별강연회를 개최하였다. 이 자리에서 주최측은 "日韓合倂 20년을 맞아 전 일본민중 제군에 격함"이라는 항의문을 참석자들에게 배포했다.[44] 東興勞動·自由靑年聯盟 등 5개 단체는 1929년 9월 25일 大震災被虐殺者追悼 대강연회를 공동으로 개최하고, 격문을 배포하였다.[45]

또한 흑색신문사는 1931년 8월 30일 편집부 명의로 전단을 배포하였다. '회상하라 ! 9년전 9월 1일을, 항거하라 ! 지배자의 학정을'이란 주제의 이 글에서는 1923년 9월 1일을 "지배군의 야욕적 광란적 학살로 이어진 날"로 규정하고, 전 무산대중이 지배권력에 반대해 투쟁하자는 내용이 실려 있다.[46] 이러한 흑우연맹과 아나키즘단체들의 4대 민족투쟁은 이후 1936년까지 매년 기념일을 기해 독자적으로 전개되었다.

한편, 1931년 7월 일제에 의해 중국인과 조선인간의 유혈충돌을 빚은 이른바 '萬寶山事件'이 발생했다. 黑友聯盟은 東興勞動과 朝鮮自由, 黑旗勞動者聯盟과 極東勞動組合 등 여러 노동단체와 함께 즉각 공동 인쇄물을 작성하여 사태의 해결을 촉구하였다.[47] 이어 7월 14일에는 연설회를 개최해 일본의 중국침략을 규탄하였다.

黑友聯盟 회원들은 在中 조선인 아나키스트들의 의열투쟁 지원에도 적극 나섰다. 우선 1933년 2월 上海에서 有吉明 駐中일본공사 암살미수

---

43) 朴慶植 편, 『在日朝鮮人關係資料集成』 2권, 62~63쪽.
44) 朴慶植 편, 『在日朝鮮人關係資料集成』 2권, 61~64쪽.
45) 「嚴重な警戒の中で震災追悼會」, 『自由聯合新聞』 第40號(1929년 10월 1일자).
46) 黑色新聞 編輯部, 「전단」, 1931년 8월 30일자(독립기념관 소장).
47) 「1931年の共産主義運動」(金正明 편, 『朝鮮獨立運動』Ⅳ, 180쪽).

사건으로 元心昌·白貞基·李康勳 등이 체포되어 일본으로 압송되어 오자, 연맹은 이들에 대한 구원활동을 전개했다.[48] 회원들은 이 사건을 계기로 일본의 중국침략을 규탄하는 선전활동을 적극 전개했다.

聯盟 지도부는 구속된 세 동지가 일본 나가사키(長崎)에서 공판을 연다는 소식을 접하고, 洪性煥을 대표로 삼아 파견하기로 결정했다. 홍성환은 헌책장사로 가장하여 11월 13일 長崎로 잠입, 일본인 동지 집에서 유숙하였다. 그는 각 신문사와 조선인 노동자합숙소 등을 방문하여 사건의 전말을 적극 선전하였다. 홍성환은 이후 수백 명의 방청인을 이끌고 공판정에 들어갔으며, 이때 경찰에 체포되어 강제로 추방되고 말았다.[49] 『黑色新聞』은 이같은 사건의 경위와 재판과정, 지원활동과 세동지의 약력 등을 전면 할애하여 자세히 선전하였다.[50]

이밖에도 黑友聯盟은 1933년 5월 나치즘 배격운동과 미국에서 체포된 아나키스트들에 대한 석방운동을 벌였다. 또한 高松地方裁判所의 조선인 차별사건이 발생하자, 연맹은 이를 규탄하는 운동에 적극 참가해 각종 민중대회와 연설회 등을 개최하였다.[51]

뿐만 아니라 1934년 여름 경상·전라·충청남북도 등 조선 남부지방에 큰 水災로 많은 인명피해가 나자, 黑友聯盟은 東興勞動과 朝鮮一般勞動組合과 더불어 구호활동을 펴기로 하였다. 이들은 또 민족주의 및 공산주의 계열의 각 노동단체와 사회·학생·종교단체에게도 구호활동을 제의하였다. 이를 계기로 朝鮮自由와 東興勞動의 吳宇泳·閔興圭·丁贊鎭 등은 친일단체를 제외한 총 48개의 각종 민족단체와 연합하여 7월 13일 南朝鮮水害救濟會를 결성하였다.[52] 救濟會는 수천 원의 성금을 모아 조

---

48) 朴慶植 편,『在日朝鮮人關係資料集成』2권, 787〜788쪽.
49)「洪性煥 자필이력서 '나는 이렇게 걸어왔다'」(1965년 작성).
50)『黑色新聞』第23號(1933년 12월 21일자).
51) 內務省警保局,「在留朝鮮人運動(1933년)」(朴慶植 편, 앞의 책 2권, 786쪽).
52) 朴慶植 편,『在日朝鮮人關係資料集成』2권, 786쪽.

선일보·동아일보사 등 각 신문사를 통해 수재민에게 전달하였다.[53]

또 그해 일본 관서지방에도 풍수해가 심해 조선동포의 참상이 알려지자, 이들은 다시 日本關西風水災救濟會를 조직하였다. 모금방법은 조선 舊樂演奏會도 열고 희사금 모집, 가두모집, 被服수집 등으로 수천圜의 구제금을 모았다. 모금된 금품과 피복 등은 홍성환, 高哲承 등 3인에 의해 풍수해 지역인 大阪, 神戶, 堺市 외 6,7개 지방 罹災民 동포들에게 직접 전달되었다.[54]

Ⅲ. 아나키스트들의 항일이념

1. 자본주의·제국주의전쟁 반대

1920년대 후반부터 1930년대 중반까지 전개된 조선인 아나키스트들의 운동을 이해하기 위해서는 조직활동 뿐 아니라 그들의 주장과 이념을 파악하는 일도 매우 중요하다. 조선인 아나키스트들의 사상이 반일·반제국주의 이념의 뿌리를 두고 있음은 물론이다. 이와 더불어 아나키스트들은 민족주의의 부르조아적 속성과 공산주의의 중앙집권주의 경향도 강력히 비판하면서도, 이의 대안으로 반제평화사상과 자유연합주의를 실천하려 하였다.

특히 1920년대 초기 아나키즘 수용단계의 이념과 1920년대 후반 운동의 확산기에 나타나는 이념에는 다소 차이가 있다. 즉 1920년대 초기 黑濤會와 黑友會·不逞社 단계의 이념과 주장에는 자아주의와 허무주의, 직접행동론 등이 주류를 이루고 있다.[55] 이에 비해, 1920년대 후반과 1930년

---

53) 『黑色新聞』 제31호(1934년 8월 29일자) '東京의 水害救濟運動'
54) 「洪性煥 자필이력서 '나는 이렇게 걸어왔다'」(1965년 작성).
55) 金明燮, 「朴烈·金子文子의 反天皇制 鬪爭과 아나키즘인식」, 『한일민족문제연구』 4호, 2003 참조.

대에 활동한 흑우연맹을 비롯한 노동단체들의 주장에는 공산주의에 대한 체계적인 비판과 자유연합주의 등의 이념이 눈에 자주 띈다.

자본주의 사회의 불합리한 제도와 노동자의 참담한 상황은 이미 흑도·흑우회의 기관지『黑濤』와『現社會』등에서 통렬한 절규로 여러 차례 드러난 바 있다. 1923년 조선인대학살 이후 이러한 인식은 보다 구체적으로 자본주의 체제에 대한 분석과 비판으로 이어졌다. 이러한 변화된 인식은 1926년 大阪 新進會에서 발간한 기관지 등에서 찾아 볼 수 있다. 즉,『自我聲』지에 실린 「조선의 운동」이란 글에서 필자는 일본의 조선침략은 경제적 착취를 목적으로 한 것이며 이는 자본주의의 제국주의적 모순에서 비롯되었다고 보았다. 때문에 필자는 이 '흡혈적 자본주의적 착취'로 인해 많은 백성들이 "눈물을 머금고 고향을 떠날 수밖에 없다"고 한탄하였다.56)

제국주의 침략전쟁에 대한 아나키스트들의 인식은 1931년 일제의 만주침략을 계기로 보다 구체적으로 드러나 있다. 이들은 1930년대에 이르러 세계공황이 갈수록 심각해지고 민중 대다수의 생활이 가혹한 지경에 이르자, 제국정부와 자본가들이 군비경쟁에만 매달리고 있다고 비난하였다. 나아가 지배계급의 언론통제와 전쟁선동에 대해서도 다음과 같이 비판하였다.

> 세계자본주의 제 정부는 此等 자본가들의 기관임으로 여하히 此 곤경을 타개할까하는 非常政策이 필요하였다. 민중을 탄압하고 착취를 강화하기 위하여 차등의 손으로 경영하는 신문지상으로 전쟁을 소동하고 국민사상을 고취하며 동시에 군비와 경찰을 적극적으로 강화하고 있다. 신문지상으로 전쟁을 소동하는 부르조아지의 계획은 1. 전쟁의 위기를 예비한다는 구실로 민중의 불평을 강압할 군비와 경찰을 충실히 하고 그것으로서 위협하며, 2. 군비 임플레의 기회를 만들어 각종 기업회사 및 은행의 증수를

---

56)「朝鮮の運動」,『自我聲』創刊號(1926년 3월 20일자).

圖하는 직접 물질적 이익을 탐하고, 3. 國亂 비상시 등의 구실로 공장노동자의 노동시간을 연장하고 능률을 높이는 등 이상과 같다.

현재 東京의 실례를 보더라도 3년 이래 신문이 전쟁을 소동하기 시작한 다음부터 물가가 騰貴하여진 사실이 있거니와 그 보다도 더 현저한 사실은 군수품 제조가 각종 공장에서 주야로 계속될 뿐 아니라 강철회사 등은 8할의 배상까지 있게 되었으니 大戰직후의 경기 당시보다도 양호하였다..(중략)..대신문이 매일 대대적으로 某某 국경에 모국 비행기가 추락이라, 某國陸相이 대군비를 역설이라, 모국 대건함 예산 등등의 각종 戰爭熱을 煽情하는 그 의의가 奈邊에 있음을 아는 동시에 부르조아 新聞의 역할이 이렇게 폐기할 것이요. 此等의 양심이 무엇임을 觀破하였다. 더욱이 朝鮮의 신문은 그 사상이 민족주의라 하면서 차등 자신의 이익에는 하등 관계도 없는 타국 자본가의 營利略策에 농락되고 있는 꼴은 가소롭다.[57]

이처럼 아나키스트들은 현 제국정부와 지배계급들이 전쟁을 선동, 경제공황을 심화시키고 있다고 보았다. 나아가 조선의 신문들이 민족주의를 내세우면서도 일본제국주의와 자본가들의 책략에 동조하여 전쟁위기론을 부채질하고 있음을 비판하였던 것이다.

이러한 反戰의식에 따라 1935년 당시 러시아 볼셰비키 정권과 일본제국의 전면전쟁 위기설에 대해서도, 아나키스트들은 다음과 같이 입장을 밝히고 있다.

물론 러시아를 조국이라고까지 하는 볼셰비키들은 무조건 러시아를 지지할 것이다. 其實 러시아는 세계의 평화를 교란하고 自國政權을 확장하려는 야심을 가지고 갖은 비행적 음모를 하고 있는 것이요, 일본제국이나 또는 기타 국가들이 상호침략적 毒牙를 硏磨하는 것은 자본주의경제가 末期에 처하였으므로 그것을 打開하려는 略策이다. 無政府主義者는 여하한 성질의 전쟁이라도 반대한다.[58]

---

57) 「非常時의 煽情에 潛伏하야 暴利를 貪하는 資本家 御用新聞과 政府의 役割을 撲滅하라」, 『黑色新聞』 第27號(1934년 3월 10일자).

즉, 日露전쟁 역시 러시아 볼셰비키와 일본제국주의자들의 권력확장과
자본침탈의 야심 때문이라는 지적이다. 그러므로 아나키스트들은 어떠한
명분의 전쟁도 세계평화와 민중생활을 파탄시키려 하는 한 반대한다는
주장이라 하겠다.

2. 부르조아 민족주의 비판

자본주의와 제국주의전쟁에 대한 한인 아나키스트들의 부정적 인식은
부르조아 민족주의에 대한 비판으로 이어진다. 일본 제국주의의 민족적
수탈도 원통한 실정에 민족 지배자들의 계급착취 역시 용납하기 힘든
지배논리이기 때문이다. 특히 일제의 내선일체에 동조하면 일부 자치를
주장하며 제기된 '의회정치론'은 한인 아나키스트들에게 마땅히 척결되
어야 할 주장이었던 것이다.

의회로의 진출을 통해 '조선인에 의한 자치'를 주장하는 정치운동에
대해 아나키스트들은 매우 격렬하게 반대하였다. 이들의 비판은 정치운동
가에 대한 불신에서 더 나아가 타도의 대상으로까지 나아갔다. 東興勞動
同盟에서 발간한 기관지에 실린 「자유노동자의 생활」이란 글을 실은 한
필자는 "어떠한 정당을 막론하고 정당인 이상에는 우리의 적"이라고 분명
히 규정하였다.59) 때문에 노동자는 정권을 장악할 것이 아니라 빵을 탈환
해야 한다고, 그는 주장하였다.

의회에 대한 불신은 '정치근성 말살론'으로 이어졌다. 즉 정치가들의
죄악은 '정치적 强權으로 인간의 사회적 독창성과 발전성'을 저해하였으
며, 이 정치근성은 '야욕배의 자기옹호와 인간성의 인식부족' 때문이라면

---

58) 「日露戰爭說」, 『黑色新聞』 第31號(1934년 9월   일자).
59) H生, 「自由勞動者의 生活」, 『解放運動』 革新號(1929년 5월호).

서 다음과 같이 주장하였다.

> 정치가들은 법률로 이 사회성을 말살시키고 非인간적 非사회적인 빈부
> 의 계급을 만들었다. 이러한 정치적 근성이 우리 인간사회에 얼마나 毒素
> 를 뿌려 왔는지 알 수 없다. 우리는 인간사회에 하등 관계없는 이 정치적
> 간섭에서 떠나는 동시에 이 정치적 근성을 절멸시켜야 한다. 이럼으로써
> 인간사회생활에 위반되는 제 제도를 소멸시킬 수 있다. 아니 필연적으로
> 소멸될 것이다. 우리가 목표하는 無政府共産社會를 건설함에는 인간의
> 사회를 교란시키려 하는 정치자와 정치적 근성을 근본적으로 말살시키지
> 않으면 안된다.[60]

즉 아나키스트들이 꿈꾸는 아나키 코뮤니즘 사회를 건설하기 위해서는
우리 자신과 사회내부 속에 모든 해악을 끼친 정치근성을 뿌리채 없애
버려야 한다는 것이다. 그럼으로써 치자와 피치자의 계급갈등을 해소하고
인간의 독창성과 발전성을 성장시켜 상호부조적 사회를 만들어 갈 수
있다는 것이다.

反정치, 反계급적 인식을 가진 아나키스트들은 일본 제국주의뿐 아니라
옛 조선왕조의 권력자계급에 대해서도 비판적인 입장을 취하면서 다음과
같이 지적했다.

> 4,5백년 동안 李家兒가 독점으로 2천만 조선민중의 고혈을 착취하다가
> 시대의 변천에 따라 조선은 倭家로 轉嫁되어 殺人倭將들의 전횡으로 되어
> 있으며, 일본 역시 德川장군 專制의 막이 폐막되고 明治維新이라는 금
> 간판 하에 代議事業者의 수중에서 3천만 일본민중이 신음하고 있지 않은
> 가?

이 글의 필자는 조선과 일본 모두 권력자들의 전횡으로 두 나라의 민중

---

60) 崔仲憲, 「政治根性抹殺論」, 『自由코뮨』 創刊號(1932년 12월 20일자).

들이 신음하고 있다고 지적했다. 필자는 나아가 "조선사람은 조선을 倭鬼의 손에서, 일본사람은 일본을 00(천황-역자 주)의 손에서, 러시아 사람은 러시아를 공산당의 마수에서, 그리하여 전 인류는 전세계를 자본주의와 지배계급의 수중에서 완전 무결히 탈환하자"면서, "국경간의 경계 푯말을 때려 부수자"고 주장했다. 이들에게 있어 조국은 "조선도, 일본도, 英美國도 아니"고 "즉 우리의 조국은 우주이며 지구상"이기 때문이다.[61]

흑우회 재건에 앞장섰던 李弘根[62]은 민족주의자와 연합전선을 결성하려는 공산주의자들 역시 개량주의라고 비판하였다. 즉 그는 조선공산당이 민족단일정당을 표방하는 신간회를 지지함으로써 '부르조아의 軍門에 항복한 것'이라고 보았다. 때문에 그는 혁명세력의 대부분이 노동자·농민운동으로 넘어가 버리고 민족주의 진영을 零落으로 이끌었다고 평가했다.[63] 이홍근은 민족주의자와 연합하는 것이 오히려 민중운동의 성장을 가로막을 뿐이라면서 민족연합 노선에 반대하였다. 부르조아 민족주의에 대한 이러한 의식은 공산주의에 대한 비판과 함께 反新幹會 운동의 이념적 배경을 이루는 것이었다.

이처럼 아나키스트들은 부르조아 민족운동 세력에 대해 그 내재적 근본모순을 지적하며 강력히 비판하였다. 즉, 이들은 식민지 혹은 약소민족의 해방이 결코 애국적 민족주의운동만으로 성취될 수 없다고 보고, 그 이유를 다음과 같이 설명하였다.

---

61) 狂, 「自由平等의 新社會를 建設하자」, 『解放運動』 革新號(1929년 5월호).

62) 李弘根(1907~1990.7.4)은 平安南道 中和郡 海鴨面 龍山里 태생으로 본명은 李玆根. 平南 鎭南浦商工學校 재학시절 동맹휴업 사건으로 퇴학처분을 당해 1924년 일본으로 건너갔다. 東京의 天道敎 宗理院 東京支部에서 기숙하면서 崔甲龍·韓源烈 등 同鄕 학생들과 동거하면서 正則영어학교를 다녔다. 그후 元心昌·張祥重 등의 흑우회에 가입하여 기관지 『黑友』의 발행에 참여하였다. 이어 1927년 朝鮮自由勞動者組合을 결성한 이후 평양으로 돌아가 12월 關西同友會를 창립하였다(『日帝下社會運動史資料叢書』 12, 1990).

63) 李弘根, 「解放運動과 民族運動」, 『自由聯合新聞』 第40號(1929년 10월 1일자).

> 異族의 통치와 민족적 모멸 내지 사회적 불평에 대한 민중의 반항성을 逆用하여 민족이니, 독립국가이니 하는 美名으로 민중의 정의와 자유를 탈환하기 위한 정당한 반역운동을 마비시키고 自家의 지배적·착취적 권력확립을 기도하는 민족주의혁명은 벌써 민중의 거부 내지 배격의 대상이 되고 있다. 異族의 통치를 倒潰하고 自族 일부의 지배적 권력을 수립하는 것은 민중의 착취적 주인의 지위를 교대하는 것뿐이고, 민중 자신은 의연히 노예와 압박으로부터 해방되지 못하는 까닭이다...(중략) 민족운동자는 정치적 정의라는 입장에서 국가독립에 의한 정치적 해방을 요구하는 上中下의 각층 각 계급을 총망라하여 단일적 독립운동을 몽상하나, 自民族의 자본계급은 자기의 세력과 자본을 축적하기 위하여 容易히 제국주의와 타협한다.[64]

민중의 정의와 자유를 탈환하는 것이 아닌, 자신들의 지배권력을 확립하려는 민족주의혁명은 쉽게 제국주의와 타협하므로 거부되어야 한다는 것이다. 이 글은 아일랜드나 터어키, 중국 국민당의 예를 들면서 민족운동의 한계를 지적하였다. 즉, 독립운동을 표방한 정치적 자유해방은 외적 탄압과 내적 분열로 반드시 좌절될 뿐이다. 나아가 강권적 사회조직에서는 자치획득운동이나 사회개량운동인 이상, 오히려 민중을 기아와 궁핍 속에 밀어넣게 한다는 것이다.

이 필자는 민족연합전선에 의해 결성된 新幹會운동이 노동·농민운동을 마비시켜 결국 부르조아에게 항복시켰다고 비판했다. 또 민족혁명에 의해 정치와 지배자가 바뀌었다 해도 민중의 고통이 감해지지 않는다고 보았다. 때문에 진정한 독립운동은 사회혁명으로 성취될 수 있다고 주장하였다.

또한 1931년 일제의 만주침략으로 국가주의 의식이 사회에 팽배해지자, 아나키스트들은 전쟁을 선동하는 주장이라며 비판하였다. 특히 일제에 동조하는 일부 민족주의자들의 '애국주의' 논리도 맹렬히 비판하

---

64) 「民族運動의 誤謬」, 『黑色新聞』 第26號(1934년 2월 28일자).

고 나섰다.

> 최근 사회상태는 세계적으로 반동과 천박한 애국주의의 풍조에 지배되
> 는 감이 있다.....(중략)...국가란 자본주의 국가이며 조국이란 자본주의 군벌
> 의 조국이다. 민중생활에 있어서는 아무것도 아니다. 어째서 자본가 군벌
> 의 국가지배 착취의 조국을 사랑할 것인가. 우리의 입장과 저들의 그것은
> 여기에서 相反되어 항쟁하는 절대적 敵으로서의 존재이다.

나아가 현재 국가의 이름아래 자행되고 있는 사업은 모두 지배착취뿐이
라는 것이다. 또 국가사업을 보호하는 것이 애국이라 말하며, 조국운동에
투신하는 자는 자본가나 제국정부의 노예가 된다. 따라서 저들의 애국주
의 및 조국의식은 철저히 분쇄되어야 한다는 것이 아나키스트들의 주장인
것이다. 이어 편집자의 글을 덧붙이며 말하길,

> 민중이 자기를 결박하고 자기들을 억제하는 주인을 존재시키기 위한
> 운동이 애국운동의 정체이다. 민중은 자기 입장에서 전력을 경도하며 저들
> 의 애국운동에 항쟁하며 기타 일체의 책동을 파쇄하자. 민중의 주인은 민
> 중이며 자기의 주인은 자기 자신이다. 민중은 자신이 자기의 생활을 창조
> 하며 자유를 확보하자.[65]

위의 글에서 알 수 있듯이, 아나키스트들에 있어 애국운동이란 "파멸
에 처한 자본가들이 자신들의 노예적 교육과 군사, 산업 등 일체의 지위
를 보호하기 위한 사업에 민중을 동원하는 허구"일 뿐인 것이다. 따라서
아나키스트들은 일부 부르조아 민족주의자들이나 자본가의 감언이설
에 속지 말고, 민중 스스로 일어나 자유와 평등을 위해 싸울 것을 호소하
였던 것이다.

---

65) 在中同志寄稿, 「愛國運動의 正體」, 『黑色新聞』(1934년 12월 28일자).

3. 공산주의 비판

공산주의에 대한 아나키스트들의 비판인식은 1922년 흑도회의 해체과정에서 이미 잘 드러나 있다. 1923년 흑우회의 『太い鮮人』과 『現社會』 등에서 朴烈과 한현상 등은 공산주의자들을 '권력광적 야심가'로 규정한 바 있다. 이후 아나키스트들의 공산주의 비판은 단순히 감정적인 비판을 넘어서 공산주의 이론의 뼈대에 대한 논리적인 분석으로 이어졌음에 주목할 수 있다.

즉 이들은 사적유물론과 프롤레타리아독재론 등 이론적 뼈대에 대해 비판하기 시작했던 것이다. 먼저 黑波(徐學伊의 호＝역자 주)66)는 유물사관과 사적유물론의 분석을 시도하였다. 그는 유물사관의 주된 내용을 社會構成論, 社會變遷論, 社會革命論으로 구분하였다. 즉 생산관계는 물질적 생산력에 적응되어 법제, 정치 등 일체의 사회의식의 토대가 된다는 사회구성론에 이어, 생산력의 발전으로 생산관계 또는 소유관계와 충돌하게 된다는 사회변천론, 그리고 이에 따라 필연적으로 발생하는 것을 사회혁명으로 보았다. 이에 대해 黑坡는 유물사관 공식을 따르게 되면, '사회의 주인공은 인간이 아니라 工場・機械・農具 등 物이 사회의 주인'이 된다는 것이다. 또 생산력의 발전으로 大機械가 생산관계의 개조를 명령하는 한편, 인간의 의식이 전혀 관여하지 못한다면, '이는 과연 잠꼬대이며 정신병자의 狂言이 아닌가'라고 비판하였다.

그의 공산주의 비판은 계급투쟁론으로 이어지고 있다. 즉, 공산주의자들은 직접행동에 의한 사회혁명을 목적으로 하는 아나키스트들의 노력을

---

66) 『解放運動』 혁신호(1929년 5월)에 실린 필자는 黑坡로 표기되었지만, 이는 黑波의 誤記로 보이며 徐學伊(1900～?)의 호이다. 그는 慶尙北道 星州 출신으로 大邱 勇進團員으로 활약하다가 1925년 大邱에서 결성된 眞友聯盟 관련자로 구속되었다. 4년형을 받았으며, 아나키즘 이론에 투철했다고 한다(『한국아나키즘운동사』, 219～230쪽).

空想과 美夢이라 조소하면서, '사회혁명은 정권을 잡은 후에 2차로 할 일이요, 자본가의 政區에 들어가 정권탈취하는 것이 당면의 목적'으로 본다는 것이다. 그러나 이는 '敵國에 들어가 타협해서 암암리에 정권을 독점하고, 그래서 정부라는 기관을 運用하여 자본을 절정에까지 발전시키어 유물사관 공식에 맞는 혁명이 저절로 되기를 바라는 것'이라고 보았다. 즉 黑坡는 공산주의자들의 이같은 논리대로라면, '일본 의회운동, 朝鮮總督政體에 들어가 평화스럽게 그 정권을 잡도록 운동을 해야 할 것'이라고 신랄하게 비난하였다.[67]

공산주의에 대한 비판은 레닌을 비롯한 숱한 독재자를 용인하게 된 프롤레타리아독재론으로 이어진다. 즉, 흑우연맹의 한 필자는 마르크스가 『자본론』에서 자본의 사회적 착취활동과 그 수단방법에 대해 예리하게 해부했지만, "권력과 자본의 관계, 정치와 자본의 관계를 끝내 발견하지 못했기 때문에 無產者의 獨裁政治를 용인하게 되었다"고 지적했다. 때문에 독재자의 의회정치와 집산주의 경제조직은 '인간의 평등을 유린하였으며 생활의 절대위협을 느끼게' 하였고, '법치적 강압과 노동의 강제, 분배의 불평등'을 낳았다고 비판하였다.[68]

이러한 아나키스트들의 반공산주의 인식은 1927년 12월 조선인단체협의회의 탈퇴 이후 폭력적인 양상으로 드러났다. 新幹會와의 갈등을 계기로 한인 아나키스트들은 점차 고립되어갔다. 이후 이들은 다른 세력과의 연합전선을 구축하지 못한 채, 독자적인 항일·반공투쟁을 전개하였던 것이다.

4. 자유연합주의

---

67) 黑坡, 「朝鮮의 解放과 共產主義」, 『解放運動』革新號(1929년 5월).
68) 哲, 「朝鮮의 現狀과 無政府主義運動」, 『自由코문』 創刊號(1932년 12월 20일자).

자유연합주의는 상호부조론과 함께 아나키스트들이 신사회 건설의 논리로 설정한 독특한 이념이다. 프루동과 바쿠닌에 의해 체계화된 자유연합주의는 '어떤 종류의 권위에 의해서건 위로부터 아래로 향하는 조직이 아니라 밑으로부터 위로, 주변에서 중심으로 향하는 자유로운 연합'이라 정의하고 있다. 특히 바쿠닌은 개인과 단체의 자유로운 연합과 마찬가지로, 자유로운 이탈을 가장 중요한 권리로 규정하면서, 이것이 없다면 중앙집권제에 불과하다고 못박았다.[69]

일본에서의 자유연합주의 이념은 1926년 5월 2일 全國勞働組合自由連合會(이하 '全國自連'으로 약칭)의 결성을 계기로 각 단체활동의 강령으로 채택되었다. 東京 印刷工組合을 주축으로 한 關東勞組聯合會와 中國勞組聯合會 등 30여 단체로 구성된 全國自連은 일체의 정치운동과 중앙집권주의를 배격하고, 자유연합주의의 고창과 노동계급의 국제적 단결을 주요 강령으로 삼았다.[70] 이 단체는 대회선언문에서 '중앙집권파의 직업적 운동과 결별'하고, '노동자의 해방은 노동자 자신에 의해서만 달성된다는 것'을 믿는다고 밝혔다. 선언문은 이 자유연합주의에 입각한 조합이 '지방별로 연합하고 산업별로 정리하여' 결성되었다고 밝히고, 각국 노동자와의 국제적 단결을 주장하였다.[71]

全國自連은 회의 규약에서도 자유연합주의 이념을 구현하려 하였다. 즉 연합회의 가맹은 강령과 규약에 찬성하는 모든 단체에게 자유로웠고,

---

69) 바쿠닌의 '연합주의'에 의하면, "본 동맹의 가맹자는 모두 전력을 다하여 각자의 조국을 고쳐 세워, 폭력과 권력의 원리에 기초한 위로부터 아래로 행한 옛 조직을 새로운 조직, 즉 주민의 이익과 욕구와 자연적 매력만을 기초로 하여, 코뮨 안에서의 각 개인의, 주(州) 안에서의 각 코뮨의, 나라 안에서의 각 주의, 끝으로 처음에는 유럽합중국, 마침내는 전 세계 안에서의 각국의, 자유로운 연합만을 원리로 하는 조직으로 바꿔 놓이도록 힘쓰지 않으면 안될 것"이라고 정의하였다(다니엘 게링 저·하기락 역, 『현대아나키즘』, 134-138쪽).
70) 萩原晉太郎, 『日本アナキズム勞働運動史』, 東京:現代思潮社, 1972, 127~130쪽.
71) 「自由聯合主義とわれらの態度」, 『自由聯合』 第1號(1926년 6월 5일자).

소속 조합의 관리는 獨立自治를 보장하였다. 또 대회의 결의는 과반수 이상으로 결정되었지만, 소수파의 의견도 존중받도록 제도화하였다. 각 가맹단체는 약간명의 연락위원만을 두어 협의제의 성격을 강조했고, 위원들도 호선에 의한 선출을 원칙으로 하여 권력화를 방지하고자 하였다.[72]

黑友會와 黑友聯盟를 비롯한 조선인 사상단체들도 이 全國自連에 가입해 자유연합적 조직원리를 실행하려고 노력하였다. 우선 각 단체들은 '중앙집권주의를 배척하고 자유연합주의를 고창하자'는 슬로건을 단체강령으로 채택했다. 조직의 운영방식에서도 이를 적용하려 하였다. 즉 이들은 상시적 집행기관을 설치하고, 집행위원을 조합이나 총동맹에 파견하여 중앙집권을 꾀하려는 공산주의 진영의 운영방식을 비난하며, 그 대안으로 연합주의를 채택한 것이다.

1927년 2월 22일 吳宇泳 등 아나키스트들에 의해 결성된 朝鮮自由勞動者組合의 규약내용은 이 자유연합적 조직원리의 일면을 잘 나타내 준다. 즉 그 내용을 살펴보면,

1. 우리 조합은 脫退의 自由를 가진다.(중략)
1. 우리 조합은 사무를 처리하는 便宜를 따라 수시로 각종의 위원을 둠.
1. 우리 조합은 필요에 응하여 수시로 각종의 集會를 열되, 의사의 결정은 圓滿히 토론하여 一致可決로써 함.[73]

등이다. 이처럼 아나키스트들이 참여한 노동조합은 가입과 함께 탈퇴도 자유로웠으며, 상시적 집행위원이 아닌 편의에 따른 임시위원으로 사무를 처리하였다. 의사결정 역시 다수결 원칙이 아니라, 소수자의 의견을 존중한 만장일치제를 채택한 것이다.

---

72) 「全國勞働組合自由聯合會規約」, 『自由聯合』 第2號(1926년 7월 5일자).
73) 「朝鮮自由勞動者組合 宣言 및 綱領, 規約」(1927년 2월 22일).

이러한 내부 운영원칙에 따라 연합조직 역시 일원화된 중앙집권 조직이 아닌 느슨한 자유연합적 협의체를 구성하려 하였다. 즉, 각 단체들은 내부의 임시기관을 두고 소속단체로부터 연합단체로, 이어 총연합체로 대의원을 파견하여 의견을 모으도록 했다. 또 연합단체에서는 약간의 연락위원만을 두어 각 단체에 파견함으로써, 소속 단체와 개인의 의견을 충분히 수렴하고자 한 것이다.[74] 물론 소속 노동단체나 일본 단체와의 관계 역시 단일체계 대신 우의 협력관계로 유지하고자 하였다.

이처럼 아나키스트들이 그리던 자유연합적 조직의 모습은 「우리의 목표」로 표방한 '마라테스타 草稿'의 내용에서 잘 드러난다. 즉 자유연합적 조직의 모습은 "成員의 意志에 의하여 形成하고 變更할 수 있으며, 과학과 경험에 의해 지도되고, 사람이 필요불가피의 일로 알고, 자발적으로 순종하는 자연적 필요에서 오는 강제 이외의 모든 강제에서 자유롭고, 생산자 및 소비자의 자유연합과 그 연합으로서 성립된 사회의 新組織"이라는 것이다.[75] 이러한 자유연합주의는 강력한 당과 중앙집권적 조직을 추구하는 공산주의세력과 달리, 민중의 자발적인 참여와 투쟁을 유도하려는 독특한 항일이념이라 하겠다.

맺음말

1930년대 일본에서 전개된 조선인 아나키스트들의 활동은 그 역사나 규모면에서 매우 일천한 편이다. 하지만 그들의 다양한 활동이나 이념은 공산주의세력이나 민족주의 진영에 비해 비교적 분명한 노선과 독특한 색깔을 갖고 있다. 또 1920년대의 개인적 또는 허무주의적 의열투쟁과 달리, 1930년대 운동은 다소나마 체계적인 연대활동에서부터 구체적인

---

74) 박상희, 『조선사상통신』(1927년 12월 15일자).
75) 「우리의 目標」, 『黑色新聞』 第35號(1935년 2월 1일자).

비판, 나아가 세련된 대안논리까지 보여주고 있다. 이 글을 통해 흑우연맹이라는 사상단체를 통해 1930년대에 전개된 조선인아나키스트들의 활동과 이념을 몇가지로 정리하면 다음과 같다.

첫째, 1927년 민족주의세력과 공산주의자들의 민족협동전선과 신간회 결성에 반발했던 재일조선인 아나키스트들은 사상단체인 흑우연맹을 결성, 1930년대의 독자적인 항일운동을 전개하기 사작했다. 이들은 친일단체나 공산주의자들과의 항쟁을 겪으면서 反日·反帝 독립이념과 反공산주의 사상으로 아나키스트들을 규합, 항일운동의 또 다른 세력으로 자리잡아 나갔다.

둘째, 조선인 아나키스트들은 사상단체와 노동단체 등을 중심으로 항일운동 선전을 비롯해 친일세력 응징, 노동단체 후원, 민족행사 주관 등으로 독자적인 항일운동을 전개하였다. 이들은 조선인 노동자들을 괴롭혀온 친일단체와 꾸준히 항쟁하였고, 공산주의자들과도 무력충돌을 빚었다. 또한 『黑色新聞』등의 기관지를 통해 독립운동 소식과 아나키즘 사상을 선전하였으며, 3·1운동과 관동대학살 규탄 등 4대 민족운동을 독자적으로 펼쳐 나갔다. 의열활동 후원을 비롯해 동포들의 권익옹호, 수해구제회 활동 등 나름의 일상투쟁 방식도 평가되어야 할 것이다.

셋째, 조선인 아나키스트들의 활동에 바탕이 된 이념에는 일본제국주의의 침략전쟁 반대와 민족부르조아 및 공산주의자들에 대한 비판, 그리고 자유연합주의 등을 포괄하고 있다. 즉 이들의 기관지와 선전문을 통해 볼 때, 1920년대 후반이후 30년대 중반의 사상은 1920년대 초기에 나타난 자아주의와 허무사상에서 한층 나아가 구체적인 비판과 대안을 내놓고 있다. 특히 자유연합주의는 공산주의의 중앙집권적 조직운영과 구별되는 독특한 이념으로서, 개인의 자유로운 연합과 상향식 의사구조, 임시 연락위원만의 연합조직 등을 꾀하고 있음을 알 수 있다.

　　흑우연맹을 비롯한 대부분의 아나키스트단체들은 1936년경 모두 해산하고 말았다. 하지만 일부 잔류회원들은 소그룹의 비밀결사를 펼치거나 중국으로 망명해 광복군에 참여하는 등 꾸준히 일제에 저항하였다. 따라서 재일조선인운동뿐 아니라, 민족운동 전체에 끼친 아나키스트들의 역할에 대한 역사적인 평가도 제고되어야 할 것이다.

• 투고일 : 2003년 10월 15일　• 심사완료일 : 2003년 11월 5일
• 주제어 : 아나키즘, 재일조선인, 흑우연맹, 흑색운동, 자유연합주의

The Activities and the ideology of Korean Anarchists in Japan in the 1930′s

Kim, Myoung Seob

The activities of Korean anarchists in Japan during the 1930's were unique in their character, political line and scale. Unlike those in 1920's, the organization and alliance activities were more systematical and it had concrete criticism. In this article, the activities and ideology of Korean anarchists in 1930's are represented by the 'Huekwoo-younmaeng' and they can be summarized as follows;

Firstly, Korean anarchists in Japan formed the Huekwoo-younmaeng in retaliation of the alliance of the racists and communists and Shingan-hoi, and the alliance operated independently for anti-Japanese movements. As the alliance fought against pro-Japanese societies and communists, it rallied its members of the anti-Japanese, anti-imperialistic independent ideology, and they became a way of anti-Japanese force.

Secondly, the alliance consistently fought against the Sang-aewhue which afflicted Korean laborers, and fought by force against communists. They propagandized their independence ideology and anarchism through their organ 「The Hueksaek-Sinmoon」 and led the '3 · 1 movement' and an impeachment rally independently against the Kanto-Korean holocaust. Their activities such as supporting anarchists in China and donations for people suffering from flood should also be highly appreciated.

Third, the ideology of the alliance is based on the anti-imperialism and the anti-aggressive war movement. It is also based on criticism of communists and the Korean bourgeoisie and 'Free-alliance doctrine'. Looking at its organ and leaflets they developed egoticism and nihilism found in early 1920's, and showed concrete criticism and alternative plans. Especially, the 'Free-alliance doctrine' is a unique concept that shows free alliance of individuals, upward communication structure, and the special alliance organization for communication members only.

The Huekwoo-younmaeng was dissolved on March 25, 1936 by arrest of members around the Chinese-Japanese War. After this, some members joined secret party and others left to China and joined the 'Korean Kaungbok-Army' to continue their action against Japan. So this alliance should not only be considered as a Korean Movement in Japan but considered as a part of whole Korean independence movements.

Key Words : Huekwoo-younmaeng, Korean Kaungbok-Army, Korean anarchists, Free-alliance doctrine, The Hueksaek-Sinmoon

우리 역사 전통 속의 아나키즘적 요소

이덕일[*]

목 차

머리말
Ⅰ. 한국 고대·중세 사회의 아나키즘적 요소
Ⅱ. 고려말·조선 초기의 아나키즘적 요소
Ⅲ. 실학 사상 속의 아나키즘적 요소
Ⅳ. 다산 정약용 사상의 아나키즘적 요소
Ⅴ. 조선 후기의 농민전쟁 속에 나타난 아나키즘 요소
맺음말

머리말

아나키즘이라는 개념이 한국사에 등장한지는 그리 오래되지 않았다. 서구에서도 아나키즘이라는 용어가 정치적 의미가 있게 된 것은 19세기에 지나지 않는다. 슈티르너(Stirner:1806~1856)의 개인주의적 아나키즘과 피에르-죠세프 푸르동(Pierre-Josept Proudhon:1809~1865)과 미하일 바쿠닌(Mikhail Bakunin:1814~1876)의 사회주의적 아나키즘은 모두 19세기에야 체제가 갖추어졌던 것이다.[1] 서구에서 아나키즘은 民族主義와 國家主

---

1) 다니엘 게렝, 河岐洛 譯, 『아나키즘』, 중문출판사, 1985, 43쪽.

義에 대한 반작용으로 출현한 19세기의 산물로 이해되고 있다. 아나키즘은 자본주의를 부정한다. 그럼에도 불구하고 공산주의도 부정한다는 점에서 그 사상적 특질을 갖고 있다. 프루동은 "소유는 불가능하다. 왜냐하면 소유는 압제의 어머니이기 때문이다"[2]라고 주장하고, 또한 "소유는 불가능하다. 왜냐하면 소유는 평등을 부정하기 때문이다"[3]라고 자본주의의 근본 토대인 소유자체를 부정했다. 이런 견지에서 아나키즘은 자본주의의 정치적 형태인 부르조아 민주주의를 부정했다. 다니엘 게렝은 "프루동의 말을 빌려 '민주주의는 入憲 전제정치 이상의 아무 것도 아니다', 인민이 주권자라고 선언하는 것은 우리의 家父長者들의 술책이다.……(인민의) 주권은 보통선거의 정기적 실시에 의하여 위임되고, 3년 내지 5년 마다 권리양도가 되풀이된다.……제대로 교육도 못받은 민중의 수중에 맡겨진 토표용지는 토지소유·상업·산업 등 각계 유력자들의 동맹에 이용되는 기만수단에 불과하다."[4]

정치 사상으로서 아나키즘의 특징은 부르조아 민주주의뿐만 아니라 권위주의적 사회주의, 즉 공산주의도 강하게 반대한다는 특징을 갖는다. "국가권력에 관하여 공산주의자가 품고 있는 생각은 그들의 옛 주인의 그것과 정확히 똑같은 것이고 훨씬 더 자유가 적은 것이기도 하다"[5]라는 것은 아나키즘이 공산주의에 대해 갖고 있는 생각을 표현한 것이다. 아나키즘과 공산주의의 다른 점은 바쿠닌의 "나는 국가가 폐지되는 것을 보고자 하는데 그것(공산주의:괄호는 필자)은 불가피하게 국가의 수중으로 재산의 집중을 유도하기 때문이다"[6]라는 데서 보이는 것처럼 국가에 대한 기본개념의 차이에 기인한다. 심지어 바쿠닌은 1870 제네바에서 발행되

---

2) 피에르 조제프 프루동, 이용재 옮김, 『소유란 무엇인가』, 아카넷, 2003, 303쪽.
3) 위의 책, 325쪽.
4) 다니엘 게렝, 앞의 책, 59~60쪽.
5) 위의 책, 67쪽.
6) 위의 책, 68쪽.

던 『코로코트』誌에서 "극도로 과격한 혁명가를 두고 생각해보라. 그에게 러시아 인민 전체 위에 군림할 왕좌를 주거나 독재권을 주어보라……일 년도 못가서 그는 짜르 자신보다 더 악독한 자가 되고 있을 것이다."[7]라고 스탈린 주의의 출현을 정확히 예언했다.

아나키즘은 이처럼 서구 민족주의와 국가주의에 대한 반작용으로 출발해 부르조아 민주주의와 공산주의 모두를 거부한 정치이념이었다. 그러나 아나키즘 자체는 근대에 생성된 개념이 아니다. 아나키즘이라는 용어 자체가 고대 그리스어의 두 개의 어휘, 즉 αν(an) αρχη(arche)에서 나왔으며 통치권력이 존재하지 않는 그러한 상태를 의미한다[8]는 것은 아나키즘이 19세기에 정치용어로 정착하기 이전에 훨씬 이전에 존재했음을 의미한다. 아나키즘이 지향하고 있는 이상사회의 개념들, 즉 개인에 대한 조직이나 국가, 계급의 억압을 거부하고, 모든 인간의 절대적 자유와 평등을 추구하는 것은 인간 본성의 발로이기 때문이다.

한국의 아나키즘 연구가인 河岐洛이 아나키즘 발생의 시기를 원시 씨족사회가 부족사회, 부족연맹체에서 왕국으로 발전하면서 "소수의 지배층과 다수의 피지배층과의 사회적 갈등의 뿌리가 점점 깊게 펴졌을 것"[9]이라는 데서 찾은 것처럼 평등사회에서 계급사회로의 이행 이후 인간에게 내재된 아나키즘적 요소는 어떤 계기에 따라 사상적, 정치적으로 표출해왔다. 따라서 우리 역사 속에서 국가나 계급의 억압에 저항하면서 자유와 평등을 추구한 사례들을 우리 역사 전통 속의 아나키즘적 요소라고 분류하는 것은 그리 무리가 아닐 것이다.

여기에서 무엇을 아나키즘적 요소라고 분류할 수 있는지는 중요한 문

---

7) 위의 책, 73~74쪽.
8) 위의 책, 49쪽.
9) 무정부주의운동사 편찬위원회 편, 『한국아나키즘운동사』-전편, 민족해방투쟁, 형설출판사, 1978, 92쪽.

제이다. 일부 계급에게 모든 권리가 독점된 국가에 대한 정치적 권리의 주장과 일부 계급에게 독점된 토지의 재분배 주장은 근대 이전의 중요한 아나키즘적 요소라고 볼 수 있을 것이다. 또한 자치적인 자연촌락과 인간의 자유의지에 대한 자각 역시 중요한 아나키즘적 요소라고 볼 수 있을 것이다.

이 글은 이런 문제의식에 입각해 근대 이전의 민중들이 국가나 계급에 저항한 여러 사례들을 아나키즘적 요소로 재구성할 것이다. 국가나 지배계급에 대한 저항사례는 고대부터 추출할 수 있지만 토지문제에 대한 논쟁은 문헌상 고려말에 등장하므로 이 문제는 고려 말부터 본격적으로 다룰 것이다. 신흥사대부와 사림파, 실학자들의 토지개혁과 신분제 개혁 사상을 살펴보고, 특히 정약용의 自主之權 사상을 아나키즘과 관련해 서술할 것이다. 또한 동학농민혁명운동 당시 집강소의 아나키즘적 성격에 대해서도 살펴볼 것이다.

현전하는 대부분의 자료들이 지배층의 자리에서 서술되면서 국가나 지배층에 대한 저항은 극단적인 부정으로 서술된 점은 우리 역사의 아나키즘적 요소 추출에 장애로 작용한다. 그러나 이런 행위의 적극적 재해석을 통해 의미를 부여하는 것이 중요하다. 본 논문은 선행연구가 거의 없기 때문에 작성에 많은 어려움을 겪었다는 점을 부기한다.10)

I. 한국 고대·중세 사회의 아나키즘적 요소

1. 민중의 부담

한국 고대·중세사회의 아나키즘적 요소를 추출하기 위해서는 피지배자

---

10) 무정부주의운동사 편찬위원회 편, 『한국아나키즘운동사』-전편의 제4절 「한국 전통 내의 아나키즘의 要素」정도가 선행 연구라고 할만 하다.

인 민중의 부담에 대해서 살펴보는 것이 효과적일 것이다. 고대사회에서 민중들은 租庸調의 3중 부담을 졌다. 군역에 나갔던 가실이 6년 후 돌아올 때는 거의 모습을 알아볼 수 없었다는 '설씨녀'전의 기록[11]은 그중 신역에 대한 민중들의 부담을 잘 보여준다.

1933년 일본 나라 東大寺 正倉院에서 발견된 신라촌락문서, 즉 新羅帳籍은 고대 민중들의 부담을 알 수 있게 해 주는 좋은 자료이다. 이 자료의 작성시기에 대해서는 논란이 있지만[12] 대체로 통일신라 중기로 비정하고 있다. 신라장적은 西原京(청주)의 직접 관할 아래의 某村과 그 근처의 沙害漸村, 薩下知村 등 4개 촌락의 村名, 村域, 戶口, 牛馬는 물론 뽕나무와 호도나무 잣나무까지 3년마다 그 증감을 자세히 기록하고 있다. 이 문서는 백성을 남녀별 6등급으로 자세하게 구분하고 있는데 가장 중요한 것은 力役의 의무를 지는 丁과 丁女로서 그 연령의 하한은 15~16세, 상한은 59세쯤으로 추정된다. 사해점촌의 경우 丁男은 29명(노예 1명 포함), 丁女는 42명(노비 5명 포함)이었다. 60세 이상으로 추정되는 除公(除母)이나 老公(老母)이 되어야 비로소 요역의 부담에서 벗어나는데 이들은 4개촌의 총인구 442명 중에서 모두 11명에 지나지 않아 60세 이상 노인 비율이 극도로 낮았음을 보여준다. 사해점촌에는 70세 이상으로 추정되는 老公이 없다.

사노비는 4개촌에 모두 25명으로서 전체인구의 약 5.6% 정도에 불과한데, 丁에 해당하는 노비는 19명으로 다수이고 除와 老의 연령층은 없어서 노비가 60세 이상 생존하기 어려웠음을 보여준다.[13] 또한 4개촌을 통털어

---

11) 『三國史記』 列傳 '薛氏女'.
12) 이 자료의 작성 연대에 대해서는 문서에 등장하는 乙未年을 언제로 비정하느냐에 따라 755년설(旗田巍)부터 815년설(田鳳德), 875년설(朴時亨)까지 다양한 견해가 존재하고 있다. 이에 대해서는 金鍾璿, 「日本 正倉院 所藏 新羅帳籍의 作成年度와 그 歷史的 背景」, 『아시아 文化』 5, 1989에 자세하게 정리되어 있다.
13) 신라장적 등재 백성들의 수명문제에 대해서는 兼若逸之, 「新羅 '均田成冊'에서 推定되는

3년간 1명의 婢만이 출생했다는 사실은 사노비가 재산처럼 취급되었을뿐 부부와 자식을 기본단위로 하는 가정생활을 영위하지 못했음을 말해준다.[14]

사해점촌의 논은 102結 2負 4束인데, 이 중에는 국가기관 소유의 官謨田 4결과 內視令畓 4결이 포함되어 있다. 일반백성들의 토지인 烟受有畓 94결 2부 4속 중에 村主 소유의 村主位畓은 19결 70부나 되는 반면 나머지 丁男은 균등분배해도 1인당 약 4結로서 매우 적었음을 알 수 있다. 농민들이 소유한 烟受有畓에 대해『삼국사기』에 '백성들에게 처음으로 丁田을 주었다'[15]는 기사를 근거로 국가가 백성들에게 지급한 토지로 보는 견해도 있지만 이는『詩經』'소아편'의 '무릇 하늘 아래 임금의 땅이 아닌 것이 없다[溥天地下 莫非王土]'라는 王土思想에 따른 기술로서 백성들의 소유 토지를 형식적으로 인정한 것에 지나지 않는 것으로 추측된다.

이 외에 牛馬와 뽕나무와 잣나무, 호두나무의 증감도 3년 마다 자세히 기록했는데, 그 이유는 백성들의 세금과 노동력을 수취하기 위함이었다. 백성들은 60세가 될 때까지 가혹한 징발에 시달리면서(庸), 토지세와 공납(租調)까지 부담해야 했던 것이다.

신라장적은 자연촌락민은 비록 사노비보다는 낳지만 국가와 지배계급에 철저하게 예속된 반노비상태였음을 보여주고 있다.

2. 고대·중세 민중의 저항

고대의 지배계급은 왕을 정점으로 하는 국가권력의 원천을 하늘에 두는

平均壽命」,『한국사연구』30, 1980을 참조할 것.
14) 신라장적상에 나타나는 노비에 대해서는 金鍾璿,「正倉院 所藏 新羅帳籍에 나타난 奴婢」,『歷史學報』123, 1989를 참조할 것.
15)『三國史記』,「新羅本紀」, 聖德王 21년조(서기 722).

天子思想으로 지배를 정당화했다. 그러나 고대 민인들은 국가체제를 하늘이 부여한 질서로 여기지 않았다. 백제 동성왕 때 큰 가뭄이 들자 한산 지방 백성 2천여명이 고구려로 도망갔다는 기록[16]과 신라 헌덕왕 때 흉년과 기근이 일자 170인이 唐의 浙東 지방까지 넘어갔다는 기록[17]은 민인들이 국가를 선택한 사례로서 아나키즘적 요소와 관련해 주목된다.

민인들은 국가의 수취체제를 거부하기도 했는데, 신라 진성왕 때 관리를 파견해 부세 납부를 독촉하자 이를 거부하며 곳곳에서 草賊들이 일어났다는 기사[18]가 이를 말해준다. 민인들의 납세거부는 신라 붕괴의 원인이 되어 이를 계기로 진성왕 5년(891)에는 北原에서 梁吉, 弓裔 등이 봉기하고, 이듬해에는 완산주에서 甄萱 등이 봉기함으로써 후삼국시대가 열린다. 이때 궁예가 후세불인 미륵불을 자처한 것[19]은 민인의 지지 획득이 그만큼 중요했음을 시사한다. 민인들은 납세 거부로 국가체제를 붕괴시킴으로써 스스로의 힘을 보여준 것이었다.

고려시대의 민중 봉기에 대해 국가에서 집단이주로 대처한 것은 자연촌락의 기능과 관련해 주목된다. 문종 1년(1047) 1만 3천여 호의 대규모 流民을 晉州에 정착시킨 사례가 있고,[20] 인종 6년(1128)의 천재지변 때 민인들은 자연촌락 단위로 南界의 해적으로 변신하는데[21] 이중 거제도 연해 溟珍縣의 해적들이 귀순하자 조정은 이들 8백 20명을 陜州 三岐縣과 晉州 宜寧縣의 歸原場, 就安場, 和順場 등 천민 마을에 집단편입시켰다.[22] 이는 자연촌락 단위의 봉기에 대한 자연촌락 단위로 징벌을 뜻하는데, 이는 민인들이 자연촌락 단위로 사고하고 행동한 것으로 아나키즘의

---

16) 『三國史記』, 「百濟本紀」, 東城王 21년조(서기 499).
17) 『三國史記』, 「新羅本紀」, 憲德王 8년조(서기 816).
18) 『三國史記』, 「新羅本紀」, 眞聖王 3년조(서기 889).
19) 『三國史記』, 列傳, 弓裔조.
20) 『高麗史』 권 7, 「세가」 7, 문종 1년(1047) 10월조.
21) 『고려사』 권 15, 「세가」 15, 인종 6년(1128) 4월조.
22) 『고려사』 권 15, 「세가」 15, 인종 6년(1128) 10월조.

지역 자치 요소와 관련해 주목된다.

인종 13년(1135)의 妙淸의 난에 서북 지방의 농민들이 대거 호응한 것은[23] 지역차별에 대한 저항이었는데, 무신란 직전 민중봉기는 더욱 확산되었다. 의종 16년(1162)에는 伊川, 安峽, 東州, 平康, 永豊, 宜州, 谷州 등지에서 농민들이 봉기[24]했으며, 개경에서는 30여 명이 永平門을 파괴했는데, 『고려사』가 이들을 '난 데 없는 적'으로 표현[25]하고 있는 것은 국가에 대한 민인들의 거부가 팽배해 있음을 보여준다.

이런 상황에서 발생한 무신난은 농민·천민들의 전면적인 봉기로 이어진다는 특징이 있다. 무신란은 농민·천민들에게 계급 문제의 본질을 깨닫게 했는데, 그 적나라한 표현이 神宗 원년(1198) 崔忠獻의 私奴 萬積의 '公卿將相이 어찌 씨가 따로 있으랴……대궐의 벼슬아치들과 자기 주인을 쳐서 죽이고 賤籍을 불살라 천인이 없게 하자'라는 연설이었다.[26] 만적이 처형된 5년 후(1203)에도 노비들이 개경 동쪽 교외에서 隊를 나누어 전투연습을 하다가 50여 명이 강에 던져진 것은[27] 계급해방이 무신난 이후 노비들의 보편적인 사상이 되었음을 의미한다.

무신난 이후의 농민·천민의 봉기는 신분해방을 목표로 자연발생적으로 시작되어 점차 연합전선을 구축하면서 정권탈취와 고려왕조 자체를 부정하는 단계로 발전했다는 점에서 주목된다. 무신정권 시대인 명종과 신종 때에 남부지방의 광범위한 농민군을 南賊이라고 총칭하는데, 유명한 것만 1176년(명종 6) 公州 鳴鶴所의 亡伊·亡所伊의 봉기, 같은 해 충청도 孫淸의 봉기, 명종 23년(1193) 金沙彌와 孝心의 봉기, 신종 5년(1202) 이비·패좌의 경주 봉기 등 수를 헤아릴 수 없을 정도이다. 국가의 민인수탈

---

23) 『고려사』 권 16, 「세가」16, 인종 13년 1월조.
24) 『고려사』 권 18, 「세가」18, 의종 16년 5월조.
25) 『고려사』 권 18, 「세가」18, 의종 16년 6월조.
26) 『고려사』 권 129, 열전 42, 반역 3, 최충헌.
27) 『고려사절요』, 신종 6년 4월조.

체제에 대한 반발, 피지배층 의식의 향상, 지배층의 변화로 인한 중앙집권 체제의 약화 등 고려사회에 잠재된 여러 요소가 결합되어 발생한[28] 농민·천민의 봉기의 본질은 생산력의 발전에 따른 계급갈등의 심화였다. 농업생산력은 향상되었으나 지방관의 탐학과 권세가의 토지겸병이 확대되면서 농민들은 도리어 농토에서 축출되어 佃戶로 전락하거나 유망하였으며, 소규모 토지 경작 농민들은 정부의 집중적인 수탈대상이 되었다. 토지소유관계의 이런 모순이 고려 무신집권기 전국을 휩쓸었던 농민항쟁의 가장 중요한 원인이었던 것[29]인데, 이는 사회의 구조적 모순에 대한 민중의식 성장의 발로였다.

3. 국가에 대한 민중 인식의 전환

무신란 이후 민인들이 국가를 지배계급의 이해 실현도구로 여겼던 사례들이 주목된다. 고종 3년(1216) 수 만의 거란군이 침략했을 때 거란의 길잡이가 된 揚水尺 등의 천민들이 "우리가 고의로 반역하는 것이 아니라 妓家의 침탈을 견딜 수가 없어서 거란적에게 항복하여 嚮導가 된 것"[30]이라며 조정에서 기생들과 順天寺 주지 등을 죽이면 나라를 돕겠다고 제안한 것은 국가권력의 행사가 자신들의 이해와 일치하기를 요구한 사례이다.

민중들은 스스로 국가의 개념을 재정립하기도 했다. 고종 4년(1217) 거란군의 침략 때 진위에서 봉기한 李將太·李唐必 등은 창고를 열어 곡식을 나누어주어 많은 백성의 호응을 받자 스스로 靖國兵馬使로 자칭하고, 농민군을 義兵이라고 불렀다.[31] '나라를 평안하게 한다'는 뜻의 '靖國'으

---

28) 『한국사』20, 98쪽, 국사편찬위원회, 1994년.
29) 『한국사』 20-고려후기의 사회와 대외관계-, 국사편찬위원회, 1994.
30) 『고려사절요』 권 15, 고종 3년 9월조.
31) 『고려사절요』 권 15, 고종 4년 정월조.

로 자처한 것은 외세에 대한 저항보다 중요한 것은 민인들의 생활안정이며 그것이 義라는 선언이었다.

이런 사례는 대몽항쟁 때 많이 나타난다. 고종 19년(1232) 최우의 무신정권이 강화도 천도를 단행하면서 백성들에게 강요한 海島入保는 "使者를 여러 도에 보내 백성을 산성과 해도에 옮기게 했다"[32]는 기록처럼 백성들에게 고향을 떠나 산성이나 섬에서 항쟁할 것을 요구한 것인데, 백성들에게는 아무런 생활대책이 없었던 무책임한 정책이었다. 고종 43년(1256) 최항이 "여러 도에 사자를 보내어 사람을 모두 몰아 섬으로 들어가게 하고 따르지 않는 자는 집과 전곡을 불태우도록 하였다"[33]는 기록은 해도입보책에 대한 민인들의 반발이 20여 년 이상 계속되었음을 뜻한다. 무신정권의 강화도 천도는 민중들의 직접적 반발을 낳기도 했는데, 강화도 천도 직후 어사대의 皁隷 李通이 畿內의 草賊과 城中의 노예를 불러모아 留守 兵馬使를 내쫓은 사건이 그 것이다.[34]

무신정권의 강화도 천도와 해도입보책의 강요는 백성들의 인식을 크게 변화시켰다. 몽고 침략 초기인 13세기 초에 반몽고·반정부의 성격을 띠고 있던 민중봉기가 13세기 말에는 몽고에 항복해 무신정권과 싸우는 투몽행위로 전환된 것은 국가에 대한 민인들의 반발이었다. 西京에서 洪福源 등이 宣諭使 대장군 鄭毅를 죽이고 봉기한 이유가 강화도로 천도한 조정에서 몽고의 다루가치[達魯花赤]를 謀殺하려는데 대한 반발이라는 점[35]은 시사하는 바가 크다. 다루가치를 모살할 경우 그 보복은 고스란히 민인들의 몫이 되는 현실에 대한 반발이었다. 고종 40년 東州山城의 백성들은 곡식을 수확하자는 건의가 거부당하자 몽고가 침입해도 나가 싸우지 않아

---

32) 『고려사절요』 권 16, 고종 19년 6월조.
33) 『고려사절요』 권 17, 고종 43년 8월조.
34) 『고려사절요』 권16, 고종 19년 7월조.
35) 『고려사절요』 권 16, 고종 20년 6월조.

동주가 함락되었는데[36] 이는 일부 민인들이 몽고와 고려 정부 사이의 질적인 차별성을 크게 보지 않고 있었음을 말해준다. 개경 환도 후인 원종 12년(1271)에 강화지방의 몽고군이 大部島에 들어가 침탈을 일삼자 섬 백성들이 몽고군을 죽이고 봉기했는데 水州副使 安悅이 군사를 동원해 평정한 사실은[37] 고려 조정이 몽고와 질적인 차별성이 없음을 보여주는 사례이다.

Ⅱ. 고려말·조선 초기의 아나키즘적 요소

1. 고려 말기의 권문세족과 토지문제

고려말 권문세족들이 정치권력과 토지를 독점하면서 많은 문제가 발생했는데, 이들은 '남의 토지를 겸병한 토지의 규모가 한 주州보다 크며 郡 전체를 포함해 山川으로 경계를 삼는다.'[38]고 기록될 정도로 대토지를 소유했다. 이들의 토지 겸병방식은 '남의 땅을 조상으로부터 물려받은 땅이라고 우기면서 주인을 내쫓는다'[39]는 것으로서 한 땅의 주인이 5~6명에 이르고 佃戶들은 8·9할을 賭租로 내야 할 정도로[40] 농민생활이 파탄에 빠지게 되었다.

권문세족들의 토지탈점이 일반 농민들은 물론 중소지주적 경제기반을 지닌 신흥사대부의 토지까지 침탈하자 이들이 개혁을 주장하고 나섰다. 麗末 신흥사대부들의 토지개혁 방안은 온건개혁파와 역성혁명파가 각각 달랐다. 온건개혁파의 대표 李穡은 '백성이 하늘처럼 여기는 것은 오로지

---

36) 『고려사』 권 24, 「세가」 24, 고종 40년 8월조.
37) 『고려사』 권 27, 「세가」 27, 원종 12년 2월조.
38) 『고려사』, 권78, 「식화」 1, 전제(田制), 이는 신흥사대부의 핵심인물인 趙浚의 상소문 내용이다.
39) 『고려사』, 권78, 「식화」 1, 전제(田制).
40) 『고려사』, 권78, 「식화」 1, 전제(田制).

밭에 있을 뿐'[41]인데, 밭주인은 3~4집, 혹은 7~8집이라며 '아무리 어찌해 보려해도 소가 울며 서로 맞붙듯 적대할 뿐이니 누가 기꺼이 도조를 갖다 바칠 것인가'[42]라며 민인들의 고통에 동감했지만 그 해결 방법에 대해서는 "4백여 년 동안 이어온 末流의 폐단을 어찌 한꺼번에 없앨 수 있겠는가"[43]라면서 지주들 사이의 합리적인 토지재분배로 후퇴했다. 역성혁명파의 대표는 鄭道傳은 백성들이 '살아갈 방도가 없어서 종국에는 도적으로 변하기도 한다'[44]면서 "전하께서는 그들이 사는 곳에 나가 친히 그 광경을 보시고 개연히 革田을 자신의 임무로 삼으십시오."[45]라면서 革田, 즉 혁명적인 토지제도의 개혁을 주장했다. 역성혁명파의 혁명적인 토지제도는 趙浚의 "위로는 侍中부터 아래로는 庶人에 이르기까지 관에 있는 자는 물론, 군역에 종사하는 모든 자와 백성 및 公私賤人으로 籍에 올라 國役을 맡고 있는 모든 자들에게 土地를 나누어주어야 한다."[46]라는 것으로서 모든 백성들에게 토지를 지급하자는 혁명적인 안이었다.

역성혁명파 신흥사대부는 위화도 회군으로 정권을 장악한 2년 후인 공양왕 2년(1390) 기존의 모든 公私田籍을 불사른 후[47] 새로운 토지제도인 科田法을 발효했다. 과전법은 모든 백성들에게 토지를 지급하려던 당초의 안에서 후퇴해 職役者에게만 分給해 주는 것으로 귀결지어졌는데, 조준과 정도전은 이에 대해 舊家·世族, 즉 권문세족들의 반대 때문이라고 주장하고 있다.[48] 이에 대해 정도전은 "(舊家·世族들의 방해로) 이 백성들

---

41) 『고려사』, 권 115, 李穡傳.
42) 『고려사』, 권 115, 李穡傳.
43) 『고려사』, 권 115. 李穡傳.
44) 鄭道傳, 『朝鮮徑國典』, 부전(賦典).
45) 鄭道傳, 『朝鮮徑國典』, 부전(賦典).
46) 『고려사』, 권 118, 趙浚傳.
47) 『고려사』, 권78, 「식화」 1, 전제(田制).
48) 『고려사』, 권 118, 趙浚傳.
　　鄭道傳, 『朝鮮徑國典』, 賦典.

에게 지극한 정치의 혜택을 입지 못하게 했으니 어찌 한스러운 일이 아니겠는가?"[49]라면서도 "고려조의 문란했던 田制에 비한다면 어찌 몇만 배나 낫지 않겠는가"[50]라고 말해 자기합리화를 시도했다.[51]

실제로 고려시대 私田은 수취율이 1/2, 公田이 1/4인데 비해 공·사전을 막론하고 1/10로 정한 과전법은 고려시대의 토지제도에 비해서는 진보한 것으로 평가된다.[52]

그런데 정도전의 권력관은 아나키즘적 요소가 다분하다.

> 옛날 聖人이 賦稅의 법을 만든 것은 백성으로부터 수취해 자신을 봉양하자는 것이 아니었다. 백성들이 서로 모여살게 되면 음식과 의복에 대한 물욕이 밖에서 공격하고 男女에 관한 정욕은 안에서 공격해서 동류일 경우에는 서로 다투고 힘이 비슷할 경우에는 싸우게 되어 서로 죽이기까지 하는 것이다. 통치자는 법을 가지고 그들을 다스려서 다투는 자와 싸우는 자를 평화롭게 해 주어야만 민생이 편안해지는 것이다. 그러나 그 일은 농사를 지으면서 할 수 없으므로 백성은 10분의 1을 稅로 바쳐서 통치자를 봉양하는 것이다. 통치자가 백성으로부터 수취하는 것이 큰 만큼 자기를 봉양해주는 백성에 대한 보답도 역시 중요한 것이다. 후세 사람은 부세의 법을 만든 의의가 이러한 것을 모르고, '백성들이 나를 공양하는 것은 당연하다'고 말한다. 그래서 가렴주구를 자행하면서도 오히려 부족하다고 걱정하는데, 백성들이 또한 이를 본받아서 서로 일어나 다투고 싸우니 禍亂이 일어나게 되었다.[53]

백성들이 스스로를 위해 통치자를 둔 것이 권력의 시작이란 정도전의 사상은 아나키즘의 권력론과 대동하다.

---

49) 鄭道傳, 『朝鮮徑國典』, 賦典.
50) 鄭道傳, 『朝鮮徑國典』, 賦典.
51) 공양왕 3년의 토지개혁안에 대해서는 『高麗史』 권78, 食貨 1에 자세히 실려있다.
52) 려말선초의 토지제도에 대해서는 이재룡, 『조선초기 사회구조연구』, 일조각, 1984와 강진철, 『한국중세토지소유 연구』, 일조각, 1989 등을 참고할 것.
53) 鄭道傳, 『朝鮮徑國典』, 賦典.

2. 조선 중기 사림파의 아나키즘적 요소

수양대군의 무리한 집권 과정에서 탄생한 훈구파[54]가 정치·경제적 특권을 독점하면서 사림파에 의해 토지개혁이 다시 논의되었다.

사림파가 이상으로 삼는 토지제도는 井田制[55]였지만 현실성에 의문이 들자 그 대안으로 均田制와 限田制 등이 등장했다. 중종 10년(1515) 시독관 신용개(申用漑)는 "옛날의 井田法을 후세에 시행할 수 없다면, 수를 제한하여 나누어 주어서 균등하게 함이 어떠하겠습니까?"[56]라고 주장했는데, 이는 限田制와 均田制[57]를 절충해 실시하자는 주장이었다. 신용개는 나중에 限田制 실시로 후퇴하는데,[58] 일종의 토지소유상한제인 한전제는 50結[59]을 상한으로 삼자는 것이었다. 그러나 50결 이상 소유자들에 대한 처벌규정이 없는 한전법은 별 효과를 거둘 수가 없어서 중종 13년 司贍寺主簿 朴遂良은 한 읍의 토지가 5~6인의 수중에 집중되어 있다며, '(이)땅들을 고르게 분배하면 이야말로 先王이 남긴 井田法의 뜻이 될

---

54) 단종 원년(1453)의 계유정난 때의 靖難功臣부터 靖難功臣(세조 원년:1455), 敵愾功臣(세조 13년:1467), 익대공신정(예종즉위:1468), 佐理功臣(성종 2년:1471), 靖國功臣(중종 즉위년:1505) 등 거듭 공신이 책봉되었는데, 이들이 훈구파의 기본토대가 된다.

55) 丁田制, 혹은 井田法: 중국 고대의 田地制度로서 9백 畝를 井자 모양으로 區劃하여 중앙의 1백 畝는 公田으로 공동으로 경작해 국가에 세금으로 내고, 나머지 8백 무는 私田으로 8家의 농민이 각자 수확해 개인소득으로 삼게 했다. 개혁적인 유학자들은 시대를 막론하고 정전제를 동양의 이상적인 전제로 여겼다.

56) 『중종실록』 10년 2월 12일조.

57) 均田制, 혹은 均田法: 백성에게 평등하게 토지를 분급하는 제도로서 기록상으로는 後魏 孝文帝 때에 처음 실시한 것으로 되어 있으나 실제로는 그 이전부터 존재했던 것이라고 주장하는 사람도 있는데, 개혁적인 유학자들이 정전제 다음으로 선호하던 토지제도였다. 唐 高祖 때 18세 이상의 남자에게 농토 1백 畝를 주되 20무는 永業田으로 80무 口分田으로 분류한 적이 있는데, 그 내용은 시대에 따라 각각 차이가 있었다. 『文獻通考』 권2 田賦 2, 歷代田賦之制를 참고할 것.

58) 『중종실록』 12년 7월 30일조.

59) 結: 전통시대 조세 계산을 위한 전지 면적의 측량 단위를 뜻한다. 量田尺으로 1평방 척의 면적을 1把라고 하고, 10파를 1束, 10속을 1負, 1백 부를 1결이라 한다.

것'[60]이라며 균전제 시행을 주장했다.

한전제와 균전제에 머물렀던 이때의 토지개혁 논의는 그나마 훈구파의 반대와 중종 14년 사림파의 정계축출로 중단되고 말았다. 그후 대동계를 조직했던 정여립의 大同思想은 그 분명한 실체는 불분명하지만 대동이라는 용어 자체가 아나키즘적 요소로 생각되기도 한다.[61]

Ⅲ. 실학 사상 속의 아나키즘적 요소

1. 柳馨遠·李瀷 등의 토지개혁 사상

實事求是學의 略語인 實學은 실제적인 사물에서 그 진실을 탐구하는 것[62]으로서 조선 후기 사회현실에 대한 비판과 반성에서 시작되었는데, 구체적으로는 17세기 이후 출현한 현실개혁적 사유형태를 지칭한다.[63] 그간 실학에 대해서는 다양한 견해들이 전개되었으나 그 사상에 아나키즘적 요소가 있다고 볼 수 있는 것은 이들이 토지제도의 개혁을 기초로 평등을 이상으로 하는 농촌공동체를 만들려고 했다는 점과 신분제 완화 내지는 해체를 통해 보다 평등한 사회를 만들려고 했기 때문이다.

조선 후기 실학의 선구자인 磻溪 柳馨遠(1622~73)은 국가체제의 전반적인 개혁방안 중에서도 토지제도의 개혁을 가장 중시했다. 그는 "옛날의 井田法은 이상적인 토지제도였다"[64]라면서도 다시 현실화하기는 불가능하다는 생각에서 均田制 시행을 주장했다. 그의 토지제도는 균전의 토지

---

60) 『중종실록』 13년 5월 27일조.
61) 정여립과 대동계에 대해서는 『선조실록』 22년 10월 1일자에 설명되어 있다.
62) 최익한, 『실학파와 정다산』, 1955, 평양 국립출판사, 한국문화사, 1996, 영인본. 22쪽.
63) 조선 후기 실학사상에 대해서는, 池斗煥, 「朝鮮後期 實學研究의 問題點과 방향」, 『泰東古典研究』 3, 1987; 趙珖, 「朝鮮後期 實學思想의 研究動向과 前望」, 『김창수교수화갑기념사학논총』, 범우사, 1992 등을 참조할 것.
64) 柳馨遠, 「磻溪隧錄」, 卷 1, 田制 上.

분급과 정전의 공동부담을 근간으로 하면서 국왕의 강력한 시행의지를 강조했다는 점에서 均田制적 科田制라고도 볼 수 있다.65)

그가 주장하는 균전제적 과전제는 인민이 각자의 사회적 지위에 따라 일정한 토지를 국가로부터 받고 그가 사망하면 이를 국가에 還納하는 제도인데66) 이는 대부분의 사유지를 몰수해 公田으로 삼아 적당히 분배해서 경작케 하자는 일종의 국유제 주장이었다. 토지지급 방식으로는 종래의 結負法을 폐지하고 頃畝法을 채택하자는 것으로서 "모든 장정은 토지 1경씩을 받고", "네 장정이 1佃을 이루고", "네 장정 중에서 건장한 자 한 사람을 뽑아서 병사를 시키고 나머지 세 장정은 保가 된다"는 것67)이다.

그는 농민 한 사람은 1경의 땅을 받고 儒士와 관리는 2~12경의 토지를 지급받는 안을 제시했는데, 農者와 非農者가 모두 토지를 지급받으며 유생과 관리가 더 많은 토지를 지급받는 한계가 있었다. 그러나 토지를 지주와 귀족의 兼併에서 몰수해 균전제적 과전제로 분배하려 한 것은 중대한 개혁안68)으로서 이를 통해 병농일치의 이상적인 공동체 건설을 시도했다는 점에서 아나키즘적 성격을 찾을 수 있다.

星湖 李瀷(1691~1763)도 토지문제의 해결에 많은 관심을 기울였는데, 그의 "王道政治가 토지의 境界를 바로잡는데 귀결되지 않으면 모든 것이 구차할 뿐이다. 백성의 빈부가 고르지 못하고 강약의 형세가 다르면 어떻게 나라를 평화롭게 다스릴 수 있겠는가?"69)라는 말은 토지문제에 대한 그의 의지를 잘 말해준다. 이익의 토지개혁사상은 모든 토지를 公田化하

---

65) 유형원의 토지제도를 균전제적 과전제라고 해석한 인물은 최익한이다. 최익한, 위의 책, 100쪽.
66) 최익한, 위의 책, 100쪽.
67) 柳馨遠, 『磻溪隧錄』, 卷 1, 田制 上.
68) 최익한, 위의 책, 106쪽.
69) 李瀷, 『성호사설 정선』중, 均田, 현대실학사, 1998, 121.

고 私田을 억제하는 것으로서 토지의 공유화의 원칙으로 토지문제를 해결하려는 것이었다.

> 토지에 주인이 비록 있었다 하더라도 이는 한때의 일이기 때문에 먼 세대에 오래도록 보증할 수 없다. 대개 토지라는 것은 본래 국가 소유이니만큼 아무튼 개인으로서는 자기의 것이라고 감히 단정할 수 없으니, 예나 지금이나 미워하고 싫어하는 것은 이 私田에 대한 폐단이다. 私의 반대가 公이라면 어느 것인들 公田이 아니겠는가. 田主란 공전을 빌려서 경작하여 국가에 세금을 바치는데 지나지 않는 것이다.[70]

역대 유학자들이 簒逆者로 비판했던 王莽에 대해 이익은 "그가 王田이란 이름으로 私有가 아니란 것을 밝혔으니 그 뜻이 대단히 컸다"[71]면서, '그가 簒逆했다고 이를 덮어버리지 말아야 한다'[72]고 주장했다. 이익은 왕망이 천하의 토지를 王田이라고 이름한 것은 "대개 먼저 토지는 개인의 소유가 아니라는 것을 밝히려 했던 것이다. 그런 다음에 부자의 것을 빼앗아 가난한 자에게 주려고 한 것이니 만일 그의 뜻이 이루어졌더라면 또한 성인이 남긴 뜻과 어긋나지 않았을 것이다"[73]라고 말해 王莽을 성인의 반열에까지 올려놓았던 것이다.

성호 이익이 토지 공유의 원칙 속에서 토지문제 해결의 방법으로 주장한 균전제는 일종의 限田制와 가까웠다. 그의 한전제는 몇 畝의 토지는 매매가 불가능한 法定 永業田으로 지정하고 그 이상 소유한 토지의 文券은 官에 제출해서 소각하고 官의 토지대장에만 기재한다음 법정 영업전보다 적게 소유한 자만이 관의 토지대장에 기재된 토지를 살 수 있게 하자는 것[74]으로, 토지의 사적 매매를 제한해 차차 균등 소유로 가자는

---

70) 李瀷, 『성호사설 정선』중, 田制, 현대실학사, 1998, 210쪽.
71) 李瀷, 『성호사설 정선』중, 田制
72) 李瀷, 『성호사설 정선』중, 田制
73) 李瀷, 『성호사설 정선』중, 均田, 현대실학사, 1998, 121쪽.

주장이었다.

朴趾源도 토지소유 상한선을 정해놓고 그 이상의 소유를 허락지 않는 일종의 限田法을 주장했으며[75] 徐有榘는 한전론을 주장하다가 屯田論을 제기했는데, 그의 둔전론은 국가가 주체가 되는 국영농장제를 만들자는 것으로서 정부가 無田 농민을 고용해 집단농장을 경영하자는 것이었다. 그의 둔전제의 시행 주체는 국가지만 이는 국가권력이 아니면 집단농장을 만들 수 없는 현실의 반영일뿐 사실상은 무전농민이 주체가 되는 공동체 건설을 뜻하는 것으로서 이 역시 아나키즘적 성격의 주장이라고 볼 수 있다.

2. 유형원·이익 등의 신분제 개혁사상

실학자들은 신분제도의 개혁을 주장했는데, 특히 노비제도의 개혁은 인간평등 사상의 발로로서 아나키즘과 밀접한 관련이 있다.

유형원은 "풍속이 편하고 상하가 점차로 넉넉해지고 雇工이 점차로 흥성해진 다음에야 (노비제도를) 혁파할 수 있다"[76]고 주장했는데, 이는 일정한 한계가 있지만 신분제에 기반한 노비제도를 근대적인 고용관계로 전환하자는 것으로서 그의 활동시기가 효종~현종조라는 사실을 감안하면 획기적인 제안이 아닐 수 없다.

이익은 조선의 性理學이 노비제도를 箕子가 창시한 법률로 긍정하는 것을 부인[77]하면서 '나라가 약한 것도 이 때문이요, 백성이 가난한 것도 이 때문'[78]이라며 노비제도를 비판했다. 이익은 나라를 좀먹는 여섯 가지

---

74) 李瀷, 『성호사설 정선』중, 均田,
75) 朴趾源, 『課農小抄』, 限民名田議.
76) 柳馨遠, 『磻溪隧錄』, 續篇 下, 노예조.
77) 李瀷, 『성호사설 정선』 중, 奴婢還賤, 현대실학사, 1998, 132쪽.
78) 李瀷, 『성호사설 정선』 중, 黨長里長, 현대실학사, 1998, 140쪽.

병폐로서 科業·閥閱·技巧·僧尼·遊惰와 함께 奴婢를 들 정도로 노비제도를 강하게 비판했는데, 특히 관직도 없는 양반층이 노비를 부려 놀고먹는 악습을 지적하고 노비법이야 말로 인습 중의 인습이라고 주장했다.

이익은 고려 때 난민들이 노비문서를 보관하던 地庫와 임란 때 난민들이 노비문서를 간직하던 掌隷院을 불태운 것을 거론하며, '이것이 또 고금의 한가지 방식이다'[79]라고 해서 노비문서의 소각을 지지했고, '論奴婢'에서는 노비들도 과거에 응시할 수 있게 해야 한다고 주장하기도 했다. 그러나 그도 노비제도 자체에 대한 폐지를 주장하는데는 이르지 못한 한계가 있지만[80] 이 역시 당대의 현실 속에서 신분제 개혁을 구상한데 따른 것으로 보아야 할 것이다.

柳壽垣은 모든 백성에게 균등한 교육기회를 제공하고 능력에 따라 관리 후보자인 士를 선발하자고 주장했고, 洪大容 역시 四民(士農工商)의 자식들이 균등하게 교육받을 권리와 그 능력에 따른 대우를 주장했는데 이는 신분적 특권을 인정않는 것이었다. 홍대용은 "재주와 학식이 있는 자는 農賈의 제제로서 廊廟에 앉더라고 참람하다 여길 것이 아니며, 재주와 학식이 없는 자는 公卿의 자제로서 下人이 되더라도 한스러이 여길 것이 아니다"[81]라는 말로 신분제를 부정했다. 신분제의 시대에 신분제 부정은 곧 평등을 주장한 것으로서 아나키즘의 주요한 요소라고 볼 수 있다.

---

79) 李瀷, 『성호사설 정선』중, 焚地庫隷籍, 현대실학사, 1998, 204쪽.
80) 金泰永, 「조선 후기 實學에서의 현실과 이성」, 『韓國思想史方法論』, 도서출판 소화, 1997, 258쪽.
81) 洪大容, 『湛軒書』內集, 林下經綸.

IV. 다산 정약용 사상의 아나키즘적 요소

1. 다산 정약용의 토지개혁 사상

茶山 丁若鏞(1762~1836)은 畿湖 南人 출신으로서 정조 사망 후 老論에 의한 정치보복으로 18년 동안 유배생활하면서 실학을 집대성했다. 그의 토지개혁론과 신분·지역차별 개혁론과 관리론, 그리고 自主之權 사상에는 아나키즘적 요소를 다수 발견할 수 있다.

그의 토지개혁 사상은 田論에 잘 드러나 있는데, 훗날『牧民心書』와 『經世遺表』 등의 저작 저술에 기초가 된 田論은 유배시절이 아니라 谷山 府使로 있던 정조 23년(1799)에 작성되었다는 사실이 중요하다. 田論에서 다산은 부자 1인의 田地가 100결 이상이면 1戶를 살찌우기 위해 990명의 생명을 해치는 것이며, 400결 이상이면 1호를 살찌우기 위해 3,990명의 생명을 해치는 것[82]이라며 조정에서 마땅히 부자의 것을 덜어내어 가난한 사람에게 보태주어 그 재산을 고르게 하는 제도를 시행해야 하는데 그렇게 하지 않고 있다고 비판[83]하면서 토지개혁을 주장한다.

그는 井田制는 旱田과 平田에서만 시행할 수 있는데 水田과 산골짜기까지 개간된 조선에서는 시행 불가능하며, 均田制는 인구와 전지가 매년 다르기 때문에 시행 불가능하며, 限田制는 타인의 명의로 매매하는 것을 알 수 없기 때문에 불가능하다면서[84] 閭田制를 주장했다.

> 이제 농사를 짓는 사람은 전지를 얻도록 하고, 농사를 짓지 않는 사람은 전지를 얻지 못하도록 한다면, 閭田法을 시행해야 우리의 뜻을 이룰 수

---

82) 丁若鏞, 『與猶堂全書』, 제1집, 田論.
83) 丁若鏞, 『與猶堂全書』, 제1집, 田論 1.
84) 丁若鏞, 『與猶堂全書』, 제1집, 田論 2.

있을 것이다. 무엇을 閭田이라 하는가. 산골짜기와 하천의 지세를 가지고
경계를 그어 삼고는, 그 경계에 포함된 것을 閭[85]라 이름하고……閭에는
閭長을 두고 무릇 1閭의 田地는 1여의 사람들이 다 함께 그 전지의 일을
다스리도록 하되, 서로간의 경계가 없게 하고 오직 閭長의 명령만을 수행
하도록 한다. 매양 하루하루 일할 때마다 여장은 그 日數를 장부에 기록해
둔다. 秋收가 끝나면 무릇 五穀의 곡물을 모두 여장의 堂으로 운반하여
그 양곡을 나누는데, 먼저 국가의 세를 바치고, 그 다음은 여장의 祿俸을
보내고, 그 나머지를 가지고 날마다 일한 것을 기록한 장부에 의해 분배한
다.[86]

정약용의 전론에서 주목되는 것은 閭에 대한 선택권이 민인에게 있다는
점이다. 백성들에게 선택권을 주면 위에서 명령을 내리지 않아도 백성들
의 자율적인 행동에 의해 宅里와 田地와 貧富가 고르게 되고, "많은 사람
들이 여기저기로 자주 왕래하게 될 것이니, 이렇게 되면 8, 9년이 지나지
않아서 나라 안의 전지가 고르게 될 것"[87]이라는 주장이다.

여전제는 토지문제 개혁방안을 넘어 이상적인 마을공동체 건설을 위한
방안이기도 했다. 그는 軍制도 여전제를 바탕으로 재편할 것을 주장하는
데, 여장이 哨官이 되고, 세 閭가 모여 이루어지는 里의 이장은 把摠,
다섯 里가 모여 이루어지는 坊의 坊長은 千摠이 되고, 방 다섯이 모여
이루어지는 邑에는 縣令을 두어 절제하게 하는 것[88]이 그의 군제개편론
이다.

그의 군제개편론은 戶布制와 연결되는데 이는 조선 사대부 계급의 軍役
면제 특권을 인정하지 않는 것이기 때문에 중요하다.[89] 1閭의 백성을 셋

---

85) 정약용 자신은 閭에 대해 '周나라 제도에 25家를 1여라 한다. 이제 그 이름을 빌려 대략
   30가에서 드나듦이 있게 하되 또한 반드시 그 율이 일정하지는 않다.'라고 스스로 주를
   달았다.
86) 丁若鏞, 『與猶堂全書』, 제1집, 田論 3.
87) 丁若鏞, 『與猶堂全書』, 제1집, 田論 4.
88) 丁若鏞, 『與猶堂全書』, 제1집, 田論 7.

으로 나누어 하나는 실제 戶丁을 내어 군사를 편성하고 나머지 둘은 戶布를 내어 軍需에 충당함으로써 國民皆兵制를 이루게된다는 것이다.

간과하지 말아야 할 점은 정약용의 여전제가 실현불가능한 공상 속에서 나온 사상이 아니라 조선후기 향촌사회의 발전상을 적극적으로 반영한 이론이란 점이다. 그의 여전제는 18세기 들어 크게 변화한 향촌질서의 반영인데, 이 시기 일부 士族들의 물적 토대는 약화된 반면 일부 민인들은 농업생산력 발전의 성과물을 차지하면서 鄕權에 접근하는 경우가 늘어났다. 18세기에 面里制가 강화되면서 士族을 대신해 일반백성들이 면·리임을 맡는 경우가 늘어났는데, 이는 일반백성들이 자신들의 의사를 반영할 수 있는 길이 열려갔음을 뜻하는 것이기도 하다.90) 자연촌락을 단위로 형성되는 '里中公論(公議)'은 일반적으로 사족층에 의해 주도되고 있었지만 거기에도 기층민들의 견해가 상당히 반영되고 있었으며, 순천과 같은 지방에서는 농민층만으로 구성되어 독자적으로 공의를 형성해가는 촌락이 상당수 있었음이 확인된다. 자연촌락의 성장에 따라 그 독자적인 기능을 인정하는 새로운 면리편제가 이루어지고 촌락 내에서 민인들의 이익도 점차 강화되어 갔던 것이다. 숙종 37년(1711) '良役變通節目'91)의 반포로 법제화된 里定法은 양역부과의 기능을 기본적으로 촌락에 맡기는 것으로서 사족의 통제권을 인정하면서도 민인들 자체의 규제에 의해 양역제를 운영하도록 한 것으로서 촌락 내에서 민인들의 지위가 강화되어 가는 것을 인정한 조치였다.92)

다산의 여전제는 조선 후기 향촌 사회의 이런 자치권의 강화와 민인들

---

89) 정약용은 여전제 아래에서 사대부는 농업이나 상공업으로 전업할 것이라고 예측하는데, 이중 경영이나 水利, 器具제작 등의 특수한 재능을 가진 전문가는 그 10배의 대우를 해야 한다고 주장했다. 『與猶堂全書』, 제1집, 田論 5.
90) 金俊亨, 「18세기 이정법의 전개-촌락의 기능강화와 관련하여-」, 『震檀學報』 58, 1984.
91) 『備邊司謄錄』 63책, 숙종 37년 12월 25일.
92) 『한국사』 36 -조선후기 민중사회의 성장-, 국사편찬위원회, 60쪽.

의 권리강화라는 변화된 상황을 적극적으로 받아들인 향촌자치이론이었
던 것이다.

2. 다산 정약용의 신분제 개혁론과 국가론

정약용은 또한 지역과 신분차별을 개혁해야 한다고 주장했다.

그는 극심한 인재부족에도 열에 아홉은 사람을 버리고 있다면서 이렇게
말했다.

> 평민과 천민은 모두 버림을 받은 자들이며 중인도 버림을 받은 자들이
> 며, 西關(평안도)과 北關(함경도), 海西(황해도), 松京(개성), 沁都(강화)지방
> 의 백성도 버림을 받은 자들이며, 關東(강원)과 호남지방 백성들도 절반씩
> 버림을 받은 자들입니다. 뿐만 아니라 庶孼 자손들도 버림을 받은 자들이
> 며, 北人 南人들은 일부 등용된다고 하나 역시 버려진 것에 가까울 따름이
> 며, 오직 그 버림을 받지 않은 자라곤 소위 명문 벌족이라고 일컫는 수십
> 가문에 지나지 않습니다.[93]

다산은 "동서남북의 지방적 조건을 묻지 않고 귀족과 천인의 출신 관계
를 가리지 않는 중국의 제도를 본받는 것이 적당할 것"이라면서 10년에
한번씩 서북지방 및 兩都(개경과 강화)의 주민들과 중인 및 서얼로부터
일반 백성의 천인에 이르기까지 茂才異能科를 실시하자고 주장했는데,[94]
이는 신분해방 사상과 실질을 중시하는 실학정신이 담겨 있다. 그는 심지
어 서얼을 등용하는데서 그치지 말고 반드시 宰相에 임용해야 한다고[95]
며 신분제 철폐를 주장했다.

다산의 관리론도 주목되는데 그는 백성이 모든 권력의 원천이라고 생각

---

93) 丁若鏞, 『與猶堂全書』, 제1집, 通塞議.
94) 丁若鏞, 『與猶堂全書』, 제1집, 通塞議.
95) 丁若鏞, 『與猶堂全書』, 제1집, 庶孼論.

했다. "하늘이 일반 백성을 내고 먼저 그들을 위해 田地를 마련해서 그들로 하여금 먹고 살도록 하고, 이미 또 그들을 위해 임금을 세우고 牧民官을 세워서 임금과 목민관으로 하여금 백성의 부모가 되게 하여, 그 산업을 골고루 만들어서 다 함께 살도록 하였다"[96]는 것이다. 다산은 "임금의 정치가 퇴폐하면 백성이 곤궁하게 되는데, 그러면 나라가 가난하게 되고, 나라가 가난하면 賦稅의 징수가 가혹하게 되는데, 그러면 인심이 떠나가고, 그러면 天命이 가버리게 되니, 그런 까닭으로 시급한 것은 정치에 있다"[97]라고 말했는데, 이는 천명이 백성들에게서 나온다는 주장이었다. 그는 監司를 가장 큰 도적이라고 말했는데,[98] 감사는 한 道의 우두머리라는 점에서 이를 국가로 확대하면 그가 가장 큰 도둑이라고 생각한 것은 임금이었을 것으로 추측된다.

임금이 정치를 잘못하면 천명이 떠난다고 보았던 그의 눈에 정치가 극도로 문란했던 조선후기는 천명이 이미 떠난 시기이고 그래서 감사나 국왕은 도적에 지나지 않는 것으로 보였던 것이다.

3. 다산 정약용의 自主之權

다산 정약용의 自主之權 사상은 아나키즘과 관련해 중요하다. 다산은 심성학에 있어 仁에 대해 조선 성리학자들이 동의했던 朱熹의 전통적 해석, 즉 "마음의 덕이요, 사랑의 이치이다[心之德 愛之理]"라는 것을 거부하고 仁자는 人과 人을 중첩시킨 글자라며 "사람과 사람이 그 본분을 다하는 것이 仁"[99]이라고 주장했다. 이는 '인'을 인간 내면의 본질로 보려는 성리학적 해석을 벗어나서 구체적 인간관계 속에서 실천되는 규범으로

---

96) 丁若鏞, 『與猶堂全書』, 제1집, 田論 1.
97) 丁若鏞, 『與猶堂全書』, 제1집, 原政.
98) 丁若鏞, 『與猶堂全書』, 제1집, 監司論.
99) 丁若鏞, 『與猶堂全書』, 제2집, 「孟子要義」, 4쪽.

파악하는 것으로서[100) 그의 사상의 독창성이 잘 드러난다.

이런 개념 정리가 중요한 것은 四端[101)과 仁·義·禮·智의 관계에 대한 해석에서 인·의·예·지가 인간의 내면 속에 처음부터 들어있는 것이 아니라 도덕적 실천을 통해 성취되는 것이라고 보기 때문이다. 즉 사단은 인간의 성품에 본래 갖추어져 있는 것이지만, 이 네 가지 마음을 확충해서 실현한 것이 四德, 즉 인·의·예·지라는 것이다. 이는 주희가 인·의·예·지를 성품의 '사덕'으로서 인간의 성품 속에 내재하는 것이라고 본 데 대한 전면적 부정으로서 다산 사상은 이 점에서 성리학의 한계를 뛰어넘게 된다.

다산은 성리학의 '本然之性'이 본래 불교에서 나온 것으로서 유교에서 말하는 '天命之性'과는 불과 물처럼 상반된 것이라고 지적하면서 맹자가 嗜好를 위주로 性을 말했던 사례를 들어 그 자신도 '性'을 기호 위주로 보고 있다고 말한다.[102) 이는 주희가 "성품을 인간이 하늘로부터 부여받아 태어나는 것으로 '理'이다"라고 정의한데 대한 부정[103)으로서 성품은 선을 좋아하는 '기호'이므로 인간이 선을 행할 수 있는 근거가 된다는 주장이었다. 그의 性善說은 맹자 성선설의 바탕에 서 있지만 그 이론적 근거는 성리학자들처럼 성품을 본래 순수한 것으로 보는 것이 아니라 선을 좋아하는 '기호'로 보는 점이 다르다. 따라서 선은 누구나 행할 수 있는 것이 아니라 선을 좋아하는 성품의 기호에 기반한 인간이 자신의 결단으로 선을 선택하고 실행해야 하는 것이라고 설명한다.[104) 다산은 하늘이 인간에게 선을 행하고자 하면 선을 행할 수 있고, 악을 행하고자 하면 악을 행할 수 있는 결정권을 주었는데, 이것이 바로 '自主之權'[105)이

---

100) 금장태, 『정약용-한국 실학의 집대성』, 성균관대학교 출판부, 125쪽.
101) 四端은 惻隱·羞惡·辭讓·是非之心으로서 孟子의 性善說의 기초가 되는 개념이다.
102) 丁若鏞, 『與猶堂全書』, 제2집, 「孟子要義」, 32쪽.
103) 금장태, 『정약용-한국 실학의 집대성』, 성균관대학교 출판부, 126쪽.
104) 丁若鏞, 『與猶堂全書』, 제2집, 「孟子要義」, 33쪽.

라고 설명한다.

이 自主之權에 따라 선을 행할 때 인간은 선을 행한 공을 이룰 수 있고, 악을 행할 때 악을 행한 죄를 짓는 것으로서 인간과 동물이 갈라지는 경계가 된다. 인성론에 대한 다산의 이런 인식은 비단『孟子要義』에서만 드러나는 것이 아니라『中庸自箴』이나『中庸講義』에서도 일관되게 드러나는 사상이다. 현실 사회주의가 참담한 실패로 끝난 근본원인 중의 하나가 인간의 이러한 이중성을 간과하고 사회체제에만 집중한데서 기인한다고 볼 때 다산의 이런 自主之權 사상은 인간심성론에 기반한 이상사회 건설을 위해 반드시 필요한 사상이라고 볼 수 있다. 인간이 하늘로부터 부여받은 자유의지에 따라 행하는 선은 相互扶助가 사회발전의 원리라는 아나키즘의 근본개념과 일치하기 때문이다.

V. 조선 후기의 농민전쟁 속에 나타난 아나키즘 요소

1. 조선 후기 농민전쟁

조선 후기 농업생산력 발전에 따라 정치적·경제적으로 각성한 민인들은 중세적 법제와 그 질서의 폐기를 요구했으나 지배계급은 이런 중세적 법제와 질서의 폐기를 거부했다. 노론 일당독재가 세도정치로 악화되면서 민인들의 요구는 억압된 반면 三政의 紊亂이 일반적 현상으로 나타나자 민인들은 국가 자체를 부인하며 봉기했다.

조선 후기의 농민항쟁이 그것으로서 이는 조선 후기의 모든 모순이 집약된 것이었다. 순조 11년(1811) 발생한 '서북민의 항쟁(洪景來 난)'은 서북민에 대한 지역차별과 상공업인과 노비들에 대한 신분제 차별이 그 계기가 되었다. "의주로부터 개성에 이르는 지역의 거의 대부분의 富戶·

---

105) 丁若鏞,『與猶堂全書』, 제2집,「孟子要義」, 33~34쪽.

大商들이 이에 망라되어 있었다"[106]는 정부측 진압기록은 지역차별과 신분제 차별이 복합적으로 작용한 상황을 보여주며, "청북의 4~5군이 수일 만에 함락된 까닭은 모두 邑屬과 官隸들이 내응한 때문"[107]이라는 기록은 신분제 철폐에 대한 하층민들의 의지를 보여준다. 홍경래 난은 비록 봉건적 사회모순에 대해 대안 이념을 제시하지는 못했지만, 그후 반봉건 봉기의 선구자 역할을 하였다. 이런 점에서 홍경래 난은 체제 내부의 갈등을 넘어 체제변혁의 시발점이란 역사적 의미를 지니고 있는데,[108] 19세기 후반, 특히 1862년 삼남을 휩쓴 농민전쟁의 전주곡이라고 볼 수 있다.

진주의 경우 1862년의 농민전쟁 직전인 철종 9년(1858)~철종 10년(1859)의 불과 2년 동안 전체 호수 15,000여 호 중 3,300여 호가 파산했는데 이는 농촌사회의 해체를 말해주는 것이었다.

1862년 2월 경상도 丹城에서 처음 시작된 농민봉기가 경상도 전체로 확산된 것은 이처럼 농민생활이 총체적으로 붕괴되었기 때문이다. 이때 농민들은 자신들의 행정구역을 뛰어넘는 계급적 연대를 보이지는 못했으나 여러 면리들이 공동으로 읍내로 들어가는 등 면리를 단위로 한 공동체 인식을 보여주었다. 특히 단성에서는 읍내를 장악한 후 스스로 좌수와 이방, 鄕將, 官奴를 선출하고 새롭게 수취장부를 만들어 집행했는데, 이는 농민들 스스로가 자치권력으로 향촌 공동체를 구성한 것으로서 아나키즘적 요소와 관련해 주목된다. 1862년의 농민전쟁에서 보여준 공동체 건설 능력은 동학농민혁명 때 전면적으로 나타난다.

---

106) 『陣中日記』 권1, 신미 12월 8일.
107) 『陣中日記』 권1, 신미 12월 28일.
108) 吳洙彰, 「洪景來亂 봉기군의 최고지휘부」, 『國史館論叢』 46, 1993, 260쪽.

2. 동학농민혁명의 아나키즘적 요소

1894년(고종 31년) 3월 무장에서 湖南倡義所 全琫準·孫和中·金開南 공동명의로 倡義文을 발표하면서 막이 오른 동학농민혁명은 "守宰의 貪虐에 백성이 어찌 곤궁치 아니하랴. 백성은 나라의 근본이니 근본이 쇠잔하면 나라는 반드시 없어지는 것이다"[109]라는 창의문 대로 백성들 스스로가 나라의 주인을 자처하며 일어난 봉기였다. 동학농민군의 四大名義 중의 하나는 "사람을 죽이지 않고 물건을 파괴하지 않는다[不殺人 不殺物]"[110]는 것이고, 4개 약속은 "적을 대할 때는 언제나 칼날에 피를 묻히지 않고 이기는 것을 가장 큰 공으로 삼는다", "비록 부득이하게 싸우더라도 절대로 인명을 상하지 않는 것을 귀하게 여긴다"[111]는 것으로서 인명중시 사상을 담고 있었다. 당시 농민군에 적대적인 태도를 보였던 黃玹도 '관군은 행군을 하게되면 닥치는대로 노략질하는 반면 농민군은 관군의 소행과는 반대로 했다'면서 양 진영 모두 민간에게 먹을 것을 구해야 했는데, "적(농민군-필자)들의 진영에는 음식을 담은 광주리가 끊이지 않았지만, 관군은 굶주린 기색이 얼굴에 나타났다"[112] 고 기록할 정도로 동학농민군은 백성들 그 자체였다.

동학농민혁명에서 아나키즘과 관련해 중요한 것은 농민자치기구인 執綱所이다. 전주성 무혈 입성 후 정부와 전주화약을 맺고 설치한 執綱所에 대해 황현은 이렇게 설명한다.

각 읍마다 접을 설치하여 이를 大都所라 하고, 한 사람의 接主를 내어

---

109) 「聚語」, 『東學亂記錄』 上, 143쪽. 吳知泳, 『東學史』, 영창서관, 1940, 109쪽.
110) 鄭喬, 『大韓季年史』 上, 국사편찬위원회, 1971, 74쪽.
111) 金允植, 『續陰晴史』 上, 국사편찬위원회, 1971, 311쪽.
112) 黃玹 著·김종익 譯, 『오하기문』, 역사비평사, 1995, 69쪽.

太守의 일을 행하게 하고 이를 執綱이라고 했으니, 수령이 있든 없든 개의
치 않았다. 都所는 또 大義所라 일컫고, 도로에 있어서는 行軍義所라고
일컬었다. 그 전하는 문자를 令紙라고 일컫고, 그 법은 귀천이나 노소가
없이 모두 같은 상대로 절하고 揖한다.[113]

집강소는 농민자치조직으로서 아나키즘의 지역자치 이론과 흡사한 행
정기관이었다. 집강소의 '법은 귀천이나 노소가 없이 모두 같은 상대로
절하고 揖한다.'는 기록은 모두가 자유롭고 모두가 평등한 아나키즘의
지역자치 이론이 현실화된 모습에 다름 아니다. '私奴·驛人·巫夫·水尺
등 모든 천인들이 가장 즐겨 여기에 따랐다'[114]는 기록은 집강소의 신분해
방 기능을 잘 보여주고 있다. 물론 '한번 그 黨(동학당-필자)에 들어가면
하지 못하는 일이 없어그 묵고 쌓인 원통하고 분한 기운을 다 풀었다'[115]
는 기록처럼 일부 부작용이 없었던 것은 아니지만 전봉준이 각 집강소에
보낸 통문에서 "우리들의 이번 거사는 오로지 민을 위하여 폐해를 제거하
려는 것이었다. 오직 저들 교묘하게 남을 속이는 부랑배들이 도량하고
날뛰며 평민을 해치고 마을을 해쳐 소소한 미움과 작은 허물이라도 까딱
하면 반드시 보복하니 이는 덕을 거스르고 선을 해치는 무리들이다"[116]라
고 그 금지를 명한 기록처럼 점차 진정되고 있었다.

농민들이 자발적으로 설치한 집강소는 1894년 7월 6일 전봉준과 전라감
사 金鶴鎭 사이의 전주감영 회담 후 김학진에 의해 공인되면서 공식화되
었다. 집강소에 천민신분의 농민들이 대거 가담하면서 '노비를 가진 자는
대세에 눌려 노비문서를 불태움으로써 피해를 막았다'[117]는 기록처럼 신
분제 철폐는 자연스런 현실이 되었다. 실제 집강소에서 시행한 '폐정개혁

---

113) 『梧下記聞』1, 甲午 5月(『東學農民戰爭史料叢書』1), 109쪽.
114) 『梧下記聞』1, 甲午 5月(『叢書』1), 109쪽.
115) 『梧下記聞』1, 甲午 5月(『叢書』1), 109쪽.
116) 『梧下記聞』2, 甲午 7月(『叢書』1), 279~280쪽.
117) 『梧下記聞』2, 甲午 8月(『叢書』1), 214쪽.

12조건'에는 '노비문서는 燒祛할 事' '七斑賤人의 待遇는 改善하고 白丁 頭上에 平壤笠은 脫去할 事', '靑春寡婦는 改嫁를 허할 事' 등 신분제를 철폐하는 내용과 '土地는 平均으로 分作케 할 事' 등 토지소유의 재분배 와 균등분할을 추진하는 내용이 들어있다.118)

집강소는 토지혁명을 목표로 갖고 있었으나 그해 9월 斥倭를 당면의 목표로 2차 봉기에 나서면서 토지혁명의 시행은 훗날을 기하게 되었다. 남·북접이 합세해 전개된 2차 봉기는 그해 12월 일본군과 싸웠던 우금치 회전이 농민혁명군의 패배로 귀결지어지면서 조선은 다시 구질서로 회귀 하고 말았다.

그러나 동학농민군의 執綱所는 우리 역사상 최초로 전면화된 민인들 의 지역자치기구라는 중요성을 갖는다. 모든 구성원들에게 자유와 평등 이라는 고귀한 이념을 실현했던 집강소는 동학농민혁명이 실패로 끝나 면서 역사 속으로 사라지고 말았지만 이는 우리 민인들이 자주적으로 자유와 평등을 실현하는 자치기구를 수립할 능력이 있음을 보여준 소중 한 실례였다.

---

118) 이 부분에 대해서는 토지혁명이라는 견해와 그렇지 않다는 견해가 상존한다. 김용섭은 토지소유의 재분배·균등분배로 보는 시각인데, 정약용의 『경세유표』에서의 지주전호제의 전면해체와 경작농민에의 토지소유 재분배를 내용으로 하는 토지제도 개혁구상을 공유하 고 있었다고 보았다.(김용섭, 「조선왕조 최말기의 농민운동과 그 지향」, 『한국근현대농업사 연구』, 일조각, 1992) 신용하도 같은 견해이다(신용하, 「갑오농민전쟁과 두레와 집강소의 폐정개혁」, 『한국사회의 신분계급과 사회변동』, 문학과 지성사, 1987) 그러나 김양식은 집 강소의 기능이 농민군 대 정치권력 사이의 문제해결방식이었을 뿐 사회구조의 혁명적 재편 까지 전망한 것은 아니라는 이유로 토지소유의 균등분배가 아니라고 보았으며(김양식, 「1·2 차 전주화약과 집강소 운영」, 『역사연구』 2, 역사문제연구소, 1993) 박찬승은 농민들은 지주 제의 해체를 희망하고 있었지만 객관적 여건상 토지혁명을 주된 목표로 설정할만한 주체적 역량을 갖고 있지 못했다고 보았다.(박찬승, 「1894년 농민전쟁의 주체와 농민군의 지향」, 『1894년 농민전쟁 연구』 5, 역사비평사, 1997)

맺음말

아나키즘은 19세기 이후에 정형화된 정치이론이지만 그 이전부터 자유·평등·자치·상호부조 등의 중심개념들은 그 이전부터 인간의 내면 속에 존재해왔으며, 그 결과 고대부터 그러한 이상을 실현해왔다. 신라장적에서 보여지듯 국가는 민인들을 수탈의 대상으로 삼았는데, 민인들은 백제 동성왕 때 한산 지방 백성들이나 신라 헌덕왕 때 백성들처럼 스스로 국가를 선택함으로써 국가체제를 부정하기도 했다.

공경장상의 씨가 따로 없다며 천적을 불살라 천인이 없게 하자는 노비 만적의 주장처럼 고려의 민중들은 무신란 이후 계급 문제의 본질을 전면적으로 깨닫고 농민·천민의 봉기로 지배계급의 이해실현 도구에 불과한 국가에 저항했다.

원나라의 지배 이후 형성된 권문세족이 대토지를 독점하자 신흥사대부는 모든 백성들에게 토지분급을 주장했는데, 과전법은 비록 職役者에 한해서 토지를 분급하는 것으로 후퇴했지만 토지개혁에 대한 민인들의 열망이 부분적으로 현실화된 것이었다.

사림파의 토지개혁 주장에 이어 실학자들은 토지제도의 개혁과 신분제의 개혁 내지는 철폐를 주장했는데, 특히 실학을 집대성한 정약용의 사상에는 아나키즘적 요소가 많이 내재되어 있다. 그의 여전제는 조선후기 향촌사회의 발전상을 적극적으로 반영한 이론이었다. 특히 정약용의 自主之權 사상은 인간심성론에 기반한 이상사회 건설 철학이란 점에서 중요하다. 인간은 하늘로부터 부여받은 자유의지에 따라 선도 행할 수 있고, 악도 행할 수 있다는 자주지권은 인간의 相互扶助가 사회발전의 원리라는 아나키즘의 근본개념과 관련해 왜 인간이 선하게 살아야 하는지를 보여준다. 선하게 사는 것이 사회는 물론 그 자신에게도 득이 될 때 누가 선 대신 악을 행하겠는가?

향촌지역자치 이론인 정약용의 여전제는 동학농민혁명 당시의 집강소와 연결될 수 있다. 조선 후기 농민들이 스스로 조직한 집강소는 농민자치 조직으로서 아나키즘의 지역자치 이론과 흡사한 행정기관이다. 집강소에서는 모두가 자유롭고 모두가 평등했는데 이는 아나키즘의 지역자치 이론이 우리 역사 속에서 현실화된 것이었다. 집강소는 비록 동학농민혁명이 실패로 끝나면서 역사 속으로 사라지고 말았지만 우리 민인들에게 자유와 평등을 실현하는 자치기구를 수립할 자주적 능력이 있음을 보여준 소중한 실례이다.

이처럼 우리 역사 속에는 고대부터 근대에 이르기까지 아나키즘적 요소가 내재되어 있었다. 아나키즘은 맑스주의처럼 경전을 갖고 있지 않은 이상사회 건설론이기 때문에 우리 역사 전통 속에서 아나키즘적 요소를 추출하는 것은 더욱 중요하다. 아나키즘은 자유에 치중하는 부르조아 민주주의나 평등에 치중하는 공산주의와 달리 자유와 평등의 토대 위에서 자치와 상호부조를 주요한 이념으로 삼는 정치 이론이기 때문에 우리 역사 전통 속에서 이런 요소들을 추출해 현실사회에 접맥시킬 때 우리 사회는 보다 발전된 단계로 나아갈 것이기 때문이다. 아나키즘은 단순히 외래의 것이 아니라 우리 사회 내재의 것으로 승화할 수 있으며, 그 때문에 현실화가 가능하게 될 것이다.

• 투고일 : 2003년 10월 15일   • 심사완료일 : 2003년 11월 20일
• 주제어 : 자치, 상호부조, 전면적 토지개혁, 여전제, 자주지권, 집강소

Anarchism in Korean History

Lee, Duok Il

Anarchism is the political philosophy that has been formed after the 19th century, however, it had come to symbolize, to many people, freedom, equality, self-government and mutual aid until then. In the ancient and middle ages of Korea, there were tendencies that may be seen as forerunners of anarchism. First, Sillajangjeok evidently shows that the government exploited its people. As a result, the people opposed their government and chose another government for themselves. Also, in the King Dongseong's period, the people of Baekje, who lived in Hansan Area, preferred Goguryeo to Baekje. In the King Heondeok's period, the mass of the people of Silla desired change their rulers and they made a choice of the Tang dynasty.

Manjeok, who was a slave in Goryeo, denied his own class. He believed that all human beings were created equal, so they wouldn't be slaves. He claimed that slaves struggled against their masters and they should be their own masters. In the late Goryeo era, the masses were taken their estates away by influential families, and then the families monopolized the lands. Therefore, the new emerging forces argued for full scale reform of their land systems. For example, Jeong Dojeon, a hawk, claimed that the territories taken away from the influential families should be shared with all the people. Part of his dream came true, and they made the law that gave estates only to incumbents. This law, however, was beneficial to the people better than the land system of Goryeo.

During the late Joseon period, some realists tried to change the land system and abolish social origins. Especially, the thoughts of Dasan Jeong Yakyong who comprehensively compiled a vast works of practical science, so called "Silhak," contains anarchic ideas very much. Dasan's Yeojeonje reflected improvement of rural life in the late Joseon period. His thought that is the autonomy of the individual meaned that they construct utopia based on human nature. The idea that human beings do good or evil by their free will taken from Heaven was connected with the essence of anarchism. The idea shows that mutual aid to each other brings to social evolution.

Dasan's Yeojeonje is told to connect with Jibgangso of Donghak Revolution. Jibgangso, that organized by farmers during the late Joseon period, was a organ of farmer's self-governing. All people were free and equal in Jibgangso, which realized the idea of the local self-government of anarchism. Although Jibgangso was no longer in Korean history since Donghak Revolution had failed, it became an important example for the masses to establish organs of self-governing for freedom and equality for themselves.

From ancient times to modern times, we can find anarchism in Korean history. Viewing anarchism as Utopian Socialism like Marxism, it is important that we should draw the ideas of anarchism from our historical evidences. If we do it, we can internalize anarchism, and the philosophy can be realize.

Key Words : Self-government, Mutual aid, Full scale reform of their land system, Yeojeonje, Autonomy of the individual, Jibgangso

중국 아나키즘의 수용과 전개

박철홍[*]

―― 목 차 ――

머리말 - 중화사상의 동요
Ⅰ. 아나키즘의 수용 - 신해혁명(1911년) 이전
    1. 1907년 이전의 아나키즘 소개
    2. 신세기파의 아나키즘
    3. 천의파의 아나키즘
Ⅱ. 중국 아나키즘의 전개
    1. 신해혁명 이후 5·4 이전까지
    2. "5·4" 이후
    3. 맑스주의의 홍기와 무정부주의의 쇠퇴
맺음말 - 중국 아나키즘의 성격과 위치

머리말 - 중화사상의 동요

華夷思想에 기초하는 중국인들의 中華思想은 중국을 세계의 중심 또는 세계질서의 중심축이라는 민족주의적이면서 문화 우월주의적인 뿌리깊은 의식의 산물이다. 그러나 오랜 전통을 가진 이러한 의식은 19세기 중반 이후 서구 제국주의의 무력을 동반한 동진으로 심각한 도전에 직면하게

---

* 동국대학교 윤리문화학과 강사

되었다.

서구 열강의 중국진출은 중국인들에게 단순히 새로운 세계의 선진화된 문명을 충격적으로 경험하게 되었다는 이상의, 사회·정치·역사·문화 등 다방면에 걸쳐 심각한 의식의 분열을 가져다 주었다. 그들에게 이것은 세계의 중심이라고 굳게 믿었던 세계관 자체 및 그 문화의 붕괴와 해체를 의미하는 것이었다. 이러한 중대한 위기의식은 대개 이민족인 淸왕조에 대한 불만으로 직접적으로 표출되었다.

그리하여 중국은 이른바 太平天國의 운동을 시발로 戊戌變法運動이 전개되고, 辛亥革命과 國民革命으로 이어지는 등 격변하는 역사의 소용돌이에서 새로운 질서의 모색을 본격화하게 되었다. '태평천국'의 성격에 대하여 많은 연구가 있어왔지만, 그것이 서구문화의 영향을 받아 발생한 첫 번째 사상혁명이었음은 이론이 없을 듯 하다.

태평천국의 폭발과 정치세력화는 여전히 서구 문물에 대하여 소극적이었던 청조를 자극한 결과를 가져오게 되었고, 이후 洋務運動의 대세를 결정하는 요인의 하나로 작용하였다. 이 운동은 태평천국을 비롯한 19세기 중반의 크고 작은 민중봉기와 제2차 아편전쟁으로 내외의 시련에 봉착한 청조가 위기 타개책으로 내놓은 근대화의 시도였다. 그러나 이것은 서구에 대한 인식이 아직 천박하고 수구적인 수준을 넘지 못하였던 봉건왕조를 기반으로 한 소수 관료집단에 의해 주도된 운동이었고, 그 중점도 군사방면에 한정되었다. 결국 1884년 청·불전쟁과 1894년 청·일전쟁의 패배로 양무운동은 막을 내렸다. 이에 대하여 첫째 청조정 스스로가 유신을 주도·담당할 수 있다는 안일한 가정, 둘째 중국의 우수한 제도문물과 서구의 뛰어난 선박·총포 기술을 결합하면 부강할 수 있다는 단순한 가정 등을 그 한계로 지적할 수 있다.

아무튼 이러한 흐름은 전통적 가치와 질서를 기조로 한 새로운 모색으

로, 목전의 위기상황들이 진정되면서 잠시나마 수구적인 '중흥'의 가능성
마저 엿보이는 듯 하였지만, 그러나 보다 근본적인 변혁이 요구되는 역사
의 파고를 넘지는 못하였다. 그럼에도 역설적이게도 전통적인 세계관에
기초하는 변화의 노력은 그 의도나 결과와는 관계없이, 대외적으로는 서
구에 대한 인식과 대외개방의 심도와 광도를 심화시키거나 확대시켜 주었
으며-물론 시세의 필연이지만, 대내적으로는 보다 철저하게 구체제를 근
본에서부터 변혁하여야 한다는 시대적 요구를 인식하게 해 주었다. 이러
한 변혁에서 기존 체제를 근본적으로 회의하지 못하고 개량을 통해 대내
외적 변화와 시련에 적응하고 극복하고자 한 개량주의의 흐름과 근본에서
부터 회의하여 전반적인 혁명을 시도해야 한다는 혁명주의 흐름이 있게
되었다. 물론 중국 근세의 격동하는 시대상황 속에서 그간에 보여온 개량
주의자들의 역사적·사회적·정치적 실천들이 더 이상 기대할 수 없는
것으로 확인되면서, 그에 대한 실망이 폭넓게 확산되어 보다 새롭고 근본
적인 세력의 등장을 요구하는 중국 내부의 필연적인 시세의 산물이기도
하다.

　근본적인 변혁을 요구하는 시대적 요청에 혁명파들이 세를 이루게 되었
으며, 그 중심에 아나키즘[1]을 표방하는 초보적이지만 강력한 세력이 움직
이기 시작하였다. 시기적으로 본다면 이 세력의 흐름은 1900년을 전후하
여 맹아하면서 1911년 신해혁명을 거쳐 중국 내지에서 본격화되고, 1919
년 五·四운동을 전후하면서 점차 쇠퇴기로 접어드는 대략의 단계를

---

1) 주지하듯이 동양에서의 아나키즘이란 용어는 1902년 일본인 게무리야마 센타로(煙山專太
郎)가 『근세무정부주의』란 책을 출판한 이후 '무정부주의'라고 번역하여 왔으나, 근래에는
'무정부주의'란 번역어가 아나키즘의 본래 의미를 제대로 전달하지 못한다 하여 아나키즘이
라고 원어를 그대로 쓰는 추세에 따른다. 참고로 말하면 아나키즘의 이론적 창시자이자
선구자는 영국의 고드윈이고, 처음으로 '아나키즘'이란 용어를 만들어낸 것은 프랑스의 프
루동, 독일의 슈티르너 등이며 이후 바쿠닌과 크로포트킨에 의해 이론적 체계가 갖추어졌
다.(천성림, 『근대중국사상세계의 한 흐름』, 서울, 신서원, 2002년, 44쪽)

보인다. 또 하나 지적해야 할 점은, 이 시기는 중국과 연해해 있는 한국도 일제의 침략과 강점을 받는 시기에 해당되어 한국 아나키즘 운동을 연구함에 있어서 직·간접으로 일정한 영향관계에 있음은 널리 알려진 사실이다. 이러한 측면에서 이 시기 중국 아나키즘 운동을 살피는 것은 한국 아나키즘 운동과 관련한 연구에 있어서 예비적인 작업의 성격을 가진다고 하겠다.

Ⅰ. 아나키즘의 수용 - 신해혁명(1911년) 이전

근대 아나키즘의 중국 유입은 그 이론과 조직으로 보아 1907년을 분수령으로 하여 전·후 두 시기로 구분하는 것이 일반적이다. 전기에는 주로 선교를 목적으로 들어 온 외국 선교사들에 의해 서구 아나키즘의 이론과 활동이 소개되고 있고, 또 하나의 특징은 재외 중국 유학생, 특히 일본 유학생들에 의해 주로 번역의 형태로 일본 아나키스트들의 사상과 운동이 국내로 소개되었다.

1907년 이후에는 이론과 조직에 있어서 중국인에 의한 아나키스트 모임과 간행물들이 만들어진다. 아나키즘 잡지인 『天義報』와 『新世紀』가 바로 1907년 6월에 중국인의 손에 의해 각기 일본의 동경과 프랑스 파리에서 창간되면서 중국 아나키즘 운동의 본격적인 행보를 시작하였다. 그러나 이것은 중국본토에 대한 아나키즘의 단편적인 소개와 국외 중국유학생들의 아나키즘 전파라는 비교적 덜 체계적이고 덜 조직적인 수준에 불과하지만, 중국 본토에서 아나키스트 모임과 간행물이 만들어지면서 비교적 조직적이고 체계적인 아나키즘 운동이 전개되는 것은 辛亥革命 이후를 기다려야 했다.

1. 1907년 이전의 아나키즘 소개

사실상 1900년을 전후하여 개혁에서 혁명사조가 조성되면서, 1907년 중국 아나키즘사의 역사적 분기점이 배태되고 있다고 하겠다. 이 시기에 중국은 내적으로 서구 열국의 침탈과 부패의 극을 달리고 있는 청조로 인해 민생고의 질곡이 더욱 심화되었다. 이로 인해 민중의 불만은 더욱 고조되어 봉건전제왕조의 극복이 절실하게 대두되었고, 외적으로 러시아 虛無黨[2]에 대한 영향이 아나키즘에 대한 관심을 가속화하였다.[3] 특히 전제주의에 대한 반대와 암살을 포함한 기성질서의 파괴를 통해 새로운 사회를 건설한다는 맥락에서 허무당의 활동을 주목하였다.

당초에는 개혁파인 嚴復·梁啓超 등이 아나키즘을 언급하였지만, 이것을 혁명의 목적으로 삼아 암살과 파괴를 수단으로 활용하기 시작한 것은 혁명파들이었다. 이러한 과정에서 '愛國學舍'와 『蘇報』가 구심적 역할을 하였고, 章炳麟·蔡元培·張繼·吳稚暉 등이 이 단체와 신문을 주도해 나갔다. 특히 장계와 오치휘는 후일에 각기 천의파와 신세기파에서 중심적인 위치에 있었음을 감안하면 이 시기 활동들이 중국의 아나키즘 운동

---

2) 허무당의 기본사상은 니힐리즘(Nihilism) 즉 허무주의에 기초한다. 허무주의는 1855에서 1870년에 러시아에서 발달하였다. 이 사상은 근대의 과학적 입장에서 기존의 사회질서를 전면적으로 배척하여, 국가·종교 심지어 가정에서조차 행해지는 일체의 권위를 부정하는 등 오직 과학적 진리만을 척도로 삼았다. 이러한 사상에 기초하여 실천적 조직으로 나타난 것이 러시아 허무당이었다. 허무당은 대표적으로 알렉산드르 2세를 암살하는 등 테러를 수단으로 삼았다.

3) 러시아의 허무당활동은 일본에서도 적지 않은 소개가 이루어졌다. 일찍이 일본에서는 국내의 반전제의 정서를 고무시키기 위해 러시아 허무당의 저작들이 소개되었으며, 20세기 초에 이르기까지 부단히 이어졌는데, 이것은 중국인들이 허무당을 소개하고 선전하는데 좋은 조건이 되었다. 나아가 당시 허무당을 소개한 많은 글들에서 허무당과 아나키즘을 관련시켰을 뿐만 아니라, 심지어는 '허무당'을 '무정부당' 내지는 '무정부당의 한 파'로 인식하기도 하였다(自然生(張繼)纂, 「無政府主義及無政府黨之精神」, 『無政府主義思想資料選』 上册, 北京大學出版社, 1984, 25~26쪽 참조).

사에서 1907년의 전환기적 사건에 단초가 되고 있음을 알 수 있다.

이들은 '中國敎育會'와 함께 모두 상해를 활동무대로 하였으며, 주로 排滿革命활동에 종사하였다. 중국교육회는 1902년에 성립하여 채원배가 회장으로 선출되었다. 이 조직은 표면적으로는 교육사업에 하였지만, 내부적으로 혁명을 고취하고 선전하였다.

1903년에 채원배 등의 도움으로 '애국학사'가 성립하고, 장병린과 오치휘가 교사로 활동하였다. 장병린은 1900년부터 개량파와 결별하고서 배만종족혁명을 선전하기 시작하였다.

애국학사가 성립되면서 『소보』는 중국교육회와 애국학사의 선전지가 되었으며, 상해 혁명당의 언로가 되었다.

신세기파의 대표적 인물인 오치휘, 이석증, 장정강도 모두 이 시기에 서로 알게 되었다. 이석증은 이 시기에 채원배를 소개로 알게 되었고, 나중에 장정강과 프랑스로 간다.

천의파의 핵심 인물인 장계, 유사배도 이 시기에 장병린을 알게 되었다.

1905년 『警鍾日報』[4]·『中國白話報』·『政藝通報』 등을 주요 언로로 하는 '國粹保存會'가 정식으로 성립하였고, 유사배도 참여하였다.

동년 8월에는 일본 동경에서 손중산의 주도로 "민족·민권·민생"이라는 그의 이른바 삼민주의를 강령으로 하여 "중국동맹회"가 성립하고, 『民報』를 기관지로 삼았다. 장정강과 이석증은 1906년에 각기 싱가포르와 파리에서 중국동맹회에 가입한다. 『민보』는 주로 자산계급의 입장에서 서구 사회주의를 소개하였지만, 허무주의와 무정부주의도 적지 않게 소개하였다. 그러나 이 단계에서 수용되고 있는 무정부주의는 주로 민주혁명

---

4) 1903년 하반기에 만들어 진 『俄事警聞』이 이듬해에 『경종일보』로 이름을 바꾼 것으로 비교적 많은 지면을 할애하여 러시아 허무당과 당시의 사회주의 사조를 논설로 다루었다. 공상적 사회주의와 아나키즘의 색채를 강하게 띠고 있고 있는 문장으로 평가되는 채원배의 『新年夢』도 1904년 신년기간에 출판된 『아사경문』에 실렸다(蔣俊·李興芝, 『中國近代的無政府主義思潮』, 28쪽 참조).

이라는 각도에서 수단적으로 이해되고 있다고 지적되기도 한다.[5]

이와 같이 1907년 프랑스 파리와 일본 동경에서 중국 아나키즘사의 새로운 장을 여는 계기들이 이미 이 시기에 잉태되고 있으며, 그들은 모두 '반청배만'혁명을 종지로 삼았다. 국수파의 독자적인 성립 그리고『俄事警聞』·『경종일보』와『민보』등이 러시아 허무당과 무정부주의와 관련한 기사들을 실어 암살과 폭동 등의 테러수단을 고취하고 있음도 중국 아나키즘 운동의 태동에 많은 영향을 주었다.

2. 신세기파의 아나키즘

1907년 6월 파리에서 재불 중국인 조직인 '世界社'가 결성되었고, 주간 보인『新世紀』의 발간(모두 121회를 발간하였고, 1910년 5월에 정간되었다)을 통하여 바쿠닌·크로포트킨·프루동 등의 아나키즘을 전문적으로 소개하면서 중국 아나키즘 운동사의 새로운 장을 열기 시작하였다. 대표적인 인물로는 李石曾(1881~1973)·吳稚暉(1869~1953)·張靜江·褚民誼(1884~1946) 등이 있다.

『신세기』는 장정강이 자금을 대고 이석증·오치휘·저민의 등이 편집을 담당하였다. 대개 이들이 프랑스 파리에서 활동하였기 때문에 파리그룹이라고도 하고, 또 이들이 발간하고 아나키즘 문장을 실은『신세기』잡지의 이름을 따서 신세기파라고도 한다. 홍미로운 것은 이들 이전에 이미 프랑스에서『신세기』란 잡지가 대표적인 아나키즘 선전 잡지로 존재하고 있었고, 이 잡지 이름을 그대로 빌려와서 재불 중국 아나키스트들이 자신들의 아나키즘 사상을 선전하는 기관지로 삼았다는 점이다.

특히 프랑스에서 아나르코 코뮤니즘 운동을 주도한 장 그라브가 자신들의『신세기』의 편집자로서 크로포트킨의 아나키즘과 아나르코 생디칼리

---

5) 蔣俊·李興芝,『中國近代的無政府主義思潮』, 33쪽 참조.

즘을 선전하여 중국인 유학생들에게 영향을 주었다는 점을 감안하면,[6] 재불 중국인 아나키스트들의 아나키즘이 프랑스의 아나키즘 전통 및 프랑스의 사회·정치적 배경과 일정한 연장선에서 형성되고 전개되었음을 어렵지 않게 알 수 있다.

신세기파의 아나키즘은 프랑스의 아나키즘 전통에 영향을 받아 '진화의 원리'와 크로포트킨의 '호조의 원리'를 결합하여 이론적 기초로 삼았다. 그러나 적자생존의 진화가 아닌, 상호부조의 진화관을 기조로 하고 있다.[7] 이들에 있어서 이른바 혁명은 진화에 방해가 되는 장애물을 제거하는 불가피한 수단이다. 여기서의 장애물이란 정부·법률·종교·군대 심지어 가정까지도 포함된다.[8] 인류 진화의 실현은 무정부사회이고, 이러한 무정부사회의 실현을 위해 장애물은 제거되어야 하는 대상이다. 무정부사회는 일체의 강권이 해소되어 자유가 확보된 사회를 의미한다. 어떠한 형태의 억압이나 강권이 부재하여야 함을 가리킨다. 그래서 이들은 사회당과 무정부당의 활동상황을 소개하면서 일체의 강권을 뒤엎는 사회혁명을 주장하였다.

프랑스에서 생물학을 전공하였던 이석증은 스펜서의 사회진화는 생물진화와 같다는 말을 인용하면서 생물계의 진화와 인간사회의 진화가 동일한 이치[9]라고 하였다. 그에게 있어서 혁명은 곧 진화이다. 혁명은 정치혁명을 시작으로 하여 사회혁명으로 완성된다.[10] 정치혁명에서 사회혁명으로의 전이를 설정한 것은 몇 가지 사항을 고려한 전술적 내지는 프랑스에서 활동한 그들의 환경적 요인이 반영된 것이다. 우선 중국 동맹회와의 연대문제를 그들이 고려하고 있다고 할 수 있고, 둘째는 민족주의 운동의

---

6) 路哲, 『中國無政府主義史稿』(福建, 福建人民出版社, 1990), 82~86쪽 참조.
7) 조세현, 『동아시아 아나키즘, 그 반역의 역사』(서울, 책세상, 2002), 77~78쪽 참조.
8) 民(褚民誼), 「普及革命」, 『無政府主義思想資料選』 上册, 179~198쪽 참조.
9) 眞民(李石曾), 「혁명」, 『新世紀叢書』 제1집, 1907년, 『無政府主義思想資料選』, 169쪽 참조.
10) 眞民(李石曾), 「革命」, 『無政府主義思想資料選』 上册, 167~171쪽 참조.

불철저성을 인식하고 있음을 의미하고, 셋째는 공화제혁명에 대해서도 제한적으로 진화단계의 한 부분으로 인정되는 여지를 남겨두고 있다.

이리하여 이석증은 당시 중국의 청왕조에 대한 '배만'(排滿)혁명과 군주제를 반대하는 '배황'(排皇)혁명에 대하여 일종의 '정치혁명'으로 '혁명의 한 부분'(革命之一端)이지 궁극적인 혁명으로 볼 수 없다고 하였다. '사회혁명'은 자유·평등·박애·대동을 대의로 하는 사회-무정부주의 운동이다. 보다 구체적으로 말하면 이러한 사회-무정부주의는 강권을 제거함으로써 자유가 보장되고, 이익을 공유함으로써 평등이 이루어지고, 모든 사람을 사랑함으로써 박애가 실현되며, 국가의 경계를 허물음으로써 대동이 확보된다. 이것은 다시 '至公'으로 귀납된다. 이러한 혁명은 만국의 혁명으로, 매년 각 국의 노동자당이 파업과 시위를 하고, 만국의 사회당과 무정부당이 조직을 연대시켜, 사회당과 무정부당이 각기 운동과 암살로 세계혁명을 역동적으로 추진하게 된다고 하였다.

저민의 역시 民族·民權·社會主義의 차이점을 논하는 글에서,[11] 만주족인 청조에 의해 압제받고 있는 漢民族이 강권을 배척한다는 점에서는 사회주의와 차이가 없지만, 배타적 민족의식을 전제하는 민족주의는 사회주의와 다르다고 하였다. 또한 저민의는 이석증과 마찬가지로 公·私의 진리관으로 배타적 민족주의를 '私'로 규정하여 극복되어야 한다고 하였다. 또 자본주의 공화제 하에서의 민권도 경제구조로 말미암아 자유와 평등이 자산가에게 독점되는 자산가의 '이기주의'의 전유물에 불과하다고 단언하여 비판하고 있다. 반면에 사회주의는 오로지 공적인 진리관(公道眞理)에 근거하여 私利를 도모하지 않는 사회진화로서 '지공무사'한 주의라고 규정하였다.

저민의의 혁명관과 그 구체내용은 그의 『보급혁명』(普及革命)이라는

---

11) 『無政府主義思想資料選』上册, 172~177쪽 참조.

글에 집약적으로 잘 나타나 있다.[12] 그는 우선 혁명은 사회진화를 이루는 동력과 같다고 하였다. 따라서 혁명이 없으면 사회의 개량·진보·진화도 없다. 그에 의하면 혁명은 '공리'를 드러내는 것으로 공정과 화평으로 나아간다. 공리에 가장 부합하지 않는 것이 강권이고, 강권의 농축물이 정부이다. 그래서 공리의 실천인 혁명은 이미 자체로 강권을 배척하는 것이고, 강권의 배척은 정부기관의 혁파로 구체화된다. 그러나 저민의는 정부기관의 혁파에 있어서 반드시 대다수 사람들의 승인과 찬성이 있어야만 한다고 하였다.

저민의는 독특하게도 혁명이 한 사람이나 소수인에 의해서 진행되는 것을 易姓改朝의 혁명 또는 정치혁명이라 하고, 다수나 전체에 의해 전개되는 것을 사회혁명이라고 하였다. 다수나 전체에 의해서 행해지는 사회혁명은 평화롭고 빠르게 진보가 이루어지는 이상적인 혁명으로 보았다. 그래서 그는 연설(言論)과 문장(書報)으로 혁명을 이룰 수 있다고 자신의 혁명관을 개진하였다. 물론 그 취지는 바로 사람마다 公理를 인식하게 함으로써 사회의 모든 반진화적인 요소들(不合公理者)이 생기하지 못하도록 하는데 있다.

연설과 문장을 통해 이루고자 하는 목적은 두 측면으로 진행된다: 하나는 반대하는 것이고, 또 하나는 실천하는 것이다. 반대하는 측면을 보면, 정부에 대해서는 군비·법률·세금, 자본가에 대해서는 사유재산을, 사회에 대해서는 종교에 반대한다. 실천의 측면으로, 정부에 대해서 암살을, 자본가에 대해서 파업을, 사회에 대해서 박애를 실천한다. 이 중에서 암살 테러는 아직 進化의 公理를 인식하지 못한 대다수의 민중들이 혁명을 승인하거나 찬성하지 않는 상황 하에서, 강권자가 평민의 고혈을 짜내고 진화를 저해하는 반진화적 행태를 좌시할 수만 없어 소수의 혁명가가

---

12) 『無政府主義思想資料選』 上冊, 179~198쪽 참조.

부득이하게 시도하는 것으로, 암살테러 자체에 목적이 있는 것이 아니라, 암살테러를 통해 아나키즘을 선전하고 민중을 각성시켜 혁명의 풍조를 조성하는데 있다. 동아시아의 아나키스트들은 테러가 최선의 방법이 아니라는 것을 잘 알고 있었으나, 자신의 도덕성과 희생을 담보로 테러를 선택했으며, 청말 중국의 혁명가들이나 일제시대 한인 혁명가들도 테러를 혁명의 일환으로 삼았지만, 대중운동이 활발해지면서 자연스럽게 수그러들었다.13)

신세기파에서 혁명교육을 강조하는데는 그들이 이상으로 가지고 있던 '大同'세계가 중국의 先秦道家에서 말하는 非文明的인 사회가 아니라, 고도의 지식과 과학으로 문명화된 세계를 지향하고 있기 때문이다. 그래서 오치휘는 신해혁명 이후 이석증과 함께 '赴法勤工儉學會'를 발기하기도 한다. 이처럼 교육의 중요성을 강조하는 점과 유물주의 과학관 그리고 호조론에 기초하는 실천론이 초기 중국아나키즘 운동의 또 하나의 흐름인 재일 천의파와 다른 점이기도 하다.

3. 천의파의 아나키즘

일본은 이미 19세기 후반에 서구의 사회주의와 공산주의가 들어와 메이지 정권의 근대화 건설과 맞물리면서 전개되었다. 1906년에 사회당이 성립하고, 이듬해 온건파(軟派)와 강경파(硬派)로 분열된다. 온건파는 의회-사회주의를 주장하여 국가사회주의파로 불리고, 강경파는 총동맹파업을 주요수단으로 하는 사회주의로 순수공산주의 또는 무정부주의라 불리며 고토쿠 슈스이(行德秋水)가 핵심인물이다.

고토쿠 슈스이는 일본 아나키즘 운동의 중심에 있었으며, 그는 사회주의자로 출발하여 아나키스트로의 독자노선을 걷게 되는 등 일본 아나키즘

---

13) 조세현, 『동아시아 아나키즘, 그 반역의 역사』, 43쪽 참조.

의 역사적 궤적을 상징적으로 대변하는 인물로 평가된다.

고토쿠 슈스이의 사상적 전환은 일본사회에서 사회주의와 아나키즘의 분화가 비교적 선명해 졌음을 의미하기도 한다. 재일 중국인 아나키스트의 중심인물들은 고토쿠 슈스이와 관계하지 않은 사람이 없다고 할 정도로 재일 중국 아나키스트와 유학생들에게 그의 영향력은 대단하였고, 실제로 그는 오스기 사카에(大杉榮)와 함께 장계·유사배가 주축이 되어 발기한 '사회주의 강습회'에서 강사로 참여하기도 하였다. 이것은 재일 중국인 아나키스트, 특히 천의파의 대표격인 유사배가 사회주의와 무정부주의를 구분하게 되는 배경이 되었고, 나아가서 신세기파와 구별되는 천의파 아나키즘의 이론적 심화를 가져온 토대가 되기도 하였다.

고토쿠 슈스이의 아나키즘은 무정부 공산주의와 무정부 공단주의를 결합한 형태를 보이고 있으며, 당시 일본의 의회사회주의에 반대하였고 총동맹파업을 위주로 하는 직접행동론을 강조하였다.[14]

1907년 4월 동아시아 각 국 혁명당인들의 결합을 호소한 고토쿠 슈스이의 발의에 따라, '亞州和親會'가 조직되면서 장병린을 비롯해 劉師培(1884~1919), 張繼(1882~1947), 何震 등 이후 천의파를 이끌어 가는 대표인물들 모두가 참여하였다. 이 회는 제국주의에 반대하고, 아시아의 주권을 잃은 민족들이 독립을 회복하는 것을 종지로 삼았다. 반제국주의는 근대 중국의 혁명사상에서 처음으로 등장한 것이다.

유럽에서 신세기파를 형성하기 시작한 같은 시기인 1907년 6월에 동경에서 중국인 조직인 '사회주의 강습회'가 조직되고, 유사배와 그의 부인인 하진에 의해 『天義報』(半月刊으로 1907년 6월 10일 창간되어 1908년 8월 종간되었다)가 발간되기 시작하여 천의파 아나키즘 운동의 본격적인 행보를 시작하였다.

---

14) 金明燮, 『在日 韓人아나키즘운동 硏究』, 단국대학교 박사학위논문, 2001년, 27~28쪽 참조.

『천의보』는 하진이 주도한 '女子復權會'의 기관지였지만, 주로 유사배의 문장과 도움으로 편성되었기 때문에, 사실상 유사배가 명실상부한 대표자였다. 이것은 『천의보』에 대한 유사배의 역할과 영향이 컸음을 의미할 뿐만 아니라 이 잡지로 대표되는 재일 중국인 아나키스트에 대한 그의 지도적 위치를 가늠해 주기도 한다.

유사배의 아나키즘도 이 잡지를 통해 나타나고 있다. 이 잡지는 본래 "기존의 사회를 파괴하고 인간의 평등을 실행하는 것을 종지로 하여, 여성계의 혁명을 제창하고, 밖으로는 종족·정치·경제의 여러 혁명을 아울러 제창한다"15)라는 기치아래 여권운동을 촉진하는 내용이 적지 않지만 실질적으로는 유사배가 주도하였다는 것이 일반적인 견해이다. 따라서 유사배의 아나키즘을 살펴보는 것으로 천의파 아나키즘의 성격을 충분히 파악할 수 있다.

春秋左傳學을 家學의 전통으로 하는 집안에서 생장한 유사배16)는 이미 언급하였듯이 일찍이 장병린·채원배 등 애국학사 인사들과 교류가 있었고, 1903년 7월 이른바 '소보사건'(蘇報案)으로 『소보』가 정간될 때까지 글을 싣기도 하였다. 그는 어린 시기부터 접해온 전통학문에 서구의 진화론이나 민권사상을 수용하면서 排滿民族主義 전선에 있었다. 그러던 중 1907년 2월 장병린의 초청으로 부인 하진과 함께 일본으로 건너가, 친구인 장계를 통해 고토쿠 슈스이(行德秋水) 등 일본 아나키스트들과 교류하면서 사상적 전환을 가져왔다. 그러나 이러한 전환은 국수(國粹)에 기초하는 배만민족주의에서 반제국주의를 표방하는 아나키즘으로 나아간 것이지, 국수적 태도를 근본적으로 바꾼 것은 아니다. 다시 말해 그의 아나키즘은 기본적으로 국수적 관점이 관통되고 있다. 이것은 유사배 자신의

---

15) 『천의보』, 「簡章」, 1907년 6월 10일.
16) 유사배의 학술사상의 연원과 그의 국학체계 및 혁명사상에 관한 연구서로 이원석의 『近代
   中國의 國學과 革命思想』(서울, 국학자료원, 2002년)을 꼽을 수 있다.

오랜 문제의식과 일본이라는 새로운 환경에서 시야가 확대된 결과의 소산이라고 하겠다.

유사배 아나키즘의 기본성격은 "중국 국수의 존망은 무정부 공산주의의 실행에 달려있다"[17]는 그의 말에서 잘 나타나고 있다. 즉 국수와 아나키즘의 결합이라는 독특한 형태를 보이고 있는 것이다. 여기에는 그의 수용과 회통이라는 사상적 경향이 그대로 반영되고 있다. 그가 아나키즘을 본격적으로 표명하는 재일시기에도 바쿠닌, 슈티르너, 톨스토이의 아나키즘에 대해서 상당한 관심을 보였다.[18] 특히 톨스토이의『致中國人書』(중국인에게 보내는 서신)를 두 차례에 걸쳐『천의보』에 실어, 톨스토이의 서구자본주의에 대한 비판과 중국의 전통농업사회에서의 자유와 평화를 상실하지 말 것을 경고하는 내용을 접하면서 국학에 기초한 자신의 아나키즘에 더욱 확신을 갖게 되었다. 그리고 이러한 특성이 천의파 아나키즘에 투영되고 있으며, 이로 인해 천의파 아나키즘은 신세기파의 "현재를 중시하고 전통을 경시"(尊今薄古)하는 철저한 반전통의 경향과 상이하게 아나키즘과 중국전통을 회통하는 경향을 보이는 것이 하나의 특징으로 나타나고 있다.[19]

유사배는『천의보』에 연재된 "무정부주의 평등관"에서 당시의 '무정부주의'를 '개인무정부주의'·'공산무정부주의'·'사회무정부주의'로 개괄하면서 자신들이 주도하는 무정부주의를 '평등'을 귀착점으로 하는 무정부주의로 규정하였다. 여기서 그는 인류에게 평등·독립·자유 삼권이 천부적으로 부여되어 있지만 평등권이 그 중에서 가장 중요한 권리라고 분석하였고, 사회주의와 무정부주의는 모두 세계를 개조하려고 하지만,

---

17)『衡報』제 10호,「衡書三篇·國學問題」, 1908년.

18) 이원석,『近代中國의 國學과 革命運動』, 294~295쪽 참조; 조세현,『동아시아 아나키즘, 그 반역의 역사』, 69쪽 참조.

19) 李怡,『近代中國無政府主義思潮與中國傳統文化』, 武漢, 華中師範大學出版社, 2001, 38~40쪽 참조.

사회주의는 단지 재산의 평등만을 강조할 뿐 여전히 권력의 집중(中心)을 인정하여, 지배기구인 국가를 폐기하는데까지 나아가지 않기 때문에 사람들은 여전히 평등권·자유권을 상실하게 되어 무정부주의만 못하다고 명확히 분석을 가하였다.[20]

이리하여 1907년 8월에 거행된 사회주의 강습회 제 1 차 회의에서 유사배는 사회주의에 머무르지 않고 무정부를 목적으로 한다고 분명히 선언하였다. 이러한 관점의 형성은 고토쿠 슈스이의 영향 뿐만 아니라 크로포트킨의 상호부조론·無中心設 그리고 일찍부터 관심을 가지고 있었던 루소의 평등론 등과 깊은 영향관계에 있음을 알 수 있다.

평등을 가장 중시하는 관점에 따라 천의파는 정부철폐, 공산실현, 빈부균등, 자본제폐지, 여성해방을 주장하였으며, 이러한 주장들은 모두 평등을 추구하는 것으로 평등의 정신이 관철되고 있다. 유사배는 무정부주의가 실현된 궁극적인 대동사회의 표식을 평등의 실현으로 삼았으며, 그 구체적이고 실천적인 사회구조를 담보하기 위하여 자신의 독특한 '人類均力說'(개인이 사회에 필요한 여러 가지 능력을 고루 갖추는 것)을 제시하였다.[21] 인류균력의 사회를 통해 사람마다 독립적이며 평등하게 되고, 사람마다 士·農·工의 재능을 고루 갖춤으로써 사람마다 동등한 권리와 의무를 가질 뿐만 아니라 나아가서 절대평등이 실현되는 대동세계가 된다는 것이다. 이것이 곧 천의파 아나키즘의 또 하나의 특징을 이루고 있다.

무정부의 대동사회를 실현하고자 하는데 있어서, 천의파와 신세기파는 모두 크로포트킨의 무정부공산주의에 기초하여 反强權의 입장에서 기존의 봉건적인 전제 및 윤리관에 반대하였고, 자본주의를 비판하면서 노동자·농민혁명(工農革命)을 주장하였으며, 전통적인 가족관·국가관을 철

---

20) 『無政府主義思想資料選』 上冊, 72~86쪽 참조.
21) 인류균력의 사회구조는 『천의보』 제3권(1907년 7월 10일)에 실린 유사배의 「인류균력설」에 상세하게 기술되어 있다.

폐하고 재산의 공유를 주장하면서 賦稅·軍備·法律의 폐지를 제창하였다. 그러나 대동세계의 구체적인 내재적 표식으로 천의파는 ‘평등’을 주장하였지만, 신세기파는 평등·자유·박애·진화 등의 근대민주주의 관념들을 ‘至公’의 내재적 함의로 삼았다는 점에서 상이함이 나타나기도 한다.

사회주의 강습회와 『천의보』를 중심으로 일본에서 활동한 혁명당인들은 위에서 서술한 바와 같이 아나키즘을 제창하였으며, 동맹회의 배만혁명에도 비판을 가하는 등 이미 민족주의의 수준을 벗어나고 있었다.

1908년 4월에는 사회주의 강습회의 이름을 바꿔 ‘濟民社’가 성립되고, 『衡報』를 창간·발행하여 천의파 아나키즘 운동이 지속되었으나, 유사배의 변절과 일본정부의 무정부주의에 대한 전면적인 탄압으로 점차 쇠퇴하였다.

Ⅱ. 중국 아나키즘의 전개

1. 신해혁명 이후 5·4 이전까지

중국의 아나키즘 운동은 신해혁명 이후 새로운 국면에 들어선다. 아나키즘 단체 및 운동이 중국 국내에서 생겨났으며, 또 각종 아나키즘 관련 잡지나 서적도 국내에서 출판되어 아나키즘이 전국으로 전파되었다. 여기에는 몇 가지 사회적 요인이 작용하였다.

첫째, 아나키즘의 대오가 강화되었다. 신해혁명 후 프랑스와 일본에서 활동하던 대표적인 아나키스트들이 대거 귀국하였다. 비록 이들 핵심인물들은 청조에 투항하거나, 국민당의 우파가 되어 변절하지만, 중국 아나키즘 대오에 활력을 불어넣은 것을 간과할 수 없다.

둘째, 신해혁명 이후 사회적 조건이나 환경이 아나키즘 전파에 유리하게 작용하였다. 일찍이 동맹회와 연대가 있었던 국외 아나키스트들은 귀국해서도 공화제 혁명파들과 비교적 우호적인 관계에서 활동공간을 확대할 수 있었다.

셋째, 국내에 이미 아나키즘을 받아들이고 있는 劉師復(1884~1915)과 같은 걸출한 인물이 있어, 아나키즘 확산의 구심점이 확보되어 있었고, 나아가 공화제에 대한 실망이 아나키즘에 대한 관심으로 전환되는 효과를 가져왔다. 이러한 요인들이 신해혁명 이후 아나키즘의 빠른 전파를 촉진시켰다.

1911년 無宗敎·無家庭·無政府를 종지로 하는 '三無主義'를 주장하는 중국사회당이 江亢虎(1883~1954)[22]의 주도로 조직되었다. 이 단체는 순수한 무정부주의당이라기 보다는 체계가 없는 개량적인 무정부주의당으로[23] 결국 1912년 '중국사회당대회'에서 분열되었다. 그 중 일부는 '순수사회주의'를 기치로 '사회당'을 조직하였지만, 발기한지 한 달만에 袁世凱에 의해 금지되었다. 그러나 이들은 1913년 7월에 '良心社'를 세워『良心』을 두 차례 출판[24]하여 아나키즘을 선전하였으나, 역시 원세개에 의해 해산되었다.

1912년 5월 유사복이 廣州에서 창립한 '晦鳴學舍'는 중국 본토에서 처음으로 성립한 아나키즘 단체이다. 동년 7월에는 아나키즘적 도덕실천을 강조하는 '心社'[25]가 결성되었다. 유사복은 이 시기 아나키즘의 대표적

---

22) 강항호는 1907년을 전후하여 세 차례 일본에 래왕했으며, 재일유학생의 신분으로 일본사회당의 집회에도 참석하였을 뿐만 아니라 幸德秋水·堺利彦 등의 영향을 받아 아나키즘을 선전하였다. 강항호와 중국사회당의 관계 및 중국사회당의 성격과 분열 등에 관한 상세한 내용은 曹世鉉著,『淸末民初無政府派的文化思想』(北京, 社會科學文獻出版社, 2003), 제4장 「民國初無政府派的反復古主義」 참조.
23) 李怡,『近代中國無政府主義與中國傳統文化』, 44쪽 참조.
24) 1913년 7, 8월 두 차례에 걸쳐 출간하였다. 월간보인 이 간행물은 다음의 네 가지를 종지로 하였다. 첫째, 대중들의 심리를 개량한다. 둘째, 사회의 나쁜 제도를 철폐한다. 셋째, 세계의 民黨을 연합한다. 넷째, 대동세계를 건설한다 등이다.
25) '심사'는 아나키스트의 도덕적 생활규약을 토대로 구성원의 정신적인 연대를 도모하는 성격을 가진다. 이는 12가지 도덕실천 규약을 제시하였는데, 그 내용은 1)육류를 먹지 않는

인물이다.

회명학사는 프랑스에서 신세기파의『신세기』에서 명문을 가려내어『無政府粹言』·『無政府主義名著叢刊』으로 재편집하였을 뿐만 아니라,『新世紀叢書』를 재판하고, "反軍備主義"를 선록하여『軍人之寶箋』을 그리고 저명한 아나키스트들을 소개하는『무정부주의』를 간행하는 등 무정부주의 선전에 적극적인 활동을 하였다. 이들 책자들은 중국내 각 신문사는 물론 縣議會에 까지 보내짐으로써 전국에 무정부주의가 알려지게 되었다.

이어서 회명학사의 기관지인『晦鳴錄』26)이 창간되었으나, 회명학사가 폐쇄되면서 정간되었고, 다시 마카오로 옮겨가 '회명학사'는 '民聲社'로,『회명록』은『民聲』으로 이름을 바꿔 지속적인 활동을 하였다. 이 잡지는 아나키스트들의 문장을 번역하거나 국내외의 무정부주의 활동과 세계 노동자들의 파업상황 등을 소개하면서 무정부주의를 선전하는데 주력하였다.

1914년 7월에는 중국내 각지에 분산되어 있는 아나키스트들과 단체들을 결집할 목적으로 상해에서 '無政府共産主義同志社'가 성립되었다. 이에 자극을 받아 廣州의 石心은 '무정부공산주의동지사'를, 江蘇의 蔣愛眞은 '無政府共産主義傳播社'를, 南京의 楊志道는 '무정부주의토론회'를 각기 조직하였다.

이외에도 북경에서 '實社', 남경에서 '群社' 등의 단체들이 조직되는

다, 2)음주하지 않는다, 3)흡연하지 않는다, 4)하인을 두지 않는다, 5)가마나 인력거를 타지 않는다, 6)혼인하지 않는다, 7)족성을 쓰지 않는다, 8)관리가 되지 않는다, 9)의원이 되지 않는다, 10)정당에 가입하지 않는다, 11)군인이 되지 않는다, 12)종교를 믿지 않는다 등이다. 이러한 도덕실천규약은 1912년에 신세기파였던 이석증·저민의·장정강·오치휘 등과 채원배·장계 등이 발기하여 세운 '進德會'·'六不會' 등의 도덕단체에서 영향을 받을 것으로 보여진다. 조세현,『淸末民初無政府派的文化思想』, 206~212쪽 참조.
26) 유사복은『晦鳴錄』第1期의 編輯緖言에서 공산주의·반군국주의·공단주의·반종교주의·반가족주의·소식주의·언어통일·만국대동 등을 강령으로 제시하였다(『無政府主義思想資料選』上冊, 269~270쪽).

등, 아나키즘은 전국으로 확산되어 갔다. 뿐만 아니라 이 시기에는 중국 아나키스트들과 세계 아나키스트들이 연계하기도 하는 등 많은 발전이 있었다.

5·4가 발생하기 전인 1918년에는 첫 번째 무정부주의 서점인 大同書局이 상해에서 문을 열었고, 노동자를 독서층으로 하는 무정부주의 간행물인 『勞動』도 이 해에 생겨났다.

이 시기 본토에서 본격화되고 있는 아나키즘은 이미 일정한 역사적 축적을 이루어, 아나키즘에 대한 이론적 이해가 심화되고 있었다. 즉 신세기파는 아나키즘을 '사회주의'와 구분없이 사용하였고, 천의파는 그에 대하여 구분을 하기는 했지만 여전히 아나키즘에 대해 통일적인 언어를 사용하지는 않았다.

이 시기 대표적인 무정부주의 혁명파인 '민성파'는 자신을 '무정부공산주의'로 확정하고, 이 주의에 종사하는 사람들을 "무정부공산당"이라고 이름하였다.27) 이들은 강권의 해악이 가장 현저하고 가장 큰 것을 자본주의제도로 규정하여, 자본주의를 타도의 직접 대상으로 삼았으며, 무정부주의의 실현을 위한 수단으로 工團主義를 채택하였다. 이 영향으로 廣州와 長沙에도 공단주의 활동이 생겨났다. 이들은 또한 정치·경제상의 절대자유 뿐만이 아니라 무제한의 완전한 자유를 추구하는 아나키즘사회를 추구하였다.

2. "5·4" 이후

"5·4"운동을 전후하여 중국국내의 활발한 아나키즘 활동은 각종 사회주의사조의 수용을 촉진한 요인 가운데 하나였다. 이리하여 서구의 각종 정치학설과 사회학설 그리고 신촌주의(新村主義), 톨스토이주의, 기독교

---

27) 師復, 「無政府共産主義釋名」, 『無政府主義思想資料選』 上册, 280쪽 참조.

사회주의, 무정부주의, 맑스주의 등 다양한 사조가 들어와28) 백가가 쟁명하는 국면이 조성되었다. 사상계의 이러한 국면은 무정부주의 사조에게도 유리한 환경을 제공하였음은 물론이다.

당시 아나키즘의 내핵 가운데 한 축인 개인주의는 봉건주의를 반대하는 이론적 무기였으며, 또 다른 한 축인 사회주의는 자본주의의 모순을 폭로하는데 유력한 이론 무기로 작용함으로써, 反封建의 자산계급과 사회주의를 계몽하는 이중의 임무를 일정하게 수행하였다고 지적되고 있다.29) 이러한 점으로 인해 아나키즘은 5·4 이후 간과할 수 없는 영향을 사상계에 끼쳤다.

당시 청년학도들과 대중들은 민국 이후의 여러 정권들을 경험하면서 정부와 국가에 대한 회의가 심화되었으며, 사람들이 국가와 정부를 철폐할 것을 주장하는 아나키즘에 대해 관심을 가지게 하는 요인이 되기도 하였다. 그리고 맑스주의 진영은 1920년 후반에야 비로소 초보적인 모습을 형성30)하기 때문에, 이미 역사적 축적을 진행한 무정부주의의 노동운동과 사회혁명 그리고 "각자 능력을 다하고, 필요한 것을 각기 취한다"(各盡所能, 各取所需)는 구호는 많은 청년 지식인들에게 환영을 받았다.

이러한 역사적·시대적·사회적 배경하에서 5·4 시기의 아나키스트 단체와 간행물 그리고 활동지역은 이전보다 훨씬 증대되고 확대되었다.

일찍이 신해혁명 이후 아나키즘을 주도하였던 '민성사'는 1919년 1월에 '群社'·'實社'·'平社' 등과 연합하여 상해에서 '進化社'가 결성되었고, 월간으로 『進化』를 출간하여 공개적으로 판매하였다. 진화사는 크로포트킨의 『근세과학과 무정부주의』인 『進化叢書』도 발간하였으나, 『진화』는 3期로 금지되었다.

---

28) 蔣俊·李興芝, 『中國近代的無政府主義思潮』, 195쪽 참조.
29) 위의 책, 196쪽 참조.
30) 위의 책, 256쪽 참조.

진화사가 해체되자, 『진화』의 편집을 맡았던 楊志道는 천진에서 姜般若와 ‘眞社’를 조직하여 반월간인 『新生命』을 출간하였다. 이 잡지는 주로 아나키즘·신촌주의를 다루었으나, 1919년 말에 4期만에 금지되었다.

1920년을 전후하여 漳州(현재의 복건성을 가리킨다)지역은 “閩南(역시 복건성을 가리킨다)의 러시아”로 불릴 정도로 아나키스트들의 활동이 왕성하였다.

북경에는 당시 명성을 떨친 ‘互助團’이 결성되어, 사회의 모든 권리를 소수가 아닌 인류 전체에 평등하게 분배할 것, 인류는 상호친애와 상호부조함으로써 국가·종족의 차별을 없앨 것을 주장하였다. 이외에 북경에는 『사회운동』을 간행한 또 다른 아나키스트 조직인 ‘사회혁명당’이 있었다.

山西에는 아나키즘 잡지인 『和平』, 『平民鍾』, 『평민』 등이 출판되었다.

당시 상해는 아나키스트 단체로 ‘眞理社’, ‘人道社’, ‘自由社’, ‘아나키동지사’ 등이 조직되어, 여러 가지 아나키즘 소책자를 출판하였다.

四川省에도 아나키즘이 풍미하면서 적지 않은 아나키즘 관련 소책자들이 출판되었다. 그 중에서도 특히 重慶에서 발기된 ‘適社’가 발행한 『적사의 의취와 대강』(適社的意趣與大綱)은 청년학도들에게 많은 감동을 주었다. 신문화사조에서 중국인에게 많은 영향을 준 巴金도 그것에 감명을 받아, 1921년에 ‘均社’와 ‘二十世紀學社’를 조직하였고, 『警群』·『人聲』을 간행하였다.

이외에도 湖南·南京·蕪湖 등 각 지역에서 무정부주의 단체와 간행물들이 활발하게 생겨났음을 감안한다면, 이 시기는 가히 중국 무정부주의 운동의 황금기였다고 말할 수 있다.

5·4시기의 아나키즘은 일반적으로 師復主義 노선을 걸으면서도 내용적으로 더욱 심화되고 풍부해졌다고 평가되고 있다. 이 시기 아나키즘은 강권에 반대하고, 국가·정부·법률·가정 등을 철폐해야 한다는 아나키

스트들의 기본적인 인식 외에도 다음과 같은 몇 가지 주요 내용들이 있다.

우선, 개인의 해방과 자유에 대한 보다 심화된 인식에서 출발하여 혼인 제도·가족제도 그리고 정치·법률의 허구성을 폭로하면서 그들의 철폐를 주장하였다. 자유는 이 시대 아나키스트들의 화두가 되었으며, 이들이 부르짖은 자유는 절대적인 자유였다.

둘째, 호조론이 보다 적극적으로 선전되고 선양되어, 광범위하게 전파되었다. 이 시기에는 호조론을 사회진화의 각도에서 이해함을 물론이고, 계급과 종족의 구분을 철폐하는 이론적인 근거로 삼았으며 동시에 인류도덕의 최고덕목으로 삼았다. 호조의 내용은 공산의 실현과 계급적 차별이 없는 평등한 생활을 추구하는 것이라고도 하였다. 이 점은 당시 자산계급 민주파와 자유파들도 그들의 영향권에 있는 간행물 등에서 호조론에 관한 문장을 다루었고, 또 중국 최초의 맑스주의자로 평가되는 李大釗도『계급투쟁과 호조』(階級鬪爭與互助)라는 문장을 발표하였음을 감안하면, 당시 호조론에 대한 열기를 어렵지 않게 엿볼 수 있다.

셋째, "각자 능력을 다하고, 필요한 것을 각기 취한다"(各盡所能, 各取所需)는 노동원칙과 분배원칙을 내함으로 하는 사회혁명은 당시 많은 지식인들에게 미래사회의 좌표를 제시하였다. 이를 위하여 노동자가 곧 학자이고, 학자가 곧 노동자인 사회를 만들고자 성립된 '工讀互助團'이 바로 실험적 단체였다. 이 실험은 비록 실패로 끝났지만, 훗날 맑스주의자들이 "능력에 따라 일하고, 필요에 따라 분배한다"(各盡所能, 按需分配)는 중국 맑스주의자들의 노동원칙과 분배원칙에 사전작업의 성격도 가지게 되었다.

넷째, 노동자 계층의 점차적인 성장과 확대로 '노동운동' 문제는 아나키즘 실천운동의 현실적인 대안으로 급부상하여, '직접행동'을 표방하는 '工團主義'가 비교적 체계를 갖추어 조직되기 시작하였다. 이들의 공단주의는 어떠한 政黨의 지도도 거부하고, 혁명을 위한 어떠한 武裝前衛組織도 필요치 않는다. 노동자운동의 지휘권을 노동자 자신의 손에 확보하고, 공단주의 사상을 갖춘 군중들이 직접행동으로 정부를 전복하여 생산수단과 생산력을 장악함으로써 "각자 능력을 다하고, 필요한 것을 각기 취하는" 사회를 실현할 수 있다고 하였다. 이리하여 공단주의 조직과 원칙을 공장 노동자에만 한정한 것이 아니라, 심지어 군인과 농민에게까지 확대하였다. 이것은 맑스주의 노동운동과 다분히 대립적인 구도를 가졌지만, 노동자 계층을 각성시켰고 또 이후 맑스주의의 대세가 형성되면서 노동계층이 이 진영으로 흡수되는 효과를 가져다 주었다.

3. 맑스주의의 흥기와 무정부주의의 쇠퇴

1921년 7월에 맑스주의를 종지로 하는 중국공산당이 성립하면서 중국 아나키즘의 쇠퇴와 몰락은 예고되었다. 그러나 러시아 10월 혁명 이후 맑스주의가 중국에 강력하게 전파되면서 중국의 초기 맑스주의자들과 아나키스트들 사이에 논전이 벌어진 1920년에서 1922년의 기간에 진보적인 많은 청년들이 아나키즘의 영향에서 벗어나 맑스주의 진영으로 전향하였고, 이 때 이미 중국 아나키즘이 약화되고 쇠락하는 기미를 보이기 시작하였다.[31]

여기서는 양자간의 논전이 벌어진 시기를 중심으로 살펴보기로 한다.

중국의 역사·사회적 상황에 근거하면, 중국의 초기 맑스주의자들은 일찍이 아나키즘 사상의 영향을 받았거나 혹은 직접 아나키스트에서 맑스주의자로 전이하였다. 이것은 이미 역사적 사실로 널리 인정되고 있다.

5·4 운동 이후 맑스주의가 중국에 확산되면서 아나키즘은 공개적으로 그와 사상논쟁을 벌이기 시작하였다. 이것은 주로 다음과 같은 방면에서

---

31) 李怡, 『近代中國無政府主義思潮與中國傳統文化』, 66~67쪽 참조.

진행되었다: 계급투쟁과 프롤레타리아독재 문제, 개인의 자유와 기율(紀律) 문제, 생산과 분배 문제 등이다.

계급투쟁과 프롤레타리아독재 문제: 아나키스트들은 일체의 강권을 반대한다는 입장에서 국가의 존재를 모든 악의 근원으로 본다. 이러한 입장에서 계급투쟁의 산물인 어떠한 국가형태도 인정하지 않을 뿐 아니라 프롤레타리아 독재나 전제는 더욱 반대한다. 그래서 그들은 정치가의 강권에 반대하는 동일한 논리로 노동자의 강권도 반대함[32]을 분명히 하였다. 이에 대하여 맑스주의자는 자신들의 목적은 결코 국가로 무산계급의 특권을 세우려는 것이 아니라, 국가로 모든 계급을 철폐하려는 것이며, 그리고 프롤레타리아독재는 자본주의에서 공산주의로 넘어가는 과도기에 불가피한 방법이라고 대응하였다.

개인의 자유와 기율 문제: 아나키스트들은 자유주의자로서 개인의 절대적 자유를 추구한다. 이러한 입장에서 다수인의 소수인에 대한 압제도 반대할 뿐만 아니라 혁명단체의 제도나 규율로 개인의 자유를 구속하는 것에도 반대하였다. 이에 대하여 맑스주의자는 절대자유를 확보하려면 연합이 불가능하고, 연합하려면 절대란 있을 수 없다는 입장에서 사회에서 일정한 목적을 실현하기 위해서 소수의 희생은 불가피하다고 논박하였다.

생산과 분배의 문제: 아나키스트들은 평등주의에 기조한 "각자 능력을 다하고, 필요한 것을 각기 취한다"는 원칙에 입각하여 분산경영과 자유연합을 주장하면서, 프롤레타리아국가의 집중관리경제와 노동에 따라 분배한다는 사회주의분배 원칙은 집산의 방법으로 근본적으로 틀린 것이라고 하였다. 반면에 맑스주의자는 각 방면에서 생산력은 중앙의 관리가 있어야 공급과 수요를 맞출 수 있으며, 분배에 있어서도 생산력이 발달하지

---

32) 『無政府主義思想資料選』, 440쪽 참조.

못한 상황에서 아나키즘식의 분배방식은 실제에 부합하지 못한 공상이라고 비판하였다.

이와 같은 주요 방면에서의 논전을 거쳐, 맑스주의는 중국에서 영향력이 확대되는 반면에 무정부주의는 쇠퇴의 길로 접어들었고, 국민당과 합류되는 현상의 출현으로 혁명사상으로서의 세력은 이미 몰락이 시작되었다.

맺음말 – 중국 아나키즘의 성격과 위치

신해혁명 이전 아나키즘의 수용단계에 해당하는 재외 중국인 아나키스트파인 신세기파와 천의파의 아나키즘을 대표적인 인물을 중심으로 살펴보았다. 그들은 모두 賦稅·軍備·法律의 폐지와 국가와 사유재산 심지어 가족제도도 철폐되어야 아나키즘적 대동세계의 평등과 자유가 실현된다고 보았지만, 그러나 동시에 각기 처해진 사회환경과 개인의 문제의식에 따라 상이함을 보이고 있다. 이것은 극히 자연스러운 현상이라고 하겠다. 그러나 전체적인 형식에서 보면, 이미 언급하였듯이 유사배를 대표로 하는 천의파는 "중국 국수의 존망은 무정부 공산주의의 실행에 달려있다"는 말이 상징적으로 암시하고 있듯이 중국 국학 또는 국수의 진정한 규모를 무정부공산주의와 연결하고 있고, 신세기파는 "중국문화의 진퇴는 국수를 어떻게 처리하느냐에 달려있다"[33)고 천명할 정도로 국수의 분위기를 심각하게 받아들였으며 심지어 중국의 고유한자를 세계어인 에스페란토어로 대체하자는 문자혁명으로까지 나아간데서 알 수 있듯이 그 방식을 완전히 달리하였다.

이들의 아나키즘의 수용은 무엇보다도 오랜 중국적 세계관을 뿌리째

---

33) 『新世紀』44號, 「國粹之處分」, 1908년 4월 25일.

흔들어 놓은 만족청조의 무능과 부패 그리고 서구의 선진물문에 대한 충격에서 중국사회를 어떻게 개조할 것인가 하는 문제의식에서 비롯된다. 이러한 문제의식은 중국 본토가 아닌 국외에서 중국인 아나키즘세력이 형성되는 1907년 이전인 1900년을 전후하여 중국의 아나키즘을 잉태하는 맹아기를 형성하기에 이르렀다. 이 시기는 이미 사회·정치적으로 개량에서 혁명으로 진전된 시기에 해당하고, 이것은 배만반청의 혁명사조를 커다란 줄기로 하고 있다.

천의파와 신세기파가 이루어지면서 아나키즘이 중국인에 의해 직접 이해되고, 이에 따라 배만반청이라는 정치혁명에서 민족주의를 뛰어넘는 사회혁명으로의 새로운 발전을 이루었다. 이 과정에서 중국인에 의해 수용되고 이해된 서구의 아나키즘은 위에서 알 수 있듯이 중국문화의 재구축이라는 문화의식을 기저에 깔고 있다. 이것은 중국 아나키즘 운동사의 전과정을 관통하는 의식이라고도 말할 수 있다.

중국사회를 어떻게 개조할 것인가에 대해, 가장 진보적이고 급진적인 수단과 방법을 채용하고 있다는 점에서 중국의 아나키즘은 혁명을 갈구하는 당시 중국의 시대적 요청과 대중의 요구에 부응할 수 있는 것으로 받아 들여졌다.

신해혁명 이후 군주제도가 제거되고, 사상계를 포함한 사회환경에도 일련의 변화가 생겼다. 그러나 반혁명분자들에 의한 혁명성과들의 탈취는 아나키즘의 현실적 허약성을 노출하게 되었으며, 나아가 적지 않은 무정부 혁명지사들의 변절은 중국 아나키즘이 혁명대오에서 가장 급진적이고도 전면적인 성격을 가짐에도 역설적이게도 중국사회에 대한 탈문화적인 근본적인 인식의 전환과 과학적 세계관의 결여가 있었음을 지적할 수 있다.

5·4를 전후하여 서구의 각종 사회사상과 정치사상의 중국으로의 유입,

그리고 러시아의 10월 혁명은 중국에 맑스주의가 확산되는 환경을 조성하였다. 즉 결코 짧지만은 않은 역사를 가진 중국의 아나키즘이 청년학도, 지식인, 노동계층에게 감동과 희망을 준 만큼, 오히려 현실적으로 혁명의 성과를 현저하게 담보하지 못하는 상황에서 맑스주의의 전래는 새로운 모색의 서광이 되었다. 이리하여 5·4 운동 이후 중국사회는 어떻게 개조하고, 어떤 방향으로 나갈 것인가 하는 과제를 해결하는데 있어서 중국의 무정부주의는 결국 맑스주의에 그 자리를 내주어야 했다. 그렇다고 중국 아나키즘이 중국의 근대 혁명사에서 그리고 맑스주의의 성공적 적용에 아무런 기여가 없었다는 말은 결코 아니다. 오히려 중국 아나키즘은 중국의 근대 혁명사를 주도하면서 맑스주의가 혁명의 완수를 실행하는데 많은 토대를 구축하였음은 간과할 수 없다.

• 투고일 : 2003년 10월 15일   • 심사완료일 : 2003년 11월 13일

• 주제어 : 천의파, 신세기파, 대동사회, 공단주의, 맑스주의

The Acceptance of Anarchism and Its Development in China.

Park, Cheol Hong

Around 1900, the new revolutionaries emerged in China. And the remained reformers had been declined. These new revolutionaries converged into a powerful anarchistic force, even though at the first stage their power was very weak.

The new emerging anarchism had been developed and strengthened powerfully throughout all the Chinese mainland during Xinhai Revolution(辛亥革命) of 1911. Also the philosophical and theoretical understanding on anarchism within the Chinese people became comparatively deeper and higher. These anarchists regarded the capitalism as the most notorious system in the world and determined to abolish it. In order to accomplish their utopian society, above all they selected sandicallism as weapons of anarchism.

Chinese anarchism was declined before and after the 5 · 4 Movement(五·四運動) of 1919. First of all, things are trading toward marxism. Therefore marxists and anarchists struggled with each other to obtain their advantageous position in the theoretical struggle. Their theoretical struggle's main subjects and topics were about class struggle, the dictatorship of the proletariat, personal liberty and its limit, and the probelm of production and its distribution.

After all, in the course this theoretical struggle, Chinese anarchists were defeated by communists. Now Chinese communists could determine how this society reorganize not only in the exist political system but also in the direction of this great nation. Anarchists lost their theoretical power, nevertheless, Chinese anarchism had an effect not only on the modern Chinese revolutionary movements but also on the successful application of Chinese marxism.

Key Words : Tianyi Group, Xinshiji Group, Society of Great unity, Sandicalism, Marxism

아나키즘과 연방주의*

오두영**

```
─────────────── 목 차 ───────────────
     머리말
    Ⅰ. 연방주의의 역사적 연원
    Ⅱ. 바쿠닌과 연방주의
    Ⅲ. 크로포트킨과 연방주의
     맺음말
```

머리말

국내에 아나키즘을 비롯한 사회주의 사상이 알려지기 시작한 것은 1880
년대부터였다.1) 이 당시에는 일부 지식인들이 개인적인 차원에서 중국이
나 일본으로부터 여러 경로를 통해 '새로운 근대서구사상'을 수용하기
시작하였던 것이다. 그러나 아나키즘 사상이 본격적으로 수용되고 아나키

---

* Федерализм (Federalism)은 연맹주의 혹은 연합주의라고 번역되기도 하나 필자는 廣義에서
  이를 연방주의라고 표기하였다.
** 동국대 문과대 연구교수
1) 「한성순보」(漢城旬報)는 중국의 『호보』(濠報), 『상해신보』(上海新報), 『순환일보』(循環日報)
   등과 일본의 『시사신보』(時事新報) 및 외국 근신(近信)과 '서자보'「西字報」 등의 보도를
   인용하여 유럽 사회당과 허무당(나로드니키)에 대한 기사를 게재하였는데, 주로 테러에 관
   한 내용이 많았다. (이호룡. 「한국의 아나키즘」, 2001. 82쪽)

스트들이 나타나기 시작한 것은 국권상실이 명백해진 1910년을 전후한 시기였다. 이들은 민족해방의 지도이념으로써 反자본주의 사상인 사회주의, 특히 아나키즘을 통해 일제에 대항 하고자 했던 것이다. 이 당시 사회주의는 아나키즘이 주류를 이루었고, 주로 일본유학생들을 통해서 국내에 유입되었으며, 이때의 아나키즘은 일제에 대한 항거 속에서 주로 '테러'와의 관련 속에서 이해되었다.[2] 1910년대 국내 아나키즘의 주된 내용은 아나코코뮤니즘[3]으로써 '크로포트킨의 相互扶助論[4]'을 그 이론적 배경으로 하고 있었다. 이는 제국주의의 논리인 사회진화론을 극복하고 反제국주의 사상을 모색하는 사상적 배경이 되었던 것이다.

3.1운동 이후 일제의 문화적 유화정책으로 출판물에 대한 검열이 완화되어 이를 매개로 근대서구사상이 확산 전파되었는데, 이중 아나키즘을 비롯한 사회주의사상에 대한 소개가 가장 활발하였다.[5] 더욱이 3.1운동이후 민중을 민족해방운동의 주체로 인식하면서 아나키즘이 더욱 확산되었던 바, 1921년에는 국내최초의 아나키즘 조직인 黑勞會와 흑색청년동맹이 결성되었고, 변사 鄭漢卨과 金敬柱 등에 의해 아나키즘 선전활동도

---

2) 신채호의 경우도 1900년대에는 계몽사상운동가로 활동하였지만 1910년부터는 사회주의에 대한 이해를 바탕으로, '테러'라는 아나키스트들의 방법론을 통하여 아나키즘을 수용한 것으로 보인다. 그는 국권회복 방법의 하나로 암살을 설정한 것이다. (이호룡, 『한국의 아나키즘』. 2001, 74-75쪽)

3) 크로포트킨의 혁명이론으로 요약되는 아나코코뮤니즘은 쥐라연합 노동자들 사이에서 정립되기 시작하여 행동적 아나키즘의 기본원리로 인정받게 되었다. 집산주의에서 공동체주의로 발전한 이 이론은 생산수단뿐 만 아니라 소비재 까지 사회화하는 것으로 바쿠닌의 사상을 한층 심화시킨 것이다. 그러나, 바쿠닌이 마르크스의 노동가치설을 근거로 노동자·농민의 자주적 사회화를 주장한 반면, 크로포트킨의 사회화는 생산수단을 포함한 사회적 재부 일체를 사회화하는 것이었다. (크로포트킨.P. A.著, 김유곤 옮김, 『크로포트킨 자서전』, 2003, 626-267쪽 참조)

4) 동물들은 생존과 번식을 위해 경쟁하고 투쟁하는 가운데 강자만이 살아남고 사회가 진화한다는 다윈의 학설과는 달리 생물계의 진화에는 이와 더불어 '상호부조'의 원칙이 존재한다는 것이다. 즉 번영하는 동물들의 일반적인 원칙인 '상호부조'가 진화에 가장 중요하다는 것이다.

5) 오장환, 『한국아나키즘운동사 연구』, 국학자료원, 1998, 23-24쪽.

활발해졌다. 이들은 주로 크로포트킨의 사상을 적극 전파하였다. 이 前年에는 아나키스트를 비롯한 사회주의자들이 주도하여 朝鮮勞動共濟會를 결성하였다. 공제회는 강연회와 기관지 共劑를 통하여 사회주의, 특히 아나키즘 사상을 선전하였다. 여기에는 鄭泰信, 高順欽, 唯鎭熙 등이 주도하였는데, 이들은 자본주의의 원리인 사회진화론을 반박하기위한 논리로 크로포트킨의 '상호부조론'을 활용하였다. 일본에서 노동운동을 하다 귀국한 정태신은 상호부조론에 입각하여 노동문제를 논하였고, 이 공제회의 창립을 주도한 고순흠은 바쿠닌과 크로포트킨 이론의 적극적인 지지자였다. 특히 유진희는『共濟』를 통하여 크로포트킨의 상호부조론을 소개하고 선전 하였으며, 동아일보 객원기자로 활동하던 라경석도 크로포트킨의 사상을 적극 주장하였다.

한편 재일 유학생들도 귀국하여 강연회를 통하여 상호부조의 논리를 적극 소개 하였는데, 金明植, 정태신, 이정은 등이 주요 인물이었다. 이 밖에 서울 청년회의 활동에서도 상호부조의 논리는 그들의 사상적인 기반이었다. 또한 이 당시 아나키스트들은 외국 아나키스트들의 논저를 번역하거나 소개 하였는데, 無我生, 尹滋瑛, 李星泰 등이 크로포트킨의 저서를 번역하기도 했다.

또한 1920년대 초 아나키스트들은 아나코코뮤니즘을 주된 내용으로, 특히 크로포트킨의 상호부조론에 근거하여 사회를 분석하려고 하였다. 이 밖에 서울 청녀회의 활동에서도 '상호부조'의 정신을 발견할 수 있는데, 특히 청년 연합회의 취지서에서는 '상호부조'의 논리와 함께 '자유연합'의 정신이 들어 있다. 이 단체의 지도자인 金思國은 이 점을 특히 강조하였다. 크로포트킨의 아나키즘 사상은 일본 유학생들이 주도한 잡지『新生活』을 통해서도 확산되었다. 신생활은 아나키즘의 급진적 이론인 바쿠닌의 '파괴론과 건설론'의 영향을 받았는데, 김명식은 이 잡지에의 기고를 통해 상호부조의 정신과 함께 이러한 특성을 잘 드러내었고, 일본에서 신문 『大共存』의 부사장을 지낸 한광수도 파괴를 통한 폭력혁명을 주장하여 바쿠닌류의 의열 투쟁을 옹호하기도 했다. 이성태는 '신생활'에서 크로포트킨 사상에 대한 연구의 필요성을 강조하며 그에 대한 대표적 이론가가 되었다. 또한 김태성, 정백등도 크로포트킨의 열열한 지지자로 활동하였다.

이와 같이 아나키즘 수용기 아나키스트들은 일제에 대한 항거와 자본주의의 해악 극복을 위한 대안으로 아나키즘을 수용했는데, 이들의 사상적 중심에는 크로포트킨의 상호부조론이 자리하고 있었다. 그러므로 초창기 아나키스트들에게 절대적 영향을 미친 크로포트킨의 사상 그리고 나아가 그와 사상적인 맥을 같이하는 바쿠닌의 사상을 이해하는 것은 수용기 한국아나키즘운동을 이해하는데 매우 중요하리라본다. 이 글은 바쿠닌과 크로포트킨의 사상을 축약하고 있으며, '상호부조론'을 기반으로 한 이른바 '연방주의'사상을 살펴보고, 그들 사상이 지닌 논거를 재검토해봄으로써 수용기 국내 아나키스트들의 사상적 기원을 드러내 보고자 한다.

Ⅰ. 연방주의 사상의 역사적 연원

오늘날 러시아의 사회·정치구조에 있어 매우 중요한 문제 중의 하나는 중앙정부와, 연방 내에서 공화국, 자치 등의 여러 다양한 지배체제를 유지하고 있는 지방정부와의 諸관계를 어떻게 설정하는가 하는 것이다. 광대한 영토에 다분히 이질적인 다 민족을 포괄하고 있는 러시아로서는, 체제 전환기를 넘어 새로운 민주사회를 확립하는 힘겨운 과제를 이행하는 가운데, 그러한 국가 구조를 효율적으로 운용하는 것이 매우 중요함은 물론이다. 이러한 러시아의 국가 형태는 연방제이다. 즉, 연방제적 기초 위에서

諸지역의 정치발전을 이행하고, 복잡하고 심도 있는 사회 개혁을 추진하는 가운데, 무엇보다도 러시아 연방내의 개체들, 말하자면 중앙과 諸지역 간의 진정한 평등과 안정된 관계를 정립하는 것이 무엇보다도 중요한 것이다.

러시아에서 연방제적 국가 구조에 대한 개념은 오랜 역사적 연원을 두고 있다. 이미 16세기에 끄리자니취(Ю.Крижанич)는 이반 4세期 러시아의 효율적인 통치를 위해 영역 내 제 민족 및 지역들을 포괄하는 루시 지역 연합 체제를 구성하기위해 심혈을 기울였고, 1820년대에는 노보실쩨프(Н. Н. Новосильцев)가 알렉산드르 I세의 자유주의적 국가 개혁을 추진하는 가운데 입헌체제의 수립과 관련하여 제국을 여러 지역으로 분할하고 각 지역에 자치를 부여함으로써 광대한 영토를 보다 효율적으로 지배할 수 있다는 견해를 이른바 '제국헌장'으로 나타내기도 하였다. 그러나 끄리자니취와 노보실쩨프의 견해는 모두 강력한 절대군주의 효율적인 통치를 전제로 한 것으로 '자치'의 개념과는 거리가 먼 것이었다. 또한 19세기의 저명한 역사학자인 카스타마로프(Н. И. Костомаров)는 연방제적 국가구조의 역사적 기원을 설명하는 가운데, 고대 루시의 분령시대가 연방주의의 도정에 있었으나, 따따르의 침입으로 이러한 노력이 중단되고, 동방의 절대군주체제의 개념이 도입됨으로서 진정한 의미에서의 국가 발전이 저해 됐다고 하는 역사 해석으로 연방제적 국가 구조의 필요성을 역설했다.6) '연방주의'는 학자들 사이에서도 중요한 연구 대상이었다. 19세기 초 꾸니찐(А. П. Куницын)은 강의에서 이 문제를 다루었고, 까췌노프스키(Д. Н.Каченовский)와 꼬르프(С. А. Корф)도 연방주의에 대한 논의에 참여하였다.

19세기의 자유주의적 국가개혁 내지 사회혁명에 있어서도 연방주의는

---

6) Костомаровю Н. И. Собр.соч. В.8 кн. СПБ. 1903. кн.1. С 30

정치체제의 전환과 관련하여 활발한 논의의 대상이 되었다. 제까브리스트 무라비요프(Н. М. Муравьев)는 '연방제적 입헌군주제', 혹은 '大 슬라브 연방제'를 제기하였으며, 일부 제까브리스트들은 '연합된 슬라브 사회에 대한 汎슬라브 연방을 개진하기도 했다. 부르조아적 사회 혁명가들의 활동이 활발해지고 있었던 1840년대에는 바쿠닌(М. А. Вакунин)과 쉐프첸코(Т. Г. Шевченко)등이 연방주의에 입각하여 '통일된 유럽연합'을 제시했고, 나아가 60-70년대에는 '전 세계적 규모의 연방제'를 주장했다. 특히 코발렙스키(М. М. Ковалевский) 는 이러한 사상을 이론적으로 뒷받침하였다. 또한 췌르니쉡스키(Н. Г. Чернышевский)와 샤포프(А. П. Щапов), 세라코프스키(С. И. Сераковский)그리고 프란코(И. Я. Франко)등은 미래 러시아 국가의 청사진을 '연방제적 구조' 하에서 그리기도 하였다. 이러한 연방주의에 대한 사상은 70년대 인민주의 운동에서도 잘 나타나있다. 특히 '인민의 의지'당은 그들의 혁명적 계획안에서 '연방제적 국가 구조'를 개진하였다.[7]

이러한 연방주의 사상은 동유럽 각지에 흐터져 있던 제 슬라브 민족의 민족주의 성향에도 부합되는 것이었다.

19세기에 들어서서 諸슬라브 민족들은 '슬라브 연방'에 대해 광범위한 지지를 보냈다. 이것은 모든 슬라브인들은 한 혈통이고, 언어와 문화에 공통점이 있다는 기본적인 사실 이외에도 슬라브 민족간의 '상호 의존성'에 근거한 것이었다. 1830년대 체코의 지식인들은 정치적으로 親 러시아적이었으며, 강력한 슬라브 국가에 대한 믿음이 지배적이었다. 그러나, 1830-31년의 폴란드 봉기를 러시아 전제정이 진압하는 것을 보고, 러시아가 그들의 이상과는 차이가 있음을 알게 되었다. 따라서 각 슬라브 민족들은 현실적으로 실현 가능한 연합체제의 구성에 힘을 쏟게 되었다. 이것은

---

7) Куприц. Н. Я. Из истории государственного-правовой мысли дореволюционной россий (хх в). М. 1980. с. 25

특히 체코인들에게 오스트리아-헝가리 제국을 기반으로 '연방'의 틀 속에서 스스로의 자유를 획득할 수 있다는 관념을 고양시켰다. 이러한 상황에서 30-40년대에 유고슬라비아의 호르바지아 지역에서 사회 정치운동이 일어나 슬라브 지역의 통합을 요구했고, 1848-49년 혁명기에는 대주교 네고쉬(П. П. Ненош)가 유고 민족의 통합과 발칸지역에서의 연방 국가 창출을 시도하였다. 또한 60년대 중반에는 불가리아에서 反투르크 발칸 연맹의 창출시도가 있었다. 여기에는 미국과 스웨덴의 연방제가 좋은 모델이 되었다.

1905년 혁명 후, 주로 자유주의자들로 구성 된 입헌민주당은 물론 각 사회주의 정파들은 전제정 이후의 러시아 국가구조에 대해 활발한 논의를 벌이는 가운데, 절대권력을 인정하지 않는 연방주의적 구조에 대해 자신의 입장을 개진하였다. 이것은 각 정파의 정치적 이념과 목표와도 상응하는 것이었다. 입헌민주당과 자유주의적 온건파는 젬스트보의 경험을 들어 러시아 각 지역의 민중자치를 적극 지지하였고, 급진주의적 사회주의 정파들은 사회주의 국가건설을 주도할 프로레타리아 독재의 강력한 정부와 통합된 러시아연방을 지지하였다. 한편 사회혁명당은 諸민족 상호간의 연방적 원칙을 제시하여 제 민족으로부터의 지지를 획득하고자 하였다.[8] 러시아 아나키스트들에게 이러한 연방주의는 자신들의 사회 · 정치적 견해를 현실에 적용하는 중요한 사안이 됨은 당연하였다.

---

8) Сб. Документов и материалов по курсу Политическая история XX вб вып. 1. М. 1991. с 84-86

Ⅱ. 바쿠닌과 연방주의

만년에 자기 자신을 연방주의자라고 부를 만큼 아나키즘 사상을 연방주의와 부합시켰던 푸르동[9]은 특히 대규모 국가의 이상적인 통치 구조를 연방주의라고 단언하였다. "만약 국가의 규모가 도시나 촌락의 규모를 벗어나지 않는다면, 나는 그것들을 제각기 하고 싶은 대로 맡겨둘 것이다. 간섭할 필요는 없는 것이다. 그러나 마을이 100만 단위로 헤아려지는 지역의 광대한 집단이 문제라는 것을 잊어서는 안 된다"[10]라고 주장하였다. 또한 그는 권위주의자들이 정복의 원칙에 따라 통치하는데 반해, 아나키스트가 그리는 것은 바로 통일이라고 단언하고 있다. 이러한 연방주의에 대한 푸르동의 견해의 기저에는 상호주의와 사회적 연대성이 강조된 것임은 물론이다.

이러한 푸르동의 연방주의 사상을 발전시켜 사회주의 운동의 한 이론적 기조로 만든 것이 바쿠닌 이었다. 19세기 후반 사회주의 운동, 특히 인터내셔널에서 바쿠닌과 마르크스의 첨예한 대립과 갈등을 불러일으키며 양자간의 견해차를 극명하게 보여준 것이 연방주의사상과 중앙권력화의 대립이었다. 마르크스는 1848년 諸혁명의 실패는 잘 준비되지 않고, 나아갈 방향조차 모르는 채, 분산적으로 움직였던 유럽 노동자 계급의 실천적이고 이론적인 조직화의 부재에서 기인한 것으로 보고, 효율적인 조직화, 즉 중앙집권적인 조직 강화의 필요성을 강조 하였다. 말하자면 과학적인 이론과 잘 정비된 노동자 조직을 갖춘 프로레타리아 운동을 추구한 것이

---

9) 피에르 조셉 푸르동(Pierre Joseph Phrud'hon)은 정부가 없다는 의미에서 '아나키'라는 말을 처음으로 사용하였으며, 부자들에 의한 가난한 자에 대한 억압과 인민을 지배하는 정부를 세우려는 무익한 기도에 대해서 비판한 아나키즘 사상의 선구적 인물이었다

10) 다니엘 게링 저. 하기락 역. '아나키즘'. 중문출판사. 1985 . 134-135쪽

다. 이에 반해 바쿠닌은 노동자 계급을 '위에서' 조직할 수 있다는 마르크
스의 주장을 혹독히 비판하였다. 그는 '자유'의 원칙에 따라 다음과 같이
주장 하였다. "민중은 자신이 속한 자율적이고 자유로운 단체를 이용하여
'아래에서' 조직 될 때 행복하고 자유로울 수 있고, 보호자의 감독 없이도
자기 자신의 삶을 창조 할 수 있다".[11] 마르크스주의자들이 이러한 바쿠닌
의 연방주의가 노동자 계급의 의견 불일치를 가중시키고, 프로레타리아
운동을 관념과 희망 없는 '모험주의'의 무능함에 빠뜨릴 수 있다고 비판했
음은 물론이다. 바쿠닌의 아나키스트적 연방주의 사상은 인터내셔널 초기
에 광범위한 지지를 받았다.

바쿠닌의 국가에 대한 견해를 구성하는 중요한 요소가 바로 연방주의
사상이다. 즉 국가 형태에 있어 권위주의적 통일보다 연합적 통일이 우월
하며, 그러므로 자연스럽게 국가가 무용해짐을 확신하고 있었다. 그는
자신의 연방주의 사상을 러시아의 현실정치에 적용하려고 하였다. 스위스
에 찾아온 네차예프로 하여금 자신의 사상을 러시아의 지식인들에게 전달
하여 확산시키려 하였던 것이다. 그는 이러한 자유의 정신에 입각한 연방
주의가 다양한 민족을 포괄하고 있는 광대한 영역의 러시아에서 민족
문제를 해결하는 새로운 사회조직의 원리가 될 것으로 믿었다.

그는 諸슬라브 민족의 연방적 구조 형성을 확신하였고, 혁명이 이를
성취하는 수단이 될 수 있음을 확신 하였다. 즉, 그의 견해에 따르면 사회
구성의 유일한 원리는 '자유'이며, 나아가 이를 기초로 한 연방주의가 혁
명적인 내용을 담을 수 있는 것은 사회주의 사상 뿐이고, 이러한 혁명
속에서 슬라브인들의 각성과 해방 그리고 미래에 대한 희망을 볼 수 있다
고 생각하였다.

러시아 '국가'가 아닌 슬라브 민족에 대한 바쿠닌의 애정은 각별한 것이

---

11) 장 프레포지에 저, 아나키즘의 역사, 2003. 133쪽에서 재인용.

었다. 그는 유럽서 가장 박해를 받고 있는 민족이 슬라브 민족이라고 간주했다. 그의 견해에 따르면 오스트리아-헝가리, 러시아, 투르크등 각 제국의 틀 안에서 질식된 슬라브 민족을 해방시켜야 했다. 때맞추어 발칸, 폴란드, 체코, 슬로바키아에서는 슬라브 민중들의 혁명적 해방운동이 일어났다. 1848년 슬라브 민족회의가 프라하에서 열렸는데, 여기에서 바쿠닌은 그들의 해방을 적극 지지하였다. 그의 견해에 따르면 슬라브 민중들은 공동의 연합으로 하나가 되어야하고, 이는 외부 권력의 간섭을 배제하고, 개별 민족들 간의 분쟁을 해결 조정하는 중앙 슬라브 회의와 연합하는 형태가 되어야 했다.

이렇게 형성된 슬라브 연방에서 러시아의 특권은 요구되지 않는다. 무엇보다도 聯邦內로 들어오는 諸 민족들은 자유로워야하고, 상호부조의 틀 내에서 공존해야한다.

바쿠닌은 특히 까프까즈 지역에서도 완전한 자유와 권리가 회복되어야 하고 전제적 권력이 제거 되어야 하며, 어떤 경우에도 외부 권력의 간섭은 배제되어야한다고 주장하였다. 러시아는 폴란드, 리트비아, 우크라이나, 발틱 연안 제국과 형제적, 연방제적 연합을 이루어야한다. "우리는 그들을 도와야한다. 그들이 도움을 요청한다면 모든 강제와 모든 외부의 적들에 대항하여 그들을 도와야한다. 우리는 슬라브 민중들의 신성하고 자유로운 위대한 연방을 원한다. 모든 민족은 크건 작건 다른 민족들과 자유롭고 형제적인 관계 국가의 힘 또는 헤게모니로부터도 벗어나 있어야 한다."[12]

바쿠닌의 혁명적인 슬라브 연방에 대한 사상은 짜르의 전제 권력下에 제 민족들을 통합시키는 공식적인 汎슬라브주의와는 다른 것이었다. 그는, 제국의 구조 속으로 들어가는 것은 모든 삶과 자유를 포기하는 것이나 다름이 없다고 주장했다. 그는 평등, 자유, 모든 슬라브 민중들의 형제애를

---

12) Бакунин М. А. собр. соч. и писем. 1822-1876. в Т 4. М. 1934-1935. Т. 3. с. 304

고양하면서 자신의 혁명적 활동의 목적이 슬라브인을 반동으로부터 분리
시키고, 非민주주의적이며, '국가'적인 구조에 대항하는 것 이라고 보았
다. 이러한 바쿠닌의 견해에 대해 한편에서는 그가 민주주의 혹은 연방주
의를 도용해서 汎슬라브의 세력화를 추구한 것이라고 비판하기도 한다.
그러나, 바쿠닌에게서는 슬라브 민족의 배타성은 어떤 경우에도 드러나지
않으며, 민족주의 혹은 인종차별주의의 형태로도 나타나지 않는다. 그는
다음과 같이 주장하고 있다. "나는 슬라브의 자연의 독특성에서 그리고
그에 내재해 있는 조직에서, 노예와 모든 억압과 강제에도 불구하고, 이러
한 민중이 지닌 순수성과 불 간섭성을 보게 된다"13) 결과적으로 민족주의
는 바쿠닌의 성향과 부합되지 않는다. 그의 사상에서는 여러 가지 결함과
모호성에도 불구하고 민족주의적인 이상이나 혹은 쇼비즘 같은 것은 볼
수 없다. "자연적 현상으로서의 민족성은 논의의 여지없는 자유로운 존재
의 권리와 자유로운 발전을 이루게 된다. 이것은 단지 개별적이며 독특한
현상일 뿐이다"14) 그에 따르면 민족주의와 인종주의는 단지 하나의 목적
으로 이끌리는데 그것은 민족의 자유를 없애는 것이다. 왜냐하면 그 본래
의 특성에 따라 민족주의의 원칙은 고도로 귀족주의적이 것이기 때문이
다.

　바쿠닌과 폴란드 민중과의 관계는 그가 민족주의에 부정적임을 보여주
는 또 하나의 예이다. 그는 폴란드에 대한 러시아의 억압을 하나의 치욕으
로 간주 했다. 따라서 폴란드 민중의 해방을 러시아 민중이 돕는 것은
그 자신의 해방이 될 것이다. "폴란드는 러시아의 육체속의 화살이다.
폴란드를 멸시하면서 러시아 전제국가의 피를 찾는다"15) 바쿠닌은 폴란
드 민족주의자들의 요구에 매우 비판적으로 대응 하면서, 폴란드 해방운

---

13) Бакунин. М. А. Народное дело. Романов. Пугачев или Пестель. лондон-СПБ. 1862. с 23-24
14) Материалы для биография Бакунина. З. М-Л. 1923. Т. 1.с. 22
15) Бакунин М. А. Русским. польским и всем славянским друдьям. Женева-М. 1988. с 25-26

동 뿐 만아니라, 1862-63년의 사건에도 간여했다. 바쿠닌의 견해에 따르면, 그가 추구하는 汎슬라브연맹은 러시아, 벨로루시, 리플렌지아등을 포함하고, 오스트리아, 투르크의 슬라브 민족까지를 포괄하는 것이다. 이후에는 프러시아 등지에 있는 슬라브 민중들의 독립을 쟁취해야한다고 주장하였다.

이러한 가운데 諸슬라브 민족들은 연방의 형태로 통합되어야한다. 바쿠닌은 연방주의적 국가구조의 특성을 다음과 같이 설명하고 있다. 즉 연방주의는 汎슬라브주의와는 달리, 슬라브 민족의 배타성이 없으며, 슬라브와 게르만 사이의 인종차별적 개념도 없다. 지주와 노동자, 슬라브인과 非슬라브인 사이의 차별이 없고, 슬라브 민족들간의 연합에 있어서 각각의 독특성과 상호존중이 있어야 하며, 또 그 가운데 각기 절대 자유를 누린다.

민중을 이끄는 모든 조직은 '아래로부터 위로' 지향하는 연방제하에서 '성스럽고 형제적인 단일체'가 된다. 이때 자유에 대한 존경과 사랑, 공동의 선과 행복, 자유가 실현될 수 있게 된다.16) 연방제 하에서는 동료를 보호하고 구성원간의 분쟁이 금해지는 것이 의무가 된다. 인간적인 연합으로 자치를 실현하고, 또한 개인의 이해와 자유는 공공의 그것과 배치되어서는 안 된다.17)

바쿠닌의 국가에 대한 사상과 관련하여 연방주의는 유럽과 나아가 세계의 '연방주의화'를 지향한다. 이에 따른 평화와 공의를 건설 할 수 있는 原則으로 다음이 제시 되었다. 즉, 국가로부터 완전한 독립을 쟁취 하기위해 개별 민족의 이해와 전래의 특권이 포기 되어야 하고, 타 민족을 존중해야하며, 모든 영속적 계약(개인과 집단간의)이 폐지되며, 자유를 침해받았을 때는 자유로이 연방에서 탈퇴 할 수 있고, 궁극적으로 완전한 국가

16) Бакунин. М. А. избр. соч. Т.3. с. 114
17) Бакунинг. М. А. избр. соч. П-М. 1919-1922. Т. 3. с. 58

형태의 전이를 위해 연합체내의 구성원에게 절대자유가 보장되어야 한다.

연방제 構造下에서 각 구성 민족들 사이에는 그 관계 고리로서 사법, 입법, 및 행정기관을 가져야한다. 입법기관은 선거를 통해 구성되고, 사법과 행정 기관 및 하급 입법 기관을 감독한다. 결국 국가의 폐지 이후에 개인은 자유를 얻고, 연방제적 구조 下에서 다른 구성원과 자유로운 연합을 갖게 된다. 때문에, 중앙국가의 폐지의 불가피성은 조직화된 독재와 억압을 피하기 위해서 불가결한 것이다.

그러나 이러한 바쿠닌의 계획에는 현실적인 연합체 구조에 대한 구체적인 설명이 없다. 단지 연방제적 관계가 특정 나라에 뿐 만아니라, 개별 꼬뮨과 국내 각 지역들에게 까지 확대 될 수 있음을 지적하고 있다. 즉 꼬뮨들이 연합하여 지방을 구성하고, 각 지방들은 연합하여 민족을 형성한다. 그리고 그는 꼬뮨들과 전국적인 연합기관과의 사이에 기구가 있어, 지역의 자치 꼬뮨들의 연합을 도와야 한다고 주장하였다. 여기에서 연합은 반드시 '자유'의 原則下에 있어야 함을 강조하였다. 그러나 이러한 계획이 매우 민주주의적인 것이고 미래의 것이라고 해도 현실적인 측면에서는 매우 유토피아적인 것이라 볼 수 있다.

Ⅲ. 크로포트킨과 연방주의

크로포트킨의 아나키즘적 정치 철학사상에 있어 중요한 부분을 차지하는 것이 '연방주의'이다. 크로포트킨은 이미 1870년대에 연방주의에 대한 지지를 분명히 나타내었으나, 이를 공식화 한 것은 1917-18년에서였다. 이 시기에 그는 연방주의 사상에 관한 여러 저술을 발표하였다.18) 그에게

---

18) 여기에는 다음과 같은 저술들이 있다. '연방에 관한 문제. К вопросу о федерации', '연방 Федерация', '카나다의 연방구조 Федеративной строй Канады', '연방제-통일로 가는 길 К Объединении к путь федерации', '19세기의 연방주의적 구조의 발전 Развицие федеративног

있어 연방주의 사상은 '상호부조'의 原理下에 인간사회를 발전시키는 중요한 요소로 간주되었다. 따라서 이러한 신념에 따라 '국가'에 대해 부정적이었던 크로포트킨은 상대적으로 민주주의적인 연방공화국의 가치를 인정했다. 그는 모든 권력이 중앙에 집중되어 있는 군주정이나 제국과는 달리, 지역 혹은 공동체의 독립을 통해서 민중지배가 상당한 정도로, 모든 문제에 있어, 지역 권력기관으로부터 자유로울 수 있다고 생각했다.

그는 러시아 분령시대의 연방제적 정치·사회구조에 대한 카스타마로프의 견해에 동의 하면서, 연방적 구조와 단일 군주제 사이의 갈등을 선명히 대조시켜 설명 하였다. 또한 고대 그리스의 자유의 이상과 중앙 집중화된 로마의 연방지배구조사이의 갈등은 인류발전의 기본적인 동인을 제공하는 것으로 간주되었다. 인류는 이러한 두 가지 양상이 끊임없이 갈등해 왔다는 것이다. 크로포트킨은 국가연합제적 구조가 無국가로 가는 전이의 형태라고 간주 하였다.

그는 1917년 8월에 임시정부의 회의에 참석하여 러시아를 공화국으로 인정하고, 그것을 미국의 예를 따라 연방제의 원칙 하에 再재조직하여야 한다고 주장하였다.[19) 여기에서 '자치'의 원칙이 천명되었음은 물론이다. 러시아에서 공화 체제가 선언된 것은 1917년 9월 1일 에서였다. 2월 혁명 후, 부르조아 관료당국이 타 소수민족들을 강제·억압하는 상황에서 다민족 국가 연합 창출을 위한 연방주의의 이상은 급진적인 것이었다. 이러한 현실에서 크로포트킨은 反국가적 권위의 아나키즘을 연방주의에 적용하였다. 그는 중앙과 연방의 모순을 대립시키면서 연방은 실질적으로 나라를 단일화 하고, 중앙은 나라를 불화와 몰락으로 이끈다고 주장하였다.

레닌은 1917년 6월 제 1차 전 러시아 소비예트 회의에서 '러시아가 자유로운 공화국들의 연합'이 될 것임을 천명 하였다. 그러나 이것은 진정한

о строя в XX веке'
19) Государственнное Совещение. М-Л. 1930. с. 231-232.

'자유'와 '자치'가 보장되어야 한다는 크로포트킨의 주장과는 달리 프로레타리아 독재권력을 상정한 것이었다. 연방주의와 중앙권력화 사이의 모순을 크로포트킨는 '연방은 실제적인 국가의 단일화를 창출하지만, 중앙권력화는 오히려 분열과 붕괴를 초래한다'고 주장하였다. 사회 정치적인 단일화는 반대로 권력을 중앙에 집중시킨다. 크로포트킨에게 연방제는 탈 중앙권력화의 수단이고, 탈 중앙권력화는 진보적인 이상이었다. 중앙과 연방의 이상적인 모습을 크로포트킨은 영국과 미국 그리고 그 식민지들의 예로 설명하고 있다. 그에게 있어 연방과 중앙은 전반적으로 진조와 퇴보의 상호배타적인 관계 일 수밖에 없는 것이었다.[20] 심지어 그는 10월 혁명도 '공산주의와 연방주의'로 이행하는 과정의 일환으로 보았던 것이다.[21] 더욱이 그는 스페인과 같은 작은 국가에서도 연방주의적 구조가 성립되었음을 지적하며, 러시아에서의 실현 가능성에 높은 기대감을 나타내었다.

연방주의 사상과 탈 중앙권력화 이념을 확산시키기 위하여 1917년 1월에 모스크바에서 '연방주의자 회의'가 출범했다. 크로포트킨은 이 연방주의자 회의의 의장을 맡았고, 여기에는 연방제를 지지하는 여러 정당의 대표들이 참여하였는데, 小부르조아와 아나키스트들이 주류를 이루었다. 크로포트킨은 한 회의에서 러시아에서의 연방제의 불가피성을 동료들에게 확신 시켰다. 그는 연방제의 약속과 '연합'만이 언제든지 호전적으로 변할 수 있는 이웃 국가들 사이의 불화를 반전시켜 단일화를 세울 수 있다고 주장하였다.[22] 이 회의는 4-5권에 달하는 연방주의 사상 '백과사전'의 출간을 계획하였다. 여기에서는 정치, 경제, 역사, 법률 등 여러 관점에서 연방주의 사상을 검토 할 계획이었다. 그러나 단지 1권만이 출간되었

---

20) Кропоткин. П. А. Федерация как путь коъединеню. // голос минувщего. 1923. no.1. с. 16-17
21) Звезда. 1930. no.4. с. 88.
22) 같은 책. с. 16

다. 이 회의는 1918년 2월에 해체되고 말았다.

크로포트킨은 한편으로 러시아의 역사 발전에 근거하여 연방제의 당위성을 설명하였다. 즉 영토의 거대함, 다양한 관습, 그리고 각 지역적 특성에 비추어 각기 독립적인 분령을 이루었던 봉건적 분할 시대에 오히려 자유를 누릴 수 있는 여건이 조성되었으나 여기에 단일화 성격이 결여됨으로써 외부의 침입에 쉽게 노출되었다는 것이다. 이로 미루어보아 그는 확실히 러시아의 연방적 구조의 불가피성을 인식했으며, 푸르동, 바쿠닌에 이어 그것이 다민족 국가에 있어 진보적인 사회발전형태의 최상의 형태임을 확신 했다. 이러한 신념에 따라 그는 짜르 정부의 민족정책을 혹독히 비판했고, 그것을 諸민족의 단일, 연합, 그리고 국가의 지배력을 파괴시키는 것으로 보았다.[23]

크로포트킨은 러시아의 연방제적 구조의 출발원칙을 짜르 정부의 러시아 주변 민족들에 대한 억압정책을 거부하는 것에서 찾았다. 그가 제시하는 '러시아 연방 민주주의 공화국'은 각 지역과 민족의 다양성을 인정하는 단일체가 되어야 하고, 주변 국가들에 대한 지배 없이 동등한 위상으로 형성되어야 한다고 주장했다. 그때서야 비로소 연방은 완전한 생명력을 지닐 수 있다는 것이다. 연방을 구성하는데 있어서도 정치발전의 특성과 전통을 고려하고, 다양한 민중과 지역의 자치를 고려하는 것이 필수적이라고 주장하였다. 다른 아나키스트들과는 달리 그는 보다 현실적인 민족 고유의 특성을 고려한 것이다.

이러한 연방주의적 체제는 다음과 같이 구성된다. 연방제의 기본 단위는 옵쉬나(Общена, 농민공동체) 혹은 꼬뮌 내지는 옵쉬나 內의 각 그룹이어야 한다. 그러나 이러한 옵쉬나는 경계가 없고 각 옵쉬나 內의 그룹들은 필수적으로 다른 꼬뮌에 있는 다른 그룹들과 연합하게 된다. 그러한 가운

---

23) Голос Минувшего. 1923. no.1. c.15.

데 자연스럽게 연합체가 형성되어지고, 그 연합체 내에서 각 그룹들은 연방제의 성격을 지니게 된다는 것이다. 이때 보다 큰 연합체가 각 그룹을 통합시키는 중간자적 역할을 하게 된다. 각 옵쉬나는 자유를 보장 받고 각 지역의 정치발전의 특성과 전통이 인정되나 공공의 선을 위해 연방의 이해에 복종해야한다. 그러한 연방제적 구조下에서 만이 각 연합체는 완전한 생명력을 얻게 된다. 크로포트킨은 연방제가 개인, 그룹, 민족의 절대 자유를 실현시켜 줄 수 있는 포괄적인 수단임을 확신 했다. 그의 이상은 바로 '단순으로부터 복잡한데에 이르기까지의 자유로운 연방제적 그룹화' 였다.24) 이는 다양한 역사적 조건 속에서 변화된 상황을 뛰어 넘을 수 있는 수단이 되는 것이다.

소비에트 연방구성이 가시화되고 있었던 1920년에 크로포트킨은 서유럽의 노동자와 진보적 그룹에 관심을 가지면서 이에 대한 소비예트 정부의 간섭을 비판했다. 이것은 그가 그리는 연방제적 성격과 대치되는 것이기 때문이었다.25) 제국을 구성하는 제 영역은 大연방 성립의 도정에 있고, 연방內 각 지역은 역사적·정치·경제·인종적인 특성의 바탕위에 성립된 자연적인 境界內에서 존립한다. 즉 러시아 제국은 각기 독립적인 구성원으로 이루어진 연방적 구조가 될 것 이라는 것이다. 이러한 견해는 소비에트 연방구성에 적대적이었던 다른 아나키스트들과는 다른 입장이었다.26) 그러나 한편으로 크로포트킨의 연방주의 사상은 '非국가적 성격의 연방구성'이라는 면에서는 다른 아나키스트들과 일치했다. 크로포트킨의 아나키스트적 연방주의는 레닌의 견해와는 달랐다. 그들 사이의 본질적인 차이는 '연방'의 개념에 대한 이해에서 달랐다. 레닌은 그것을 하나의 다민족 국가의 형태로 이해하여 '프로레타리아 독재국가'를 상정한 것이며,

---

24) Кропоткин. П. А. Современная наука и анархия. П-М. 1920. с. 274
25) Интернация полный сборник. П. А. Кропоткин и его учение. Чикаго. 1931. с. 61.
26) Канов. С. Н. Октябрьская революция и крах анархизм. М-Л. 1974. С. 137.

또한 민주주의적 중앙권력화와 연방주의를 사회주의와 연결시켰다. 그러나 크로포트킨은 '非국가 연방'을 설정하여 연방주의와 지역자치를 중앙권력화와 대치되는 것으로 파악했던 것이다. 그에게 미래의 러시아 제국은 러시아의 역사와 자연적인 특성을 고려해 볼 때 독립적인 국가 형태를 가지고 있는 구성원들이 연합된 大연방 구조가 될 것으로 확신 되었다.[27]

맺음말

지금까지 푸르동 이래 아나키즘의 중요한 이론적 틀을 구성하고 있는 연방주의가 광대한 영토의 다민족 국가인 러시아의 독특한 환경에 어떻게 적용될 수 있는가에 대한 논의를 바쿠닌과 크로포트킨의 사상을 중심으로 살펴보고자 한다. 이것은 19세기 중반 이래 노동운동 내지 사회주의 운동의 이론적 특성은 물론 실제 20세기 초 사회주의 혁명을 현실정치에서 실현시킨 러시아 사회주의 운동의 사상적 특성과 지향하는 목표를 이해하는데 중요한 단서를 제공해주고 있다.

19세기 후반 마르크스의 중앙권력화 논의와 치열한 이론적 대립을 보였던 아나키즘은 20세기 초 체제전환기의 러시아 현실정치에 '연방주의' 논쟁을 불러일으켰고, 이를 실현하기위한 아나키스트들의 노력이 경주되었다. 푸르동과 바쿠닌 그리고 크로포트킨에 이르는 아나키스트들은 '연방주의'사상을 '권위'를 부정하는 아나키즘의 주된 개념으로 강조 하였다. 바쿠닌과 크로포트킨은 이러한 연방주의 사상을 러시아에 실현시키기 위한 이론적 근거를 제시 하였다. 러시아의 현실적인 정치 · 사회적 토양은 이를 수용할 만한 역사적 연원과 환경을 지니고 있었다. 그러나 그들의 연방주의 사상은 다른 아나키스트들과도 견해의 일치가 어려운

---

27) Вопросы философии. 1991. no 11. c. 44

복잡한 과제를 지니고 있었다.

푸르동의 연방주의사상이 지역자치에 대한 신념에서 뿐 만 아니라 새로운 민족주의에 대한 첨예한 불신에서 비롯되었다는 것을 고려할 때 푸르동의 이러한 사상을 발전·적용하여 러시아의 諸민족을 '자유'의 원칙에 의거 연방제적 구조로 재구성 하려는 바쿠닌과 크로포트킨의 시도는 '권위'에 대한 부정에도 불구하고 아나키스트들에게는 '민족' 문제라는 복하기 어려운 과제를 안겨주었다. 바쿠닌의 연방주의가 푸르동의 상호주의에 근거하고 있고, 그리하여 여러 자유로운 조합들이 꼬뮨을 형성하고, 꼬뮨들은 지역을, 각 지역들이 '자율적인' 국가를 구성한다는 논의는 연방제적 국가 안에 '국가'의 위상을 인정 할 수도 있는 개연성을 두고 있다. 그러나, 바쿠닌에게 있어 조국은 하나의 실체이고, 이것은 애국심으로 설명되어질 수 있다. 애국심은 단순한 추상에 근거한 것이 아니라 민중과 개인들이 자신들을 길러준 지리적이며 감성적인 환경이기 때문이다. 따라서, 바쿠닌의 親슬라브적 경향은 그가 조국을 떠난 자신이 조국에 대해 갖는 모든 종류의 관심으로 표현될 수 있을 것이다. 나아가 이는 혁명적 투쟁에서는 노동자 뿐 만 아니라 농민들도 커다란 혁명적 잠재력을 보일 수 있다는 믿음에서 나온 것으로 보인다.

국가라는 강력한 '권위'를 부정하는 아나키즘 이론에 비추어 연방주의는 러시아에 있어 그러한 '권위'를 무너뜨릴 수 있는 매우 중요한 현실적 대안이 될 수 있을 것으로 보였다. 그러나, 연방제에 대한 구체적인 계획안의 부재는 이것을 매우 피상적인 것에 머물게 할 수 있는 것이기도 했다. 또한 연방주의를 러시아의 현실에 적용·구현하려는 바쿠닌과 크로포트킨의 논의는 무엇보다도 러시아의 기존 사회 정치 구조에 대한 고려를 기반하고 있는 것이었다. 그러나 건국 초기부터 강력한 권위체의 존재를 요구하는 역사적 현실을 겪어왔던 러시아의 토양은 오히려 이러한 연방주의가 비현실적이고, 또 다른 권위체의 출현을 제지 할 수 없음을 여실히 보여주었던 것이다.

'연방주의' 원칙은 1920년에 설립된 조선노동공제회에서도 볼 수 있듯이, 사회를 이루는 작은 단위의 그룹에서부터 적용되는 것이다. 또한 나아가 크로포트킨이 스페인의 예에서 지적하였듯이 '연방주의'적 원칙은 대규모 국가에서만 적용될 수 있는 것은 아니다. 이것은 다양한 이질적인 사회구성원을 통합하여 긍정적인 사회발전을 이루는 데에도 적용되는 것이다.

강력한 권위체인 '독재체제'를 경험하고, 민족과 국가가 거의 동일시되는 역사적 환경을 지니며, 민족주의적 통일국가달성을 최대의 목표로 하고 있는 오늘날 우리에게도 아나키스트적 '연방주의'는 시사하는 바가 매우 크다고 하겠다. 그것은 바쿠닌과 크로포트킨에게 주어졌던 '국가'와 '민족'의 개념이 어떻게 '권위'를 부정하면서도 '상호부조'의 원리 속에서 조화롭게 설명되어질 수 있느냐하는 문제와 동일선상에 있다고 볼 수 있다. 이는 1920년대 아나키즘 수용기에 일제에 대한 反제국주의의 논리로, 식민통치를 합리화하는 상호경쟁과 사회 진화론을 극복하기위한 대한으로 크로포트킨의 아나키즘 사상을 수용했던 諸아나키스트들보다 더 큰 과제를 오늘날 던져주고 있다 하겠다.

• 투고일 : 2003년 10월 15일 • 심사완료일 : 2003년 11월 15일
• 주제어 : 무정부주의, 연방주의, 크로포트킨, 바쿠닌

Anarchism and Federalism

Oh, Doo Young

Korean Anarchists of the beginning had accepted anarchist idea as the leading doctrine of national liberation, and the means of resistance against Japanese imperialism. Then anarchism had the important effect upon social resistant movement. In 1920's The famous Russian Anarchist Peter Kropotkin' Idea had taken a center of the Anarchist Ideology. His idea had accepted mainly by means of Korean students residing in Japan.

Anarchist federalism stems not only from a general belief in local autonomy but also from acute distrust of new nationalism. Anarchists argues that many nationalism movements aspiring to create new nation states are based on the historical claims of old kingdoms or empires, and so embody a desire towards nationalist domination. They were to maintain the principle of confederation by retaining more power at the local and intermediary levels than is delegated to the center.

Anarchist forerunner, Proudhon argued that Anarchy or self-government is to be achieved through the principles of federalism and decentralism. His treatment of federalism represents one of his most important contributions to anarchist theory, and has become particularly relevant today as empires break up and nations forge new alliances.

Bakunin was a nationalist before becoming an anarchist. He tended to harbour nationalist prejudices, celebrating the freedom-loving and spontaneous slave and condemning the militaristic German. Bakunin's early support for polish nationalism and Panslavism was nativated by a desire to break up the russian empire and to set its colonized peoples free. Anarchist federation is based on the theory of 'mutual Aid'. Kropotkin argued that to understand the State one must understand its historical origins and development. This historical analysis also reveals how the state differs from society.

Key Words : Anarchism, Federalism, Kropotkin, Bakunin

일반논문

메이지(明治)시대의 한일관계 인식과 日鮮同祖論*

최혜주**

──── 목 차 ────

머리말
Ⅰ. 근대 일본의 한국사 서술과 일선동조론
Ⅱ.『國史眼』에 나타난 한일관계 인식
　　1.『國史眼』의 편찬배경
　　2.『國史眼』의 한일관계 인식
Ⅲ.『朝鮮開化史』에 나타난 한일관계 인식
　　1. 東亞同文會와 恒屋盛服
　　2.『朝鮮開化史』의 한일관계 인식
맺음말

머리말

근대 일본의 한국 역사에 대한 관심은 1883년 광개토왕 비문의 조사와 함께 일어나게 되었는데, 그들은 이미 조선이 근대 이전 신화시대부터 일본의 지배를 받아왔다고 주장해왔다. 이 주장은 근대적 학문방법으로 위장하여 한국사를 더욱 왜곡하는 방향으로 발전했다. 1887년 제국대학

* 이 논문은 2002년도 한국학술진흥재단의 지원에 의하여 연구되었음 (KRF-2002-075-A00016)
** 숙명여자대학교 지역학연구소 연구교수

(동경대학)에 사학과가 설치되고 1889년 국사과가 증설되면서 역사연구 체제가 정비되어 한국사에 대한 논문이 발표되기 시작하였다. 이어서 1890년 日鮮同祖論의 입장에서 일본과 조선과의 관계를 연구하여 『稿本 國史眼』(이하 『國史眼』이라고 함)을 간행하고 일본의 한국역사 인식에 깊은 영향을 미쳤다.

이러한 일본의 한국사에 대한 관심은 하야시(林泰輔, 1854-1922)의 『朝鮮史』(1892), 요시다(吉田東伍, 1864-1918)의 『日韓古史斷』(1893)으로 나타났다.[1] 1894년 청일전쟁과 함께 일본이 조선에 대한 지배권을 강화하면서 고조되었으며, 고대 일본의 한국진출을 역사적으로 입증함으로써 한국진출과 침략의 명분을 얻고자 하였다. 그리하여 한국사 연구를 고대사와 정치, 군사적 내용을 위주로 진행하여 단행본을 간행하기 시작하였다. 니시무라(西村豊)의 『朝鮮史綱』(1895)과 기쿠치(菊池謙讓)의 『朝鮮王國』(1896), 쓰네야(恒屋盛服, 1855-1909)의 『朝鮮開化史』(1901), 시노부(信夫淳平, 1871-1962)의 『韓半島』(1901), 하야시의 『朝鮮近世史』(1901) 등이 간행되었다.[2]

---

1) 旗田巍, 「일본에 있어서의 한국사연구의 전통」(『일본인의 한국관』수록, 이기동 역, 일조각, 1983)에 의하면, 역사학뿐만 아니라 언어, 지리, 법제 등의 분야에서도 한국연구가 한창이었고, 특히 역사학부문의 논문으로는 『史學雜誌』에 실린 다음과 같은 연구를 소개하고 있다. 菅政友의 「高麗好太王碑銘考」(2호, 1891), 那珂通世의 「高句麗古碑考」(4호, 1893), 「朝鮮古史考」(5,6,7호, 1894-1896), 白鳥庫吉의 「朝鮮古傳說考」(5호, 1894), 「朝鮮古代諸國名稱考」(6호, 1895), 「朝鮮古代地名考」(6,7호, 1895-1896), 「朝鮮古代王號考」(7호, 1896), 「朝鮮古代官名考」(7호, 1896), 櫻井義之, 『朝鮮硏究文獻誌』(龍溪書舍, 1979), 동 「明治時代の對韓認識について」(『明治と朝鮮』, 1964) 참조.
　宮嶋博史, 「日本における"國史"の成立と韓國史認識」(『近代交流史と相互認識』1, 東京, 慶應義塾大學出版會, 2001)에 의하면 메이지기 한국에 관한 단행본과 논문·기사의 특징을 다음과 같이 지적하였다. ①시기별로 단행본은 1898년 이후, 논문·기사는 1908년 이후 출판수가 급증한다 ②분야별로 특정분야에 집중이 현저해진다. ③실리적인 것(地誌 紀行, 경제, 농업, 산업)이 차지하는 비중이 높아진다. ④역사분야는 높은 비중을 차지하는데, 그 대부분이 고대사와 豊臣秀吉의 조선침공 등 일본과 관계 깊은 테마에 집중한다. ⑤사회나 민속분야는 1908년 이전 것은 매우 적다.

일본은 러일전쟁을 전후하여 사회경제사학 분야에서도 조선에 관심을 갖고 연구하기 시작하였다. 일본에는 봉건제가 있어 서양처럼 자본주의 생산양식으로 이행할 수 있었으나 조선은 봉건제도조차 성립되지 않은 단계이기 때문에 근대자본주의 사회로 발전할 수 없었다는 停滯性論의 원형이 만들어진 것이다.[3]

지금까지 식민사관의 내용과 식민사관 창출을 위해 활동한 인물들에 대한 연구[4]는 많이 이루어져 기본적인 저술에 대해 개괄적으로 정리되었

---

2) 이만열,「19세기말 일본의 한국사연구」,『청일전쟁과 한일관계』,일조각, 1985
   조동걸,「식민사학의 성립과정과 근대사 서술」,『역사교육논집』13,14집(1991)에 『朝鮮開化史』,『朝鮮王國』,『韓半島』를 '침략3서'라고 하여 그 속에 식민사학의 논리가 대두하고 있음을 지적하였다.
3) 旗田巍의 앞의 논문 참조. 福田德三의 「朝鮮の經濟組織と經濟單位」(『經濟學研究』,1907), 黑田巖의 「朝鮮の經濟組織と封建制度」(『經濟史論考』,1923), 森谷克己『東洋的生活圈』(1942), 四方博의 「舊來の朝鮮社會の歷史的性格について」(『朝鮮學報』1-3, 1951-1952), 稻葉岩吉의 『朝鮮文化史研究』(1925)
4) 이기백,『국사신론』(일조각, 1961)
   ── 「식민주의적 한국사관 비판」,「사대주의론」(『민족 과 역사』, 일조각, 1971)
   ── 「근대 한국사학에 대한 연구와 반성」(『한국사학의 방향』, 일조각, 1978)
   김용섭,「일제 관학자들의 한국사관」(『사상계』,1963)
   ── 「일본 한국에 있어서의 한국사서술」(『역사학보』31, 1966),
   上田正昭,「日鮮同祖論の系譜」(『季刊三千里』14, 1978)
   宮嶋博史,「日本人の朝鮮史研究と停滯論」(『季刊三千里』21, 1978)
   강진철,「일제 관학자가 본 한국사의 정체성과 그 이론」(『한국사학』7, 1986)
   이만열,「일제 관학자들의 식민주의사관」
   ── 「고대한일관계론의 검토」(『한국근대역사학의 이해』,문학과지성사, 1981),
   이태진,「당파성론비판」(『한국사시민강좌』1, 일조각, 1987)
   최석영,『일제의 동화이데올로기의 창출』(서경문화사, 1997).
   김근수,「金澤박사의 한국학상의 공과」(『한국학』11, 중앙대, 1976),
   박성봉,「今西龍의 한국고사연구와 공과」(『한국학』12, 1976),
   최재석,「末松保和의 신라상고사 비판」(『한국학보』43, 일지사, 1986),
   ── 「今西龍의 한국고대사론비판」(『한국학보』46, 일지사, 1986),
   졸고,「시데하라(幣原坦)의 고문활동과 한국사연구」(『국사관논총』79, 1998),
   ── 「시데하라의 식민지 조선 경영론에 관한 연구」(『역사학보』160, 1998)
   ── 「아오야기(青柳綱太郞)의 내한활동과 식민통치론」(『국사관논총』94, 2000),
   박걸순,「喜田貞吉의 한국관 비판」(『국사관논총』100, 2002)

지만, 그것을 세밀하게 분석하고 그 성격을 밝힌 연구나 그것이 미친 영향에 대한 체계적인 연구는 거의 없다. 식민사학의 본질과 내용에 대한 규명은 식민사학에 대항한 민족사학을 이해하기 위해서도 꼭 필요한 작업이라고 생각한다.

따라서 본고는 메이지 시대의 역사서술에 나타난 일선동조론의 내용을 고찰하기 위한 시론적인 연구로, 먼저 근대 일본의 한국사 서술과 인식에 대해 개괄적으로 살펴본다. 그리고 메이지 시대의 역사서 중에서 이제껏 구체적으로 검토된 바가 없었던『國史眼』과『朝鮮開化史』의 편찬 배경과 한일관계 인식을 살펴본다.『國史眼』은 근대적인 전문사서로 고대 일본의 조선 지배를 처음으로 다룬 일선동조론의 원류가 되는 관찬사서이다.『朝鮮開化史』는 쓰네야가 조선을 정탐하고 일본의 '식민사업'에 공헌하기 위해 '天降人種論'이란 일선동조론의 이론적 근거를 제시하여 저술한 책이다. 이 두 책은 일선동조론의 본질을 이해하는데 시사하는 바가 크기 때문에 주목하여 분석대상으로 삼았다. 이러한 메이지시대 한국사서술의 왜곡된 흐름은 강점이전의 대한제국기 역사서술에 영향을 미쳤으며, 나아가 식민지 시기 일정하게 영향을 미쳤기 때문에 이를 살펴보는 것은 중요하다고 생각된다.

I. 근대 일본의 한국사 서술과 일선동조론

일본에서의 한국사 연구는 일본의 현실적 요구에 부응하여 메이지 시대부터 활발해졌지만 조선에 대한 일본의 우월한 지위를 강력하게 주장한 것은 그 이전 에도(江戶)시대 國學者였다. 처음 에도시대의 조선 연구는 漢學者들의 조선 주자학에 대한 관심에서 비롯되었다. 그러나 국학자들은 한학자(주자학자)들이 중국이나 조선의 학문을 존중하는 것을 비판하고,『日本書紀』와『古事記』의 우수성을 발견하여 神國 일본의 모습을 그려냈다. 국학자들은 상고시대 일본의 신이나 천황이 조선을 지배하고, 일본의 신이 조선의 신이나 왕이 되었으며, 조선의 왕이나 귀족이 일본에 복속하였다고 주장하였다.[5]

이러한 조선관은 幕府말기부터 일어나는 征韓論의 논거가 되었으며, 후대에 영향을 미쳐 메이지시대 이후 한국 강제병합과 일본의 한국지배를 합리화하는 유력한 지배이념이 되었던 日鮮同祖論을 낳게 한 것이다. 이하에서는 메이지 시대의 한국사 관련 대표적 저술의 편찬의도 및 왜곡내용을 간단하게 검토하여, 일반적으로 메이지 시대 저술에 일선동조론이 어떻게 나타나는가를 살펴보기로 한다.

1. 『朝鮮史』(1892)

동경제국대학 고전강습과 출신 한학자인 하야시(林泰輔)는 1887년 5월과 12월「朝鮮文藝一班」, 1890년 1월「任那考」를 다음해 12월「가라의 기원(加羅の起源)」등의 논문을 발표하였다. 그는 청일전쟁 직전『朝鮮史』를 저술하여 제국주의가 한반도에 진출하는데 필요한 국가의 현실적 요구에 부응하였다.『朝鮮史』는 개국에서 근세까지를 태고, 상고, 중고, 근세의 4시기로 구분하여 집필할 예정이었지만, 제3기의 중고사까지만 서술하였다. 근세편은 1901년 6월에『朝鮮近世史』로 간행하고, 이어서 1912년 8월 두 책을 합쳐『朝鮮通史』를 간행하였다.

하야시는『朝鮮史』에서 조선 개국의 기원을 설명하면서 단군이 阿斯達山에 들어가 신이 된 것은 황당하여 믿을 수 없다고 말하고, 細註에서 다음과 같이 언급하였다.

---

5) 旗田巍 앞의 책, 제1장 일본인의 한국관 15쪽 참조

어떤 사람이 말하기를 "桓은 神이다. 桓因은 神 伊奘諾의 약칭이다. 환
웅은 神須佐之男의 약칭이다. --단군은 太祀로 素盞嗚尊의 아들 五十猛神
이라"고 한다. 대개 素盞嗚尊은 그의 아들 五十猛神을 데리고 신라국에
이르러 曾尸茂梨에 있었다는 일은 우리(=일본) 국사에 보인다. 또한 五十
猛神을 일명 韓神이라고 하면 대략 사실과 부합한다. 이 설은 역시 억지로
만들어낸 것에 가까우나 그대로 두고 참고로 한다.6)

여기에서 하야시는 환인과 환웅은 모두 일본 신이고 단군은 素盞嗚尊
(스사노오노미코토, 이하 스사노오)의 아들 五十猛(이다케루)이며, 스사노
오가 아들을 데리고 신라국에 이르러 曾尸茂梨(소시모리)에 있었다는 설
을 소개하였다. 하야시는 이 설이 애매하다고 하면서도 기본적으로『日本
書紀』의 사실과 부합하는 것으로 이해하여 이 주장을 완전히 부인하지
않았다. 그리고 신라 왕자 天日槍(아메노히보코, 이하 아메노)은 귀화했으
며, 스사노오(素盞嗚尊)와 이나히(稻飯命)가 '신라의 國主'가 된 것은 확
실한 사실이 아니지만 태고부터 양국이 왕래하여 밀접한 관계를 가진
것은 의심할 수 없다고 주장하였다.7) 그는 조선이 개국 초부터 거의 중국
의 속국으로 중국을 비롯한 외세의 지배를 받았다고 언급하면서8), 神代부
터 일본이 우세하여 신공황후가 임나 7국을 복속시켜 남방 일대에 日本府
를 설치하고 지배하였으며 이때 未斯欣을 인질로 삼았다9)고 강조했다.

신라와 백제의 일본에 대한 복속, 삼국의 일본에 대한 문화전파는 조공
또는 헌납으로 설명하고 있다. 가야에 대해서는 그 어원을 인도에서 온
것으로 이해한다. 인도의 옛말에 象을 伽耶라고 하고, 가야나 多羅 등은
인도 말이며, 탐라나 백제와 같은 것도 그 어원이 인도라고 주장한다.
또 김수로가 이미 인도로부터 와서 살았고, 「駕洛國記」에 그 부인 허황후

---

6)『朝鮮史』제2편 태고사 제1장 「開國ノ起源」 19쪽
7)『朝鮮史』제2편 태고사 제5장 「政治及ビ風俗」 31-32쪽
8)『朝鮮史』제1편 총설 제3장 「歷代沿革概略及ビ政體」 5쪽
9)『朝鮮史』序 1-2쪽

가 인도의 북부에 있는 阿踰陀國으로부터 바다를 건너 이르렀다고 되어 있으므로 그들이 인도인이라는 주장을 펴고 있다.[10] 하야시는 근대적인 학문방법을 가지고 일본의 조선침략을 합리화하는 역사적 근거를 제시하였으며, 한말의 교과서에 많은 영향을 미쳤다는 점에서 주목된다. 玄采는 이 『朝鮮史』를 번역하여 1906년『中等敎科東國史略』을 간행하였다.

2. 『日韓古史斷』(1893)

『朝鮮史』와 같이 청일전쟁이 일어나기 직전에 현실적인 필요에 의해 출판된 것으로 요시다(吉田東伍)의 『日韓古史斷』이 있다. 요시다는 소학교(초등학교) 교원, 신문기자 등을 하면서 독학으로 사학을 연구한 인물이다. 『讀賣新聞』과 『史海』잡지를 통해 활동하면서 주목을 받고, 나중에 와세다(早稻田)대학 교수를 역임하였다. 『日韓古史斷』은 5편 23장으로 이루어져, 각 편의 처음에 연표를 편말에는 지도와 참고자료를 넣어 태고부터 두 나라는 同祖이며, 형제의 나라라는 것을 논했다. 즉, 筑紫(쓰쿠시, 지금의 큐슈「九州」)를 중심으로 韓滿의 제국들을 한 역사체계로 묶어 보려는 구상이었으며, 강목체적 방법을 구사하였다. 이 책은 기본적으로 호시노(星野恒)와 구메(久米邦武)의 일선동조론을 계승하여 태고에서 近江朝까지의 일본사를 조선의 역사와 관련시켜 서술하였다. 요시다는 일본에 문자가 전래된 것은 崇神朝이며, 신공황후 征韓보다 먼저 서북해상에서 교통왕래가 이루어졌다고 보았다. 숭신 말년에 異族이 귀화하고 있고 임나도 완전히 복속했으며, 스사노오(素盞嗚尊)나 아메노(天日槍)가 왕래한 것은 이보다 먼저 있었던 사실이라고 주장하였다.

또한 조선반도를 두개의 인종 유형으로 나누었다. 남쪽은 辰, 韓으로 불리는 新羅加羅國이 있어 筑紫(쓰쿠시)와 出雲(이즈모, 지금의 시마네「

---

10)『朝鮮史』제3편 상고사 제6장「駕洛任那及ビ耽羅」24쪽

島根」)과 서로 교통한 '島種'이고, 북쪽은 燕, 齊와 인접한 조선왕국과 예맥, 부여, 고구려, 옥저 등이 있어 모두 숙신으로부터 나온 '陸種'이라고 한다. 島種은 일본과 同種이라고 한 이 책의 특징은 神代紀에 '韓鄕之島(가라쿠니노시마)'를 포함시킨 점이다. 이것은 고대 일본이 조선과 관계가 있음을 주장하는 근거가 된다. '가라쿠니(韓鄕)'는 신라를 가리키며 스사노오(素盞嗚尊)가 그의 아들 이다케루(五十猛)를 데리고 도항하여 그 일부인 소시모리(曾尸茂梨)를 점령해서 개척했다고 하였다. 그는 『日本書紀』와 『古事記』에는 이 점을 누락시켜 견강부회했다고 지적하였다.[11]

3. 『朝鮮史綱』(1895)

니시무라(西村豊)의 『朝鮮史綱』은 1895년 상하 두 권의 和裝本으로 동경 敬業社에서 발행하였다. 「범례」에서 저술 방침에 대해 다음과 같이 밝히고 있다.

①체재는 자신의 『支那史綱』에서 이론을 생략하고 '紀實'을 위주로 서술하였다.

②지리, 政體, 人情 등의 개요를 책 앞에 쓰고 역대마다 따로 역사적 사실을 덧붙였다.

③韓史를 經으로 하고 일본과 중국의 역사를 緯로 하여 참작 인용하였다. 조선의 문헌에서 검증할 수 없는 것은 간단히 쓰고, 고대 한일관계와 같이 자세하지 않은 부분은 일본의 고대사를 믿고 서술하였다.

④책 앞에 朝鮮全圖 역대왕통일람표와 建都表 등을 게재하여 참고하였다.

이 책 상권의 내용은 「發端」에 지리 정체와 인종 왕통을, 「前朝鮮」에 개국전설과 기자조선과 위씨의 흥기를, 「後朝鮮」에 위씨조선의 통일과

---

11) 工藤雅樹,『研究史 日本人種論』,東京, 吉川弘文館, 1979, 161-163쪽,

漢조정과의 관계, 漢武帝의 4군과 2부설치를, 「삼한」과 「삼국」의 흥망과 일본, 수, 당과의 관계에 대해 서술하였다. 하권에서는 고려와 거란의 관계, '이자겸의 전횡'과 '묘청의 역모', 몽고의 내침과 '최씨의 專擅', 왜구 문제 등과 조선의 대외관계, 연산군과 광해군의 실정, 豊臣秀吉의 조선정벌, 청병의 내침, 기독교의 전파, 대원군의 섭정, 강화도사건, 임오군란, 갑신정변 등에 대해 간략하게 서술하였다.

이 책에서는 첫째, 스사노오(素盞鳴尊) 부자를 조선 개국의 시조로 소개하고 있다.[12) 그러나 메이지시대 서술에서 거의 공통적으로 언급하고 있는 신라 시조가 일본인이라는 인식은 보이지 않는다. 다만 조선인 인종은 토착인종과 支那인종이 섞인 것으로 이해하고 있다. 아울러 태고 神代부터 이미 조선의 평안도와 강원도 지방에 사람이 서식하면서 일본 변방 사람들과 왕래하였고 瓠公이나 昔脫解가 일본에서 표류해온 사람들이라고 서술하고 있다.[13)

둘째, 신공황후 신라정벌은 조선의 역사에 상세하지 않아 믿기 어렵다는 주장이 있음을 소개하였다. 그러나 그는 연대를 사실에 비추어보면 일본이 출병했기 때문에 신라가 곤란을 당해 온 것은 확실하다고 주장하였다.[14) 도요토미(豊臣秀吉)의 조선침략은 神功皇后 三韓征伐 이래의 外征으로 인식하여 그 뜻을 계승한 것으로 이해하였다. 그 침략경위는 도요토미가 明과의 우호관계를 끊고 조선을 쳐서 병합하려는 뜻을 이루기

---

12) 『朝鮮史綱』上 「前朝鮮」「開國の傳說」 8-9쪽
13) 『朝鮮史綱』上 「前朝鮮」「羅韓の關係」, 「脫解の經歷」 21-25쪽
　　일본인들의 이러한 주장은 『三國史記』의 권1 신라본기 제1에 있는 다음과 같은 기록을 근거로 한 것이다.「신라의 혁거세간 38년 춘2월에 마한에 瓠公을 보냈다. (중략) 호공이라는 사람의 族姓은 미상이고, 이 왜인은 처음 瓠를 허리에 차고 바다를 건너 왔기에 호공이라고 칭했다」, 「탈해니사금이 서니 나이가 62세라. (중략) 탈해는 본래 多婆那國 소생이다. 그 나라는 왜 나라 동북 일천리에 있다.」 이 기록은 신라와 일본이 혈통적으로 친척관계에 있다는 사실로 일본인의 역사서술에 항상 이용되었다.
14) 『朝鮮史綱』上 「三國」「倭人の來犯」 32-33쪽

위함이었다고 밝히고 있다.15) 이 책의 서술은 대체적으로 간략하게 구성되어 있는데 비해 도요토미의 외정을 상대적으로 상세하게 서술하고 있어 그의 치적을 강조하려는 의도를 엿볼 수 있다.

셋째, 강화도사건이나 조일수호조약의 체결과정은 그 침략성이나 불평등조약을 언급하지 않고, 이 사건을 사죄하기 위해 수신사를 일본에 파견하여 양국의 수교가 점점 밀접하게 되었다고 보았다. 임오군란에 대해서도 대원군이 양식부족 때문에 분노하는 군인들을 선동한 것으로 이해하여 일본이 당한 사실만 가지고 기술함으로써 본질을 왜곡하였다.

4. 『朝鮮王國』(1896)

한말 우리나라에 와서 활동한 기쿠치(菊池謙讓), 시노부(信夫淳平), 쓰네야(恒屋盛服)의 저술은 공통적으로 한반도를 통치하기 위한 자료 혹은 입문서의 역할을 하였다. 먼저 기쿠치는 國民新聞社 특파원으로 교토(京都)에 있다가 1894년 서울에 와서 한말 정국에 깊숙이 간여한 후 을미사변에 가담하였고, 이 사건에 연루되어 히로시마(廣島) 감옥에 있으면서 도쿠도미(德富蘇峰)의 알선으로『朝鮮王國』을 집필하였다. 「범례」에서 저술의 도를 다음과 같이 밝히고 있다.

①조선쇠망론을 쓰려고 했지만 문헌구입이 어려워 목격한 것을 중심으로 기술하였다.

②처음에는 지세, 풍속, 교학, 정치, 인종, 산업, 시사에 관심을 가졌으나 시간상의 제약으로 지리, 사회, 역사로 구성하였다.

③지리는 동아문제와 관련하여 역사상 저명하고 산업상 중요한 내용을 선택하였다.

④사회기사는 자신이 목격한 것을 다루었다.

---

15) 『朝鮮史綱』下 「豊臣外征の議」, 66-67쪽

⑤역사는 1894년 이후 일본과의 관계를 중심으로 세계와의 관련에 주목하였다.

⑥이 책은 역사가의 참고서가 되거나 지리학자의 재료가 될 수 없으나, 일본인이 조선 문제를 정확하게 이해할 수 있도록 조선이 어떠한 나라인가를 고찰하였다.

⑦두 번에 걸친 내한에서 견문한 바를 서술하였고, 참고서적16)은 인천 영사관 마에마(前間恭作), 전 원산지사 金益의 도움을 받았다.

기쿠치는 "고조선 이후의 역사는 독립된 역사가 아니고 국민의 역사가 아니며 근거할 곳이 없는 支那外史에 불과한 것"이라는 사대적이고 타율적인 조선인식을 가졌다. 이러한 인식은 일본이 "총독부를 任那에 두고 신공황후 외정 이래 무용을 삼국에 떨쳤으며 백제가 일본에게 속방의 예우를 받았다"는 사실을 지적한데서도 볼 수 있다.17) 그는 조선의 쇠망 원인을 ①개국부터 전래한 것 ②여러 朝를 통해 쌓여온 것 ③天然의 缺亡 ④人種의 劣弱 ⑤敎學의 폐단 ⑥제도의 부조화 ⑦强敵의 유린에 의한 것

---

16) 「참고서적목록」은 다음과 같다. 『朝鮮地誌略』, 『朝鮮地誌』, 『朝鮮八域誌』, 『朝鮮見聞錄』, 『朝鮮國慶尙忠淸江原道旅行紀事』, 『朝鮮紀聞』, 『啓蒙朝鮮史略』, 『朝野輯要』, 『慶尙道全羅道旅行記事幷ニ農況調査錄』, 『東國文獻備考』, 『朝鮮地名案內』, 『鷄ニ腸』, 『朝鮮開化之起源』, 『鷄林ノ風雲』, 『鷄林紀遊』, 『北支那朝鮮探險案內』, 『朝鮮官職地名考』, 『朝鮮世表幷全圖』, 『海東諸國記』, 『新增東國輿地勝覽』, 『西岳志』, 『漂海錄』, 『朝鮮國志』, 『山海經』, 『高麗史』, 『東國通鑑』, 『東國史略』, 『東國史略論』, 『朝鮮史略』, 『三國史記』, 『隱峯野央別錄』, 『朝鮮懲毖錄』, 『三韓紀略文籍』, 『朝鮮中興記』, 『續蒙求分註』, 『大院君實傳』, 『朝鮮史』, 『日韓古史斷』, 『朝鮮志』, 『朝鮮彙報』, 『淸韓論』, 『朝鮮』, 『對韓政策』, 『東亞各港誌』, 『釜山商業會議所報告』, 『釜山土産』, 『防穀令ニ關スル報告書』, 『圖滿江境界談判書』, 『簡禮彙報』, 『京畿忠淸沿岸記事材料』, 『東邦協會報告』, 『地學協會報告』, 『史學會報告』, 『官報』, 『朝鮮案內』, 『朝鮮內地報告』, 『漢城之殘夢』, 『コレアン,レポジトリ』, 『咸鏡道沿岸記事』, 『亞西大勢論』, 『東亞之大勢』, 『北征錄』, 『露西亞帝國』, 『通商彙報』, 『大典會通』, 『大典通編』, 『燃黎集』, 『國朝寶鑑』, 『朝鮮通鑑』, 『圃隱集』, 『ロッス高麗史』, 『姓氏錄』, 『六典定例』, 『考閱除抄』, 『東藩紀要』, 『象胥紀聞』, 『大東合邦論』 등을 참고 하였다. 특히 『朝鮮史』와 『日韓古史斷』, 『大東合邦論』을 참고한 것을 보면 『朝鮮王國』의 성격을 짐작할 수 있다.

17) 『朝鮮王國』 『歷史部』 「七朝史槪要」 「古朝鮮」 285쪽, 「三國分立」 296쪽

으로 본다. 즉, "요컨대 반도 쇠망의 원인은 잡다하여 지리적으로는 국민적 통일의 땅이 될 수 없으며 사회적으로는 윤리의 추락, 제도의 부패를, 역사적으로는 인종의 다툼, 外界의 壓制를 가지고 원인을 삼아야 한다"[18]고 설명하였다.

그는 이러한 조선쇠망의 여러 요인 가운데 귀족문제가 가장 중요하다고 보았다. 혁명의 원인은 왕실의 미약과 귀족의 전횡 때문이며 왕실은 정치상 무능력자일 뿐만 아니라 사회상으로도 弊亂의 원인이고, 국민이 왕에 대한 충의심이 결핍되어 있는 것은 국민이 惡政에 고통을 받고 있기 때문이라고 하였다.[19] 이러한 인식은 조선이 망국에 직면하게 된 요인을 부패한 왕조와 양반 탓으로 돌려 일본의 침략에 의한 사실이 아닌 것처럼 왜곡시키는 것이다. 그리고 일본은 조선의 독립을 위해 부산항을 확보해야 한다고 주장하고,[20] 나아가 조선을 속방으로 취급하는 淸에 대해 다음과 같이 언급하였다.

> 만일 여러 자료를 가지고 보면 조선반도는 청국의 藩屏인 것은 사실이다. 그러나 역사상 여러 시대를 관찰하면 일본은 조선반도에서 자위책상 그 일부를 보유하거나 그 전부를 보호할 권리를 갖는다. 그런데 지금 일본은 청국이 조선을 완전히 속방시 하기 때문에 이를 막아보려고 병력에 호소해 싸우지 않을 수 없게 되었다.[21]

이렇게 일본은 청국의 속방주의와 간섭에서 벗어나는 방법을 제시하고 조선을 보호국으로 만들 속셈을 내비치고 있다. 일본은 강화도사건 이후의 청일간의 갈등관계를 청국 탓으로 돌리고 침략적 기도를 은폐하였다. 이어서 갑신정변에 대해서도 소장 신진관료를 종용해서 "반도를 독립"시

---

18) 『朝鮮王國』「總論」3쪽
19) 『朝鮮王國』「社會部」「王室」 162-168쪽
20) 『朝鮮王國』「附錄」「釜山論」 152-153쪽
21) 『朝鮮王國』「附錄」「東亞に於ける朝鮮」 545쪽

켜주려는 계획에서 일으킨 것이 실패했다고 하였다.

5. 『韓半島』(1901)

시노부(信夫淳平)는 1897년 한국주재 영사관으로 부임하여 4년 간 근무하면서 조선의 지리 역사 제도 문물 인정 풍속 등을 관찰하고 11장으로 나누어『韓半島』를 저술하였다. 이 책에서 주목한 것은 ①부산, 인천, 경성, 개성, 평양의 상업과 재정 ②일본, 청국, 러시아, 미국과 조선의 국제관계. ③열강들의 철도, 광산, 수산, 항운 토목 등을 둘러싼 이해관계. ④개항장의 수출입관계나 호구, 교육, 종교현황 등에 관한 통계이다. 시노부의 조선관은 "한국민은 게으르고 선천적 열등감에 젖어 있으며 독립할 수 없는 사대주의가 국가의 부강을 막아왔다"[22]고 하는 지적에 잘 나타나있다.

그의 조선인식은 제9장「국제관계의 사력(國際關係の事歷)」에 다음과 같이 보인다. ①"단군은 스사노오"라고 서술한『日本商業史』(橫井時冬)처럼 태고시대 두 민족의 관계가 긴밀했다. ②신공황후는 韓土를 정복하고 신라 왕자 天日槍은 일본에 귀화하였다. ③대가야가 崇神朝에 歸復하여 彌摩那國의 호를 받고 일본부를 설치하여, 이때 한일 관계는 민족적 관계에서 국제적 관계로 바뀌었다. ④일본군은 신공황후의 삼한정벌 이래 압록강까지 진격하였고, 삼국이 來附하여 조공을 바쳤으며 조선 전체는 일본의 부용국이 되었다.

이 책을 저술한 표면적인 이유는 여행하려는 일본인에게 한반도를 자세하게 소개하기 위한 것이었지만, 실제로는 외교관으로 부임한 저자가 철저하게 현지조사를 하고 그것을 기술하여 일본의 '利益線'을 확보할 방법

---

22) 『韓半島』제2장 「京城」, 120쪽
　「夏殷周로부터 당송시대까지 支那史를 암송해서 읽는 외에, 자국의 역사를 감히 배우는 자가 없다. 자국의 역사를 버리고 중화의 사적만을 배우고 국민 스스로 자기를 선천적으로 열등인종시하는 卑念을 양성하였다.」

을 강구하고 경제침략을 위한 준비작업에서였다.

이상에서 살펴본 바와 같이 메이지 시대에 나온 단행본은 일선동조론에 근거하여 서술되었다. 그것은 강화도사건후의 조일수호조규나 임오군란을 경과하면서 메이지 정부의 대한정책에 영향을 주었다. 즉 일선동조론이 조선에서의 일본의 행동을 지지하고 그것을 통해 일본의 한국병합을 합리화하는 근거가 되었다. 그 근거는 다음과 같이 지적할 수 있다.

①태고부터 양국은 상호 왕래하였으며, 일본은 神代부터 우위를 차지하였다. ②스사노오(素盞嗚尊)는 일본의 시조신 아마테라스(天照大神)의 동생으로 조선의 지배자이다. 그는 아들 이다케루(五十猛)를 거느리고 신라국 소시모리(曾尸茂梨)에 왔다. ③양국은 同祖 同種 관계이다. ④이나히(稻飯命)는 신라의 왕이 되었고, 그의 아들 아메노(天日槍)가 일본에 귀화하였다. ⑤남방일대는 신공황후가 삼한을 정벌하고 임나일본부를 설치하여 일본에 복속되었다. ⑥삼국이 일본에 조공하였다. ⑦豊臣秀吉의 조선침략은 신공황후 삼한정벌 이후의 外征이다. ⑧조선의 역사는 외세침략에 시달려온 독립불능의 역사이다. ⑨조선은 支那의 속국이며, 조선의 역사는 '支那外史'이다.

Ⅱ.『國史眼』에 나타난 한일관계 인식

1.『國史眼』(1890)의 편찬배경

메이지 신정부의 역사편찬 사업은 1869년 4월부터 시작되었다. 같은 해 5월 9일 國史編輯局을 설치하고, 1872년 10월 太政官(행정의 최고기관)에 歷史課를 두었다. 다음해 復古記를 편수하기 시작하였고, 1875년 4월 역사과를 太政官修史局으로 바꾸었다. 1877년 1월 修史局이 폐지되고 修史館이 설치되었는데, 시게노(重野安繹, 1827-1910) 구메(久米邦武,

1839-1931) 호시노(星野恒, 1839-1917)가 編修官이 되어 1882년부터 大日本編年史의 편찬을 시작하였다. 수사관은 내각 관제제정에 따라 1886년 1월 폐지되어 內閣臨時修史局이 되었다. 다음해 제국대학(지금의 동경대학)의 문과대학(지금의 문학부)에 사학과가 설치되고, 제국대학의 초빙으로 랑케(Ranke)의 제자인 리스(Ludwig Riess, 1861-1928)가 독일에서 부임해 왔다.

1888년 10월 내각임시수사국을 폐지하고 동경제국대학에 臨時編年史編纂掛(지금의 사료편찬소)를 설치하여 역사편찬을 계속하였다. 편집위원장 시게노가 구메, 호시노와 함께 문과대학 교수로 발령을 받은 것은 바로 이때였다. 이를 계기로 1889년 6월 국사과가 증설되고 11월에 사학회가 창립되었으며, 12월『史學會雜誌』가 발간되었다. 이로써 대학에서의 역사학연구 체제가 정비되었다.[23] 이렇게 일본 국사학의 성립은 정부의 수사사업, 즉 史料編纂掛의 성과로 나온『大日本史料』와『大日本古文書』, 제국대학 국사과 교재로 나온『國史眼』에 의해서 이루어졌다.[24]

수사관계통의 학자들은 대략 청조 고증학의 영향을 받으면서 서구풍의 역사서술도 참고했다. 즉 시게노, 구메, 호시노는 한학자 출신으로 청조 고증학의 영향을 받았으며 에도시대 이래 한학자와 국학자의 대립을 계승하는 근대 일본 실증사학의 제1세대이기도 하다. 그들은 실증사학의 입장에서『日本書紀』와『古事記』를 신성시하지 않고 고대 사료로서 연구하여 국학자들과는 대항관계에 있었다.[25] 이 고증학풍의 실증주의는 국사학의 하나의 특색이기도 했다.[26] 세 사람의 학문연구 입장을 보면 다음과 같다.

---

23) 小澤榮一,『日本近代史學史』제4장 文明史の傳統, 340-348쪽, 제5장 啓蒙史學の變質, 430-452쪽
24) 黑田俊雄,「'國史'と歷史學」,『思想』726, 1984, 12
25) 최석영 앞의 책, 제5장 일제 식민지배기 '일선동조론'을 둘러싼 갈등, 305-326쪽 참조
26) 주 24)와 같음. 黑田은 국사학의 성립과정에 보이는 특색을 다음과 같이 정리하였다. 첫째, 국사학은 국가의 수사사업을 기초로 그것과 불가분의 관계를 가지고, 민간의 역사연구와도

시게노는 고증학적 방법으로 역사를 연구하여 종래의 상식이 잘못된 것을 발견하고 유명한 忠臣 義士의 행동도 말살해야 한다고 주장하여 '抹殺博士'로 불렸다. 그러나 국학자나 신도가들은 이러한 고증적 태도를 공격하여 수사 작업이 사실상 한학자들의 독점으로 진행된데 대한 불만을 나타냈다. 결국 시게노는 1891년 동경대학 교수를 그만두었다.

구메는 「일본 폭원(=국토)의 연혁(日本幅員の沿革)」[27]에서 일본의 판도가 조선반도를 포함하고 있던 역사의 존재를 서술하여, 과거의 상호교통과 신공황후의 반도정복을 지적하고 중국 남부의 인종이 일본과 같다고 주장하였다. 그 후 「신도는 제천의 옛 풍습(神道は祭天の古俗)」[28]을 발표하였다. 구메는 이 논문에서 일선동조론을 전개하였고, 당시 대부분의 일본인이 이른바 國體의 기초로 생각하고 있던 神道가 사실은 일본만의 고유한 습속이 아니라 만국이 공통적으로 하늘에 지내는 제사에 지나지 않는다고 논증했다. 그러나 국학자와 신도가들은 이 주장을 '不敬과 國體毀損'이라는 이유로 맹렬하게 공격하였다. 이들의 구메공격은 구메로 대표되는 근대사학에 대한 비판과 고증사학의 '말살'주의에 대한 반발이 폭발한 것이었고, 『國史眼』배척으로 나타났다. 구메는 1892년 동경대학

내용적으로 대립하면서 정부의 주도아래 성립하였다. 둘째, 국사학은 한학계통의 고증학풍의 사학과 서구의 실증주의 역사학과 결합한 학풍을 만들어 傳說盲信的이고 전근대적인 역사인식에 대해 비판적인 자세와 수단을 가지고 있었다. 그러나 국학파, 신도가와 대항하고 정부의 정책의 영향을 받아 결국 국학계의 학자도 허용하는 범위에서 소극적인 경향이 강하게 되었다. 셋째, 국사는 의무교육의 교과로서 권력측의 '국민교화'와 유착상태에 놓이게 되었다. 이리하여 국사학은 필연적으로 다음과 같은 체질을 갖게 되었다고 보았다. ①역사학으로서의 내용은 정치사 내지는 제도사를 주축으로 하였고, 민중이 역사의 주역이 될 수 없었으며 문화나 이념이 서술의 주체가 되지 못했다. ②국사학은 천황중심주의와 국체 신앙의 틀에서 벗어나는 것이 곤란하게 되었다. ③국사학은 메이지기 일본을 국가로서의 존재로 인식시키는 기점이 되었다. 즉 島國的인 역사상에서 출발하는 학문이었다. ④그결과 일본에서의 역사연구가 국사, 동양사, 서양사의 3학과로 분리되어 성립하게 되었다. 그리하여 1945년의 패전으로 '국사'가 아닌 '일본사'의 명칭을 널리 사용하게 되었다.

27)『史學會雜誌』1-3호, 1889
28)『史學會雜誌』2편 23-25호, 1891

을 사직하였다.[29]

  또한 구메는 「왜한 모두 일본 신국임을 논함(倭韓共に日本神國なるを論ず)」에서도 일선동조론을 전개하였다.[30] 이 글은 1910년 10월 25일 사학회에서 '일한병합'을 기념하여 강연한 내용이다. 그는 '합방'이라고 하지만 원래 두 나라는 '一國'이었기 때문에 사실은 '復古'이며, 신대 마지막 神武천황의 형제 중 이나히(稻飯命)가 新羅國主가 되었기 때문에 이번의 병합은 당연한 것이라고 하였다. 그런데도 國學者들이 『新撰姓氏錄』에 근거가 있는 이 설을 싫어하여 조선은 神國이 될 수 없다고 배척하는 것은 잘못이라고 주장하였다. 그리고 병합 뒤에 반드시 일어날 문제로 참정권문제와 神社문제를 지적하였다. 전자는 역사가가 관여할 문제가 아니라고 하면서 후자에 대해서만 언급하여, 원래 두 나라는 同一한 신국으로 스사노오(素盞嗚尊)를 제사지내[31] 天神의 은혜를 누린 민족이기 때문에 앞으로 융화하여 행복을 누릴 수 있도록 해야 한다고 강연의 결론을 맺고 있다.

  호시노는 1875년 수사국에 들어간 뒤 시게노와 구메가 필화사건을 일으켜 대학을 떠난 뒤에도[32] 대학에 남아 「南北朝史」와 「古文書類纂」을 편

---

29) 永原慶二, 鹿野政直 編 『日本の歷史家』, 東京, 日本評論社, 1976, 11-18쪽. 小熊英二 『單一民族神話の起源』, 東京, 新曜社, 1995, 87-96쪽. 鹿野政直 今井修 「日本近代思想史のなかの久米事件」 『久米邦武の硏究』(大久保利謙, 東京, 吉川弘文館, 1991) 211-254쪽 참조.

30) 『史學雜誌』22편 1-2호 1911. 구메는 神國이라는 호칭의 기원을 신공황후가 신라에 도착했을 때 이를 두려워한 신라왕이 「聞東方有神國曰日本, 有聖王曰天皇, 必其國之神兵也」라고 말한 것에서 찾고, 『日本書紀』가 출전이라고 주장하였다.

31) 靑野正明, 「植民地朝鮮での'內鮮一體'と江原神社」, 『近代日本の歷史的位相-國家·民族·文化』, 刀水書院. 1999. 강원신사는 두 가지 점에서 특기할 만한 신사라고 한다. 하나는 신사 양식에 조선식 건축양식을 도입한 점과 또 하나는 祭神이 天照大神, 明治天皇, 國魂大神외에 素盞嗚尊이 合祀된 점이다. 이것은 『日本書紀』의 스사노오가 소시모리(曾尸茂梨)에 갔다는 기록에 근거하여 만들어진 것이다. 당시 일본인은 춘천(신북면 우두리)의 牛頭山을 소시모리라고 생각하고 스사노오가 牛頭天王(고즈덴노)라고 불린 점과 소시모리의 어원이 牛(소)의 頭(모리)라고 하는 점을 들어 강원신사에서 스사노오를 제사지내게 된 것이다.

32) 工藤雅樹, 『硏究史 日本人種論』, 吉川弘文館, 1979, 138쪽

집하여 고문서학을 창설하였다. 그는 1890년「본방의 인종언어에 대한 鄙考를 말하여 세상의 진정한 애국자에게 묻는다(本邦ノ人種言語ニ付鄙考ヲ述テ世ノ眞心愛國者ニ質ス)」[33]는 글에서 上世에는 한일관계가 밀접하고 韓土가 일본의 지배아래 있었으며, 종족과 언어가 동일했다고 일선동조론을 주장하였다. 즉, 신공황후 삼한정벌과 豊臣秀吉 조선정벌 이래 사람들이 모두 조선을 속국으로 여겼고 그것을 토대로 정한론이 일어났으며 강화도 사건이 발생했다고 보았다. 이 글에서 구메의 필화사건을 거론하여 "일부에서 天智천황 이래 두 나라가 분리된 것에 익숙해져, 한토를 다른 지역으로 간주하였다. 그리하여 인종언어가 같다고 주장하는 자들을 국체를 더럽힌다거나 애국심이 없다고 비판했다"고 지적하였다. 그러나 자신은 구메와 같은 견해를 갖고 있음을 밝혔다.

이들이 수사국에서 동경대학 교수로 옮겨『國史眼』을 저술한 목적은 역사편찬을 위한 것이 아니라 '讀史'를 위해서였다.「21紀」로 나눈 시대구분은 서양사학의 시대구분을 따르지 않고 유학자 아라이(新井白石, 1657-1725)의『讀史余論』을 따른 것이다.[34]『國史眼』에서 神代를 第1紀

시게노와 구메가 대학을 떠나기 전후해서 栗田寬(1835-99), 黑川眞賴 등이 이어서 문과대학 교수가 되어, 이 시기는 국학계통의 역사가가 대학의 중심이 되었다. 나아가 1882년에 설립된 皇典講究所, 神宮皇學館도 국학자 중심의 기관으로 당시의 국수주의적 동향이 나타나게 되었다. 그러나 이와 함께 수사관계통의 학자나 민간사가 등이 기년론이나 일선동조론, 나아가『日本書紀』와『古事記』의 신빙성에 관해서까지 논의를 행하자, 국학자들은 국체의 근원이라고 굳게 믿고 있었던 권위를 잃어버릴 것 같은 사태에 결집을 도모하기도 했다. 국학자들이 인종론에 대해서 거의 발언하지 않았던 것은『日本書紀』나『古事記』의 기술을 분석 고증의 대상으로 삼는데 대한 반발에서였다고 한다.

33)『史學雜誌』11호, 1890,11
34) 新見吉治,『新國史眼』제2편「國史眼について」, 錦正社, 1969, 166쪽
　　『讀史余論』은 1712년 장군 德川家宣을 위해 進講한 책으로 태고부터 시작하여 織田·豊臣 2대에 끝난다, 주로 政態의 변천을 논하고 득실을 비판하여 장군의 정치에 본보기로 삼기 위한 것이었고, 일반에게 보이기 위한 것은 아니었다.
　　한편 구메는 1889년 사학회에서 한 연설「시대의 사상(時代ノ思想)」에서 일본의 역사를 8시기로 나누고 있다. 上古-古代-王代-公家時代-武家時代 上期-武家時代 中期-武家時代

로 서술한 것도 아라이가『古史通』(1716)에서 일본의 신화를 사료로 서술한 영향 받았다. 아라이는『古史通』에서 神武의 형 稻飯命이 海原에 들어간 것을 신라국에 원병을 요청하러 간 것으로 이해하여[35] 태고시대부터 일본이 조선을 지배해 왔다고 주장하였다. 이처럼『國史眼』은 아라이의 일선동조론적인 인식을 받아들여 神代史를 장황하게 기술하고 천손 후예들의 무궁한 유래, 즉 '萬世一系'를 설명하였다.

『國史眼』은 神代부터 明治23(1890)년에 이르는 역사 즉, 第1紀「신인무별의 세(神人無別ノ世)」에서 第21紀「明治中興」까지를 한문체와 가다가나로 쓴 기사본말체 서술이다. 1891년 3월 재판이 나오고 계속 개정 증보되어 1908년 제7판이 나온 메이지기의 관찬 국사를 대표하는 책이 되었다. 이 책의 저술경위와 편집방침은 다음의「범례」에 의해 알 수 있다.

①초고는 1877년 파리 만국박람회 사무국의 위촉으로 태정관수사관의 제2국 갑·을과에서 분담해서 편찬한『日本史略』(8권 4책)이다.『日本史略』은 근대일본 최초의 통사로 일본을 서양에 알리기 위해 편찬되었다. 第2稿는 1885년에『日本史略』의 편찬 체제를 정리한 것이고, 第3稿는 1888년에 나온『國史眼』이다. 이 稿本을 活版으로 만들어 1890년의『國史眼』이 되었다.

②제도, 학예, 민업, 풍속, 물산 등의 기원연혁을 쓰고 천황세차를 붙였

後期-明治以後. 그리고 1894년 나온 시게노와 호시노가 교열한『일본역사교과서(にほんれきし教科書)』에는 3시기로 나누어 제1시기는「천황친정 시대」, 제2시기는「정권이 武門에 떨어진 시기」, 제3시기는「明治의 今代」를 들었다. 문명사적인 시대구분을 배제하고 천황지배의 存否를 기준으로 하는 시대구분을 주장한 것이다.

　다이쇼(大正)·쇼와(昭和)기의 국사학의 대표적 저술인 黑板勝美의『國史の硏究』(1908)와『國史の大觀』(1935)에는 神代-氏姓時代-公家時代-古武家時代-皇家中興時代-中武家時代-新武家時代-明治維新으로 나누었다.(앞의 黑田 논문 참조)

35) 아라이는『新撰姓氏錄』의 右京皇別, 新良貴氏 條를 근거로 稻飯命은 新羅國主의 아들이므로 神武도 신라국주의 아들임이 틀림없고, 神武의 조부가 방문한 綿津見宮은 신라국이라고 하였다.(工藤雅樹,「「日鮮同祖論」の史學史的意義」,『關晃先生還曆記念 日本古代史硏究』,吉川弘文館. 1980, 602쪽 참조)

다.

　③책 처음부분에「천황계통표」와「歷朝一覽」을 서술하여 '萬世一系'를 나타냈다. 권말에는「武家一覽」을 실어 정권의 흥망을 축으로 한 정치사, 제도사에 편년사를 보완하였다.「歷朝一覽」에는 諱, 칭호, 宮號, 재위년 수, 연호, 亨年, 山陵, 母親, 后妃를 서술하였다.「武家一覽」에는 성씨, 부모, 小字, 관위, 贈官位, 재직, 연령, 法名, 釋諡, 葬地, 妻를 열거하였다.

　④서양인이 백년을 1紀로 하는 예를 따르지 않았다. 第4紀 이후는 대략 백년 내외를 1紀로 하였다.

　⑤每紀의 기사는 분류하여 장을 정하고 매장의 서술은 기사본말체에 편년을 붙였다. 매기의 분류는 먼저 황통계승을 기록하고, 朝廷, 지방, 외국의 순으로 하였다.

　⑥이 책은 본래 사략이라고 이름 붙여 간략하게 요점을 위주로 하였다. 그렇기 때문에 문장에 수식을 가하지 않았다. 기술은 모두 典據가 있다. 주목할 만한 내용은 글 옆에 oo방점을 붙이고 확실하지 않은 것은 ••방점 을 붙여 표시하였다.

　구메는 이러한「범례」가 정해진 과정을「내가 본 시게노 박사(余が見た る重野博士)」[36]에서 다음과 같이 말하고 있다. ①첫 장의 神代는 원래 없었다. 그것은 신대와 메이지이후를 역사시대에 넣을 수 없다는 자신의 지론에서였다. 그렇지만 시게노가 요청하여 가필하였다. ②『日本書紀』의 紀年이 잘못되어 곤란하기 때문에 서양의 세기처럼 시대를 구분하지 못 했다. ③연월일을 생략한 것은 零碎의 사실을 기록했기 때문이다. ④원래 인용서목은 첫 항의 끝에 붙였지만 書名이 과다하여 생략하였다. ⑤처음 에는 각 사실마다 인용한 전거를 밝혔지만 이에 대한 비평에 오류가 생기 는 것을 우려하여 생략하고, 대신 시게노의 주장대로 착안점과 확실하지

---

36)『歷史地理』17권 3호, 1911. 298-299쪽

않은 부분을 방점(oo, ••)으로 표시하였다. 그리고 그는 시게노의 이러한 주장은 고증을 중시한 서술태도[37]라고 평가하였다.

이상에서 살펴 본 것처럼 시게노, 구메, 호시노는 수사국에서 편수관으로 관찬사서를 편찬하다가 동경대학으로 옮겨『日本史略』을 개정 증보하여『國史眼』을 편찬하였다. 시게노는 실증사학의 입장에서 명분론적 역사관을 비판하여 국학자들의 공격을 받았고, 구메는 '국체훼손'이라는 이유로 필화사건에 연루되어 대학을 사직하게 되었다. 호시노는 일선동조론이 국체에 유해하지 않다고 주장했지만, 이것은 메이지 정부의 천황 절대화를 방해하는 것으로 받아들여졌다. 천황 절대화의 근거는『日本書紀』와『古事記』였기 때문에 이것을 학문의 연구 대상으로 하는 이들의 실증적인 연구태도는 용납하기 어려운 것이었다. 이로 인해 일선동조론이 약화되지만, 구메가 1910년에 발표한 논문은 일제의 식민지배를 정당화시켜 주는 논리가 되었다.

2.『國史眼』의 한일관계 인식

『國史眼』은 일본의 근대사학이 성립한 이후 출판된 일선동조론의 대표적 저술로 일본인의 한국관 형성은 물론 우리나라에 미친 영향에서 빼놓을 수 없는 중요한 저술이다. 이 책의 특징은 서구 근대사학의 영향을 받아 이전 사서에서 거의 문제를 삼지 않았던 民業, 풍속, 물산 등을 중시한 점과 그동안 절대시되었던『日本書紀』『古事記』의 기사도 고증과 해석의 대상으로 하여 紀年의 잘못을 언급한 점이다.[38] 그 결과 스사노오가

---

37) 시게노의 사관은 原田文穂,「重野安繹博士の史觀に就いて」,『史學雜誌』53편 7호, 1942, 1 참조

38) 工藤雅樹,『硏究史 日本人種論』, 吉川弘文館, 1979, 138쪽, 동「「日鮮同祖論」の史學史的意義」,『關晃先生還曆記念 日本古代史硏究』, 吉川弘文館, 1980.
　수사국에서『日本書紀』의 기년을 검토하고 수정할 것을 시도한 적이 있었다. 이때 神功, 應神의 연대가 韓史에 의해서 120년 연장되었다고 하여, 神武천황은 應神의 14세조가 되므

조선의 지배자가 되고 이나히(稻飯命)가 신라의 시조가 되는 일선동조론의 원형이 만들어졌다.『國史眼』의 내용 가운데 한일관계 인식을 첫째, 고대 일본의 조선지배, 둘째, 豊臣秀吉의 조선침략, 셋째, 정한론에 대한 인식으로 나누어 살펴본다.

첫째, 고대일본의 조선지배에 대한 인식.

①스사노오(素盞嗚尊)는 이즈모(出雲)에서 韓國(가라쿠니)으로 가 개국 시조가 되었고, 이나히(稻飯命)는 신라(시라키)의 왕이 되었다. 이것을 다음에서 알 수 있다.

> 일본 개국의 신은 세 자식 天照大神(아마테라스오오미카미), 月讀命(쓰구요시), 素盞嗚尊을 낳았다. 그 중 스사노오는 행동을 함부로 하여 出雲으로 쫓겨나고 그곳을 다스리면서, 신라 및 常世國과 교통을 하였고, 나중에 韓國(가라쿠니)으로 갔다. 일본에서 天孫이 강림한 곳은 日向(휴가, 지금의 미야자키「宮崎」)의 高千穂(다카치호) 봉우리이다. 日向에 도읍한 神代의 3세대 가운데 茸不合尊은 아들 五瀬命, 稻飯命, 御毛沼命, 磐余彦尊을 낳았다. 이 중에서 稻飯命은 妣의 나라 海原에 있으며 新良國(시라키)의 祖가 되었다. 稻飯命이 신라의 왕이 되고나서 왕자 천일창이 나라를 知古에게 넘겨주고 寶器를 가지고 돌아와서 但馬(다지마, 지금의 효고「兵庫」)에 거주했다.[39]

②垂仁朝에 대가라를 임나로 바꾸었다. 여기에서 임나일본부가 시작되었다. 垂仁帝는 天日槍의 玄孫 田道間守를 常世國에 보냈다. 그는 신공황후의 외조숙이다.[40]

로 신무의 기년을 서기전후(BC186년)이라고 추정하였다. 이들은 기년의 잘못은 지적해도 『日本書紀』의 기술의 대부분은 긍정하여 기년만 수정한다면 사실로 확정할 수 있다고 생각하였다. 이는 일본민족의 故地를 대륙에 구하는 일선동조론을 강화한다고 하는 조류의 기초를 만든 일면이 있다고 한다.

39)『國史眼』第1紀「神人無別ノ世」제1-4장 1-8쪽의 내용을 요약한 것임
40)『國史眼』제2기「神人有別ノ世」제6장 12쪽

③신공황후는 熊襲(구마소, 지금의 구마모토「熊本」)이 반란을 일으키자 신라를 치기 위해 外征을 결정하였다. 신라왕 波沙錦이 항복하면서 貢船을 보낸다고 약속하자 신라를 馬飼部, 백제를 渡官家로 정하고 官司를 두고 개선하였다.[41]

특히 『國史眼』의 第3紀 「韓土服屬의 世(韓土服屬ノ世)」에서 한토를 복속시키는 과정을 자세하게 서술하고 있다. 신공황후의 정벌과 신라왕의 조공약속, '官司' 설치후의 개선 등이다. 그리고 신공황후가 섭정한 후 신라를 공격하여 가라의 7국을 평정하고 신라와 백제에 '관사'를 두어 임나일본부가 이를 총괄하였으며, 고구려도 조공을 바쳐 한반도 전부를 복속시켰다고 하였다.[42]

둘째, 豊臣秀吉의 조선침략에 대한 인식.

豊臣秀吉이 조선을 침략하게 된 경위를 다음과 같이 서술하고 있다.

> 韓地는 고래로 우리와 연합한 나라로서 대대로 우리에게 服屬했는데, 隋唐 이래로 신라가 처음으로 그 唆動을 받아 우리와 분리하여 그들의 속국이 되었다. 이후 독립할 힘이 없이 支那혁명이 있을 때마다 북부 몽고 종족에게 학대받았다. 文永, 弘安, 應永의 3役에 그들의 향도가 되어 침구해왔다. (중략). 秀吉은 큐슈를 정복한 해에 대마국주 宗義智에게 명하여 조선왕 이연에게 유시하여 향도를 하지 말도록 하였다. 조선이 평소 明을 몹시 두려워하여 秀吉의 명에 응하지 않았다. 이에 秀吉이 먼저 조선을 정벌할 것을 도모했다.[43]

---

41) 『國史眼』 제3기 「韓土服屬ノ世」 제9장 16-17쪽
42) 「태후가 섭정을 하면서 斯摩宿禰를 卓淳國에 보내 백제를 綏撫했다. 신라 백제를 침략하였다. 荒田別, 鹿我別을 파견하여, 백제 卓淳과 함께 신라를 공격하고 比自烋·南加羅·喙國·安羅·多羅·卓淳·加羅의 7국을 평정하였다. 應神帝 친정 후에 武內宿禰를 보내 筑紫를 지키게 했다. 筑紫都督府가 여기서 생겼다. (중략) 신라 백제 등 여러 나라에 관사를 두었다. 임나일본부가 이를 총괄하고 도독부가 이를 控制하였다. 고구려 역시 來貢하여 韓地의 판도는 모두 일본의 版圖에 돌아왔다.」
43) 『國史眼』 제17기 「織豊二氏遞興ル」153장 330-331쪽

일본은 조선을 항상 다른 나라의 지배를 받는 사대주의 국가로 인식하였다. 그렇기 때문에 조선은 항상 우열관계에서 일본보다 약자의 위치에 서게 된다. 조선 정벌의 경위도 먼저 明을 치려고 했으나 사대주의에 젖은 조선이 明을 두려워하여 길을 내주지 않았기 때문이라고 왜곡시키고 있다.

셋째, 정한론에 대한 인식.

정한론이 일어난 계기는 일본이 외교문서를 보냈으나 조선측이 이를 거부했기 때문이며, 결국 강화도사건을 통해 조선은 수호조약을 맺고 자주국이 되었다고 서술하여 일본의 침략의도를 은폐시키고 있다. 개국 당시의 조선은 정정이 불안하고 변란이 일어나는 불안정한 상태임을 강조하여 일본공사관이 피해를 당한 것을 기술하고, 불평등조약의 내용은 전혀 언급하지 않고 있다. 일본은 자신들에게 피해를 준 조선의 잘못만을 강조하여, 조선 지배를 향한 그들의 침략의지를 숨긴 채 무례한 조선이거나 완고한 조선의 이미지를 표현하고 있다.

이상에서 살펴본 바와 같이 『國史眼』은 메이지 유신으로 성립한 근대 일본이 국가로서의 정통성을 확립하기 위해 국사를 편찬하는 과정에서 만들어진 것이다. 『國史眼』은 조선에 관한 기술이 매우 많고 특히 고대 한일관계사가 자세하기 때문에 일본의 조선인식에 깊은 영향을 미쳐 나중까지 소학교 중학교 일본사교과서의 저본이 되었다. 스사노오(素盞嗚尊)가 조선에 건너가 지배자가 되고, 이나히(稲飯命)가 신라의 왕이 되며, 그의 아들 아메노(天日槍)가 일본에 귀화했다는 신화의 세계가 사실처럼 서술되어 있다. 또한 신공황후의 삼한정벌과 임나일본부의 설치 등을 서술하여 고대 한일관계를 일본이 지배한 식민의 역사로 왜곡하였다. 이 책은 일본의 신이 한일 양국을 왕복하거나 신라의 왕이 된 것과, 신공황후가 삼한을 정벌한 것을 역사적 사실처럼 기술하고, 국위를 선양한 도요토미(豊臣秀吉)의 조선정벌을 부각시켜 침략을 미화시키고 있다.

그리고 에도기(江戸期)의 한일관계를 형식적 교섭으로 서술하여 두 나라의 문화적 교섭 의의를 평가하지 않았다.44) 특히 일본이 중국의 속국상태에 있는 조선을 독립시킨 것을 강조하였다. 메이지기의 외교관계도 조선의 잘못만을 부각시켜 메이지 정부의 침략성이나 불평등조약 등은 전혀 언급하지 않고, 조선은 일본과 대등한 국가로 인식하지 않았다. 관학을 대표하는『國史眼』의 조선 인식은 재야사가인 요시다의『日韓古史斷』에 영향을 미쳤고, 그 뒤에도 역사교과서 편찬의 저본이 되었으며 일본인에게 조선을 정벌이나 통치의 대상 혹은 속국으로 인식시키는데 커다란 영향을 미쳤다고 할 수 있다.

III. 『朝鮮開化史』에 나타난 한일관계 인식

1. 東亞同文會와 恒屋盛服

동아동문회는 1898년 11월 동아회와 동문회가 결합하여 만들어진 단체이다.45) 동아동문회의 결성목적은 主意書46)와 綱領47)에 나타나 있다. 즉,

---

44) 藤原詔子,「敎科書と歷史學-國史眼と喜田貞吉」,『鐘聲』2, 1982, 39-40쪽
45)『對支回顧錄』上卷, 大森史子,「東亞同文會と東亞同文書院」,『アジア經濟』19-6, 1978.6.
    천지명,「한말 일본 동아동문회의 조선 교육진출」,『동서사학』제9집, 2003.
    동아회는 청일전쟁 이후 진보당계 정치가, 제국대학, 와세다 대학 학생 중 중국문제에 관심이 있는 사람들이 중심이 되었다. 동문회는 1898년 6월 설립되어, 日淸貿易硏究所를 설립한 아라오(荒尾精) 문하의 대륙낭인과 코노에(近衛篤麿)가 경영하는 정신사계의 합작에 의해 나온 단체이다.
46)『對支回顧錄』上卷, 681쪽
    「일청한 삼국은 교제한지 오래되어, 문화가 상통하고 風敎가 같으며 정을 말하면 脣齒의 관계에 있다. -- 위로는 삼국정부가 公을 취하고 예를 숭상하여 더욱 邦交를 굳게 해야 한다. 아래로는 삼국 商民이 오로지 신의를 지키고 和를 함께하며 인의를 잘해야 한다. 삼국의 사대부는 즉 中流의 砥柱가 되어 모름지기 서로 사귀는데 誠을 가지고 하여 大道를 講明하여 이를 가지고 위를 돕고 아래를 律하여 强盛을 이루어야 한다. 이것이 우리 동아동문회를 세운 뜻이다.」
47) 상동.

외형상 표방하고 있는 것은 삼국의 친선도모를 역설하는 것이지만 脣齒輔車, 同文同種을 강조하는 아시아 연대주의와 큰 차이가 없다. 동아동문회의 조선 진출은 1890년대 말 본격화하기 시작한 러시아의 극동정략과 관련이 깊고, 러시아의 조선 진출에 대한 자세한 정황을 탐색하기 위해 결성되었다. 그리고 아관파천과 삼국간섭 이후 약화되어 있는 조선 내 친일세력기반 재구축의 필요성에서였다. 동아동문회의 회원 가운데 조선과 관련이 있는 인물로 평의원 호시(星亨)는 법부고문을, 간사 쓰네야(恒屋盛服)는 내각보좌관으로, 평의원 스키무라(杉村濬)는 일본공사관 1등서기관으로 일본의 조선정책 결정에 상당부분 영향력을 미쳤다. 미우라(三浦梧樓)가 일본공사로 부임할 때 막료로 함께 내한하여 활동한 시바타(柴四郎), 경성신문사 감독으로 활동한 쿠니토모(國友重章) 등은 조선에서 활발하게 활동하였다.

　쓰네야는 후쿠시마(福島)출신으로 1871년 藩學修道館에서 공부하고 다음해 磐前縣 영어학교에 들어가 영어를 배웠다. 1880년 흥아회 부설 支那語學校에서 중국어를 수학하였고, 1882년 大畏重信이 주도하는 개진당에 입당하였다. 1884년 朝野新聞社에 입사하여 청한관계 기사를 담당하면서 대륙문제에 관심을 가졌다. 그리고 강화도사건 이후 조약체결 과정을 보면서 한국어의 필요성을 느껴 학습하였다. 1887년 文官試驗局의 촉탁이 되고 흥아회의 후신인 亞細亞協會 사무도 관장하면서 동아문제에 몰두하고 특히 조선사정에 큰 관심을 가졌다. 1890년 이민조합을 설립하고『海外植民編』『이민의 파도(移民の波濤)』『이주의 심득(移住の心得)』을 저술하는 한편, 일본인의 멕시코이민을 추진하기 위해 植民協會를 조직하였다.

　1894년 청일전쟁이 일어나자 박영효 등과 함께 내한하여 갑오경장에

1.支那를 保全한다. 2.支那 및 조선의 개선을 조성한다. 3.支那 및 조선의 時事를 討究하고 실행을 기한다. 4.國論을 喚起한다.

참여하였으며 1895년 이시즈카(石塚英藏)고문의 보좌관이 되어 일본인 최초의 관리가 되었고, 1900년 동아동문회의 상임이사가 되었다. 의화단사변 후 러시아의 만주진출이 노골화되자 코노에(近衛篤麿), 이누가이(犬養毅), 도야마(頭山滿) 등과 함께 국민동맹회를 조직하고 전국적인 유세활동을 통하여 대러강경책의 여론을 조성하였다. 이러한 중에『白頭山未來記』『南韓農事』『植民地設置意見』 등을 저술하여 조선에 대한 일본인의 관심을 유도하였고 1902년 동아동문회 간사, 朝鮮協會 평의원으로 다시 내한하였다. 조선협회의 활동은 조선에 관해 현안이 되고 있는 문제를 조사하고, 일본의 조선정책과 관련한 주요사항을 정부 관계자에게 건의하는 것이었다. 1903년에는 對露開戰論의 급선봉이 되어 對露同志會와 합류하여 일본인의 여론을 개전론으로 유도하기에 분주하였다. 그는 러일전쟁이 끝나자 전후 이권문제를 놓고 포츠머스조약 반대운동을 전개하여 국민대회를 여는 등 여론 선동에 활약하였다.[48]

　쓰네야가『朝鮮開化史』를 저술하게 된 계기는 1874년 이래 줄곧 조선에 관심을 가지고 있으면서 박영효와 친분관계를 가진데서 비롯된다. 그리고 동아동문회가 설립된 이래 이에 가담하여 활동하면서, 1893년 식민사상 보급을 위해 결성된 植民協會 간사장으로 조선 식민지화의 필요성을 더욱 구체화시킨데 있다.『朝鮮開化史』는 1899년 평의원 스키무라(杉村濬)의 서문을 붙여 1901년 동아동문회판으로 동경에서 간행하였다. 그리고 쓰네야는 다음해 동아동문회 간사가 되면서 회장 코노에(近衛篤麿)의 명으로 조선 교육을 시찰하여 조선에서 활약하기도 했다.[49]

　이를 통해 보면 이 책의 출판 의도는 다음과 같이 한층 더 명확해진다고

---

48) 黑龍會編『東亞先覺志士記傳』下卷 列傳.『對支回顧錄』下卷 참조.
49) 앞의 천지명 논문에 의하면 첫째, 일본인의 한인교육 양상, 둘째, 조선인 및 조선정부의 한인교육 양상, 셋째, 구미인의 한인교육 양상, 넷째, 일본의 거류지의 일본자제교육 양상 등으로 항목을 나누어 한국 교육상황을 치밀하게 시찰하였다고 한다.

할 수 있다. 첫째, 조선의 실정조사. 쓰네야는 일본이 조선을 침략하여 식민지로 만들기 위한 준비를 할 때 구체적으로 조선의 실정을 조사하여 일본정부의 시책에 일조하고자 하였다. 둘째, 조선에 대한 멸시관 조성. 조선이 신공황후 征韓 이후 수없이 외침을 받아왔으며, 사대를 국시로 삼아 비굴하게 되어 당쟁을 일삼아 왔다는 멸시관을 드러내기 위해서였다. 셋째, 일본의 보호역설. 인종적으로 우수한 일본의 보호와 지배의 필요성을 부각시키려는 의도에서였다.

2. 『朝鮮開化史』의 한일관계 인식

쓰네야(恒屋盛服)는 1891년 멕시코에서 돌아와 식민사업을 수행하기 위한 계획을 세우던 중 망명객으로 일본에 있던 박영효와 함께 '조선의 독립'을 도모했다. 그 후 1894년 8월 박영효, 유혁노 등과 함께 동경을 떠나 부산을 거쳐 서울로 들어와 주한일본공사 이노우에(井上馨)의 권고로 내각보좌관이 되어 기록, 편찬, 관보사무를 감독하게 되었다. 다음해 아관파천이 일어나자 사임하고 박영효의 집에 머물면서 『朝鮮開化史』의 집필구상에 들어가 1898년부터 집필을 시작하여 다음해에 탈고하였다. 그는 이 책 「自序」에서 조선의 역사에 대해 다음과 같은 기본적인 인식을 드러내고 있다.

> 역사를 살피건대 漢 武帝의 經略, 말갈의 來侵, 신공황후의 征討, 임나일본부의 설치, 후한의 征戰, 魏 毋丘儉의 약탈, 숙신 胡燕의 侵軼, 수양제 당태종의 친정, 일본병의 구원, 거란의 공략, 몽고의 呑倂, 왜구의 脅掠, 대명의 招降, 豊臣秀吉의 토벌, 明兵의 進境, 淸帝의 공벌 등은 인심이 동요하도록 큰 변동을 주었다. 근세에 이르러 佛米함대의 포격, 일본의 강박적 개국을 당해 일청양국의 혈전장이 되었다.

조선의 역사를 고대부터 근대에 이르기까지 항상 외세로부터 침략을 당해 혼자서 독립할 수 없는 나약한 모습으로 그리고 있다.『朝鮮開化史』
는 지리, 인종, 문화, 외교의 네 부분으로 구성되어 있다. 각 편의 내용
가운데 중요한 것을 살펴보면 다음과 같다.

1. 《지리편》에 대해서

조선반도의 위치와 8도의 구분 지세 기후 등을 설명하고 전국 8도를
나누어 소개하였다. 그리고 「역대판도연혁」에서 단군조선 이래 삼한과
삼국의 역사와 고려 조선의 강역, 위치 등에 대해 서술하였는데, 특히
다음의 사실이 주목된다.

①단군이 평양에 도읍했다는 것은 황당하여 믿기 어려우나, 단군이 하
늘에서 내려오기 전에 이미 인민이 있었으며 그들은 神代史를 후세에
전할 만한 우세한 종족이었다.50)

②신라는 일본인의 식민지인 斯盧의 6촌에서 일어났다.

③임나의 명칭과 판도는 한국사에 기재되어 있지 않다.『日本書紀』에
의하면 神功攝政 49년 장군 荒田別과 鹿我別을 파견하여 신라를 치고
氏自烋, 南加羅, 安羅, 多羅, 加羅, 㖨,卓淳 7국을 평정하여 官府를 두고
다스린 데서 시작된다.51)

④어떤 책은 임나판도를 강원도 춘천지방까지 넓히는 지도를 게재했다.
이것은 스사노오와 임나를 연결시키는 想像圖인데, 일시적으로 춘천지방
을 점령한 것을 가지고 임나판도라고 속단하는 것은 잘못이다.

쓰네야는 임나부의 위치를 낙동강 입구인 김해라고 단정한다. 김해는
가라국의 수도이고, 임나 鎭將의 임무는 반란을 막고 조공을 감독하는데
그치며, 각 屬邦은 따로 자치를 하고 인민을 관할하도록 허락받았다고

---

50)『朝鮮開化史』《地理編》 제10장 「歷代版圖沿革」 110쪽
51)『朝鮮開化史』《地理編》 제10장 「歷代版圖沿革」 118쪽

보았다. 그리고 백제를 일본의 부용국으로 설명하여,

> 백제가 사실상 일본의 부용국이 된 것은 仁德천황 41년이다. 그 國郡,
> 彊場, 물산 등이 모두 일본조정의 장부에 등록되어 內官家를 國都에 두고
> 내정을 감시하고, 또 항상 인질을 불러 천황의 곁에서 모시게 하였다. 雄略
> 천황때에 한층 힘을 써서 임나의 직예현을 나누어 文周王에게 주고 그것을
> 보호해서 그 나라를 재흥시켰다. 이후 일본 조정은 임나의 판도보다는 오
> 히려 백제에 중점을 두고 국난에 이르러 병력을 아끼지 않고 보호했는데,
> 2만이상의 병력을 썼다.[52]

백제는 일본의 은혜덕분에 678년간 그 종사를 유지할 수 있었다고 주장
하였다. 이 책에서 《지리편》을 편성한 것은 제국주의 침략을 위한 현실적
인 필요에서 이다. 그는 군사적인 측면에서 한일관계의 중요성을 다음과
같이 설명하고 있다.

> 일본과 조선반도는 상고사에서 분할 할 수 없는 것처럼 근세 군사의
> 관계에서도 역시 결코 분할할 수 없다.(중략) 시베리아철도가 완성되고 반
> 도종관철도의 예정선과 연락되면 반도는 곧 세계교통의 대로가 되어, 어떠
> 한 변화를 군사상에 미칠지 예측할 수 없다. 다만 이를 잘 제어할 수 있는
> 것은 하나의 해상권이 있을 뿐이다. 반도가 다른 사람의 손에 떨어지면
> 일본의 해상권은 對州(대마도)해협에서 중단되어 황해 및 일본해에서 다시
> 그 힘을 떨칠 수 없게 될 것이다.[53]

『지리편』에서는 단군의 역사성을 부인하고 신라가 일본의 식민국가임
을 강조하였다. 임나의 판도는 임나 7국을 평정하고 임나일본부를 설치하
면서 비롯되었고, 백제도 일본의 부용국으로 이해하였다. 일본부의 위치
는 여러 설이 있지만 김해라고 보았으며, 특히 일본 제국주의가 군사적으

---

52) 『朝鮮開化史』《地理編》 제10장 「歷代版圖沿革」 125쪽
53) 『朝鮮開化史』《地理編》 제12장 「日韓兩國地理上の關係」 138쪽

로 침략하기 위한 현실적 필요에 의해『지리편』을 편성한 것은 주목할만
하다.

2. 《인종편》에 대해서

일본인과 반도인은 ①용모 골격이 거의 같고, ②언어 문법이 동일하며,
③고대 풍속이 서로 비슷한 동일인종이라고 보았다. 그리고 일선동조론의
주장이 될만한 근거로 천강인종의 분포와 특색, 이주, 天孫族의 우수성을
중심으로 다음과 같이 지적하였다.

첫째, 천강인종의 분포. 천강인종은 天孫氏(沖繩族)와 天孫族(大和族),
出雲族, 扶餘族으로 구성되어 있으며, 이 천강인종의 분포를 다음과 같이
설명하고 있다.

> 일부는 오키나와(沖繩)에 잔류하여 天孫氏가 되고, 가고시마(鹿兒島)만
> 또는 加世田항에 상륙한 한 무리는 天孫族이 되었다. 큐슈에서 왼쪽으로
> 북류하는 지파를 따르는 것은 對州해협을 지나 두 갈래로 나뉘어 山陰道
> 에 상륙한 것이 出雲族이 된다. 함경도에서 노령의 波西圖灣에 상륙한
> 것은 扶餘族이 된다.54)

둘째, 천강인종의 특색. ①용감하고 쾌활하여 범할 수 없다.55) ②천강인
종은 원래 n과 ng라는 음이 없고, 대개 m 또는 ni, nu로 변화하여 그 음의
한자를 가지고 고유명사로 충당한다.56) ③천강인종은 2천년 전에 철을

---

54)『朝鮮開化史』《人種編》제1장「天絳人種」140-141쪽
55)『朝鮮開化史』《人種編》제1장「天絳人種」140-141쪽
　「天孫族이 구마소(熊襲), 아이누(蝦夷)를 정복하고 반도를 경략하여 따른 것과 같고, 出雲族
　이 바다를 건너 식민하여 예맥 蠻族을 정복하고 한인종을 항복시킨 것과 같다. 부여족이
　肅愼 견융과 각축하여 한인종에게 이겨 드디어 예맥 옥저 읍루를 撫綏시킨 것과 같은
　것이 이것이다. 이때에 이르러 천강인종이 향하는 곳은 풀이 바람에 흔들리는 것과 같았으
　며, 8.9백년을 지나지 않은 지금의 일본 연도, 조선반도 및 요동의 들판을 그 치하에 복종시
　켰다.」

써서 무기를 제작하였다.

셋째, 천강인종의 이주. 出雲族의 시조인 스사노오는 아들 五十猛命을 데리고 바다를 건너 조선반도에 들어가 소시모리를 다스리게 되었으며, 부여족과 同種인 出雲族이 원조해 주어 나라를 지켰다고 하여 천강인종의 이주를 다음과 같이 설명하고 있다.

> 이때 부여족은 동북으로는 강대한 숙신, 말갈의 침습이 있고 남동으로는 예맥 등의 저항이 있으며, 남서로는 빠르고 날랜 견융 등과 각축을 벌였다. 부여족은 이를 감당하지 못하고 동인종인 出雲族에게 원조를 청하게 되었고, 素盞嗚尊이 이것을 허락하였다.[57]

천강인종의 이주 경로는 아시아대륙 남동 끝에서 바다를 타고 필리핀 북부를 거쳐 타이완 오키나와 큐슈로 왔다. 먼저 부여족이 조선반도에 정착하고 다음에 부여족이 出雲族에게 쫓겨났으며, 出雲族은 천손족의 도래에 의해 일본열도를 쫓겨났다. 당시 조선에는 부여족 出雲族 천손족과 그 밖의 원주민이 섞여 살았는데 부여족이 가장 많았다. 그리고 천강인종은 조선반도와 요동반도까지 정복시켰다고 보았다.

넷째, 天孫族의 우수성. 천강인종 중에 가장 우수한 天孫族의 존재를 강조하고 있다. 이것은 일본인의 조상인 天孫族의 우수성을 강조하여 일제의 조선 지배를 정당화하려는 의도에서이다. 天孫族은 神種의 正系이고 出雲族, 부여족은 그 傍系에 속한다. 天孫族 다음가는 出雲族도 비록 일본에서 쫓겨나기는 했지만 반도의 동남지역에 식민지를 건설하여 당시 예맥이나 마한·말갈의 저항을 구축하고 漢人種을 정복하여 신라왕국을

---

56) 예를 들면 新發田(sinbata 신바타)를 sibata(시바타)로 발음하여 n을 발음하지 않고, 因幡(inba, 인바)를 inaba(이나바)로 발음하여 n대신에 na로 발음하게 된다. 加良(kangra, 강라)를 kara(가라)로 발음하여 ng를 발음하지 않는 것을 말한다.

57) 《人種編》 제1장 「天絳人種」 144-146쪽

건립하게 되었다고 한다. 그리하여 고려·조선에서 고위직에 오른 자는 대부분 신라의 후예에서 나왔을 정도로 우수한 종족이라고 주장한다.[58] 즉 신라는 일본 出雲族이 세운 식민 국가로 이러한 전통이 고려 조선시대까지 이어진 것이라고 하겠다.

한편 신라가 고대부터 이미 일본의 식민지라고 보는 근거로 지적한 것은 다음과 같다.

①신라는 出雲族이 세운 식민국가 이다.[59] ②혁거세는 일본인 이다.[60] ③호공과 석탈해는 일본인 이다.[61] ④신공황후가 신라 奈解王 5년 친히 정벌에 나섰다.[62]

---

58) 《人種編》 제1장 「天絲人種」 147-148쪽
「出雲族이 山陰道를 쫓겨났지만 한편 반도의 동남에 식민하여 점차 번성해져, 당시 예맥, 前馬韓, 말갈의 저항이 있는 것을 구축하여 노비로 삼았다. 또 한인종을 정복하고 받아들여 공고한 신라왕국을 건립하는 문운이 일찍이 열려, 세가 크게 일어나 충신 의사를 배출하여 위험을 바꾸어 편하게 하였다. 백제 고구려의 땅을 병합하여 天孫族을 내쫓고 일본과 분리하여 반도를 통일하는 기초를 열었다. 박씨 10세 석씨 8세, 김씨 37세 이어 왕위에 올라 992년의 사직을 保持하였다. 고려 조선에 이르러 고위에 오른 자는 대부분 신라의 후예에서 나왔다. 이들은 천속족에 비하면 뒤지지만 한편 행복한 종족이라고 할 수 있다.」

59) 《人種編》 제5장 「日本人の植民」 177-178쪽
「出雲族의 후예가 삼한시대 조선으로 가서 영일만 울산 근방에 상륙하였고, 경주지방에 부락을 이루어 생활하였으며 나중에 사로국을 세웠다. 그리고 변한이 出雲族의 후예라는 주장이 있지만 진한과 잡거하는 변한은 齊의 자손이 세운 나라이다.」

60) 《人種編》 제5장 「日本人の植民」 178-179쪽
「일본인이 변방을 侵寇했을 때 혁거세가 神德이 있기 때문에 돌아갔다는 설이 있으나 만리의 파도를 넘어온 일본인이 빈손으로 돌아갔을 리 없다. 다만 혁거세가 그들의 동족이고 그 밑에 수종하는 일본인이 다수이기 때문에 侵寇할 수가 없어 다른 방면으로 나아간 것이다. 혁거세는 出雲族 중에서 正系에 속하는 최고 명족의 자손이다.」

61) 《人種編》 제5장 「日本人の植民」179-181쪽
「호공은 원래 일본인으로 혁거세의 초년, 신라에 도항한 자이다. 호를 타고 바다를 건넜기 때문에 호공이라고 하였다. 시조 이하 4세를 섬겨 석탈해의 때 大輔가 되었으며 123세 살았다. 『東國通鑑』에 탈해는 본래 多婆那國人이고, 이 나라는 왜국의 동북 1천리에 있다고 한다.」

62) 《人種編》 제5장 「日本人の植民」 181-182쪽
「신라는 일본이 자주 침범해오자 熊襲과 결탁해서 大和조정을 괴롭혔다. 이에 신공황후는 신라의 사정을 탐문하였는데, 황후의 어머니는 天日槍의 5세 손녀이므로 신라 사정에 정통

『인종편』에서는 일본의 식민을 전 반도의 주권을 잡는 것으로 이해하였다. 일본이 중국 의 漢人種이 실패한 식민을 성공시킨 것은 사로 6촌에서 발달하여 점차 한인종, 말갈종, 예맥, 마한을 동화하고 나아가 부여족도 통합하였기 때문이다. 즉 당나라는 정복하여 회유시키는 것이 유일한 수단이지만 일본은 본래 同種이기 때문에 정복이 아닌 민족적 통합으로 식민이 가능하다는 논리였다.[63]

3. 《문화편》에 대해서

불교전래와 융성, 백제문화의 일본전파, 신라와 고려문명, 태종 세종 세조의 업적, 豊臣秀吉 침략 이후의 서양문물 전래, 신분사회와 종교교육, 정부제도와 운수 교통 문제 등을 다루었다. 이 중에 주목되는 것은 첫째, '반도문명'은 支那와 인도문명의 융합. 서남의 두 계통문명이 융합하여 신라를 건국하는 기초가 이루어졌다고 하여, 로마문명이 이집트와 그리이스 문명을 종합한 것과 비슷하다고 이해한다. 그리고 반도는 신공황후가 親征할 당시 제도문물의 발달정도가 미미했으나, 친정 결과 일본조정의 판도가 반도 남단에 설정되어 남방계통에 속하는 식민이 이루어져, 반도가 발달하는 데 커다란 도움이 되었다고 언급하였다.[64]

둘째, 반도문화의 일본이입. 일본은 남북조시대까지의 문명을 조선으로부터 전수받았다. 隋唐이후는 일본이 학문승을 보내 직접 그 문명을 수입했는데, 백제에서 당군과 접전을 벌여 백마강 전투에서 패한 뒤로 결국 반도를 경유하여 支那의 문명을 수입하는 우회로를 택하게 되었다고 주장하였다.[65]

하였다. 황후가 친히 정벌에 나선 것은 신라 奈解王5년이고, 이제 양국은 임의적 식민시대를 경과하여 정략적 식민시대로 옮겨갔다.」
63) 《人種編》 제7장 「百濟高句麗の亡滅と人種の移動」 197쪽
64) 《文化編》 제1장 「西南二系統の文明」 218-222쪽

셋째, 당쟁에 대한 인식. 당쟁의 주목적은 정권의 쟁탈에 있고, 왕위의 폐립, 잔폭한 살육, 疑獄 등은 당쟁의 결과이며 중세 3백년간의 역사를 전부 이 당쟁으로 채웠다. 특히 외세 판단은 豊臣秀吉의 침략 때 서인과 동인의 보고가 달랐으며, 천주교가 수입될 때 남인과 북인 및 노론의 대응이 달라 웃음거리가 될만하다고 지적하였다.66)

넷째, 신문명의 수입. 조선은 선교사 학살사건 이래 頑夢을 깨지 못하고 있었는데, 강화도 사건은 반도의 운명을 결정할 만한 중대한 사건이다. 일본은 관용의 태도로 수백 년간의 頑夢을 깨고 조선을 개국시켜 독립국의 위치에 서게 해주었다. 신문명을 수용하는 두 나라의 태도는 수동과 피동의 차이가 있고 그로인해 문명발달의 정도에도 차이가 있다고 주장하였다.67)

다섯째, 일본인의 韓人교육. 일본인은 한인과 '同文'으로 어법도 같아 적은 비용으로 교육시켜 커다란 효과를 거둘 수 있다. 그러나 歐美人은 한인과 문자, 언어, 습관이 달라 곤란하다. 신식교육을 한인에게 확장시키는데 어려운 사정이 있지만 장래 일본인이 주목해야할 것은 신식교육에 있다고 강조하였다.68)

『문화편』에서는 특히 식민사업에 문화가 물질이나 기술보다 중요하다고 지적하였다. 그런데 近古에는 일본의 문화가 반도에 뒤져서 세력을

---

65) 《文化編》 제4장 「百濟高句麗文化の流傳」 232-233쪽
66) 《文化編》 제10장 「世祖より宣祖に至る」 297-298쪽
67) 《文化編》 제11장 「壬辰役後」 318-319쪽,
　　「일본은 1530년부터 1638년에 이르는 백년간 서구문명을 수입하여 축성, 총포, 광업, 건축, 도량형, 화폐, 산업 등에 현저한 발달을 이루었다. (중략) 그 뒤에도 19세기 신문명을 받아들일 소양을 가지고 있었다. 그러나 조선은 이와 반대로 천문, 역법, 천주교 외에는 16세기 이래의 문명을 수입하지 않고 있었다. 그러다가 갑자기 19세기 위대한 신문명을 받아들이게 된 것은 마치 乾湖가 大湖를 만나 해안이 붕괴된 것과 같다. (중략)구래의 정치 사물이 근본부터 파괴되어 이에 대신할 신사회, 신정치 신사물을 스스로 만들 수 없게 되었」고 비판하였다.
68) 《文化編》 제13장 「宗教教育」 370-371쪽

부식할 수 없었는데, 근래에 일본의 문화가 반도보다 훨씬 우수함에도 불구하고 이것을 이용해서 인심을 수람하지 않는 것은 무슨 연유에서 인가를 묻는다. 그리고 1900년 東亞同文會가 교육사업을 일으켜 오로지 반도를 開導시키기 위해 힘쓰고 있으므로, 일본의 세력을 지속시키기 위해서라도 이 사업이 필요하다는 점을 강조하였다.[69] 이 책을 쓴 의도는 이렇게 일본의 세력을 부식시키고 조선을 식민지로 만드는데 일조하기 위함이었다.

4. 《외교편》에 대해서

먼저 반도가 상고시대 이래 빈번하게 침범을 받아 온 사실과 신공황후의 征討와 임나일본부 설치를 다루었다. 그리고 신라외교를 중심으로 한 일본과의 외교관계, 고려와 거란 송 금의 관계, 몽고군의 정복과 왜구문제, 일본군과 청의 조선침략, 쇄국시대와 개국 후의 외교관계 등을 중심으로 서술하였다.

첫째, 왜구문제. 왜구의 성격과 목적에 관해서는 종래 고려와 원의 정치가 문란한 틈을 타서 侵寇하고 식량과 물자를 빼앗아 왔다는 해석을 내려 왔다. 그러나 왜구가 통솔자 없이 약탈을 했다고는 볼 수 없으며, 그 목적은 元軍의 침략에 대한 복수에서 이루어진 것이다. 시코쿠(四國)와 큐슈(九州)의 여러 호족이 왜구의 주동자로 지휘했으며, 왜구 전체를 보면 통솔이 없는 것 같이 보여도 각 部屬마다 절제가 있어 약탈 외에 복수 등을 목적으로 했다고 주장하였다.[70]

둘째, 豊臣秀吉의 조선침략. 조선은 일본이 세계의 정세를 파악하여 대팽창을 이루려고 한 것을 깨닫지 못했었다고 지적하고, 일본의 '팽창주

---

69) 《文化編》 제11장 「壬辰役後」 320-321쪽
70) 《外交編》 제7장 「高麗末世の外交」 455-456쪽

의'에서 조선정벌이 일어난 것임을 시사하였다. 그리고 일본이 大明을 공격하는 것을 '벌이 거북이의 등을 쏘는 것과 같이' 무모한 것으로 생각한 조선의 인식은 안일한 정세인식이었다고 지적하였다. 豊臣秀吉의 두 번째 정벌 목적은 명군과의 충돌을 피해서 조선에 복수를 하고 땅을 점령하려는데 있었다고 보았다. 이 싸움에서 일본군이 어떻게 약탈 유린시켰는지 그 피해상황에 대해서는 거론하지 않고, 명군의 약탈에 조선인들이 고통을 받고 산으로 도망가는 자들이 많았다고 설명하였다.[71]

셋째, 정한론과 강화도사건. 먼저 정한론에 대해서는 그것이 정말로 조선을 정벌하려했던 것이 아니라, 사이고(西鄕隆盛)가 조선에 건너가 화친을 말해보고, 실제로 듣지 않을 경우 차선책으로 병력을 사용하고자 했던 주장[72]이라고 하여, 일본의 침략적 기도에 의해 이루어진 정한논의를 왜곡시켰다. 그리고 강화도 사건도 일본 군함이 물을 구하기 위해 접근하다가 포격을 받았기 때문에 자위의 결과 일어났으며, 양국은 조일수호조규를 체결하여 친밀하게 되었는데 청국이 조선을 속방시키면서 애매한 태도를 취했다고 비난하였다. 이어서 임오군란은 조선정부가 개국정책을 실시하자 대원군이 실추된 세력을 만회하기 위해 군인들을 선동하여 일으켰다고 보았다.[73]

넷째, 갑신정변. 당시는 '淸國'이 베트남문제를 놓고 프랑스와 전쟁을 하고 있어, 일본이 청의 세력을 반도에서 몰아낼 기회였다고 보아, 다케조에(竹添進一郎) 공사가 이를 실행하지 못한 것은 실책이었다고 지적하였다. 그리고 일본이 '동학당이 봉기'하자 출병한 것은 다년간 청과 조선이 일본국민을 모욕해온 것을 참다가 청군의 출병소식을 듣고 적개심이 팽배해졌기 때문으로 일본의 목적은 조선의 독립을 부식하는데 있었으며 이러

---

71) 《外交編》 제9장 「日本の一大打擊」 473-492쪽
72) 《外交編》 제11장 「鎖國時代」 516-517쪽
73) 《外交編》 제12장 「開國後の外交」 521-524쪽

한 일본의 대의는 천하 만대에 걸쳐 인멸될 수 없다고 강조하였다.[74] 『외교편』의 결론에서 반도는 고금을 통해 일정한 외교방침이 없고, "① 의심이 많아서 어느 것을 선택해야 할지 망설이며, ②우유부단하고, ③구차하게 눈앞의 안일만을 추구하고, ④교활하게 남에게 영합하며, ⑤이익만을 추구하는 태도"가 있다고 하였다. 그리고 반도를 멸망케 하는 것은 반도인이라는 반도적 성격과 국가로서 정기가 없고, 염치없으며 의기가 없고, 주장이 없으며 고집도 없다는 사대성을 강조하였다.[75]

이상에서 살펴본 것처럼 『朝鮮開化史』는 일본이 정복이 아니라 민족적 통합을 통해 同種관계에 있는 조선을 식민지로 삼을 수 있는 근거를 보여준다. 즉, 천강인종론은 일본의 出雲族이 반도 내에 있던 부여족 등 다른 종족을 구축하여 조선반도와 요동반도까지 장악하고 조선을 지배하게 되는 과정을 그리고 있다. 이로써 강한 종족이 약한 종족을 구축하는 생존경쟁이 반영되고 있다.

맺음말

근대 일본의 역사 연구는 1889년 동경제국대학에 국사과가 만들어져 역사연구 체제가 정비되고 관찬사서로 『國史眼』이 간행되면서 비롯되었다. 일본은 1894년 청일전쟁과 함께 조선에 대한 지배권을 강화하면서 고대 일본의 한국진출을 역사적으로 입증하여 한국침략의 명분으로 삼고자 하였다. 이시기 일본의 한국사 연구는 침략을 합리화시키기 위한 통치자료의 역할을 하였고, 그들은 『日本書紀』나 『古事記』의 기록을 근거로 중국사나 『三國史記』, 『三國遺事』, 『東國通鑑』 등에 실린 내용을 참고하여 자신들에게 유리한 쪽으로 역사적 사실을 합리화하였다. 이러한 근대

---

74) 《外交編》 제12장 「開國後の外交」 530-536쪽
75) 《外交編》 제13장 「半島外交上の結論」 536-540쪽

일본의 한일관계 인식이 어떻게 왜곡되었는지 메이지 시대 출판된 조선관련 서적과 『國史眼』, 『朝鮮開化史』를 중심으로 고찰하여 다음의 사실을 알 수 있었다.

1) 태고부터 양국은 상호 왕래하였으며, 일본은 神代부터 우위를 차지하였다.

2) 일본의 시조신 아마테라스(天照大神)의 동생인 스사노오(素盞嗚尊)는 조선의 지배자이다. 여기에는 스사노오를 단군으로 보는 설과 스사노오의 아들 이다케루(五十猛)를 단군으로 보는 설이 있다. 그리고 스사노오가 아들을 데리고 머물렀다는 소시모리(曾尸茂梨)의 위치비정도 김해와 춘천, 경성 등의 설이 있다.

3) 양국은 同祖 同種의 관계에 있다. 요시다는 조선반도에 '陸種'과 '島種'의 두 인종이 있고 '島種'이 바로 일본과 同種이라고 보았다. 이에 비해 쓰네야는 천강인종을 天孫氏(沖繩族), 天孫族(大和族), 出雲族, 扶餘族으로 구분하고, 이들 인종은 공통적인 특색을 가지며 조선반도와 요동반도까지 퍼져 간 것으로 보았다. 신라는 出雲族이 세운 식민국가라고 주장한다.

4) 이나히(稻飯命)는 신라의 왕이 되었고, 그의 아들 아메노(天日槍)는 일본에 귀화하였다.

5) 신공황후가 삼한을 정벌하고 임나일본부를 설치하여 남방일대는 일본에 복속되었다.

6) 삼국이 일본에 조공하였다.

7) 豊臣秀吉의 조선침략은 신공황후의 삼한정벌을 계승한 치적이다.

8) 조선의 역사는 외세침략에 시달려온 독립불능의 역사이다.

9) 조선은 支那의 속국이며, 조선의 역사는 '支那外史' 이다.

이러한 메이지 시대의 왜곡된 韓國史像은 대한제국기 우리 역사학계에

그대로 수용되어 이 시기의 대표적 역사서인『歷史輯略』(金澤榮, 1905)
이나『東國史略』(玄采, 1906)등의 교과서와『大韓疆域考』(張志淵, 1905)
에 영향을 미쳤다.[76] 특히 독립협회 대한자강회나 호남학회와 같이 일제
침략으로부터 주권을 수호하고 국민정신 계몽에 공헌한 단체관련 월보에
이러한 한국사상이 수용된 것은 식민사학의 침투상황이 심각한 것을 보여
준다. 양국의 역사가 '同文同種'의 관계이며 '임나일본부'를 사실로 인정
하는 인식은 申采浩의 민족사학에 의해서 겨우 극복되었다. 그러나 이러
한 왜곡된 한국사상은 1910년 강제병합 이후에도 일제의 식민통치를 정
당화하는 근거가 되었으며 일본인들의 조선인식 형성에 영향을 미쳤다.
일제 강점기 일본인들의 한국사 연구에 관해서는 별고에서 다루어 보려고
한다.

• 투고일 : 2003년 10월 25일 • 심사완료일 : 2003년 11월 14일
• 주제어 : 일선동조론, 국사안, 조선개화사, 국학자, 임나일본부, 정
　　　　　한론, 조선침략, 식민사관, 천강인종론

---

76) 졸저,『滄江 金澤榮의 韓國史論』,한울, 1996 ; 졸고,「한국에서의 김택영연구 현황」,『사학
　연구』55·56집, 1998, 9 ; 졸고,「대한제국기의 고대 한일관계 인식」,『숙명한국사론』, 3호,
　2003, 11 참조

The conception of Korea-Japan Relations and Ilsungdongjoron (the theory of integration of Chosun and Japan) during the period of Meiji

Choi, Hea Joo

The Japan during the period of Meiji is interested in the history of Korea through the examination of the epitaph of King Kwanggaeto(廣開土王) toward 1883 and asserted that Japan ruled over Chosun since the mythical age. This assertion was disguised in the modern method of study and developped to the distortion of the history of Korea.

In 1887, Tokyo National University installed the Department of History, and two years later, with the establishment of the Department of national History, the whole system of history research was put in order. Then, in 1890, Kokusigan(國史眼), the work of Korea-Japan relations written with Ilsundongjoron (the theory of integration of Chosun and Japan) standpoint, was published.

This paper examined the description of the history of Korea made by Japan and the conception of Korea-Japan relations in order to explore the contents of the theory of Ilsundongjoron during the period of Meiji. This paper also examined the backgrounds of the publication of Kokusigan and Chosenkaikasi (朝鮮開化史) and the conception of Korea-Japan relations. The contents of the distorted conception of Korea-Japan relations of the modern Japan are as follows :

1. From the time immemorial, the two countries had the relations each

other and Japan was dominant since the mythical age.

2. Susano(素盞嗚尊), brother of Amaterasu(天照大神) who is the Japaneses' progenitor, was the governor of Chosun.

3. The two countries are in the relationship of the same kind and the same blood.

4. Inahi(稻飯命) became the king of Shilla and Ameno(天日槍), his son, was naturalized in Japan.

5. The Empress Jinguu(神功) conquered Sam Han (Three Hans) and installed Mimana-nihonfu(任那日本府). Then, the southern part of the country was submitted to Japan.

6. Three kingdoms of Korea payed tribute to Japan.

7. The invasion of Toyotomi Hideyoshi(豊臣秀吉) on Chosun is the succession of the subjugation of Sam Han by Empress Jinguu.

8. The history of Chosun is that of the struggle for the impossible independence from the invasion of foreign countries.

9. Chosun is the subject country of China, and its history is China's affiliated history.

This conception constitutes the basement of the publication of the history textbook of Japan. Consequently, the Japanese recognize Chosun as the object of the subjugation or as the subject country. During the Daihanjeguk (the Empire of Korea), this conception was introduced uncritically in our academic society of history and the invasion of distorted colonial history had continued. After the forced annexation in 1910, this conception was the basement of the justification of the colonial rule and influenced on the formation of Japanese's conception of Chosun.

Key Words : Ilsundongjoron (the theory of integration of Chosun and Japan), Junghanron, *Kokusigan, Chosenkaikasi*, Mimana-nihonfu, The view of history of colonialism, Invasion on chosun, The theory of amakudari race, Japanese national scholar

일반논문

금융조합연합회의 설립과 초기 활동

최재성[*]

목 차

머리말
Ⅰ. 금융조합연합회의 설립
  1. 관련법령의 개정
  2. 설립 과정
Ⅱ. 금융조합연합회의 초기 활동
  1. 업무 개시
  2. 초기 활동
맺음말

머리말

1904년 8월 22일 체결된 제1차 한일협약에 따라 대한제국의 재정고문으로 부임한 目賀田種太郎이 이른바 '目賀田 개혁'을 추진한 시기부터 '한일합방'으로 시작된 식민지 조선의 1910년대는 일제의 조선 식민 통치를 위한 기반(인프라스트럭처) 구축기간이었다. 이른바 '目賀田개혁'은 조선의 경제 체제를 식민지적인 것으로 개편하기 위한 목적에서 실시된 것으로 그 내용은 재정정리·화폐정리사업과 식민지적 금융기관 설립 등

---

* 한국정신문화연구원 선임연구원

이었다. 또한 1910년대에는 경제적 착취를 위해 필수적인 토지, 철도, 금융분야에서도 여러 조치들이 취해졌다. 토지부문에서의 토지조사사업의 실시(1912~1918), 철도부문에서의 호남선 및 경원선의 개통(1914) 등이 그러한 것들이다. 금융부문에서도 조선은행의 설립(1911), 농공은행령 및 지방금융조합령 제정(1914), 그리고 식산은행 설립 및 금융조합령의 개정(1918) 등이 이루어졌다.

지방금융조합도 이른바 '目賀田 개혁'에 따라 1907년부터 전국 각지에 설립되었다. 1906년에 설립된 농공은행을 보조하여 재정정리·화폐정리 사업으로 야기된 지방 농촌의 금융경색을 완화하고, 확산되고 있던 의병 투쟁을 조선농촌 및 농민으로부터 분리·차단하기 위해 설립되었던 것이다. 금융조합은 1914년의 '지방금융조합령'의 제정과 1918년과 1929년의 '금융조합령' 개정을 통해 그 기능과 역할을 강화하였는데, 한편으로는 일제의 식민지 금융정책에 의해 운영되는 금융기관이자, 또 다른 한편으로는 일제의 조선 지배방침에 따라 작동되는 통치기구의 말단 조직이었다.

금융조합의 이러한 기능과 역할은 해방 이후에도 크게 변하지 않고 유지되었다. 해방 이후 조선금융조합연합회는 대한금융조합연합회로 명칭만 변경되어 이승만 극우 반공정권의 농촌통제기구로 이용되었고, 1950년대에 조직개편 논의를 거쳐 1958년 농업은행으로 개편되었다가 5·16 쿠데타 이후인 1962년 농업협동조합중앙회로 개편되어 현재에 이르고 있다.

금융조합연합회는 일제 식민통치 기반구축기인 1910년대에 이루어진 금융부문에서의 일련의 조치에 따라, 그리고 그 마무리로써 설립되었다. 금융조합연합회는 1918년에 이루어진 '금융조합령'의 개정에 따라 전국 13개 도에서 일제히 도내 금융조합의 상부기관으로서 만들어졌는데, 금융조합의 연락기관, 지도기관, 자금조절기관으로서의 역할을 맡게 되었던 것이다. 이후 1933년 조선금융조합연합회 설립 이후 그 산하 도지부로 개편될 때까지 존속하였는데, 그 기간 동안에 조선의 금융조합은 외형상 비약적으로 그 몸집을 불려가게 되었다. 그러한 외형적 확장에는 일제의 식민정책이 주요한 계기로써 작용되었지만, 1918년에 설립된 금융조합연합회의 활동 역시 그 과정에서 하나의 지렛대로써 기능을 발휘하였다고 생각된다.

일제 식민지시기의 금융조합에 대해 구조 변화를 중심으로 단계구분을 하면 3단계로 나눌 수 있다. 제1단계 지방금융조합 시기를 거쳐 1918년에는 지방금융조합이 금융조합으로 명칭변경되면서, 기존의 지방금융조합은 촌락금융조합으로 개편되고 시가지 지역에 새로 도시금융조합이 설립되었으며, 각 도 단위의 금융조합연합회가 신설되었다(2단계). 이후 1933년에 중앙에 조선금융조합연합회라는 중앙기관이 설립되고, 기존의 각 도 금융조합연합회는 조선금융조합연합회의 도 지부로 개편되어 해방에 이르기까지 지속(3단계)되었는데, 이를 그림으로 나타내면 다음과 같다.

〈그림1〉 일제 식민지시기의 금융조합 구조개편 단계

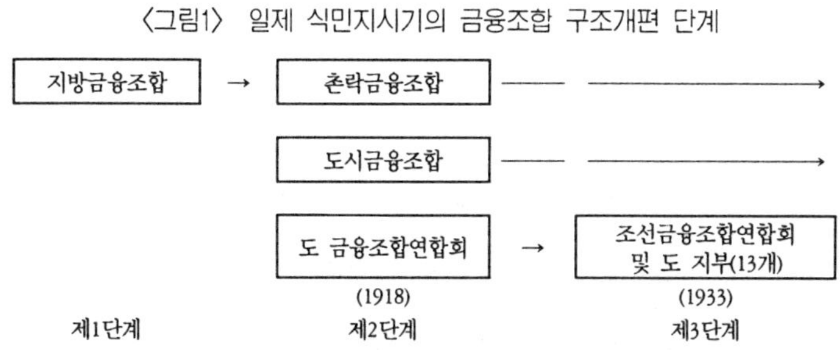

위와 같은 3단계 가운데, 이 글의 주제인 금융조합연합회는 제2단계에 위치하며, 제2단계의 시기는 금융조합의 발전과정 가운데 제1단계인 기반

구축기와 제3단계인 절정기를 이어주는 과도기였다고 생각한다.[1] 지금까지 금융조합에 대한 연구 성과는 제3단계에 해당하는 것이 가장 많았고, 제1단계와 제2단계에 대한 것이 몇 편씩이 있다.[2] 제2단계를 구명한 연구 성과도 주로 촌락금융조합에 집중되어 있었고, 도시금융조합에 대해서는 문영주의 연구 성과가 있을 뿐이다.[3] 앞에서 잠깐 금융조합연합회에 대한 성격 내지 역할에 대해 언급하였지만, 그에 대해서는 아직 연구 성과가 없는 실정이다.

이에 이 글에서는 금융조합의 상부조직으로서 설립되어 제2단계에 중요한 역할을 했던 금융조합연합회에 대해 살펴보고자 한다. 그리하여 설립과정과 활동 등에 대하여 고찰하겠다. 그 활동에 대해서는 설립된 1918년에서 조선금융조합연합회 도 지부로 개편된 1933년까지를 대상으로 해야 하겠지만, 지면관계상 초기 활동만을 대상으로 하였음을 미리 밝혀둔다.

---

1) 일제 식민지시기 금융조합에 대해 연구자로서 본격적인 시기구분을 처음 시도했다고 할 수 있는 金森襄作은 설립기(1907~14년), 기초 확립기(14~18년), 비약적 확장기(18~29), 완성기(29~35년), 모순기·전시체제하기(36~45년) 등 5개의 시기로 구분하였다(金森襄作의 「日帝下 朝鮮金融組合과 그 農村經濟에 미친 影響」, 『史叢』 15·16합집, 1971). 필자는 앞에서 언급한 3단계에다 해방 이후를 더하여 4단계로 구분하고자 한다.

2) 기왕의 연구 성과에 대해서는 최재성의 「1907·8년 지방금융조합의 설립과 운영」(『한국민족운동사연구』 28집, 한국민족운동사학회, 2001.8) 참조. 그밖에 이경란과 문영주에 의한 연구가 있는데, 이경란의 연구성과는 1907~1945년 시기의 금융조합에 대한 최초의 박사학위논문(이경란, 「일제하 금융조합과 농촌사회 변동」, 연세대 사학과 박사학위논문, 2000.7)이고, 문영주의 연구는 제2단계 이후에 집중되어 있다.

3) 문영주, 「1920년대 도시금융조합의 활동과 보통은행과의 갈등」, 『한국민족운동사연구』 31, 한국민족운동사학회, 2002년 6월.

Ⅰ. 금융조합연합회의 설립

1. 관련 법령의 개정

1910년대 조선에서 실시된 식민지 금융정책은 토지, 철도, 도로, 항만 등 '식민지 사업'을 추진하고, 식량·원료 생산지, 상품소비시장으로서 조선이 기능하도록 조선 경제를 재편하는 일제의 식민지 정책을 금융 면에서 지원하기 위한 것이었다. 1910년대 식민지 조선에서의 금융정책 은 일본 자본주의의 발전과정과 제1차 세계대전의 영향에 의해 전반기와 후반기로 크게 구분되며, 전반기는 '식민지 사업'의 전개와 금융 관련 법 안의 제·개정으로, 후반기는 조선은행의 만주진출과 금융 관련 법안 정 리 등으로 각각 요약할 수 있다.[4] 금융조합과 관련해서는 1914년 농공은 행령과 함께 지방금융조합령이 제정, 시행되었고, 1918년에는 식산은행 령 제정 및 식산은행의 설립과 함께 금융조합령이 개정되었다.

금융조합연합회는 이러한 흐름 속에서 탄생하였는데, 금융조합연합회 설립작업은 1918년 6월 27일 제령 제13호를 통한 금융조합령 개정안의 공포와 함께 시작되었다.[5] 이는 1914년에 공포된 '지방금융조합령'을 '금 융조합령'으로 고친 것으로 금융조합의 명칭이 이때 '지방금융조합'에서 앞의 '지방' 두 자를 삭제한 '금융조합'으로 개칭되었기 때문이다.

이때 개정된 내용 가운데 중요한 것을 보면, 먼저 조직과 관련한 것으로 종래의 금융조합은 촌락금융조합으로 하고, 당시 12개의 부 지역과 시가

---

4) 이석륜의 『우리나라금융사』(박영사, 1990), 배영목의 『식민지조선의 통화금융에 관한 연구』 (서울대 경제학과 박사학위논문, 1990), 윤석범 등의 『한국근대금융사연구』(세경사, 1996), 一九二0年代史研究會 編의 『一九二0年代の日本資本主義』(東京大學出版會, 1983), 波形昭 一의 『日本植民地金融政策史の研究』(早稻田大學出版部, 1985) 등 참조.

5) 「地方金融組合令中左ノ通改正ス」, 制令 第13號, 『朝鮮總督府官報』第1767號, 大正7年 (1918년) 6月 27日.

지세 시행지에 도시금융조합을 신설토록 하였으며, 그 상부기구로서 각 도에 금융조합연합회를 설치토록 하였다. 다음으로 조합원의 자격에 관한 것으로 종래 제1조 규정 중 '농민'을 '조합원'으로 고치고, 조합의 구역 내에 주소를 둔 자로 한하였다(제2조). 이는 조합구역 안에 거주하는 자는 그 직업의 여하를 불문하고 조합원이 될 수 있도록 한 것이다. 조합원의 자격을 농민에서 직업을 불문한 구역내 거주자로 확대함에 따라 대부금의 사용목적에 대한 규정에서도, 종래는 농사상 필요한 용도에 사용하는 것에 한하였던 것을 '조합원의 경제의 발달에 필요되는 자금'에 대하여 모두 대부할 수 있도록 하였다.

이와 같이 금융조합의 명칭, 조합원의 자격, 그리고 금융조합의 운영과 관련된 조항의 개정 외에 이 글의 주제와 관련한 중요한 내용으로 금융조합연합회에 관한 조항들이 신설되었다. 이에 따르면, 금융조합연합회는 사단법인으로 하고(제93조의 3), 연합회의 목적은 소속조합에 필요한 자금의 대부, 소속조합으로부터의 예금, 소속조합에 대한 업무상 지도, 소속조합 상호의 연락 및 업무상의 편의를 꾀하는 것(제93조의 2) 등이었으며, 금융조합연합회에는 금융조합 이외 조선총독이 지정한 산업에 관한 법인을 가입시킬 수 있도록 했다(제93조의 2). 또한 금융조합 또는 법인이 금융조합연합회에 가입하거나 탈퇴할 때는 총회의 결의를 경유하도록 하였다(제93조의7).

이 시기 금융조합령이 이처럼 개정된 배경은 무엇인가? 이에 대해 당시 총독부 탁지부장관 鈴木穆은 다음과 같이 밝혔는데,[6] 1918년 4월 말 현재 금융조합의 수는 260개소에 달하였고, 조합원 수는 12만 여명이었으며, 불입 출자금은 51만원, 예금은 75만원, 대부금은 391만원에 달하였음을 전제로 하고, 이러한 실적에 대해 '각 조합이 共히 대개 양호한 성적을

---

6) 鈴木穆,「地方金融組合令ノ改正ニ就テ」,『朝鮮彙報』大正7년(1918년) 8월호, 17-23쪽;『매일신보』1918년 6월 28일~29일(2면) '지방금융조합령 개정에 就하여'(鈴木탁지부장관 담).

거두어 지방산업의 개발에 공헌함이 鮮少치 아니'하다고 평가하면서도 이를 일본의 산업조합과 비교하여 아직 '前途 遼遠의 感'이 있다고 하였다. 즉 조합원수는 조선농가호수의 4.5/100이고, 대부금액은 농가 1호당 1원 42전에 불과하며 이는 일본 산업조합의 1호당 대부금 5원 30전의 1/3에도 미치지 않는다고 하였다. 그리하여 '이에 지방금융조합에 개정을 가하여 종래 조합원은 농민에 한한 것을 소상공업자 기타 하층민에게 미치게 하여 益益 조합의 증설을 꾀하고 또 시가지에는 주로 소상공업자를 위하여 도시의 조합을 認하고 다시 이들 금융조합의 제휴 및 상급 금융조합과의 연락을 꾀하기 위하여 금융조합연합회를 설치하고 의하여써 하층 금융의 설비를 완전케 하고자 함'이라고 그 배경을 설명하였다.

1907년 설립 이후 1918년 당시까지 지방금융조합 설립 및 활동의 성과는 어느 정도 있었으나, 한계도 많았다는 자체 평가였던 셈이다. 금융조합연합회의 설립은 위와 같은 자체 평가의 결과 이뤄지게 된 것이다. 또한 이러한 배경과 함께 도내 각 조합간의 자금 과부족 현상을 조절하고, 관청에 의해 행해지고 있던 지도 감독기능을 신설 금융조합연합회로 하여금 담당케 할 목적[7]도 아울러 가지고 있었다.

이어서 1918년 10월 1일에는 법적·행정적 후속조치가 일시에 취해졌다. '금융조합업무 감독규정' 개정(조선총독부령 제94호), '금융조합 이사 및 금융조합연합회 이사장 및 이사 복무규정' 개정(조선총독부 훈령 제51호), '금융조합 이사 및 금융조합연합회 이사장 및 이사 신원보증금규정' 개정(조선총독부 훈령 제52호), '금융조합령 제5조 제2항 규정에 의한 시가지 지정'(조선총독부 고시 제229호), '금융조합령 제9조에 의한 지정은행 개정'(조선총독부 고시 230호), '금융조합령 제31조 제2항 단서의 규정에 의한 금융조합 지정'(조선총독부 고시 제231호), 그리고 '금융조합 및

---

7) 秋田豊,『朝鮮金融組合史』, 조선금융조합협회, 1929, 138-139쪽; 김우평,『금융조합론』, 종산사, 1933, 94쪽.

금융조합연합회 정관안에 관한 건' 통첩(관통첩 제158호) 등이 그것이다. 금융조합업무감독규정의 개정 내용 가운데 주요한 것으로는 제6장의 신설인데, 이는 새로이 설립될 금융조합연합회에 관한 규정이었다.[8]

또한 금융조합령 제5조 제2항의 규정에 의해 지정된 시가지(조선총독이 지정한 시가지)는 다음과 같이 15개 면이었는데, 경기도 수원군 수원면, 개성군 송도면, 충북 청주군 청주면, 충남 공주군 공주면, 대전군 대전면, 논산군 강경면, 전북 전주군 전주면, 전남 나주군 나주면, 광주군 광주면, 경북 김천군 김천면, 경남 진주군 진주면, 황해 해주군 해주면, 황주군 송림면, 평북 의주군 의주면, 함남 함흥군 함흥면 등이다.[9] 이들 15개의 시가지는 1917년 6월 9일 공포된 '면제'[10]에 따라 같은 해 9월 19일에 지정된 23개의 지정면[11]에 속하는 13개 면에다가 전남 나주군 나주면과 황해도 황주군 송림면을 합한 것이다.

그리고 금융조합령 제31조 제2항 단서의 규정(조선총독이 지정한 조합)에 의해 지정된 금융조합은 260개였는데,[12] 이는 1918년 9월말 현재 존재하고 있던 지방금융조합의 수로서 각 도별 조합수는 〈표1〉에서 보는 바와 같다.

그밖에 관통첩 제158호를 통해 정무총감으로부터 각 도장관에게 통첩된 금융조합 및 금융조합연합회 정관안에 관한 건을 보면, 정관안은 크게 갑, 을, 병 등 세 가지이다. 그 가운데 丙이 금융조합연합회에 관한 것으로

---

8) 「地方金融組合業務監督規程中左ノ通改正ス」, 조선총독부령 제94호, 『朝鮮總督府官報』號外, 大正7年(1918년) 10月 1日.

9) 「金融組合令第五條第二項ノ規定ニ依ル市街地ヲ左ノ通指定ス」, 조선총독부 고시 제229호, 『朝鮮總督府官報』號外, 大正7年(1918년) 10月 1日.

10) 「面制」, 制令 第1號, 『朝鮮總督府官報』第1454號, 大正6年(1917년) 6月 9日.

11) 「面制第四條ニ依リ相談役尾ヲ置ク面左ノ通之ヲ指定ス」, 조선총독부령 제67호, 『朝鮮總督府官報』第1539號, 大正6年(1917년) 9月 19日.

12) 「金融組合令第三十一條第二項但書ノ規定ニ依ル金融組合ヲ左ノ通指定ス」, 조선총독부 고시 제231호, 『朝鮮總督府官報』號外, 大正7年(1918년) 10月 1日.

그의 내용은 제1장 총칙, 제2장 출자 및 적립금, 제3장 기관, 제4장 업무의 집행, 제5장 잉여금 및 결손보전, 제7장 해산 등에 이르기까지 48개조의 조항으로 이루어져 있다.[13]

그렇다면 왜 하필 1918년이라는 이 시기에 '금융조합령' 개정 및 금융조합연합회의 설립이 이루어졌을까? 그에 대한 대답을 간략히 제시하면 다음과 같다. 제1차 세계대전의 영향으로 일본 자본주의는 비약적인 발전을 이루게 되었다. 이에 寺內 내각은 '만선 금융일체화'정책을 추진하여 조선은행과 동척의 사업범위를 중국 동북지방(만주)까지 확대하였다. 그에 따라 조선은행과 동양척식주식회사의 만주 진출이 이뤄졌다. 동양척식회사의 공백을 메우기 위해 조선식산은행의 설립되었고, 식산은행의 설립에 연동하여 금융조합의 구조개편이 이뤄졌다. 금융조합의 구조개편에 따라 설립된 금융조합연합회는 식산은행을 '父 은행'으로 하는 관계로 맺어져 1920년대 식산은행을 통해 들어온 일본 자본이 각 도 금융조합연합회를 거쳐 관할 금융조합을 통해 조선 농촌으로 유입되는 통로로서 기능하게 된다.[14] 금융조합연합회의 설립은 바로 이와 같은 의미에서 중요한 계기가 된 것이다.

또 다른 면에서 본다면 금융조합이 아직 자생력이 부족한 상태에서 장래 자체의 중앙기관을 수립하기 위한 과도기적 조치로서 도 단위의 상부기관을 설립했다는 점을 지적할 수 있다. 일본에서도 19세기말 신용조합이 설립되었고, 이후 의회에서 관련 법안을 몇 차례 시도한 끝에 1900년에 신용, 구매, 판매, 생산 등 네 가지 업무를 담당하는 산업조합법이 통과되었다. 이후 1909년에 군 또는 부, 현의 구역에 산업조합 연합회 설립의

---

13) 「金融組合及金融組合聯合會定款案ニ關スル件」, 관통첩 第158號, 『朝鮮總督府官報』 號外, 大正7年(1918년) 10月 1日. 甲과 乙은 각각 금융조합령 제5조 제2항 이외의 조합, 즉 촌락금융조합과 금융조합령 제5조 제2항의 조합, 즉 도시금융조합에 관한 것으로 둘 다 52개조로 이루어져 있다.

14) 각주 4)와 같은 문헌 참조.

인정, 1910년에 산업조합중앙회의 설립 등의 단계를 거쳤는데,[15] 이 시기 조선에서 도 단위의 금융조합연합회가 설립된 것은 일본에서 산업조합연합회가 설립된 것과 같은 맥락에서 이해할 수 있는 것이다.

2. 설립 과정

(1) 임시총회 개최

조선총독부에서는 관련 법령의 개정 등 법적인 조치 외에도 문서를 통한 행정 조치로써 각 도장관에게 금융조합연합회의 설립을 지시하였다. 탁지부에서 1918년 9월 28일 '이제1141호'를 통해 각 도장관에게 송부한 문서(〈金融組合聯合會設立ニ關スル件〉)가 그것이다.[16]

금융조합연합회 설립에 관한 탁지부의 지시사항을 각 도장관으로부터 전해 받은 각 금융조합에서는 조합별로 조합원 임시총회를 개최하였다. 충북 진천·청풍·단양금융조합의 사례를 보면, 소속 조합원에게 각각 10일 전에 총회 개최 사실을 통지하였는데, 이는 현행 「지방금융조합 정관」에서 규정한 총회 소집요건, 즉 '총회의 소집은 10일 전에 그 회의의 목적사항을 표시한 서면으로써 각 조합원에 통지를 발할 것을 요'(제19조)하는 규정[17]에 의한 것으로 다른 조합들도 이 절차를 취했을 것으로 생각된다.

당시 금융조합연합회를 설립하기 위한 절차로써 각 금융조합에서 개최한 총회에 관한 회의록을 통해 충남·북, 전남·북, 경남·북, 황해, 평안

---

15) 김우평, 앞의 책, 1-2쪽.
16) 이 문서는 정부기록보존소 문서철에 편철되어 있지 않으나 전라남도장관이 정무총감에게 보낸 「金融組合聯合會設立ニ關スル件副申」(全南理 제1130호, 10월 29일, 『금융조합연합회 정관』, 정부기록보존소 문서철[CJA0003882], 481-482쪽)을 통해서 볼 때 그 문서가 탁지부로부터 각 도장관에게 통첩되었음을 알 수 있다.
17) 「地方金融組合定款案ニ關スル件」, 관통첩 第307號, 『朝鮮總督府官報』 第621號, 大正3年(1914년) 8月 26日.

남도 관내 각 조합별 임시총회에 관한 내용을 작성한 것이 〈부표〉 18)이다.

〈부표〉를 통해서 볼 때, 충남 보령지방금융조합의 조합원 총회일이 10월 11일로 금융조합 가운데 가장 빨랐다. 조선총독부에서 취한 법적·행정적 조치가 있은 지 약 열흘 후였다. 그리고 다른 많은 금융조합들도 10월 중순과 하순에 집중해서 총회를 개최하였다. 그러나 경남 관내 조합의 총회 개최일은 11월로 다른 도에 비해서 늦었다.

총회 개최 당시 현행 〈지방금융조합 정관〉에 따르면, 총회 결의는 총 조합원의 1/3 이상 출석과 출석 조합원의 과반수로써 하고, 조합장 및 감사의 선임, 정관의 변경, 해산 및 합병의 결의 등과 같은 중요 안건에 대해서는 총 조합원의 과반수 출석을 규정하였는데, 〈부표〉에 의하면, 모든 조합에서 위임자를 포함하여 참석자가 총 조합원의 과반수였다. 이 시기 조합의 임시총회가 주로 정관 변경을 다루었기 때문에 그에 맞춰 과반수 출석이란 요건을 갖추었던 것으로 보인다.

그런데, 출석자에 포함된 위임자가 실제로 참석한 조합원의 숫자를 초과한 조합도 청주, 보령, 아산, 성환, 장수, 목포, 곡성, 구례, 상주, 경주, 안동, 대구, 포항, 영주, 영덕, 예천, 청도, 군위, 문경, 선산, 장기, 경산, 왜관, 안계, 진주, 안악, 서흥, 연안, 금천, 사리원, 옹진, 수안, 배천, 시변리, 평양, 덕천, 요파, 용강, 영유 등 상당수에 달했는데, 특히 경북과 황해도에서 그런 경향이 두드러졌다. 예를 들어 청주금융조합에서는 참석자가 227

---

18) 이는 충남·북, 전남·북, 경남·북, 황해, 평남 등 8개 도 관내 144개 금융조합에 대한 의사록을 바탕으로 작성한 것이다. 조선 13도 가운데 경기, 평북, 강원, 함남·북 등 5개 도 관내 금융조합의 결의록과 나머지 8개 도 가운데서도 부강(충북), 성환·조치원(충남), 무장·익산·고산·용담·임피·운봉(전북), 맹산·개천·성천(평남) 등 12개 금융조합의 총회 상황은 부표에 반영되지 못했는데, 이는 현재 문서철에 이들 기록이 없기 때문이다. 원래 이들 조합의 결의록이 문서철의 말미에 편철되어 있다가 관리소홀로 멸실된 것으로 보인다.

명(의결권 행사 위임자 166명 포함)으로 총회 회원 450명에 대하여 간신히 과반수였고, 위임자 166명을 제외하면 총회에 실제로 참석한 조합원은 겨우 61명이었다. 총 조합원의 13.6%에 해당하는 61명의 참석자로써 총회에 부의된 안건을 의결한 것이다. 또한 평양금융조합의 임시총회에서도 조합원 386명 가운데 위임장 제출자 159명을 포함하여 205명이 출석하였는데, 실제 참석자는 46명에 지나지 않았다. 그리고 안동금융조합에서는 총회 회원 1008명 가운데, 의결권 행사 위임자를 포함해도 670명이 참석하였고, 의결권 행사 위임자 541명을 제외하면 실제로 총회에 출석한 자는 129명에 불과했다. 이처럼 위임 참석이 두드러진 경향이었는데, 그 가운데 충남 아산금융조합에서는 출석 조합원 1명이 적게는 1명에서 많게는 7명의 위임을 받아 대리 의결하기도 하였다.[19]

각 금융조합 총회에서 다룬 안건은 크게 정관 개정, 도 금융조합연합회 설립 및 가입 등이었다. 정관 개정안은 관보를 통해 10월 1일자로 공포되고, 9월 28일자 문서를 통해 각 도를 경유하여 각 조합에 통지된 것이었다. 이를 모범정관으로 하여 각 금융조합에서는 해당 금융조합 명칭과 주소 등에 관한 사항만 기재하였고, 나머지 조항은 공통된 것으로서 모두 동일하였다.

그 밖의 안건으로 조합에 따라 조합장과 감사, 평의원 등 임원 선거를 한 곳도 있었다. 조합장 선거를 한 곳은 충남 강경, 서산 등이었다. 조합장 선거는 조합원 투표를 통해 이루어졌는데, 서산금융조합에서는 임시의장인 이사가 후보 4명을 지명하여 그 가운데 선출하였다. 당시 금융조합의 이사가 실질적인 권한을 행사하였음을 잘 보여주는 사례였다고 생각한다. 감사를 선출한 곳은 부여, 서산, 면천, 예산, 진주, 취야금융조합 등이었다. 감사는 주로 의장이 지명하여 투표없이 선출하였다. 또한 평의원 선거도

---

19) 「임시총회 대리권 위임자 명부」(아산금융조합), 『금융조합연합회 정관』, 정부기록보존소 문서철(CJA0003882), 239-242쪽.

있었는데, 평의원 선거가 이뤄진 곳은 서천, 홍산, 부여, 서산, 면천, 예산, 고흥, 능주, 장성, 진주, 취야금융조합 등이었는데, 대부분 평의원 정수를 증원하고 늘어난 만큼 새로 선출하는 것이었지만, 보결선거를 한 곳도 있다.

그밖에 조합 명칭과 구역 변경에 관한 안건을 다룬 곳도 있었다. 충남 대전,[20] 강경,[21] 경남 진주금융조합[22] 등이 그러하였다. 이들 조합의 소재지는 앞서 언급한대로 지정된 15개 시가지에 속하는 곳으로 향후 도시금융조합이 설립될 예정이어서 조합 명칭과 조합의 중복을 피하기 위한 조치였다. 그리고 1918년에 시범적으로 이들 3곳에 도시금융조합이 설립되었다.

다음으로 안건 결의 방법을 보면, 모두 제출된 의안에 대해서는 단 한 건의 이의나 반대 없이 만장일치 가결되었다. 총독부의 시책에 따른 지시로 개최된 총회였던 만큼 이견이란 있을 수 없었던 것이다. 특이한 것으로 누천·수안·취야·시변리 금융조합에서는 '전원 기립'으로 가결했고, 배천금융조합에서는 '전원 거수'로 찬성을 나타냈는데, 이런 표결방법이 당시에는 일반적인 것이 아니었나 생각한다.

위에서 살펴 본대로 조합원의 출석률, 표결방법 등을 통해 조합원 총회라는 것은 하나의 형식적인 기구였음을 알 수 있다. 즉 조합원 총회에서 조합원의 의사에 따라 안건을 결정하는 것은 형식상의 절차였을 뿐이고,

---

20) 대전금융조합의 명칭은 회덕금융조합으로 개칭되었고, 조합 구역은 대전군 외남면, 회덕면, 북면, 구칙면, 유성면, 진잠면, 기성면, 유천면, 탄동면, 산내면, 동면으로 변경되었다. 「大田金融組合臨時總會決議錄」, 『금융조합연합회정관』, 정부기록보존소 문서철(CJA0003882), 131쪽
21) 총회 결의록에는 강경금융조합의 개칭될 명칭이 공란으로 남아있으나 채운으로 개칭되었다. 조합구역은 논산군 성동 논산 가야곡 구자곡 은진 채운 등 6면과 부여군 세도 장암 석성 등 3면으로 변경되었다. 「第一回臨時總會決議錄」(江景金融組合), 『금융조합연합회 정관』, 정부기록보존소 문서철(CJA0003882), 147쪽.
22) 진주금융조합은 조합명칭을 진양으로 개칭하였다. 「決議錄謄本」(晋州金融組合), 『금융조합연합회 정관』, 정부기록보존소 문서철(CJA0003884), 819쪽.

총독부 측의 일방적인 방침이 각 도와 금융조합 이사를 통해 전달되고, 거기에 조합원들이 거수기 역할을 통해 추인하는 식이었던 것이다. 여기에 조합원들의 요망사항이나 나아가 경영 참여 등은 끼어들 여지가 없었던 것이다. 이를 통해 금융조합이란 조직이 일제 조선 식민 지배를 원조하는 금융기관이었음과 조합원인 농민들은 단지 일제 식민정책의 대상으로 활용되었을 뿐이란 점을 확인할 수 있다.

(2) 설립신청

이상에서 본 바와 같이 각 조합에서는 총회를 개최하였고, 그 결과 도별로 조합장과 이사들이 연명으로 설립신청서를 제출하였다. 맨 먼저 1918년 10월 25일 평남 관내 17개 금융조합의 조합장과 이사들이 연명날인으로 총독에게 금융조합연합회 설립허가 신청서를 제출하였다.[23] 평남 관내 각 금융조합의 총회가 10월 12일에서 20일 사이에 개최된 사실을 상기할 때 그 후속조치가 상당히 빨랐다고 할 수 있다. 이어서 10월 28일에는 경북 관내 26개 금융조합의 조합장과 이사들이 연명으로 신청하였다.[24] 같은 날인 10월 28일 경상북도 장관이 또한 조선총독에게 설립신청을

---

23) 이 신청서에는 「평안남도 금융조합연합회 정관」이 첨부되어 있는데, 그 내용은 관통첩으로 시달된 내용에 연합회의 명칭, 소재지에 관한 부분만 채워 넣은 것이다. 또한 각 금융조합의 임시총회 결의록 등본이 첨부되어 있다. 신청서에 기명 날인한 금융조합은 평양(平壤)·덕천(德川)·안주(安州)·강서(江西)·요파(了波)·순천(順川)·용강(龍岡)·양덕(陽德)·영원(寧遠)·강동(江東)·중화(中和)·영유(永柔)·숙천(肅川)·순안(順安)·맹산(孟山)·개천(价川)·성천(成川) 금융조합 등 17개이며, 이들 금융조합 가운데 맹산·개천·성천 금융조합의 총회 결의록이 없는 것으로 보아 이 문서철의 뒷 부분이 유실된 것으로 보인다. 「金融組合聯合會設立許可申請書」, 『금융조합연합회정관』, 정부기록보존소문서철(CJA 0003884), 971-998쪽.

24) 경상북도 관내 금융조합은 상주·경주·성주·안동·대구·의성·김천·포항·영천(永川)·영주(榮州)·영덕(盈德)·예천·청도·군위(軍威)·문경·현풍·청송·선산(善山)·장기(長鬐)·봉화·경산·왜관·고령·안계(安溪)·영양(英陽)·신녕(新寧) 금융조합 등 26개였다. 「慶尙北道金融組合聯合會設立許可申請書」, 『금융조합연합회 정관』(경북), 정부기록보존소 문서철(CJA0003883), 487-489쪽.

하였다.25)

10월 29일에는 전북 관내 21개 조합26)과 전남 관내 24개 조합27)의 조합장과 이사의 연명신청이 있었고, 전라남도 장관도 정무총감에게 금융조합연합회 설립허가를 신청하였다.28) 전라남도 장관이 정무총감에게 보낸 문서의 내용은, 9월 28일부 총독부 문서('理第1141號')에 따라 금융조합연합회 설립허가를 신청함과 함께 11월 중순에 전남도 관내 각 금융조합 이사를 소집하여 연합회 창립총회를 개최하고 감사의 선거를 할 계획이니 허가해 달라는 내용이다. 이를 통해 볼 때 이 시기 조선 전체에서 각 도별로 금융조합연합회를 설립하기 위해 창립총회를 일제히 개최했던 것은 9월 28일자 총독부 지시에 의한 것임을 알 수 있다. 또한 전라북도 내 각 금융조합 회의록은 '결의록 등본'이라는 동일한 양식에 해당 금융조합 명칭과 조합원 수를 적는 곳만이 공란으로 되어있어 도에서 같은 양식을 일괄 조제하여 관내 각 조합에 송부하였던 것으로 보인다.

10월 30일에는 충남,29) 충북,30) 황해도31) 관내 각 금융조합장과 이사들

---

25)「金融組合聯合會設立許可申請書進達ノ件副申」(理第3027號),『금융조합연합회 정관』(경북), 정부기록보존소 문서철(CJA0003883), 807쪽.

26) 전북 관내 21개 금융조합은 전주금융조합을 비롯하여 남원·함열(咸悅)·고부(古阜)·김제·진안(鎭安)·금산(錦山)·고창·군산·임실·태인(泰仁)·순창·무주(茂州)·부안·장수·무장(茂長)·익산·고산(高山)·용담(龍潭)·임피(臨陂)·운봉(雲峰) 금융조합 등이다.「全羅北道金融組合聯合會設立許可申請書」,『금융조합연합회 정관』, 정부기록보존소 문서철(CJA0003882), 266-270쪽.

27) 전남 도내 금융조합은 목포금융조합을 비롯하여 광주·담양·곡성·구례·광양·여수·순천·고흥·보성·능주(綾州)·동복(同福)·장흥(長興)·강진·해남·영암·나주·남평·함평·영광·장성·완도·진도·제주금융조합 등 24개 금융조합이었다.「設立許可申請書」,『금융조합연합회 정관』, 정부기록보존소 문서철(CJA0003882), 426-430쪽

28)「金融組合聯合會設立ニ關スル件副申」(全南理 第1130號), 10월 29일,『금융조합연합회 정관』, 정부기록보존소 문서철(CJA0003882), 481-482쪽.

29) 충청남도 관내 금융조합은 공주·대전·연산(連山)·강경·한산·서천(舒川)·홍산(鴻山)·부여·청양(靑陽)·보령·광천(廣川)·홍주·서산·태안·면천(沔川)·예산·아산·성환(成歡)·천안·조치원금융조합 등 20개 금융조합이다.「忠淸南道金融組合聯合會設立許可申請」,『금융조합연합회 정관』, 정부기록보존소 문서철(CJA0003882), 115-118쪽

이 연명하여 신청서를 제출하였다. 그리고 11월 8일 경기도 관내 17개 금융조합의 조합장과 이사들이 연명하여 경기도 금융조합연합회 설립을 신청하였다.32) 당시 경기도 관내에는 24개의 금융조합이 있었으나 포천 등 7개 금융조합의 조합장과 이사는 연명날인 신청서에 누락되어 있다. 이는 이들 7개 금융조합은 신청 기일에 쫓겨 임시총회 개최 등 아직 요건을 갖추지 못하였던 것으로 보인다. 경기도내 각 금융조합의 조합장과 이사의 연명으로 조선총독에게 신청서를 제출한 이튿날인 11월 9일에 경기도장관이 조선총독에게 문서(理第2602號)를 통해 경기도 금융조합연합회의 설립을 신청했다.33)

이상 경북, 전남, 경기도의 신청에서 보듯이 각 도 관내 금융조합장과 이사들이 연명으로 총독 앞으로 신청을 하고, 다시 도장관이 총독에게 설립허가신청서를 제출했는데, 이는 각 금융조합의 조합장과 이사들이 한 곳에 모여 기명 날인한 신청서를 작성하고, 이를 도에서 취합하여 도장관이 보내는 발송문서와 함께 총독부에 제출한 것으로 보이며 이들 3개 도를 제외한 나머지 도에서도 마찬가지였을 것으로 생각된다.

---

30) 충청북도 내 13개 금융조합은 청주·영동·충주·음성(陰城)·보은·제천·진천·옥천(沃川)·청풍(淸風)·괴산·단양·미원(米院)·부강(芙江) 금융조합 등이다. 「金融組合聯合會設立許可申請」, 『금융조합연합회 정관』, 정부기록보존소 문서철(CJA0003882), 30-32쪽.

31) 황해도 내 20개 금융조합은 송화(松禾)·안악(安岳)·서흥(瑞興)·해주(海州)·황주(黃州)·재령(載寧)·연안(延安)·은율(殷栗)·금천(金川)·신계(新溪)·신천(信川)·사리원(沙里院)·장연(長淵)·옹진(甕津)·곡산(谷山)·누천(漏川)·수안(遂安)·배천[白川]·취야(翠野)·시변리(市邊里) 금융조합이다. 「黃海道金融組合聯合會設立申請書」, 『금융조합연합회 정관』, 정부기록보존소 문서철(CJA0003884), 831-835쪽.

32) 17개 금융조합은 수원·개성·남양(南陽)·안성·여주·이천(利川)·강화·김포·영등포·문산포(汶山浦)·소사(素砂)·장호원·장단·용인·평택·고양·오산금융조합 등이며, 당시 경기도 관내 금융조합 24개 가운데 포천·마전(麻田)·양주·광주(廣州)·양평·가평·연천(漣川) 금융조합 등 7개 금융조합이 빠져 있다. 「京畿道金融組合聯合會設立許可申請」, 『금융조합연합회 정관』, 정부기록보존소 문서철(CJA0003882), 13-17쪽.

33) 「京畿道金融組合聯合會設立許可申請ノ件」, 『금융조합연합회 정관』, 정부기록보존소 문서철(CJA0003882), 29쪽.

이어 11월 11일 경남 사천(泗川)·고성(固城)·진주 금융조합 등 3개 금융조합의 조합장과 이사가 연명 날인하여 조선총독 앞으로 경상남도 금융조합연합회 설립허가를 신청하였다.[34] 이 신청서에는 경상남도 관내 모든 금융조합이 참여하지 않고 3개 금융조합만 참여했다는 것이 특징이다. 1918년 10월 1일 현재 경남 관내에는 22개의 금융조합이 존재하였는데, 그 가운데 대다수인 19개의 금융조합이 경상남도금융조합연합회 설립 신청 과정에서 제외된 것이다. 이는 다른 도의 신청서가 10월 하순에 제출된 것인데 비해 이곳 경남만 11월 중순이란 비교적 늦은 시기에 신청이 이뤄졌다는 점을 미뤄볼 때 시일이 촉박하여 우선 진주 및 인근 조합 등 3개 금융조합만의 신청으로 경상남도 금융조합연합회의 설립을 추진한 것으로 보인다.

이 신청서 및 첨부 정관에서 설립자 서명 날인 앞에 '각 금융조합대표자'라는 원문 문자가 삭제되었는데, 이는 조선총독부 탁지부의 서류 심의 과정에서 임의 삭제한 것으로 이들 세 개 금융조합만을 '경상남도 각 금융조합 대표자'로 인정하기에는 무리가 있다고 판단했기 때문으로 보인다. 또한 신청서에 첨부된 「경상남도 금융조합연합회 정관」 제4조에서 "본회의 사무소는 이를 경상남도 진주군 진주면에 둔다"라는 조항 가운데 '진주군 진주면'을 삭제하고 대신 '부산부'로 수정하였는데, 이 역시 총독부에서 정정한 것으로 보이며 총독부의 의도가 3개 금융조합 관계자들에게 정확히 전달되지 않아 빚어진 혼선으로 보인다.

관내 조합 가운데 일부 조합만이 연합회 설립을 추진하였던 것은 함경남도의 사례에서도 확인된다. 관내 17개 조합 가운데 함흥·영흥·정평·신흥·안변 등 5개 조합만이 설립신청서를 제출하였던 것이 그것이다.[35]

---

34) 「慶尙南道金融組合聯合會設立許可申請書」, 『금융조합연합회 정관』, 정부기록보존소 문서철(CJA0003884), 813-818쪽.
35) 『매일신보』 1918년 11월 25일(4면) '연합금융 허가'

여기에서 역시 조합원 총회라는 것이 총독부 측의 일방적인 지시를 그대로 추인하는 형식상의 절차였을 뿐이라는 사실을 다시 한 번 확인할 수 있다.

(3) 조선총독부의 설립신청서 심의 및 설립허가

각 도로부터 신청을 받은 총독부에서는 신청서를 심의하였다. 그 과정에서 각 도장관에게 통첩을 보내 진행사항을 통지하기도 했는데, 다음의 문서는 그 사례를 보여주는 것이다. 먼저 1918년 11월 5일 탁지부장관이 전북·전남·경북·평남 등 4개 도장관에게 「금융조합연합회 정관에 관한 건」을 보내어 도 금융조합연합회 설립허가신청서에 첨부된 각 정관에서 제32조 '경비예산을 제출'이란 문구를 '경비예산을 본회에 제출'이란 문구로 편의 정정하여 허가 수속을 진행한다는 것이었다.[36] 이 문구의 수정은 각 도 및 금융조합의 착오에 의한 것이 아니었다. 10월 1일 총독부에서 관통첩으로 통첩했던 모범 정관에 그렇게 기재되어 있었던 것을 이 때에 이르러 총독부에서 다시 수정하였던 것이다.

그리고 다시 11월 8일 탁지부장관이 충남 도장관에게 문서를 보냈는데, 충청남도의 신청과 관련한 「금융조합연합회 정관 오기 정정의 건」이 그것이다. 그 내용은 첨부된 정관 내용 가운데 몇 군데에 대하여 편의상 자구 수정을 했다는 것과 홍산금융조합 이사 후임자는 충남도 내에서 적임자를 추천하라는 것이었다.[37] 홍산금융조합 이사 후임 선출에 대한 언급은 홍산금융조합 이사 小野脩徹이 충남 금융조합연합회 이사에 내정되었기 때문으로 보이며 관내 소속 금융조합이사가 도 금융조합연합회 이사로

---

36) 「金融組合聯合會定款ニ關スル件」, 『금융조합연합회 정관』, 정부기록보존소 문서철 (CJA0003882), 424-425쪽.

37) 「金融組合聯合會定款誤記訂正方ノ件」, 『금융조합연합회 정관』, 정부기록보존소 문서철 (CJA0003882), 263-264쪽.

내정되어 결원이 된 다른 도에도 이와 같은 조처가 있었을 것으로 생각된다.

이후 11월 25일에는 경상남도장관이 제출한 신청서에 대해 탁지부 장관이 경남 도장관에게 통첩을 보냈는데, 그 내용은 신청서 및 첨부 정관에서 설립자 서명 날인 앞에 '각 금융조합대표자'라는 문자가 온당하지 않아 삭제하여 허가수속을 한다는 내용이다.[38] 이는 앞서 언급한대로 3개 금융조합 관계자를 경남 관내 각 금융조합의 대표자로 하기에 부적당하는 이유에서 취했던 조치였다.

각 도의 신청서와 탁지부의 통첩이 왕래하는 과정에서 다시 도장관이 탁지부장관에게 진행사항을 보고한 문서도 있는데, 그것은 11월 12일 경북 도장관이 탁지부장관에게 보낸 〈금융조합연합회 설립에 관한 건〉(對 11월 6일 이제1141호 회답)이 그것이다.[39] 이 문서에 따르면, 11월 5, 6일 양일간 예정대로 금융조합 이사회를 개최하였다고 하였다. 앞서 살핀대로 10월 29일 전남 도장관이 정무총감에게 보낸 문서에서 11월 중순에 전남도 관내 각 금융조합 이사를 소집하여 연합회 창립총회를 개최할 예정이라고 했던 내용을 연관지어 보면, 이 시기를 전후하여 각 도에서 관내 이사들을 소집하여 금융조합연합회 설립 관련 회의를 열었던 것으로 보인다.

이후 11월 15일부터 3일간 각 금융조합연합회 이사후보들을 총독부에 소집하여 회의를 열었다. 첫날에는 鈴木 탁지부 장관의 훈시가 있었고, 연합회 설립에 관한 자문사항의 답신 및 협의를 하였는데, 자문사항은 ①연합회가 소속조합에 대한 지도의 방법, ②소속조합 상호의 연락 및

---

38) 「金融組合聯合會設立許可申請書ニ關スル件通牒」, 『금융조합연합회 정관』, 정부기록보존소 문서철(CJA0003884), 811-812쪽.

39) 「金融組合聯合會設立ニ關スル件」(이제2970호), 『금융조합연합회 정관』(경북), 정부기록보존소 문서철(CJA0003883), 808쪽.

업무상의 편의, ③조선인으로 금융조합 이사에 채용함에 대해 그 양성방법여하, ④금융조합에서 조선식산은행의 예금 및 대부업무의 대리 및 매개의 실행방법에 관한 의견 등이었다.[40]

각 도의 설립신청과 총독부의 신청서 심사 과정을 거쳐 11월 8일 충북, 전북, 전남, 경북 등 4개 금융조합연합회의 설립허가가 있었다. 이를 시작으로 하여 11월 26일 경남과 함북을 마지막으로 설립허가 절차가 마감되었다. 9월 28일의 문서 하달로부터 2달, 신청서 접수로부터는 1달 만에 설립절차가 마무리 된 것이다. 그야말로 '속전속결'식이었다.

Ⅱ. 금융조합연합회의 초기 활동

1. 업무개시

총독부의 설립신청 심의 및 설립 허가를 마친 이후 준비기간을 거쳐 업무개시가 이루어졌는데, 1918년 11월 25일 경북금융조합연합회를 시작으로 하여 3일 후인 28일 평남금융조합연합회, 그리고 12월 초순에는 충북·전북·경기·황해도 금융조합연합회가, 중순에는 평북·전남·함남·경남 금융조합연합회가 업무를 개시하였으며 12월 27일 강원도 금융조합연합회를 끝으로 1918년을 넘기지 않고 모든 금융조합연합회의 업무가 개시되었다. 다음 표는 각 도 금융조합연합회의 설립허가신청·허가일과 업무개시일, 그리고 초대 이사장과 초대 이사의 임기를 나타낸 것이다.

---

40) 「金融組合聯合會理事會同」, 『朝鮮總督府官報』 第1894號, 大正7年(1918년) 11月 30日.

〈표1〉 각 금융조합연합회의 설립 일정 및 임원 임기

도	소 속 조합수	허 가 신청일	설 립 허가일	업 무 개시일	이사장 성명	임 기 종료월	이사 성명	임 기 종료월
경기	24	11. 9	11.16	12. 7	松本誠	1919.12	片岡介三郎	1920. 9
충북	13	10.30	11. 8	12. 1	井上主計	1920. 6	齋藤淸治	1921. 5
충남	20	10.30	11.13	12.23	井上淸	1920. 7	小野脩徹	1921. 4
전북	21	10.29	11. 8	12. 5	佐佐木志賀二	1919.12	村松保度	1921. 6
전남	24	10.29	11. 8	12.14	高武公美	1920. 3	小林省三	1921. 2
경북	26	10.28	11. 8	11.25	大庭米三郎	1921. 2	牧田淸吉	1921. 2
경남	22	11.11	11.26	12.20	橫井二郎	1919. 5	遠藤與七郎	1920. 5
황해	20	10.30	11.12	12.10	西脇賢太郎	1920. 6	滑川秀三	1920. 5
평남	17	10.25	11.16	11.28	富永一二	1919. 8	佐藤長五郎	1921. 5
평북	21	-	11.19	12.11	小松淺五郎	1919. 5	河合作次郎	1919. 7
강원	22	-	11.15	12.27	宮崎又治郎	1919. 5	牟田口利彦	1921. 5
함남	17	-	11.16	12.16	佐藤榮藏	1921. 5	飯田國夫	1921. 5
함북	13	-	11.26	12.24	山崎眞雄	1919. 5	谷口善四郎	1920. 9
계	260	-	-	-	-	-	-	-

출전1) 소속조합수는「金融組合令第三十一條第二項但書ノ規定ニ依ル金融組合ヲ左ノ通指定ス」, 조선총독부 고시 제231호,『朝鮮總督府官報』號外, 大正7年(1918년) 10月 1日.

　　2) 허가신청일은『금융조합연합회 정관』(정부기록보존소 문서철 CJA0003882);『금융조합연합회 정관』(경북)(정부기록보존소 문서철 CJA0003883);『금융조합연합회 정관』(정부기록보존소 문서철 CJA0003884)

　　3) 설립허가일과 업무개시일은『금융조합요람』(제1차)(1921년 7월), 조선경제협회, 1922, 239쪽.

　　4) 이사장과 이사의 성명 및 임기 종료월은 秋田豊,『朝鮮金融組合史』, 부록 85-89.

　설립을 허가받은 각 금융조합연합회에는 임원으로서 이사장과 이사가 임명되었다.[41]「금융조합령」의 규정에 의하면, 이사장은 금융조합연합회

---

41) 금융조합령 제93조의 5에는 임원에 대한 것이 규정되어 있는데, 이사장 1인, 이사 1인, 감사 2인 이상을 두고, 이사장 및 이사는 조선총독이 임면하며, 감사는 소속 금융조합 및 소속 법인의 역원 가운데에서 총회에서 선임하고, 감사 임기는 2년으로 하였다.

를 대표하여 그 임무를 집행하고, 이사는 이사장을 보좌하여 이사장이 사고 있는 때에 직무를 대리하도록 하였다(금융조합령 제93조의 6). 조선총독이 임명하는 각 도 금융조합연합회의 이사장은 당시 각 도의 제2부장이 겸임하였으며,[42] 제2부장의 직함은 나중에 재무부장으로 바뀌었다.

역시 조선총독이 임명하는 연합회의 각 이사는 산하 조합 이사 가운데 선발된 자들이었다. 그들은 〈표1〉에서 보는 바와 같이 片岡介三郎(고양), 齋藤淸治(청주),[43] 小野脩徹(홍산), 村松保度(무주), 小林省三(나주),[44] 牧田淸吉(용인),[45] 遠藤與七郎,[46] 滑川秀三(연안), 佐藤長五郎, 河合作次郎, 车田口利彦,[47] 飯田國夫, 谷口善四郎 등(괄호 안은 원래 소속 금융조합)

---

42) 鈴木穆, 앞의 글, 21쪽. 그런데, 이사장은 원래 계획단계에서는 각 도 제2부 이재과 주임 도서기가 내정(『매일신보』 1918년 3월 10일(4면) '금융조합연합'; 『매일신보』 1918년 3월 13일(4면) '금융조합연합(전남)')되었다가 실행단계에서는 제2부장으로 변경되었다.

43) 주요 약력은 다음과 같다(이하 같음). 明治 18년(1885)년 출생. 神戸고상 졸업. 청주금융조합 이사. 충북금융연합회 이사 및 이사장, 평북·평남 금융조합연합회 이사장. 1937년 조선금융조합연합회 서무부장. 藤澤淸次郎, 『朝鮮金融組合と人物』, 大陸民友社, 1937, 43쪽.

44) 明治 39년(1906년) 척식대학 졸업. 明治 42년(1909년) 조선에 건너옴. 영광금융조합 및 각지 금융조합 설립에 관여. 또는 이사. 1918년 금융조합연합회 이사. 1921년 이사장. 전남·경북 금융조합연합회 이사장. 1933년 조선금융조합연합회 경남 지부장. 阿部薰, 『朝鮮金融組合大觀』, 民衆時論社, 1935, 47쪽.

45) 明治 13년(1880년) 埼玉縣 출생. 초산금융조합 설립위원, 수원·용인·고양 각 금융조합 이사. 경상북도 금융조합연합회 이사 및 이사장. 식산은행 중앙금고과장 대리. 조선금융조합연합회 경북지부장. 阿部薰, 앞의 책, 42쪽.

46) 동양협회전문학교 출신. 1907년 조선에 건너 옴. 1907년 9월 鏡城 재무관보, 재무관, 1908년 경성지방금융조합 이사. 울산금융조합 이사를 거쳐 경남금융조합연합회 이사. 1920년 식산은행 공공대부과 근무. 1928년 함평조합 이사로 금융조합에 복귀. 1930년 8월 여천금융조합 이사(藤澤淸次郎, 앞의 책, 84쪽). 遠藤與七郎은 前田與七郎의 바뀐 이름이다. 1907년 9월 15일 재정고문부 경성지부에 부임(『明治四十年後半年 韓國財政整理報告』[제5회], 1907.10, 452쪽)하였고, 1908년 6월말 현재 경성재무서 주사(『韓國財務經過報告』[제1회], 1908.11, 606쪽)였던 前田與七郎의 경력과 이 시기 경남 금융조합연합회 이사인 遠藤與七郎의 경력이 정확히 일치한다.

47) 明治 16년(1883년) 福岡 생. 동양협회 전문학교 졸. 1910년 원주금융조합 이사. 강원 금융조합연합회 이사장. 조선금융조합협회 상무이사. 1933년 조선금융조합연합회 서무부장. 1936년 경북지부장. 藤澤淸次郎, 앞의 책, 58쪽.

이었다. 원래의 소속을 알 수 있는 7명을 살펴보건대 용인금융조합 이사로 있다가 경북금융조합연합회 이사가 된 牧田淸吉을 제외하고 모두 관내 금융조합 이사로 있다가 발탁된 자들이었음을 알 수 있다. 소속을 알 수 없는 나머지 6명의 경우도 마찬가지였을 것으로 보인다.[48] 이들 이사들은 설립기 및 1910년대 지방금융조합 이사들에 대한 분석에서 살펴본 바와 같이 동양협회 전문학교 출신자가 많았다는 것을 다시 확인할 수 있었다는 점을 특히 서술해 둔다.[49]

1921년에 이르면 각 연합회 이사들이 소속 연합회의 이사장 자리를 차지하는 현상이 나타난다.[50] 경기도금융조합연합회에서는 1920년 10월부터 片岡介三郎의 후임 이사로 있었던 高橋眞治가 1921년 2월 이사장이 되었다. 같은 시기인 1921년 2월에 경북의 牧田淸吉과 전남의 小林省三 등이 소속 금융조합연합회 이사에서 이사장의 자리를 차지하게 되었다. 그리고 1921년 5월에는 충북의 齋藤淸治, 평남의 佐藤長五郎, 강원의 牟田口利彥, 함남의 飯田國夫 등이 소속 금융조합연합회 이사로 있다가 이사장이 되었다. 1921년 6월에는, 1920년 12월부터 황해도 금융조합연합회 이사를 맡고 있던 山根謙[51]가 이사장에 취임하였다. 각 금융조합연합회 초대 이사에 발탁된 자들은 총독부 측으로부터 금융조합의 중추인물로 낙점된 자들이었다. 이들은 이후 1933년 설립된 조선금융조합연합회에서

---

48) 遠藤與七郎의 약력을 살펴볼 때, 그도 울산금융조합 이사로 있다가 경남금융조합연합회 이사에 발탁된 것으로 보인다.

49) 동양협회는 척식을 위한 자료조사와 척식업무 종사자 양성을 위해 桂太郎이 주도하여 설립한 단체로 동양협회 부속전문학교 졸업생은 1907년 지방금융조합이 설립되기 시작하던 때부터 조합의 이사에 다수 임명되었다(최재성의 앞 논문, 91쪽 및 「1910년대 식민지 금융정책과 지방금융조합」

50) 秋田豊, 앞의 책, 부록 85-89쪽.

51) 明治 18년(1885년) 山口縣 출생. 동양협회 졸업. 재정고문부에 있다가 1910년 4월부터 황해도 이재과장. 1920년 12월부터 1921년 6월까지 황해도 금융조합연합회 이사. 1921년 6월 이사장. 경남 경기연합회 이사장, 1933년 조선금융조합연합회 이사 교육부장. 藤澤淸次郎, 앞의 책, 50쪽.

도 요직을 차지하게 되는데, 牧田淸吉, 小林省三, 齋藤淸治, 车田口利彦, 山根讁 등이 그들이다.

2. 초기 활동

금융조합연합회의 목적은 그 활동에 관한 것으로 금융조합령에 규정되어 있었는데, 소속조합에 필요한 자금의 대부, 소속조합으로부터의 예금 수납, 소속조합에 대한 업무상 지도, 소속조합 상호 연락 및 업무상 편의 제공 등(제93조의 2)이었으며, 그 외에도 소속 금융조합 또는 법인의 업무 및 재산의 실황을 조사할 수 있었다(제93조의 8).

이하에서는 대부와 예금업무를 중심으로 금융조합연합회의 초기 활동을 살펴보고자 한다. 금융조합연합회가 소속 조합에 대부를 하는 자금은 총독부의 대하금과 소속조합의 출자금, 식산은행으로부터의 차입금, 소속조합의 예금을 그 재원으로 하였다.

총독부 대하금은 5년간에 걸쳐 모두 3백 만원을 무이자로 대여할 예정이었다.[52] 그리하여 첫 해인 1918년에 각 금융조합연합회에 5만원씩 65만원이 보내졌는데,[53] 이는 이미 1918년도 총독부 예산에 계상되어 있던 것이었다.[54] 이어 1919년에도 65만원이 내려 보내졌으나, 1920년부터는 그 반액인 325,000원으로 조정되어[55] 이후 1923년까지 4년간 325,000원

---

52) 鈴木穆, 앞의 글, 22쪽;『매일신보』1918년 6월 29일(2면) '지방금융조합령 개정에 就하여' (鈴木탁지부장관 담). 이 자금은 조선총독부가 소유하고 있던 동양척식주식회사의 주식액 3백만원을 일본 정부에 인도하는 대신 일본 정부의 일반회계로부터 6개년에 걸쳐 조선총독부에서 지급받을 예정이었던 대금 3백만원으로써 충당할 계획이었다(秋田豊, 앞의 책, 142-143쪽).

53)『조선총독부통계연보』(1918년도분), 「조선총독부 특별회계 누년비교표」 중 세출 임시부 '금융조합연합회 대부금', 1038쪽.

54)『매일신보』1917년 12월 27일(2면) '7년도 총독부 예산'

55)『조선총독부통계연보』(1921년도분), 「조선총독부특별회계 누년비교」, '금융조합연합회 대부금', 3쪽.

씩 모두 260만원이 대여되었다.[56)]

출자액은 소속 조합들이 출자하는 것으로 출자 1구좌의 금액은 500원으로 하였다(금융조합령 제93조의 4). 그리하여 1918년도 말 현재 280개 조합이 500원씩 출자하기로 하였는데, 실제 불입액은 1조합 당 100원씩 출자하여 28,000원이었다. 이어 1919년도 말에는 394조합이 67,800원을 불입하였다.[57)]

식산은행 차입금은 1918년도 말에는 688,451원이었으나 이듬해인 1919년도 말에는 11,901,494원으로 크게 증가하였다. 그리고 그 종류별로 보면, 보통차입금이 450,055원, 특별차입금이 136,000원, 당좌차월이 11,020원이었고, 1919년에는 각각 9,235,579원, 1,211,000원, 25,908원이었다.[58)] 이를 통해서 볼 때 연합회가 소속 조합에 대부를 하는 자금의 원천은 식산은행으로부터의 차입금에 크게 의존하였음을 알 수 있는데, 양자의 이러한 관계는 종래 지방금융조합과 그의 親은행으로서 기능해왔던 농공은행과의 관계에서 비롯된 것으로,[59)] 이후 식산은행은 금융조합연합회의 중앙금고 역할을 하게 되었다. 이는 앞의 금융조합령 개정 배경에서 언급했던 대로 금융조합이 금융조합연합회와 식산은행을 통해 일본 본국 내 여유자금과 연결되었던 사정을 보여주는 것이다.

대부기간, 금액 등 금융조합연합회의 대부업무에 대한 세부적인 것은 금융조합업무감독규정에 규정되어 있었는데, 대부기간은 5년 미만으로 하도록 하였다. 그러나 자작용 토지의 구입자금 또는 자작용 토지를 담보

---

56) 『조선총독부통계연보』(1922년도분), 「조선총독부특별회계 누년비교」, '금융조합연합회 대부금', 2쪽; 『조선총독부통계연보』(1923년도분), 「조선총독부특별회계 누년비교」, '금융조합연합회 대부금', 2쪽; 『조선총독부통계연보』(1924년도분), 「조선총독부특별회계 누년비교」, '금융조합연합회 대부금', 2쪽.

57) 『금융조합요람』(제1차)(1921년 7월), 조선경제협회, 1922. 231-232쪽.

58) 위의 책, 233-234쪽.

59) 鈴木伊勢治, 『朝鮮金融組合聯合會十年史』, 조선금융조합연합회, 1944, 22쪽.

로 한 舊債의 상환에 요하는 자금에 의한 부동산 담보대부는 15년 내의 연부 상환 또는 5년 내의 정기상환방법에 의할 수 있도록 하였고, 법인의 사업 집행상 필요한 설비에 요하는 자금은 20년 내의 연부 상환의 방법에 의하여 대부할 수 있도록 하였다(제64조). 그리고 대부금액은 자산의 상태 및 자금의 용도를 勘酌하여 이를 결정하도록 하였으며, 대부시 필요가 있다고 인정하는 때는 보증인을 세우게 하도록 하였다(제65조).

위에서 살펴본 바와 같이 이처럼 마련된 재원으로 소속조합에 대부한 금액은 1918년 1,676,383원에서 1919년에는 13,710,130원으로 대폭 증가 하였다. 종류별로 보면, 1919년 기준으로 보통대부(단기대부) 3,143,000원, 장기대부 6,582,602원, 당좌대월 270,702원, 특별대부 2,802,000원으로 장기대부가 가장 많은 비중을 차지하였다.[60] 대부금액이 대폭 증가한 배경에는 금융조합연합회의 업무가 11월 하순에서 12월 하순에 개시되어 1918년도의 영업 일수가 적었다는 사정을 고려할 필요가 있다.

또한 금융조합연합회의 대부업무와 관련하여 한 가지 덧붙일 것은 연합회의 경비에 관한 것으로, 총독부로부터 대여 받은 무이자 대하금을 소속조합에 저리로써 대부하고 그 운용상의 이익금으로써 경비에 충당하도록 하였다[61]는 것이다.

다음으로 예금업무에 대하여 살펴보겠다. 예금의 종류, 금액, 기간 등 예금업무에 대한 세부적인 내용은 역시 금융조합업무 감독규정에 규정되어 있는데, 예금의 종류는 정기예금 및 당좌예금으로 하였고(제66조), 정기예금은 금액 100원 이상 기간 6월 이상의 것에 한하도록 하였다(제67조). 소속조합의 예금은 1918년 1,301,579원이었는데, 1919년에는 6,755,907원으로 늘어났다.[62]

---

60) 『금융조합요람』(제1차)(1921년 7월), 조선경제협회, 1922. 235-236쪽.
61) 鈴木穆, 앞의 글, 22쪽;『매일신보』 1918년 6월 29일(2면) '지방금융조합령 개정에 就하여' (鈴木탁지부장관 담)

위와 같은 예금 및 대부활동을 통한 금융조합연합회의 영업실적을 보면, 1918년 총 이익 14,914원, 총 손실31,135원으로 순 손실 16,221원을 기록했으나 1919년에는 각각 447,915원, 379,045원, 68,870원으로 전 해의 순 손실을 만회하였다.[63] 이와 같은 영업이익은 예금과 대출 이자율의 차(예대 마진)로써 발생한 것으로 보이는데, 1918년의 금융조합연합회가 회원 조합에 대출할 때 적용한 이자율(연리)은 최저 6.5%에서 최고 11%였고, 연합회가 지급해야 할 예금 이자율은 최저 5%에서 최고 6%였으며, 식산은행으로부터 차입한 자금에 대한 이자율도 7.0~8.7%였다. 1919년에는 각각 6.0~11.0%, 5.1~6.2%, 5.1~10.2%였다.[64]

이와 같은 이자율의 차는 식산은행으로부터의 차입금에 대한 이자와 소속 조합의 예금에 대한 이자가 당시 거래 이자율에 비해 상당히 낮았고, 소속 조합에 대한 대출 이자율은 당시 다른 금융기관의 그것과 별 차이가 없었던 사정으로부터 발생하였다. 당시 식산은행의 대출 이자율은 日步 기준으로 1918년 3전~3전 4리, 1919년 2전 5리~3전 3리였지만,[65] 금융조합연합회의 차입금은 이보다 훨씬 낮아 유리한 조건이었던 것이다. 또한 당시 정기예금의 이자율은 조선 전체 평균으로 1918년 5전~6전 2리, 1919년 5전 7리~6전 2리였지만,[66] 금융조합연합회는 이보다 훨씬 낮은 이자율 조건으로 소속 조합으로부터 예금을 수납한 것이었다. 반면 소속 조합에 저리로써 대부해야 할 대부금의 이자는 위에서 본 바와 같이 최저 6.5%에서 최고 11%로 조선 전체 대부 이자율 평균에 비해 그다지 낮지 않은 것이었다. 그 이유는 금융조합연합회의 영업이익과 관련이 있다고 보아야 할 것이다. 앞에서 설명했듯이 연합회 자체의 운용 경비는 대부금

---

62) 『금융조합요람』(제1차)(1921년 7월), 조선경제협회, 1922. 233-234쪽.
63) 위의 책, 238쪽.
64) 위의 책, 253-254쪽.
65) 『조선금융사항참고서』(1923년도), 조선총독부 재무국, 1923, 64쪽.
66) 위의 책, 59쪽.

운용상의 이익금으로써 충당해야 했기 때문에 연합회 측으로서는 대부금 이자는 최대한 높게 징수하고, 예금 이자는 최대한 낮게 지급하여 그 차액을 이익금으로 충당하려 했을 것이기 때문이다.

그밖에 업무지도와 업무 재산 실황 조사업무가 있었는데, 이는 각각 금융조합업무감독규정 제68조 및 제69조에 의한 것이었다.[67] 이에 따라 소속조합 업무 실지 조사지도 조합수는 1918년도 말에 63개에서 1919년 202개로 늘었고, 10년 후인 1929년도 말에는 651개에 이르렀다.[68] 이상에서 살펴본 금융조합연합회의 초기 활동 실적(1918~1919년도)을 표로 나타내면 다음과 같다.

<표2> 금융조합연합회 초기 활동 실적　　　　(단위 : 원. 개)

년도	차입금	대하금	출자금(불입액)	예금	대출	순이익	업무지도 조 합 수
1918	688,451	650,000	140,000(28,000)	1,301,579	1,676,383	-16,221	63
1919	11,901,494	1,300,000	197,000(67,800)	6,755,907	13,710,130	68,870	202

출전) 『금융조합요람』(제1차)(1921년 7월), 조선경제협회, 1922

금융조합연합회의 설립과 위에서 살펴본 바와 같은 왕성한 활동에 따라 소속 금융조합의 수는 비약적으로 증가하였다. 그리하여 1918년 10월 1일 현재 260개였던 것이 거의 10년 후인 1929년도 말에는 촌락조합 559개, 도시조합 62개, 기타법인 60개 등 모두 681개로 증가하였다.[69] 같은 기간 조합원의 증가도 두드러져서 12만 여명의 조합원에서 585,354명으로 늘었다.[70]

---

67) '연합회는 항상 소속조합 및 법인의 운전 기타 업무의 경영에 유의하여 그 지도를 게을리 할 수 없음'(제68조). '연합회는 적어도 매년 1회 이상 소속조합 또는 법인에 대하여 업무의 조사를 해야 함. 그 조사를 하는 때는 그 조사의 요령을 조선총독에게 계출하여야 함'(제69조)
68) 『금융조합요람』(昭和6년도), 조선금융조합협회, 1932년, 587-588쪽.
69) 위의 책, 587-588쪽.

이와 같이 1920년대에 걸쳐 금융조합과 조합원이 크게 늘어난 데에는 '천원 내지 5천원의 기본금을 교부하고, … 1918년도 이래로 매년 4,50개소씩 5개년 내지 6개 년간에 기설 조합을 합하여 약 600개소를 설립할 예정'이었던 총독부 당국의 의도[71]가 크게 작용하기도 하였지만, 금융조합연합회의 존재도 한 몫 하였을 것으로 생각된다. 즉 금융조합연합회가 설립되기 이전처럼 1개의 금융조합에 대해서 1만원 또는 몇 천원의 대하금으로 전국 각지에 금융조합을 확대 설립하는 것에는 한계가 있었다. 이에 금융조합연합회를 설립하여 일본 본국 내 여유자금이 식산은행을 통해 유입된 자금, 또한 관내 자금 과부족을 조정하여 조성한 자금을 통해 총독부 재정만으로 금융조합의 운영자금을 지원하던 단계와는 비교할 수 없을 정도의 금융조합 확대 설치가 가능하게 되었던 것이다.

맺음말

이상을 통해 일제의 조선 식민통치 기반 구축기라고 할 수 있는 1910년대의 말인 1918년에 금융조합연합회가 각 도에 설립되는 과정과 그 초기 활동에 대해 살펴보았다.

그 과정을 요약해보면, 1918년 6월 27일 공포된 금융조합령 개정안과 같은 해 10월 1일 부령, 훈령, 고시, 관통첩 등을 통해 일제히 취해진 총독부의 법적·행정적 조치, 그리고 9월 28일자로 탁지부에서 각 도장관에게 보낸 문서를 통해 각 도와 금융조합에서 금융조합연합회 설립에 나섰다.

먼저 각 금융조합에서는 조합원 임시총회를 개최하였다. 신설될 금융조합연합회에 각 금융조합이 회원으로서 가입하고, 출자금을 납부하기 위해

---

70) 위의 책, 1쪽.
71) 鈴木穆, 앞의 글, 22쪽;『매일신보』1918년 6월 29일(2면) '지방금융조합령 개정에 就하여' (鈴木탁지부장관 담)

필요한 절차였기 때문이었다. 정부기록보존소에 남아있는 관련 문서를 통해서 볼 때 충남 보령금융조합이 가장 이른 10월 11일에 총회를 개최하였고, 11월에 총회를 개최한 일부 금융조합을 제외하고, 대부분의 금융조합에서 10월 중순과 하순에 집중적으로 총회를 개최하였다. 그리고 정해진 안건을 이의나 반대 없이 일사천리로 통과시켰다. 총독부의 시책과 지시에 따라 열린 총회에서 당연한 현상이었다.

총회를 개최한 각 금융조합에서는 조합장과 이사들이 도별로 한 곳에 모여 연명으로 기명 날인한 신청서를 조선총독 앞으로 작성하였다. 신청서에는 10월 1일자로 통첩된 정관과 각 금융조합의 총회 결의록이 첨부되었고, 각 도에서는 다시 이를 취합하여 도장관이 총독 앞으로 금융조합연합회의 설립을 신청하였다.

신청을 받은 총독부에서는 신청서 심사 과정을 거쳐 설립 허가를 하였고, 허가를 받은 각 도에서는 연합회를 설립하고, 준비과정을 거쳐 업무를 개시하였다. 이 과정에서 각 이사장과 이사가 임명되었는데, 이사장은 각 도의 제2부장이 겸임하였고, 이사는 관내 금융조합 이사 가운데서 임명되었다.

금융조합연합회의 활동은 주로 대부와 예금업무를 중심으로 이루어졌다. 소속조합에 대부한 자금은 총독부의 대하금과 소속조합의 출자금, 식산은행으로부터의 차입금, 소속조합의 예금을 그 재원으로 하였다. 총독부 대하금은 모두 260만원이 대여되었다. 출자금은 소속 조합들이 1구좌 500원씩을 납부하는 것으로 하였는데, 1919년도 말에 394조합이 67,800원을 불입하였다. 금융조합연합회의 대부 재원 가운데 가장 큰 비중을 차지하는 것은 식산은행으로부터의 차입금이었는데, 1919년도 말에 그 금액이 약 1190만원에 이르렀다. 식산은행은 이후 금융조합연합회의 중앙금고 역할을 하였다. 또한 소속조합의 예금은 1919년도 말에 약 676

만원에 이르렀다. 그리고 이렇게 마련한 재원으로 연합회가 소속 조합에 대출한 금액은 1919년도 말에 1371원이었다. 연합회는 또한 그 과정에서 발생한 예대마진으로써 영업이익을 내고 그것으로써 연합회의 경비에 충당하였다.

이렇게 연합회가 소속조합에 대한 예금과 대출활동을 왕성히 하는 동안 회원인 금융조합의 외형과 활동도 활발히 이루어졌다. 외형적인 것만 보더라도 1918년도 말에 260개이던 회원조합이 약 10년만인 1929년도 말에는 681개에 이르렀고, 회원수에서도 12만 여명에서 58만 5천여 명으로 크게 증가하여 각각 2.6배, 4.8배 정도의 성장률을 기록하였다. 금융조합의 이러한 성장의 배경에는 일제의 식민정책이 크게 작용하였지만, 금융조합연합회의 존재도 그 성장에서 지렛대 역할을 하였다고 볼 수 있다. 이러한 면에서 금융조합연합회의 설립과 활동은 금융조합의 발달(식민지 조선에서 금융적 착취라는 일제 금융정책의 성과)에 유리한 조건이 되기도 했지만, 전국 단위의 중앙기관이 없었다는 면에서 한계를 갖기도 하였다. 그 연장선상에서 일제는 1920년대 후반 '금융제도조사위원회'를 설치하여 '효율적인' 금융정책을 모색하였고, 그 일환으로 금융조합의 중앙기관 설립 논의를 거쳐 마침내 1933년 조선금융조합연합회라는 중앙기관을 설치하기에 이르렀던 것이다.

〈부표〉 각 금융조합의 총회 상황

도별	조합명	이사	조합장	날짜	총조합원	출석	위임	비고
충북	청주	齋藤淸治	방인혁	10.19	450	227	166	
	영동	萩原恒四郞	곽동선	10.20	578	296	42	
	충주	奧小金吾	윤우영	10.21	651	383	180	
	음성	牧田收藏	박희양	10.18	572	292	63	
	보은	爪生定吉	정태로	10.19	318	164		
	제천	小倉宏平	이종정	10.19	342	243	42	
	진천	鎌田正知	남상익	10.19	321	168		10.9통지
	옥천	稻葉梅楠	정석용	10.22	423	227	69	
	청풍	矢野喜代作	권도상	10.20	378	193	32	10.10통지
	괴산	松下角治	우영명	10.24	358	182	56	
	단양	新井武夫	원용갑	10.20	516	203		10.10통지
	미원	二藤部行義	신직휴	10.18	383	196		
	부강	原田龍起池	박학래					
충남	공주	早川分後	서한보	10.15	542	281		
	대전	森脇三津藏	송성헌	10.15	538	285	78	명칭,구역 변경
	연산	藤方邦雄	신대균	10.15	317	160		
	강경	千葉憲三郞	김현규	10.13	364	217	23	명칭,구역 변경
	한산	山崎毅之助	이정직	10.15	375	161	34	
	서천	高橋明治	이봉상	10.15	413	232		평의원선거
	홍산	小野脩徹	김종흡	10.15	547	287		평의원선출
	부여	竹腰典右衛門	김현갑	10.17	373	244	69	선거
	청양	大崎新吾	이규응	10.16	405	218		
	보령	山藤半介	이익호	10.11	404	215	129	
	광천	松本茂	이계조	10.17	352	223	66	
	홍주	佐下橋鋒次郞	이필구	10.17	346	174		
	서산	林騑介	결원	10.17	659	407	119	선거
	태안	松永喜代治	김병선	10.17	320	179	74	
	면천	碇哲一	최익량	10.20	328	175		선거
	예산	井田魯一	최규석	10.14	391	201	81	선거
	아산	木付虎吉	유기영	10.21	398	200	124	
	성환	?	이원규	10.16	373	223	119	
	천안	田代武	심상면					
	조치원	澤熊浩	임동훈					
전북	전주	福田龜夫	이강원	10.21	402	230	71	
	남원	橋本房太郞	강재홍	10.23	291	191	41	
	함열	玉井長三郞	조갑식	10.18	406	223	91	
	고부	升澤龍吉	은성우	10.19	508	257	85	
	김제	栃屋滯	조우성	10.18	403	205	96	

도별	조합명	이사	조합장	날짜	총조합원	출석	위임	비고
	진안	麻生寬	전두하	10.20	496	263	90	
	금산	寺田哲雄	박승현	10.21	451	318	84	
	고창	酒井改藏	유장규	10.20	433	217	70	
	군산	磯尾卯之吉	조병승	10.22	339	188	61	
	임실	松永藤四郎	진관엽	10.25	318	190	17	
	태인	神田龜孫	송영권	10.19	643	461	61	
	순창	西富五郎	김창식	10.17	361	214	24	
	무주	村松保度	김동진	10.20	419	238	-	
	부안	森田竹美	이영두	10.20	300	169	61	
	장수	大友信一	유경진	10.19	350	194	109	
	무장	長寬	김영곤					
	익산	田中英一	유대근					
	고산	上田道太郎	유진혁					
	용담	長田德寶	문종엽					
	임피	豊田橋藏	川崎藤太郎					
	운봉	山野千城	박희옥					
전남	목포	杉山信雄	차성구	10.21	606	520	350	
	광주	堀內光芳	정낙교	10.16	353	178	37	
	담양	片山市太郎	국채웅	10.17	480	250	79	
	곡성	杉山彰一	김영회	10.22	478	259	138	
	구례	森平和三郎	김윤승	10.19	498	301	199	
	광양	佐佐木魁	이재륜	10.18	597	316	44	
	여수	山本忠	김한승	10.18	349	253	125	
	순천	一色正	김순평	10.25	639	326	150	
	고흥	大越英三	이종호	10.23	417	234	73	선거
	보성	所順一郎	김중거	10.18	397	210	40	
	능주	尾股忠助	조백순	10.14	408	360	4	평의원보선
	동복	中村平三	오재영	10.25	405	205	28	
	장흥	藤原吉久	임우송	10.19	556	317	106	
	강진	森要	김병진	10.22	448	256	98	
	해남	石塚良藏	민경호	10.20	454	251	65	
	영암	平尾猛	김상경	10.19	793	420	61	
	나주	小林省三	남홍칠	10.21	573	296	40	
	남평	梅園功三	정눌섭	10.25	323	172		
	함평	谷川菊次郎	서상기	10.20	517	298		
	영광	江口保孝	조정환	10.18	490	271	103	
	장성	麻田實正	김긍현	10.16	707	362	100	평의원보선
	완도	崎山建次	홍서범	10.20	665	415	97	
	진도	弘永吾八	박기재	10.16	685	543	220	
	제주	馬場五郎	홍종시	10.19	537	320	95	
경북	상주	武田百藏	박정준	10.18	936	549	302	
	경주	布甚作	손병규	10.18	733	378	225	
	성주	野間義夫	도갑모	10.19	694	365	140	

도별	조합명	이사	조합장	날짜	총조합원	출석	위임	비고
	안동	大森佐七郎	유시만	10.20	1008	670	541	
	대구	藤本周三	정해붕	10.17	569	345	220	
	의성	甲田昇輝	김은길	10.16	1087	565	225	
	김천	白幡準三	우상학	10.19	547	281	77	
	포항	鈴木伊勢治	이자원	10.20	567	299	153	
	영천	增田貞	유동식	10.19	969	537	175	
	영주	山田三郎	권대찬	10.19	644	409	218	
	영덕	平本憲	홍영표	10.20	578	362	251	
	예천	岡今治郎	정남섭	10.19		463	298	
	청도	田中與四郎	강위환	10.19	800	405	265	
	군위	藤原新太郎	김영성	10.17	628	360	223	
	문경	四宮章?	전택수	10.20	590	298	218	
	현풍	山本信吉	김병택	10.18	510	277	74	
	청송	樺島久雄	윤기준	10.20	569	291	66	
	선산	田中元房	김상기	10.20	500	263	132	
	장기	吉田彊平	정진규	10.16		306	188	
	봉화	志茂半作	권상갑	10.20	578	314	100	
	경산	原田治郎一	안영모	10.19	685	348	200	
	왜관	寺本豊治	이상만	10.20	648	386	242	
	고령	堀內深	이봉조	10.18	550	287	57	
	안계	山口常春	박원하	10.17	572	310	229	
	영양	宮本庸三	안병우	10.18	504	321	126	
	신녕	杉本昌五郎	김재석	10.16	368	197	15	
경남	사천	初谷秀雄	최연국	11.2	345	180		
	고성	中吉睦哉	허종택	11.1		257		
	진주	河村利舍	강원로	11.9		268	205	선거
황해	송화	諸富靜雄	오경선	10.19	501	278	137	
	안악	小野篤之助	원성환	10.19	560	288	183	
	서흥	高橋直衛	윤자룡	10.19	529	275	165	
	해주	塩田三郎次	이규승	10.23	717	383	128	
	황주	森井武次	송창희	10.20	491	354	85	
	재령	船戶祐三	옥진선	10.21	587	411	71	
	연안	滑川秀三	공병헌	10.21	805	565	393	
	은율	平三右衛門	홍순한	10.19	723	368	127	
	금천	近新一郎	김희석	10.16	386	337	182	
	신계	大田玖次郎	조면회	10.20	440	232	113	
	신천	伊藤重雄	박제윤	10.20	713	450	58	
	사리원	角田正義	이충건	10.25	517	279	165	
	장연	加藤勝藏	한기선	10.18	502	283	100	
	옹진	岡田豊次郎	김의묵	10.19	585	307	198	
	곡산	長尾基一	최녹걸	10.20	458	249	85	
	누천	藤本守	송필오	10.20	529	265	45	
	수안	行田當臣	김영하	10.20	349	180	101	

도별	조합명	이사	조합장	날짜	총조합원	출석	위임	비고
	배천	吉池清	유영환	10.23	505	261	197	
	취야	中野平	오창근	10.20	457	232	108	선거
	시변리	片相啓治	유택희	10.20	338	244	132	
평남	평양	象山郁次郎	정재명	10.19	386	205	159	
	덕천	高木靜枝	신용연	10.18	403	232	175	
	안주	大道恭太郎	오덕연	10.19	445	258		
	강서	松木節郎	김낙요	10.19	378	200	46	
	료파	富永四方司	한경열	10.19	336	178	103	
	순천	朝創一彌	김상훈	10.18	333	205	72	
	용강	松山和太郎	김만현	10.18	389	201	125	
	양덕	重松韻修	손수기	10.20	442	232	3	
	영원	大向太次郎	백윤호	10.12	307	182	45	
	강동	神庭金一	김상준	10.17	329	181	78	
	중화	直井芳五郎	윤기락	10.18	450	235	42	
	영유	野口銀藏	백성기	10.20		384	215	
	숙천	西田元吉	이병건	10.20	409	280		
	순안	久常友一	김정룡	10.14	533	270		
	맹산	渡邊喜熊	방봉성					
	개천	栗田二郎	서긍열					
	성천	神庭金一	김익현					

출전 : 『금융조합연합회 정관』(정부기록보존소 문서철 CJA0003882); 『금융조합연합회 정관』(경북)(정부기록보존소 문서철 CJA0003883); 『금융조합연합회 정관』(정부기록보존소 문서철 CJA0003884)

• 투고일 : 2003년 10월 21일 • 심사완료일 : 2003년 11월 11일
• 주제어 : 금융조합[금조, 조합], 금융조합령, 금융조합연합회[금련, 금조련], 조선금융조합연합회[조금련]

The Establishment of the Unions of Co-operative Credit Societies and their Activity

Choe, Jae Seong

In June 1918, when the Act of the Cooperative Credit Society(ACCS, 금융조합령) was revised, the Unions of Cooperative Credit Societies(UCCS, 금융조합연합회) were established in thirteen provinces of Joseon. In order to set up UCCS, each Cooperative Credit Society(CCS, 금융조합) held an ad hoc general assembly. The hosting of the meeting was necessary for each CCS to become a member of UCCS and make investments. Most CCSs held general assemblies mainly in mid and late October. And they passed decided agendas without any objections. The situation was quite predictable because those general assemblies were held in accordance with policies and instructions of Joseon Government-General(JGG, 조선총독부).

Heads and directors of CCSs that had held general assemblies gathered in a place by province, and filled in application forms bearing their names and stamps, Each province collected them and its provincial governor(도장관) turned in the application form to JGG.

JGG, which received the application forms, approved UCCS establishment through review process, and provinces that won approval set up UCCS and started to run it. For each UCCS, an executive director and a director were nominated, and while the executive director also served as the chief of the second department(제2부장) of the provincial office, the director was chosen from among directors of CCSs within the province.

The activities of UCCS focused mainly on deposit and lending transactions. Funding given to member CCSs came from lending of JGG, contribution of member CCSs, borrowings from Joseon Indusrial Promotion Bank(JIPB, 식산은행), and deposit of member CCSs. However, the major portion of the financial resources stemmed from borrowings from JIPB. Since then, JIPB played a role of the central bank of UCCS.

Amid strong UCCS activities of deposit and lending, the number of member CCSs increased sharply. In this respect, the establishment and activities of UCCS could be seen to provide a favorable condition to the development of CCS;yet, Joseon under colonial rule would interpret it as exploitation, Still, the establishment had limitations in that there was no central institution at a central level.

In this context, Japan tried to find efficient banking policies by establishing the Inspection Committee of Financial System(금융제도조사위원회) in late 1920. As part of this effort, after discussions about the establishment of a central institution of UCCS and CCS, it finally set up "the Central Union of Cooperative Credit Society(조선금융조합연합회)."

Key words : the Act of the Cooperative Credit Society, Unions of Cooperative Credit Society Cooperative Credit Society, the Central Union of Cooperative Credit Society

1920년대 중반 在北京 創造派의 民族唯一黨運動

조규태[*]

―――― 목 차 ――――

머리말
Ⅰ. 創造派의 北京 집결과 北京韓僑同志會의 조직
Ⅱ. 創造派의 『앞잡이(導報)』 발간과 民族唯一黨論의 전파
Ⅲ. 創造派의 大獨立黨組織北京促成會의 조직과 民族唯一
    黨運動의 전개
맺음말

머리말

청나라의 수도이며 중화민국 수립 이후 北洋軍閥과 保守派의 거점이었던 北京은 상해·만주·국내 등으로의 교통이 편리하고 중국과 열국의 정치·외교기관이 존재하였으며, 교육·문화시설이 발달하였기 때문에 적지 않은 한인들이 거주하며 활동하였다. 독립운동가, 종교인, 유학생, 노동자 등이 독립운동단체, 언론기관, 종교단체, 학생·청년·노동단체에 소속되어 다양한 민족운동을 전개하였다. 북경에는 국내·만주·노령과 關內의 上海에 비해서 거주자의 수가 적었지만, 북경의 한인들은 국민대

___
* 국가보훈처 연구원

표회의의 개최, 선전·연락 등을 통하여 민족운동의 전개에 상당한 역할을 하였다.

따라서, 최근에 재북경 한인의 민족운동에 대한 연구자들의 관심이 고조되고 있다. 북경군사통일회의와 다물단 등에 대한 연구가 있었고, 1920-30년대 북경에서의 한인 민족운동에 대한 개괄적인 검토가 이루어졌다.[1]

그렇지만 지금까지의 연구는 몇 개 단체의 실상과 한인민족운동의 개괄적 흐름을 밝힌 정도라고 생각한다. 아직, 북경지역 한인사회의 형성과 특성이 분명히 규명되지 못하였으며, 여러 계파의 한인민족운동단체의 특성과 구성원과 활동에 대한 검토도 충분히 이루어지지 않았다고 여겨진다.

북경지역의 여러 단체 중에서 재북경 창조파에 대해서도 아직 충분히 연구되지 않았다. 국민대표회의에는 주목하였으나 국민대표회의 후 창조파가 북경에 집결하여 벌인 민족운동에는 주목하지 않았다.[2] 필자가 굳이

---

1) 한중교류연구중심 편,『중국에서의 항일독립운동』, 도서출판 고구려, 2000. 졸고,「북경 군사통일회의의 조직과 활동」,『한국독립운동사연구』15, 2000. 한국근현대사학회·한국독립운동사연구소·중국 중앙민족대학 민족이론정책연구소,『중국에서의 한국독립운동: 1920-30년대 재중한인항일무장투쟁』, 북경, 2002. 박환,「1920년대 중반 북경지역 多勿團의 성립과 활동」,『한국민족운동사연구』33, 2002. 辛珠柏,「1920-30년대 北京에서의 韓人 民族運動」,『한국근현대사연구』23, 2002.

2) 국민대표회의에 관한 연구로는 다음의 것이 참고된다. 이현희,「국민대표회의의 소집문제」,『白山學報』18, 백산학회, 1975. 이현희,「국민대표회의 소집의 기본 목표」,『韓國近代史의 摸索』(二友출판사, 1979). 박영석,「대한민국임시정부와 국민대표회의」,『韓國史論』10, 국사편찬위원회, 1981. 朴永錫,「國民代表會議와 大韓民國臨時政府」,『韓民族獨立運動史研究』(일조각, 1982). 김희곤,「국민대표회의와 참가단체의 성격」,『中國關內韓國獨立運動團體研究』(지식산업사, 1995). 조철행,「국민대표회(1921~1923) 연구」,『史叢』44, 고려대, 1995. 박윤재,「1920년대 초 민족통일전선운동과 국민대표회의」,『學林』17, 연세대, 1996. 김태영,「안창호의 독립운동론연구 -국민대표회의와 관련하여-」, 인하대 석사학위논문, 1996. 李明花,「대한민국임시정부와 국민대표회의」,『대한민국임시정부수립80주년기념논문집』(국가보훈처, 1999).

재북경 창조파의 민족운동을 살피려는 이유가 바로 여기에 있다.

필자는 이 글에서 먼저 국민대표회의의 개최 후 창조파가 북경에 집결하여 '한국독립당' 조직안을 공포한 배경과 북경한교동지회를 설립한 의도에 대하여 살펴보려 한다. 다음으로 창조파가 1925년 1월 20일 소·일 협약 체결 후 국제현실을 직시하고 다시금 민족적 각성을 한 후 『앞잡이(導報)』의 발간을 통해 민족유일당의 건설을 촉구한 활동에 대하여 살펴보겠다. 마지막으로는 창조파가 '대독립당조직북경촉성회'를 조직하고 민족유일당의 조직을 위해 벌인 주비적 활동에 대하여 살펴보도록 하겠다.

본 연구를 위하여 필자는 일본 외무성 외교사료관의 『不逞團關係雜件』 朝鮮人の部, 在支那部와 『外務省警察史』 支那部 北京篇등의 자료를 중점적으로 활용하였다. 아울러 기존에 공간된 북경 관련 자료와 독립운동가의 전기와 회고록 등을 보조적으로 활용하였다.

I. 創造派의 北京 집결과 北京韓僑同志會의 조직

1923년 1월 3일부터 상해에서 국민대표회의가 개최되어 임시정부의 개혁방안을 논의하였으나 임시정부를 새롭게 창조하자는 창조파와 임시정부를 개혁하자는 개조파 간의 갈등으로 합일된 임시정부 개혁안이 마련되지 못하였다. 개조파가 불참한 가운데 창조파는 독자적으로 의장단을 구성하고 1923년 6월 초 독자적으로 국호를 제정하고, 국민위원회와 국무위원회 등으로 구성된 정부를 수립하였다. 그리고 창조파의 원세훈·윤해·신숙 등 50여명은 1923년 8월 20일 경 노르웨이 상선을 타고 상해를 출발하여 8월 30일 블라디보스톡에 도착하였다.3) 박용만은 1923년 12월

---

3) 朴永錫, 「國民代表會議와 大韓民國臨時政府」, 『韓民族獨立運動史研究』(일조각, 1982), 334·335면. 金喜坤, 『中國關內 韓國獨立運動團體研究』(지식산업사, 1995), 160-165면.

초 카라한의 배려 하에 남만주를 경유하여 블라디보스톡으로 가려하였으나 남만주를 통과하는 것이 위험다고 판단하여 북경 일본영사관의 木藤 통역관과 회견한 후 그와 조선총독부의 양해를 얻어 12월 중순 경 상해-나가사끼-京城-하얼빈을 경유하여 블라디보스톡에 도착하였다.[4]

블라디보스톡에 모인 창조파의 원세훈·윤해·신숙과 박용만 등은 1924년 1월 28일부터 2월 5일까지 국민위원회를 개최하고 정부를 창조하려 하였다. 그러나 한국의 독립운동을 공산당의 정강 아래에서 전개하도록 요구하는 코민테른과 소비에트러시아 정부의 반대, 상해파 고려공산당계 인물과 이르크츠크파 고려공산당계 인물의 반대로 소기의 성과를 거둘 수 없었다.[5] 설상가상으로 코민테른은 1924년 2월 20일 블라디보스톡의 高麗部에 타전하여 국민위원들로 하여금 속히 국경 밖으로 나가도록 종용하였다.[6]

창조파의 신숙·원세훈 등은 1924년 2월 19일에서 23일까지 블라디보스톡에서 열린 제1회 국민위원회에서 한국독립당안을 마련하였다.[7] 임시정부의 수립이 어렵게 되자 급히 한국독립당 조직안을 마련하였던 것으로 보인다.

블라디보스톡에 머무르던 창조파는 1924년 2월 하순에서 3월 상순 사이 블라디보스톡을 떠나 길림 등지를 거쳐 북경에 도착하였다. 1924년 4월

---

4) 「在北京不逞鮮人朴容萬の動靜に關する件」(1923.11.17), 일본 외무성 외교사료관 소장, 不逞團關係雜件, 在支那部.「不逞鮮人朴の浦潮行に關する件」(1923.12.21).「朴容萬の行動に關する件報告」(1924. 2.23).「印刷物送付の件 - 別冊『燕京夜話』」(1924. 4.26) . 그는 상해-나가사끼-京城을 거쳐 1923년 12월 12일 하얼빈에 도착하여 12월 15일발 열차로 하얼빈을 출발하여 뽀그라니치나야를 거쳐 그로데고우를 거쳐 1924년 1월 21일 경 블라디보스톡에 도착하였다.

5) 「朴容萬の行動に關する件報告」(1924. 2.23).「印刷物送付の件 - 別冊『燕京夜話』」(1924. 4.26) .

6) 「印刷物送付の件 - 別冊『燕京夜話』」(1924. 4.26.

7) 「國民委員會 公報 入手에 관한 건」(1924. 9. 5), 『韓國民族運動史料』中國篇(국회도서관, 1976), 511면. 박용만은 1924년 2월 17일 블라디보스톡을 떠나 만주로 들어갔다.

중순 북경에는 申肅, 元世勳, 金世晙, 朴健秉, 姜九禹 등 다수의 창조파가 머무르고 있었다. 또, 尹海·韓馨權·金奎植 등도 그 직후 도착하였다.[8]

북경에 도착한 직후 창조파는 드러낼만한 활동을 하지 못하였다. 그러다가 1924년 중엽 창조파는 국내에서 硏政會가 참정권과 자치를 획득하려는 운동을 전개하고 있음을 알고 1924년 중엽 해외의 여러 비타협적인 독립운동단체를 통일할 필요성을 느꼈다.[9] 더욱이 1924년 1월 성립된 중국의 국민당과 공산당의 합작이 적지 않은 성과를 거두자 민족유일당 설립의 필요성을 인식하였다.

바로 이러한 인식 아래에서 1924년 6월 7일 창조파가 조직한 한국독립당의 국민위원회의 집행위원인 金奎植, 申肅, 李靑川, 金應爕, 尹海, 姜九禹, 韓馨權, 吳昌煥, 金世晙은 앞서 블라디보스톡에서 마련한 한국독립당 조직안을 공포하였다. 그리고 6월 10일 동 국민위원회는 포고 제1호로서 한국독립당을 중심으로 단합하자고 촉구하였다. 북경에 머무르던 창조파는 임시정부의 수립이 어렵게 되자 방향전환책으로 민족유일당으로서의 한국독립당 조직안을 제시하고 민족유일당을 설립할 것을 촉구하였다.

그리고 6월 15일에는 한국독립당 국민위원회의 비서장으로 내정된 박용만을 "적의 양해 아래에 입국하였다"고 하여 파면하였다.[10] 박용만의 친일행적을 폭로함으로써 창조파에게 쏟아지던 비난의 화살을 박용만에게 돌렸던 것이다.

韓國獨立黨 秘書處의 秘書로 내정된 창조파의 거두 원세훈[11]은 1924년

---

8) 「創造派 韓人獨立運動者의 動靜」(1924. 4.18), 『韓國民族運動史料』 중국편(국회도서관, 1976), 500면. 「블라디보스톡으로부터 귀래한 창조과 한인에 관한 건」(1924. 5. 3), 동상서, 501면.

9) 「創造派에 屬하는 不逞鮮人의 行動에 關하는 件在」(1924.7.31), 일본 외무성 외교사료관 소장, 不逞團關係雜件, 在支那部.

10) 「國民委員會 公報 入手에 관한 건」(1924. 9. 5), 『韓國民族運動史料』中國篇(국회도서관, 1976), 511-517면.

11) 「國民委員會 公報 入手에 관한 건」(1924. 9. 5), 『韓國民族運動史料』中國篇(국회도서관,

6월 초 서울 출신으로 북경대학 영문과생으로 있던 李兆(祖)憲(25, 6세)과 함께 상해로 갔다. 그곳에서 원세훈은 이조헌과 친밀한 관계에 있던 徐日甫와 면담하였고, 의열단원으로 한국독립당의 후보국민위원으로 내정되었던 鄭寅敎[12])와도 이야기를 나누었다. 한편, 원세훈은 이조헌과 咸北吉州 출신으로 블라디보스톡에 거주하다 상해에 유학온 李尙雲의 차남인 이류바와 함께 북경에 온 후 이들을 국내로 파견하였다.[13]) 그러니까 창조파의 원세훈은 1926년 중반 민족의 힘을 최대로 발휘할 수 있는 민족유일당을 조직하는 것의 타당성에 대해 알아보기 중국과　국내의 독립운동단체 혹은 독립운동가들과 접촉하였다.

그렇지만, 원세훈·윤해·신숙 등의 창조파의 한국독립당 조직계획은 순탄하게 진행되지 못하였다. 북경 등지의 독립운동가들이 소비에트러시아정부와 코민테른의 한국독립운동 지원에 대한 확약이 없는 상태에서 이들을 믿고 노령에 가서 임시정부를 창조하려다가 이들로부터 배신을 당하고 북경에 돌아온 창조파를 쉽게 지지할 수는 없었을 것이다.

창조파로서는 새로운 전기를 마련해야 하는 상황이었다. 그런데 마침 1924년 7월 12일 발생한 高周錫强盜事件으로 체포된 金世晙을 석방시키는 과정에서 중국의 薛警視總監이 徐日甫에게 한인독립운동가로서 구성된 한 독립운동단체를 조직하여 한인의 신원을 보증해달라는 제의를 하였다.[14]) 서왈보에게 말한 薛경시총감의 제의는 원세훈을 비롯한 창조파들에게 전파되었던 것으로 보인다.

1976), 516면.

12)「國民委員會 公報 入手에 관한 건」(1924. 9. 5), 『韓國民族運動史料』中國篇(국회도서관, 1976), 516면. 이 글에 의하면 정인교가 한국독립당 10명의 후보국민위원 중 1명으로 되어 있다.

13)「創造派に屬する不逞鮮人の行動に關する件在」(1924.7.31), 일본 외무성 외교사료관 소장, 不逞團關係雜件, 在支那部.

14)「不逞團體北京韓僑同志會組織に關する件」(1924. 7.25).

　원세훈과 신숙은 서왈보, 韓震山, 金在禧, 宋虎, 趙鏞翰, 朴崇秉, 崔用德, 李光, 柳藎(靑宇), 趙國光, 金正默, 柳善長, 李玉山, 南徹(亨)祐, 金弘善, 金義宗, 張何鳴, 李世榮, 南亨祐, 姜九禹, 梁모 등 22명과 함께 1924년 7월 21일 북경 洞安市場 東安泰樓에 모여 단체의 조직을 발의한 후, 1924년 8월 6일 같은 장소에서 열린 總會에서 그 단체의 명칭을 北京韓僑同志會로 정하였다.15) 그리고, 臨時執行委員으로 선정된 徐日甫·韓震山·申肅, 規則起草委員으로 선정된 元世勳·趙南升·柳善長 등의 노력에 힘입어 1924년 8월 6일 같은 장소에서 열린 總會에서 회칙을 정하였다.16) 원세훈과 신숙, 박건병 등의 창조파가 중국정부의 제의에 부응하여 신속히 북경한교동지회를 조직하였던 것은 중국정부의 도움을 받고 또 한편 북경 내의 한인들을 결집하여 한국독립당을 수립하는 데 도움을 받으려던 까닭으로 보인다.

　북경한교동지회는 창립 당시 신숙, 서왈보, 한진산, 조남승, 원세훈의 5인의 집행위원과17) 21명의 일반회원으로 구성되었다. 이 26명의 약력을 표로 나타내면 다음의 <표 1>과 같다.18)

〈표 1〉 북경한교동지회의 구성원(1924. 8)

이름	이명	생년	출신지	경력	비고
申肅	申憲,剛齊 是丁,凝丁 泰凝,泰鍊	1885	경기 가평	23년 창조파 간부(북경대표)	천도교인
徐日甫	梁國一 大林	1886	함남 원산	의열단원으로 국민대표회의시 창조파에서 활동, 의열단이 중립을 지키자 나와 23년 신의단 조직, 北京南	23년 신의단

---

15) 高警第405號, 「在北京韓僑同志會の組織と其の後の狀況に關する件」(1924.11.18).

16) 高警第405號, 「在北京韓僑同志會の組織と其の後の狀況に關する件」(1924.11.18).

17) 高警第405號, 「在北京韓僑同志會の組織と其の後の狀況に關する件」(1924.11.18). 집행위원인 徐日甫, 韓震山은 會則을 漢譯하여 北京警察廳과 步軍統領衙門에 제출하였다.

18) 高警第405號, 「在北京韓僑同志會の組織と其の後の狀況に關する件」(1924.11.18). 1924년 10월 경 북경한교동지회에서 북경경찰청에 제출한 명단과 『독립유공자공훈록』(국가보훈처), 공간된 정보문서, 외무성 외교사료관 소장 신상관련 정보 등에 의거하여 작성.

이 름	이 명	생년	출신지	경 력	비 고
				苑飛行學校 교관, 1926년 풍옥상군에서 활동하다 사망	
韓震山	韓興敎 韓興	1885	부산 동래	공산당원, 김원봉과 친교 북벌혁명군 홍십자회 대장	23년 국민당 이사
趙南升	國光 一雲	1881		이르크츠크 제3회극동공산당대회 참석, 23년 신의단,	23년 신의단
元世勳	朱啓勳	1887	함남 정평	창조파간부(노령대표), 19년 4월 대한국민의회 대표자로 상해임시정부와 통합을 논의, 23년 10월 꼬르뷰로 대표와 만나 한국독립당 결성을 논의, 24년 6월 한국독립당 국민위원회 비서	
李光		1884	충청도	19년 상해임정 의정원 의원, 23년 8월 신팔균 등과 함께 상해 임시정부에 가서 공채매각 등을 함	
朴崇秉	趙澗松 趙光璧	1990	경기 안성	창조파, 19년 상해임정 군무부원,	
朴建秉	容狢	1892	강원 철원	창조파 간부(북경대표) 24년 6월 국민위원회 비서, 19년 8월 대한독립청년단 철원군단, 21년 군사통일주비회,	
李敏昌	永根 默堂		경남 진주	창조파, 23년 창조파 간부(서북간도대표), 24년 6월 국민위원회 국민위원	천도교인,
金在禧	白雲	1902	경남 진주	창조파, 22년 의열단 암살부원, 23년 의열단원에서 제명, 치타에서 돌아온 후 공산주의자가 됨.	
金正默	金海山 金奎煥	1888	경북 선산	19년 4월 임정 경상도 의원, 21년 북경에서 신채호 등과 통일책진회 활동, 『천고』 발행 24년 2월 길림 독립신문사 지국장,	
裵天澤	배병현	未詳	경북 대구	서로군정서 국민대표회 개조파 대표 23년 남형우, 서동일 등과 국민당 조직	23년 국민당 서무, 외교부장 1925년 정의부
金世晙	瞳天	1897	강원 철원	창조파, 17년 운남강무당 출신, 군사통일회의 집행위원, 24년 6월 국민위원회 집행위원	23년 국민당 이사
柳薫	柳青宇	1893	경북 상주	23년 국민대표회 중립파 대표	23년 국민당 이사
姜九禹				창조파, 23년 창조파 부속대표, 24년 국민위원회 집행위원	천도교인
金義宗		1894	평북 철산	신숙과 통일당 활동	천도교인
柳善長				창조파 간부부속	
宋虎	宋東山, 宋弘福, 宋虎,	1890	함남 함흥	창조파, 서로군정서, 21년 북경군사통일회의, 의열단원으로 창조파에서 활동, 의열단이 중립을 지키자 23년	서로군정서 23년 신의단

이 름	이 명	생년	출신지	경 력	비 고
	宋壽昌			의열단에서 나와 신의단 조직	
崔用德				23년 신의단	23년 신의단
趙鏞翰	趙鏞漢	1894	경기 연천		趙素昻(鏞殷)의 동생
趙徹祐					
金弘善	金宏善				천도교인
李浩永	李皓榮		경북	多勿團	
張何鳴	장하명?		경북 경주	공산당	
安敦厚					
申闢宇					
李世榮	天民古狂, 李泄,維欽	1869	충남 청영	17년 신흥무관학교 교관 19년 환인현에서 한교공회 조직, 서로군정부 군사령관, 통의부 참모부장	발기자이나 송부 명단에서 제외

　위의 <표 1>에 의하여 나타나는 것은 먼저 북경한교동지회에서 활동한 사람들이 주로 창조파라는 점이다. 집행위원으로 활동한 신숙과 원세훈은 각기 북경과 노령을 대표하는 창조파의 간부였고, 일반회원의 박건병과 이민창은 각각 북경과 노령을 대표한 창조파 간부였고, 강구우·유선장·송호 등도 창조파였다. 대한한교동지회는 창조파들이 중심을 이루고 있었다.

　다음으로 지리적으로 보면, 함경도·경상도 출신의 인사들이 중심을 이루었다. 원세훈·서왈보·송호 등은 함경도 출신이었고, 한진산·이민창·김재희·김정묵·배천택·유신·이호영·장하면 등은 경상도 사람이었다. 그러니까 대한민국임시정부가 기호와 평안도 출신의 인사들로 구성되어 있었으므로, 여기에서 소외된 북경에 거주하던 함경도와 경상도 등지의 인사들이 북경한교동지회에 대거 참여하였던 것이다.

　북경한교동지회 구성원을 조금 더 세부적으로 분석하면, 첫째 북경한교동지회에는 1923년 3월 하순 북경에서 김동삼의 영향 아래에 있던 경상도와 강원도 출신의 인물들이 설립한 국민당계의 인사들이 여러 사람 있었다. 배천택은 국민당의 서무부장 겸 외교부장이었고, 한진산·유청우·김세준은 이사였다.[19]

둘째로 의열단에서 활동하다 김원봉이 창조파를 지원하지 않고 중립적인 태도를 취하며 대표파견을 거절하자 1923년 초 독자적으로 申義團(伸義團, 信義團)을 만들고 북경을 근거로 하여 활동한 사람들을 들 수 있다. 비행가로 활동한 徐曰甫와 崔用德, 그리고 宋虎 등이 申義團의 단원으로 활동하였다.[20] 이 신의단은 대체로 함경도 출신의 인물들이 중심을 이루고 있었다.

셋째로 천도교인들을 들 수 있다. 신숙, 김의종, 김홍선, 이민창은 統一黨의 간부로서 북경 천도교종리원을 통하여 국내로부터 자금을 들여온 후 1921년 4월 북경군사통일회의 등을 주도해나간 인물들이다.[21]

넷째로 서로군정서에서 활동한 인물들을 들 수 있다. 이세영은 서로군정서 산하 신흥무관학교의 교장이었고, 배천택도 서로군정서에서 활동한 인물이었다. 이들은 국민당과 밀접한 관련을 맺고 있었다.

다섯째는 대한국민의회에서 활동한 인물들을 들 수 있다. 대표적인 인물이 원세훈이었다. 원세훈은 문창범과 호형호제하는 막역한 사이였다.

이 북경한교동지회의 회원은 아니지만 우호적인 인물들로서는 이상도,

---

19) 박환, 「1920년대 중반 북경지역 多勿團의 성립과 활동」, 『韓國民族運動史研究』 33, 2002, 71면. 배천택, 남형우, 김창숙, 유청우, 한진산 등은 1923년 3월 상해에 국민대표회에 참석하여 각파의 분열·충돌을 피하고 경남 출신자로서 공고한 독립운동단체의 조직을 필요로 하고 국민당을 조직하였다. 본문에서 제시한 인물 이외에 남형우는 이사장, 김창숙·이학초·백운은 이사, 서동일은 재무부장으로 활동하였다.
20) 「의열단에 관한 조사」(1924. 2.13), 『韓國民族運動史料』 중국편, 486면. 신의단은 서왈보(비행가), 崔用德(비행가), 宋虎, 李漢龍, 金仁鎭, 金思潗 등의 함경도 출신자들을 중심으로 활동하였다.
21) 졸고, 「천도교단과 대한민국임시정부」, 『한국민족운동사연구』 23, 1999, 388면 참조. 「북경군사통일회의의 조직과 활동」, 『한국독립운동사연구』(한국독립운동사연구소), 15, 참조.

임유동, 김건, 양명, 천기정, 김봉환, 김창국, 김창숙, 남형우, 양재섭, 김성태, 서동일, 최명락 등이 있었다.22) 이들의 특성을 살펴보면 다음의 <표 2>와 같다. 먼저, 김창숙, 남형우, 서동일처럼 국민당에 관여하였던 사람들이 있었다. 다음으로 경상도 출신의 인물들이 다수 있었다는 점이다.

〈표 2〉 북경 거주 북경한교동지회의 우호적 인물

이름	이명	생년	출신지	경력	비고
李相度	李相道	1897	경북 대구	임정 의정원의원	
林有棟		1900	경남 거창	북경한인청년회	
金健			강원도		
梁明	李江 梁健錄 梁建一	1901	경남 통영	19년 북경대 문과 입학, 의열단 간부 24년 혁명사 가입 25년 8월 귀국 조공 가입	
千基正			전라도		
金奉煥	金鳳煥 春植	1895	경남 동래 범어사		잡지 『荒野』 집필자
金昌祚	金昌國 金京文	1901			28조선혁명당총연맹 31상해교민단 32한국독립당 광동지부
金昌淑	心山	1879	경북 성주	신채호와 『천고』 발행, 24년 6월 국민위원회 국민위원(미취임)	23년 국민당 이사장
南亨祐		1875	경북 고령	대동청년당, 임정교통총장, 통일당, 21년 국민대표기성회 집행위원, 23년 국민당, 다물단	23년 국민당 이사장
梁在涉			경상도		
金聖泰			평안도		
徐東日	徐春波	1893	경북 경산	23년 북경에서 남형우, 배천택과 국민당 조직, 25년 다물단	23년 국민당 재무부장
崔明洛			경상도		

---

22) 高警第405號, 「在北京韓僑同志會の組織と其の後の狀況に關する件」(1924.11.18). 1924년 10월 경 북경한교동지회에서 애국심이 많은 독립운동자로서 북경경찰청에 제출한 북경한교동지회 회원 이외의 인물.

요컨대, 북경한교동지회는 과거 대한민국임시정부에서 소외된 국민당, 의열단에 대항하여 새롭게 조직한 신의단, 천도교북경종리원, 서로군정서, 대한국민의회 등에서 활동한 창조파가 중심이 되어 조직된 단체였다. 북경에 다시 모인 창조파는 북경한교동지회를 통하여 동지들을 결속하고 북경지역 한인들을 모아 자신들의 정치적 위상을 강화해나가려고 하였던 것이다.

북경한교동지회는 강령에 따르면 "親睦互助를 宗으로 하고 智識을 闡發하고 義에 伏하고 奸을 鋤함"을 목적으로 하고 있었다.[23] 즉, 북경한교동지회는 북경에 거주하는 한인독립운동가의 친목과 상호부조를 위주로 하면서도 지식과 독립의식을 계발하고, 독립운동의 대의를 실천하며 친일 등의 奸惡한 행위를 배척할 것을 지향하였다.[24]

실제로 북경한교동지회는 1924년 8월 29일 오전 10시 북경의 交道口 西大街 集賢里 6호에 있는 천도교종리원에서 70여명이 모인 가운데 제14회국치기념회를 개최하고, 북경의 각국 공사관 등에 「是日也對外一言」이란 선전문을 발송하는 활동을 하였다.[25] 이 선전문에서 북경한교동지회의 회원들은 우리의 치욕의 역사를 반성하고 우리의 생존과 자유를 위해 매진하자고 하였다. 또한, 일본인에게는 과거의 잘못을 깨우치고, 미국,

---

23) 高警第405號, 「在北京韓僑同志會の組織と其の後の狀況に關する件」(1924.11.18).

24) 高警第405號, 「在北京韓僑同志會の組織と其の後の狀況に關する件」(1924.11.18). 회칙에 따르면 회원자격은 "조국광복의 사상이 철저하고, 품행이 단정하고 연령이 18세 이상인 한인"이어야 한다고 되어 있으므로 단순한 친목위주의 단체가 아니라 독립운동 단체인 것만큼은 확실하다.

25) 北情第97號, 「北京地方在住鮮人一般狀況」(1924. 9. 8). 보훈처 일본편 8권. 北第202號, 「所謂國恥記念日ニ關スル件」(1924. 9. 2), 國史編纂委員會 편, 『韓國獨立運動史』 자료 37, 2001, 122·123. 이 기념회의 식은 申肅의 사회로 진행되었다. 기념식은 ① 개회 ② 국가 합창 ③ 기념사(申肅) ④ 默想一同(3분간) ⑤ 역사약술(南亨祐) ⑥ 감상담(隨意) ⑦ 폐회의 순으로 진행되었다. 기념식은 5頃 半 중국순경의 주의로 해산되었다.

영국, 소련의 국민들에게는 인류평화의 대물결에 따라 한국의 독립을 지원해달라고 주장하였다.[26)]

원세훈, 신숙·이민창·강구우, 박건병 등 창조파가 주도하여 조직된 북경한교동지회는 친목과 상호부조, 국치기념식의 개최 등을 통해 북경재류 한인들을 결속하고 있었다. 그렇지만, 북경한교동지회는 설립 당시부터 1925년 초까지 자금융통의 어려움, 내부적인 노선의 차이 등으로 인하여 크게 주목할만한 활동을 전개하지 못하였다. 무엇인가 전기를 마련해야 하는 상황이었다.

Ⅱ. 창조파의 『앞잡이(導報)』 발간과 民族唯一黨論의 전파

북경한교동지회가 전기를 모색하고 있던 즈음인 1925년 1월 20일 일본의 요시자와 대표와 러시아의 카라한이 모여 소·일협약을 체결하였다. 이 조약은 일본이 소련을 승인하면서 과거 러·일전쟁 후 러시아와 일본이 맺은 포오츠머드조약의 내용을 승계한다는 것이었다. 그 협약의 5조에는 양국의 범인 인도조항이 있었다. 이것은 일본과의 우호적 관계를 형성

---

26) 北第202號, 「所謂國恥記念日ニ關スル件」(1924. 9. 2), 國史編纂委員會 편, 『韓國獨立運動史』 자료 37, 2001, 124·125. 먼저 국치기념일을 맞아 자신들의 다짐을 천명하였다. 즉, 1910년 8월 29일은 일본이 한국에 대해 合倂僞約을 勒結한 날이다. 또, 8월 29일은 러·일 조약으로 우리의 조국이 제국주의의 침략제단에 희생된 날이기도 하다. 그러므로 8월 29일은 泣血嘗膽하며 영세토록 잊기 어려운 國恥記念日이다. 우리 북경의 동지들은 가장 憎恨하고 가장 悲憤한 날을 맞아 우리 민족의 생존과 자유를 만회하기를 천지에 맹서한다. 다음으로 1902년의 영일동맹과 1905년의 포츠머드조약 등은 동북아의 평화를 가져오지 못했음을 비판하였다. 그리고 東亞改造의 好機會를 맞아 한국, 중국, 인도, 안남, 필리핀, 터어키 등의 心志와 血氣가 있는 사람들은 분기하여 오고, 와서 단결하고, 단결하여 우리들의 진정한 자유를 건설하자고 하였다. 아울러 영국인과 미국인에게 가식을 덜고 진실된 문명을 건설하는 데 힘쓰고, 소련인에게는 마르크스의 가르침을 본받아 우리들의 진정한 자유를 보장해 주며, 일본인에게는 근원부터 회개하여 자멸의 길에서 스스로를 구하라고 하였다. 마지막으로 '한국독립만세', '全 世界, 全 人類의 眞平和·眞生活 萬歲'라고 되어 있었다.

하기 위해 한인독립운동을 지원하지 않겠다는 의미였다. 소비에트 러시아의 배신으로 노령에 임시정부를 창조하지 못하고 쫓겨났던 북경한교동지회의 회원들은 다시 한번 소비에트 러시아에 대해 배신감과 불만을 느끼고 위기의식을 가졌음에 틀림없다.

북경한교동지회는 1925년 3월 7일 정기총회가 끝난 후인 오후 7시부터 다음날 오전 3시까지 朝陽門 내의 조선기독교회에서 在留鮮人有志大會를 개최하고 소·일협약의 성립에 관하여 토의하였다. 당시 이 회의에는 17명이 참석하였는데 그 면면은 다음과 같다.27)

〈표 3〉 북경재류선인유지대회 참석자

이 름	직 위	소 속	이 름	직 위	소 속
金光泉	실행위원		裵天澤	경북 실행위원	북경한교동지회
金世晙	강원 실행위원	북경한교동지회	趙國光	실행위원	북경한교동지회
張健相	경남 실행위원		元世勳	함남 실행위원	북경한교동지회
崔東旿	경성 실행위원	북경천도교종리원	申采浩	충북 실행위원	
徐日甫	함남 실행위원	북경한교동지회	韓震山	경남	북경한교동지회
朴建秉	강원	북경한교동지회	梁在涉	경남	친한교동지회 인사
趙英 趙英一			姜基鳳		
姜九禹		북경한교동지회			

여기에 참석한 사람 중 대부분은 북경한교동지회의 회원이었음이 확인된다. 확인되지 않는 인물들로는 김광천, 장건상, 최동오, 신채호, 양재섭, 조영, 강기봉 정도였다. 장건상은 북경군사통일촉성회의 발기인이며, 이르크츠크파 고려공산당 당원으로 국민대표회의시 노령 대표로 참석한 사람이었다. 신채호도 북경 군사통일촉성회의 발기인이었다. 최동오는 천도교 북경종리원 종리사였다. 조영은 1898년생으로 평남 평양 출신이며 金

___
27) 高警第936號,「日露協約成立に對する在北京不逞鮮人の行動に關する件」(1925. 3. 17).

承萬의 사위로 고려기독교청년회 서기였다.[28] 김광천, 양재섭, 강기봉에 대해서는 자세하지 않다. 그러니까 창조파가 중심이 된 북경한교동지회는 북경한교동지회의 회원들과 북경 군사통일촉성회 발기인, 최동오 등 북경의 천도교인, 조영 등의 북경의 기독교인 등을 모아 소·일협약의 체결에 항의하였던 것이다.

이 대회에서는 위의 <표 3>과 같이 실행위원을 선정하여 소·일협약의 체결에 대해 소비에트러시아 정부에 항의하는 다음과 같은 결의를 하였다.

1. 노농대사 카라한을 방문하여 노농정부가 일본과 협약을 체결함으로써 당연히 포츠머드조약 承認을 허락한 것은 同政府의 평소의 주장·선전에 배치되고 帝國主義를 용인한 것으로 소약국민을 위하고 또 인류의 행복·자유를 위하고 전 세계의 혁명을 창도한 主旨에 배반되는 것이며, 일로협약 제5조의 주의자 내지 독립운동자류를 상호 취췌하는 것 같은 조항을 규정한 것은 國際公法의 취지에도 反하고 노농정부 본래의 면목을 심히 상하게 하는 것 등을 들어 힐문하고 그 반성을 촉구할 것.
2. 만약 카라한이 면회를 피할 경우에는 서면으로 항의할 것.
3. 동시에 노농정부에 대하여도 같은 主旨에 기초하여 항의서를 보낼 것.
4. 제3국제공산당에 대하여도 그의 가장 밀접한 관계가 있는 노농정부의 상기의 행위에 대하여 엄중한 경고문을 보낼 것.[29]

즉, 소·일협약의 체결에 대하여 카라한과 소비에트러시아정부, 코민테른 등에 항의하기로 하였다. 본 건에 대해서는 국내는 물론 재외의 일반 한인에 대하여 격문을 날려 러시아 노농정부에 항의하는 主旨를 선전하기로 하였다.[30]

---

28) 北情第97號, 「北京地方在住鮮人一般狀況」(1924. 9. 8).
29) 高警第936號, 「日露協約成立に對する在北京不逞鮮人の行動に關する件」(1925. 3. 17).
30) 高警第936號, 「日露協約成立に對する在北京不逞鮮人の行動に關する件」(1925. 3. 17). 영

바로 이 즈음인 1925년 3월 1일 북경한교동지회는 소위 ‘독립기념일’을 기하여 『앞잡이(導報)』라는 赤色으로 된 신문을 창간하였다. 당시 이 신문의 발행기관은 북경한교동지회였으며, 인쇄소는 東四牌樓 부근의 중국인 石版屋이었고, 原版筆者는 朴健秉이었다. 창간호에는 「창간사」(원세훈), 「三一紀念辭」(박건병)와 아울러 「俄日條約의 批判」(원세훈)이란 글이 실려 있었다.31) 그러니까 북경한교동지회는 소·일협약의 체결에 충격을 느끼고 『앞잡이(導報)』라는 신문을 발간·배포하여 소·일협약의 부당성을 국내외의 한인들에게 알리고자 하였던 것이다.

북경한교동지회는 『앞잡이(보도)』의 창간시에는 직접 발간을 담당하였었지만, 1925년 6월 무렵에는 이를 전담하는 ‘앞잡이(導報)’사를 설립하기로 작정하였다. 여기에 참여한 同人은 조남승, 한홍, 원세훈(주간), 서왈보, 박건병, 배천택, 송호, 황운룡, 김세준, 유청우 등이었다. 1925년 6월 11일자 『앞잡이(導報)』 제2호에 「본사의 주장」을 발표하고 「특별사고」를 실어 사원으로 응할 것을 촉구하였다.32) 그리고, 신문사 앞잡이는 1925년 7월 1일 경 主義·綱領·簡章을 발표하고 체제를 동인체제에서 사원체제로 바꾸며 공식적으로 출범하였다.33)

신문사인 ‘앞잡이’는 한자로는 ‘導報’, 영자로는 ‘The Leader of Korea'라고 하였다.34) 이 명칭은 한국의 독립운동을 이끈다는 의미였다.

문항의서의 기초는 장건상이 한글 및 한문 항의서의 기초는 신채호가 담당하기로 하였다.
31) 高警第939號, 「재북경불령선인불온신문 『도보』 발행관건」(1925. 3. 17). 『한국독립운동사』 자료편 37권, 126면. 이 신문은 원래 일간지로 발행하려 하였으나 자금사정으로 제2호부터 주간, 순간, 월간의 형식으로 발행되었다. 발간부수는 창간호가 500호였고 1925년 중엽에는 600호 내지 700호씩 발행되었다.
32) 高警第2221號, 「在北京不逞鮮人の宣傳印刷物の發送に關する建」(1925. 7. 1). 高警第2251號, 「在北京導報社の主義綱領に關する件」(1925. 7. 3), 『韓國獨立運動史』 資料37, 126·127·128. 이천민은 두 줄로 금이 그어져 있는 것으로 보아 발의에는 참여하였으나 동인으로 참여하지는 않았던 것 같다.
33) 高警第2559號, 「不穩新聞 『導報』 の配送先に關する件」(1925. 8. 6), 『韓國獨立運動史』 資料 37권, 132면. 고경제2251호(1925. 7. 1). 고경제2559호(1925. 7.19).

　　앞잡이의 사원은 보통사원과 특별사원이 있었는데 모두 조국광복에 대한 정신과 행동이 철저하고 앞잡이사의 주장을 절실히 찬성하는 한국인이어야 하였다. 보통사원은 앞잡이 본사를 운영하며, 특별사원은 자기소재지에서 지사를 설립하고 통신원, 자금모집원으로 활동하도록 되어 있었다.[35] 신문사 앞잡이는 보통사원 중에서 이사를 선출하여 이사회를 구성하고 이사회가 사무를 처리하는 체제였다. 이사의 수는 시의에 따라서 총회에서 정하는데 이사회는 이사장 1인, 부이사장 1인을 두는 외에 비서부·경리부·통신부·편집부·발행부를 두고 각각 주임 1인과 부원 약간인을 두었다.[36]

　　元世勳, 裵天澤, 趙南升, 徐曰甫, 宋虎, 韓興, 朴健秉, 黃雲龍이 집행간부로 있었고[37] 원세훈이 『앞잡이』의 주간을 맡으면서, 이사장을 겸임하였던 것으로 보인다. 앞의 집행간부 외에 앞잡이의 동인으로 참여하였던 김세준, 유청우 등도 보통사원으로 활약하였으리라 짐작된다. 북경을 제외한 중국, 노령, 국내, 일본, 미주, 유럽 등지에는 약간의 특별사원이 있었는데, 노령의 윤해, 길림의 신숙, 환인 통의부의 金東三, 동경의 金世璇

---

34) 高警第2559號, 「在北京導報社の簡章に關する件」(1925. 7.29).

35) 高警第2559號, 「在北京導報社の簡章に關する件」(1925. 7.29). 또 신입사원의 입사규정은 보통사원은 보통사원의 保薦과 집행간부의 만장일치의 司決을 경유하여 입사케 하였다. 특별사원은 보통사원 혹은 특별사원의 保薦과 집행간부의 司決을 경유하여 입사케 하였다. 보통사원은 앞잡이사의 유지를 위해 노력과 물자를 제공하고 때때로 앞잡이사 회의에 참석하여 사무의 진행과 발전책을 토의·강구할 의무가 있었다. 그리고, 특별사원에 대한 선거권, 피선거권, 제의·표결권을 가졌다. 특별회원은 본인 소재지에 지사를 설립하고 그 임원을 피선될 권리와 총회에 출석하여 발언할 권리를 가졌다. 그리고 특별회원은 통신원의 책임을 이행하고 본사의 주장을 관철하려고 선전하고 특히 독립당의 조직에 노력할 의무를 가졌다. 아울러 본인의 재력을 출자하고 동정자의 의연을 모집하여 앞잡이사의 경비로 보조해야 할 의무를 가졌다

36) 高警第2559號, 「在北京導報社の簡章に關する件」(1925. 7.29).

37) 高警第2559號, 「在北京導報社の簡章に關する件」(1925. 7.29). 원 자료에는 집행간부의 명단이 朱啓勳, 元世勳, 裵天澤, 趙南升, 徐曰甫, 宋虎, 韓興, 朴健秉, 黃雲龍이라고 되어 있으나 주계훈은 바로 원세훈의 변명이었다.

등이 그러한 임무를 수행하였던 것 같다.[38]

신문사 앞잡이는 창조파로 활동하였으며 북경한교동지회에 참여하였던 인물 중에서 원세훈, 배천택, 조남승, 서왈보, 송호, 한홍, 박건병, 황운룡 등의 주도로 운영되었다. 이들은 『앞잡이』의 발간을 통하여 그들의 주의·주장을 피력하고 동지를 모집하며 의사를 관철하려고 하였다.

먼저 앞잡이의 『앞잡이』 발간 상황은 다음의 <표 4>와 같다. 이에 따르면 앞잡이는 1925년 3월 1일 창간되어 1926년 초까지 발간되었던 것이 확인된다. 최종발간의 호수와 시기는 자세하지 않다. 처음에는 일간으로 내려고 하였으나 2호 이후에는 주간·순간·월간으로 간행되었다. 발간 부수는 창간호는 500권이었으며, 1926년경에는 600-700부가 발간되었다.

앞잡이의 배포지역은 북경 외에, 상해, 서북간도의 중국과 노령, 국내, 일본, 미주 유럽 등지로 광범위하였다. 다음의 <표 5>처럼 창간호는 상해, 북경, 서북간도 외에 노령, 국내, 일본, 하와이 등지에 배포되었다.

각지로 배포된 『앞잡이(導報)』는 1925년 7·8월 무렵에는 미국 샌프란시스코의 黃甫正杰, 하와이의 李斗贊, 상해의 安昌浩, 노령의 文昌範, 블라디보스톡의 金夏錫, 베를린의 李克魯, 영국 런던의 申性模, 프랑스 파리의 金永培, 프랑스 리용의 朴恒秉 등에게도 송부되고 있었다.[39]

앞잡이가 『앞잡이』의 발간을 통하여 어떠한 의도를 관철하려 했는가 하는 것은 앞잡이사의 주장을 통해서 짐작할 수 있다. 그 내용은 다음과 같다.

　　　　본사의 주장
　　1. 한국은 절대독립을 주장함.

---

38) 高警第939號, 「재북경불령선인불온신문 『도보』 발행관건」(1925. 3. 17). 『한국독립운동사』 자료편 37권, 126면. 여기에 실린 창간호의 배포담당자들이 앞잡이의 특별회원으로서 신문의 배포를 담당하였을 것으로 짐작되나 확실하지는 않다.

39) 高警第2559號, 「不穩新聞 『導報』 の配送先に關する件」(1925. 8. 6).

2. 한국의 독립운동은 폭력과 저항의 수단을 취할 것.

3. 한국의 독립운동자는 적에 대하여 타협 혹은 공동동작을 하지 않을 것.

4. 자치·참정권운동 등 무릇 반독립운동자는 물론 불철저한 언동으로써 독립정신을 말살하고 독립운동을 방해하는 자들은 여하한 주의의 단체와 제3국인가를 불문하고 일체 적으로 對峙하고, 독립운동자를 가장하여 이름을 釣하고 利를 營하는 자는 일체 배척할 것.

5. 상당한 주의·강령과 일정한 규율 하에 一大獨立黨을 전국적으로 건설하고 독립운동의 기본단체의 조성을 고취할 것.

6. 각국의 혁명사를 소개하고 한국독립운동의 방략을 연구하여 운동계에 제공할 것.

7. 위기에 瀕한 我民族生存의 구급책을 시시로 강구하여 제공할 것.

8. 본보는 어떠한 당파에도 偏倚하지 않고 단지 이상의 주장에 비추어 批判取捨하고 또 과거 독립운동계의 是非를 추구하지 않고 오로지 금후 독립운동의 진행방략에 주의할 것.[40]

〈표 4〉『앞잡이(導報)』의 발간 상황

호수	발간일자	게재내용	비고
1	1925. 3. 1	창간사(원세훈), 삼일기념사(박건병), 俄日條約의 비판(원세훈)	한교동지회
2	1925. 6.11	특별사고, 본사의 주장	앞잡이

---

40) 高警第2221號,「在北京不逞鮮人の宣傳印刷物の發送に關する建」(1925. 7. 1). 高警第2251號,「在北京導報社の主義綱領に關する件」(1925. 7. 3),『韓國獨立運動史』資料37, 126·127·128. 이 내용은 高警第2559號,「在北京導報社の簡章に關する件」(1925. 7.29)에도 실려 있는데 취지는 유사하나 문구가 다소 차이가 있음. 앞잡이사의 주장과 방침: 一. 한국의 절대독립을 주장함. 一. 한국의 독립운동은 폭력과 저항의 수단을 취함. 一. 한국의 민족은 적에 대하여 妥協 혹은 合作을 해서는 안됨을 주장함. 一. 자치·참정권운동 등의 반독립운동자는 물론 무릇 불철저한 언동에 의하여 독립정신을 방해하는 자는 여하한 주의단체인가 어떠한 제3국인가를 불문하고 一切 적으로 대하고, 독립운동자를 가장하는 釣名營利者流를 一切 배척함. 一. 상당한 주의강령과 일정한 규율하에 있는 一大獨立黨을 전국적으로 건설하고 독립운동의 기본단체를 조성하는 것을 고취함. 一. 각국의 혁명사를 소개하고 한국독립운동의 방략을 연구하여 운동계를 제공함. 一. 위기에 빈번한 아민족 생존의 구급책을 시시로 강구할 것을 제창함. 一. 본사는 여하한 당파에도 편기하지 않고 다만 이상의 주장에 비추어 批判·取捨하고 바야흐로 과거운동계의 孰是孰非를 연구하는 데 전념하지 않고 금후 독립운동의 진행방략에 주의를 집중함.

호수	발간일자	게재내용	비 고
3	?		앞잡이
4	?		
5	?		
6	?		
7	?		
8	?		
9	?		
10	?		
11	?		
12	?		
13	?		
14	1925. 7.11		
15	?		
16	?		
17	1925. 8.?	자체조직의 완비와 국제적 활동, 북만신민부에 대한 주민의 배척운동	북경대 1호
18	?		
19	1925. 8.29	국치일에 당하여 이날의 비분을 깨닫고 독립당 조직을 절규함(주계훈), 國恥史大要	국치기념호
20	1925. 9.11	민중의 각오와 실행을 촉구함(주계훈), 독립군인이 중국관헌에 항의, 남만이주동포에 고함	
21	1925. 9.21	왜적의 간악한 신정책, 왜적의 이민정책과 중국측의 대책 중동선연합청년회, 노령이주동포의 현상(黃一山)	
22	1925.10. 1	독립운동에 유용한 인재를 교양함에 대하여(사설), 노령이주동포의 현상(황일산), 혁명운동상 조직의 여하(孟泉), 일본망국의 조짐은 어찌 그렇게 많은가	
23	1925.10.11	敵紙의 狂견과 敵의 妖術의 趨向을 검토하여 우리 이천만동포에 고함,	
24	1925.10.21	超算盤的으로 成算을 구하자, 노국사관학교에 한인학생 다수, 노국청년 농촌으로,	
25	1925.11. 1	허위적인 관료식을 버리고 진실한 독립운동을 하자, 柳河縣 三源浦에 新活靑年會 창립, 戱盛한 新任官僚兩班의 榮貴여	
26	?		

호수	발간일자	게재내용	비 고
27	1926. 1.31	즉결의 문제를 실현하자, 여운형 엄벌사건에 대하여, 누가 무슨 까닭으로 하는 혁명인가, 淡人으로부터 온 一封의 서신, 작년도 독립운동계의 회고	
28	1926. 3. 1	제8회삼일절에 임하여, 삼월일일(淡人), 본보창간일주년에 임하여, 이 날에 대한 양대감상(韓東海), 心의 所聚(常海), 急擧하자 (宋東山)	적색인쇄
?	?		

〈표 5〉『앞잡이(導報)』 창간호의 배포지역과 배포담당자

호 수	지 역	부 수	수취인, 배포담당자	비 고
창간호 500부	노령	100매	尹海	
	서북간도	100매	길림 申肅 통의부 金東三	
	국내	100매	경성 개벽사 　　동아일보사 　　시대일보사 　　조선일보사	
	일본		동경 金世旋 　　李玉 　　東京留學生會 　　東京朝鮮人靑年會	早稻田 대학재학생 　　〃
	하와이	50매	씨명 不詳	
	상해	50매	씨명 不詳	
	북경	100매	有志에 배부	

위의 내용에 따르면, 신문사 앞잡이는 비타협적이며, 폭력과 저항의 수단으로써 독립운동을 하며 이러한 목적을 이루기 위해 '一大獨立黨'을 건설하려고 하였다.

또한 孟泉이란 필명의 인물은 1925년 10월 1일자『앞잡이』 22호의 「혁명운동상 조직의 여하」란 글에서 주의·주장을 같이하는 동지들의 결합으로써 당을 형성하는 것이 절로 필요하다고 주장하였다. 그리고, 黨과統治機關인 政府와 비교하여 黨이 ① 단결력, ② 支配 ③ 秘密 ④ 威信

⑤ 位置 등에서 유리하므로 당적 결합을 하자고 역설하였다.[41]

요컨대 앞잡이는 일관되게 당적 결합의 필요성을 제기하였다. 그 당적 결합의 방식에 대해서는 다음의 글이 참고된다. 원세훈은 1925년 8월 29일자 『앞잡이』19호의 「국치일에 당하여 이날의 비분을 깨닫고 독립당 조직을 절규함」이란 글에서 다음과 같이 주장하였다.

> 우리의 유일독립당조직이 완성되지 않으면 누가 능히 우리 민족의 독립운동계를 대표하여 이 聲派에 향응하여 활동하겠는가? 혹은 개인 또는 국부적으로 대담하게 활동한다고 하여도 실제로 무엇으로써 피압박민족의 해방운동에 공헌하겠는가? 특히 우리는 獨立運動者와 社會運動者 간에 절실한 連鎖와 협동을 결여하여 활동한다면 대내 대외에도 피차의 오해를 불러 그 결과는 양자가 함께 모멸과 손해를 살 뿐이다. 이렇게 되고 우리는 다시 한번 大聲疾呼할 것인가? 우리 한국의 혁명운동전선에 있는 동지 즉 소약민족주의 하의 독립운동자는 빠른 기간 내에 唯一한 大獨立黨을 조직함에 착수하여 완성하고, 사회주의 하의 혁명운동자는 唯一한 共産黨을 조직하여, 이 양자 간에 안으로는 최저한도의 통일전선을 도모하고 밖으로는 握手竝肩하여 모두 국제적 활동을 개시함으로써 우리의 혁명을 속히 성공하려 하는 것이 正徑的 順序라고 생각한다.[42]

즉, 원세훈은 소약민족주의를 지향하는 독립운동가들은 유일독립당을 조직하고, 사회주의자들은 유일공산당을 설립한 후 양당이 안으로 최소한의 통일전선을 형성하고 밖으로는 협력하여 국제활동을 해야 빨리 혁명을 성공할 수 있다고 보았다.

그런데, 1926년 1월 31일자의 『앞잡이』27호의 「즉결의 문제를 실현하자」라는 글에서, 원세훈은 공산주의자들이 2, 3년 전부터 혁명의 성공을

---

41) 高警第3960號, 「不穩新聞 『導報』 の記事に關する件」, 『韓國獨立運動史』 자료편 37권, 174-176면.
42) 高警第3122號, 「不穩新聞 『導報』 の記事に關する件」(1925. 9. 7), 국사편찬위원회 편, 『韓國獨立運動史』 자표편, 37권, 145면.

위해 비타협적 독립운동자와 합병하여 전선을 통일해야 한다고 주장하고 있으므로 진정한 공산주의자와 독립운동자로서 한국의 독립을 원하는 사람이 一黨으로서 결합해야 한다고 말하였다. 그리고 그는 전선통일과 혁명성공의 시간을 단축하기 위하여 全 韓人 혁명자를 망라하여 一大革命黨을 건설하자고 하였다.[43] 요컨대, 원세훈은 1925년 8월 무렵 민족주의자들이 唯一獨立黨, 사회주의자가 唯一共産黨을 별도로 조직하고 필요한 선에서 통일전선을 형성하자고 주장하였다. 그러나 1926년 1월 무렵에는 민족혁명자와 사회혁명자가 망라된 一大革命黨을 건설하자고 주장하였던 것이다.

Ⅲ. 創造派의 大獨立黨組織北京促成會의 組織과 民族唯一黨運動의 전개

앞서 살폈듯이 창조파는 1924년 초 한국독립당의 조직안을 마련한 바 있었다. 또, 원세훈은 1925년 3월 초 북경에서 『앞잡이』를 창간한 이후 줄곧 민족유일당의 조직을 역설하였다.

그런데, 1926년 7월 안창호가 상해의 三一堂에서 열린 연설회에서 "우리들의 혁명은 곧 이민족의 통치하에 있는 현상을 파괴하고 우리들 자신이 생명을 정할 신국가의 건설이다. 우리들이 취할 태도는 장래에 건설될 政體를 위하여 싸우지 말고 主意를 위해 다투지 말고 이천만 동포가 共同 一致하여 이민족과 싸워야 한다"[44]고 주장하였다. 그리고 안창호는 1926

---

43) 朝報秘第244號, 「不穩新聞 『導報』の記事に關する件」(1926. 5. 26), 국사편찬위원회 편, 『韓國獨立運動史』 자료편, 37권, 230면. 필자가 명기되어 있지 않지만 당시 주간이 원세훈이었으므로 원세훈이 쓴 글로 판단된다.
44) 朝報秘第244號, 「不穩新聞 『導報』の記事に關する件」(1926. 5. 26), 국사편찬위원회 편, 『韓國獨立運動史』 자료편, 37권, 230면. 필자가 명기되어 있지 않지만 당시 주간이 원세훈이었으므로 원세훈이 쓴 글로 판단됨.

년 8, 9월 북경에 와서 대동단결의 취지를 설명하고 유력자의 찬성을 구하였다.[45] 독립을 위해서는 당분간 정체와 주의를 논하지 말고 민족협동전선을 이루어 이민족과 싸우라는 안창호의 주장은 중국 관내의 한인들에게 미치는 영향이 컸다고 판단된다. 물론 창조파들도 안창호의 연설과 행보에 관심을 기울이고 있었다.

안창호가 북경에 오자 원세훈은 안창호를 자주 찾아 민족유일당 조직에 대하여 의논하였다. 그런데, 안창호가 직접 대독립당을 조직하자고 하였던 데 반하여 원세훈은 민족유일당을 조직하기에 앞서 각 지방에 독립단의 세포를 건설한 후에 그것들을 통일하는 것이 옳다고 생각하였다. 여러 차례 논의하였지만 원세훈과 안창호의 주장은 양립되어 통일되지 못하였다.[46] 그러다가, 촉성회, 촉성회연합회, 민족유일당을 조직하는 쪽으로 의견이 모아졌던 것이나 아닌지 모르겠다.[47]

원세훈은 1926년 10월 2일 京城의 李兆(祖)憲으로부터 250円을 송금받았다. 활동자금을 마련한 원세훈은 북경에 민족유일당의 세포를 조직하고, 자신이 동 세포의 선전원 또는 파견원의 자격으로서 각지에 세포를 건설하여 약간의 성과를 얻은 후 宋虎 및 黃一山과 함께 노령에 들어가 노령의 동지들의 지지와 자금지원을 얻으려고 계획하였다.[48]

바로 이러한 배경과 의도 아래에서 원세훈은 1926년 10월 10일 강구우, 張建相, 趙南升, 裵天澤, 朴建秉, 李鐸, 金光泉, 朴觀海, 黃一山, 元泰熙,

---

45) 朝報秘第1401號,「大獨立黨組織北京促成會に關する件」(1926. 11. 2). 경상북도경찰부,『高等警察要史』, 1934, 109・110면.

46) 朝報秘第1401號,「大獨立黨組織北京促成會に關する件」(1926. 11. 2).

47) 金榮範,「1920년대 후반기의 민족유일당운동에 대한 재검토-중국 關內 지역에서의 경과와 귀추를 중심으로-」,『한국근현대사연구』1, 1994, 110면. 그는 이 글에서 안창호와 원세훈이 촉성회, 촉성회 연합체 형태의 주비회, 유일독립당의 결성의 순서로 대동단결을 이루는 데 합의를 보았다고 주장하였다. 그렇지만, 이와 다른 기록도 있으므로 두 사람 의견 일치여부에 대해서는 두 사람의 운동론을 조금 더 면밀히 비교하여 판단할 필요가 있겠다.

48) 朝報秘第1401號,「大獨立黨組織北京促成會に關する件」(1926. 11. 2).

申翼熙 대리(사고 결석자 宋虎, 李天民, 曺成煥, 金思集, 李光, 韓震山) 등과 북경의 고려기독교회에 모여 민족의 대동단결에 대하여 협의하였다.49) 원세훈 등의 창조파는 제1차 회의 직후 安昌浩, 申采浩, 金友成, 金承萬, 南亨祐, 權相洙, 王東島(權寧睦), 尹東梅(尹貞媛, 여), 裵仁守(朴觀海의 약혼자, 안창호의 양녀)외 수명에게 10월 12일의 제2차 회의에 참석할 것을 권유하는 안내장을 보냈다.50)

1926년 10월 12일 제2차 모임에는 원세훈 외에 尹東梅, 배인수, 金偉宅(雲波), 배천택, 박건병, 金有成, 김광천, 조성환, 安昌浩, 이탁, 조남승, 장건상, 강구우, 송호, 박관해, 황일산, 원태희 등이 참석하였다.51) 특히 주목되는 점은 안창호와 그의 양녀 배인수가 참여하였다는 점이다. 2차 모임에서는 원세훈, 장건상, 이탁, 배천택, 조성환이 宣言書와 簡章의 기초위원으로 선정되었다.52)

10월 16일의 제3차 모임에는 원세훈 외에 장건상, 조성환, 이탁, 강구우, 윤동해, 배인수, 김동주, 황일산, 김광천, 김유성, 조남승, 송호, 박관해, 가 참석하였고, 元 天津僑民團長 이었던 金政도 김운파의 소개로 방청하였다. 이 3차 모임에서 장건상, 원세훈, 조남승, 조성환, 배천택, 김광천, 박건병이 집행위원으로 선정되었다.53)

원세훈 등 23명의 대독립당북경촉성회의 회원들은 1926년 10월 28일 선언서를 발표하였다. 동선언서에서 대독립당북경촉성회의 회원들은 "동일한 목적, 동일한 성공을 위하여 운동하고 투쟁하는 혁명자들은 반드시 하나의 기치 아래에 모이고 하나의 호령 하에 모여 개시하여야 상당한 효과를 거둘 수 있다"고 주장하고, 중국의 국민당, 에이레의 신페인당처럼

---

49) 朝報秘第1401號, 「大獨立黨組織北京促成會に關する件」(1926. 11. 2).
50) 朝報秘第1401號, 「大獨立黨組織北京促成會に關する件」(1926. 11. 2).
51) 朝報秘第1401號, 「大獨立黨組織北京促成會に關する件」(1926. 11. 2).
52) 朝報秘第1401號, 「大獨立黨組織北京促成會に關する件」(1926. 11. 2).
53) 朝報秘第1401號, 「大獨立黨組織北京促成會に關する件」(1926. 11. 2).

민족유일당을 조직하자고 촉구하였다. 그리고, 이를 위해서 각지에서 동지들이 다수의 촉성회를 만든 후 상호 연락하고 호응하여 우리의 '大獨立黨'을 만들자고 하였다. 아울러 다음과 같이 주장하였다.[54]

    1. 청컨대 일반동지들은 깊이 헤아리자.
    1. 일본제국주의를 박멸하자.
    1. 한국의 절대독립을 주장하자.
    1. 한국의 혁명동지는 黨적으로 결합하자.
    1. 民族革命의 唯一戰線을 만들자.
    1. 전 세계 피압박 민중은 단결하자.

1926년 10월 대독립당북경촉성회를 만들었던 주역들이 누구인지 파악하기 위해 10월 10일, 12일, 16일의 회의에 참석한 사람과, 28일 선언서에 서명한 인물들을 배열하고 이들의 경력을 적은 것이 다음의 <표 6>이다.

<표 6>에 따르면, 원세훈·박건병·조남승·배천택, 강구우·황일산 등의 예에서 알 수 있듯이, 앞잡이사의 주간과 집행위원이 중심이 된 창조파가 대독립당조직북경촉성회를 주도하였음을 알 수 있다. 그리고, 안창호·김위택·박관해·배인수·이탁 등의 홍사단원이 대거 참여하였고, 북경지역의 민족주의자 뿐만 아니라, 꼬르뷰로 중앙위원으로 활동했던 張建相 및 金容贊의 혁명사원, 고려공산청년회의 회원인 元泰熙 등의 사회주의자들도 참여하고 있었음을 알 수 있다.

〈표 6〉 대독립당조직북경촉성회의 구성원(1926년 10월)

이 름	1차회의 (10.10)	2차회의 (10.12)	3차회의 (10.16)	선언서 (10.28)	경 력
姜九禹 姜扶弱	○	○	○	○	천도교인 창조파 부속대표,

---

54) 朝報秘第1458號, 「大獨立黨組織北京促成會の宣言書發表に關する件」(1926. 11. 17).

이 름	1차회의 (10.10)	2차회의 (10.12)	3차회의 (10.16)	선언서 (10.28)	경 력
勸敬止				○	
金光泉	○	○	○		북경촉성회 집행위원
金東柱			○		
金思集 金孝源 金元陳	×				1886-1936, 서울, 신채호 등과 曙光 발간, 신의단
金偉宅 金雲波 金炳濤		○		○	1883-미상, 평북 태천, 유교 홍사단 원동지부원
金有成		○	○	○	
金人濟				○	
金一成 金日成				○	
金正默 金國賓 金海山 金奎煥				○	1888-미상, 경북 선산 1921년 신채호와 통일책진회 활동
金贊 金容贊				○	1905-, 경남 창원, 혁명사원
金弘善 金宏善				○	천도교인
朴建秉 容狢	○	○	○	○	1892-, 강원 철원, 군사통일주비회원, 창조파, 국민위원회 비서 앞잡이사 집행위원, 북경촉성회 집행위원
朴觀海	○	○	○	○	1902-미상, 함북 명천, 장로교 홍사단원 북경에서 활동
裵仁守 裵雲英		○	○	○	1904-미상, 황해 황주, 장로교 홍사단 북경단소원, 대한애국부인회원
裵天澤 배병현	○	○	○	○	경북 대구 개조파 대표, 국민당 서무·외교부장 앞잡이사 집행위원, 북경촉성회 집행위원
宋虎 宋東山 宋弘福 宋壽昌 宋虎성	×	○	○	○	1890-미상, 함남 함흥 서로군정서 북경군사통일회의, 창조파, 신의단
申翌熙	○			○	1892-1956, 경기 광주 한국노병회, 시사책진회
安昌浩		○			1878-1938, 평남 강서 홍사단장

이 름	1차회의 (10.10)	2차회의 (10.12)	3차회의 (10.16)	선언서 (10.28)	경 력
元世勳 朱啓勳	○	○	○	○	1887-, 함남 정평 창조파 간부, 국민위원회 비서 앞잡이사 주간, 북경족성회 집행위원
元泰熙 元興	○	○	○	○	1905-, 길림성 연길현 고려공산청년회 회원
尹貞媛 尹國憔 尹東梅		○	○	○	
李光	×			○	1884, 충청도
李贊				○	
李天民 이세영	×				1869-1938, 충남 청양 앞잡이사 집행위원
李鐸 李濟鏞 東愚	○	○	○		1889-1930, 평남 평원 흥사단 예비단원, 임정 교통총장
張建相	○	○	○	○	1883-1974, 경북 칠곡 혁명동지회, 군사통일촉성회, 꼬르뷰로 중앙위원,『혁명』출판 혁명사원 북경촉성회 집행위원
趙南升 國光 一雲	○	○	○		1881- 창조파, 이르크츠크 극동공산당대회 참석, 신의단, 앞잡이사 집행위원, 북경촉성회 집행위원
曹成煥	×	○	○	○	1875-1948, 국무원, 북경촉성회 집행위원
韓震山	×				앞잡이사 집행위원
黃一山 黃郁	○	○	○	○	창조파, 연해주 수청청년회

원세훈 등의 창조파는 민족주의자와 사회주의자의 참여를 독려하였다. 민족의 역량을 최대로 발휘할 수 있는 대동단결의 필요성에 대한 공감, 타협주의자에 대항하는 비타협적 민족운동세력의 결집의 필요성 인식, 중국의 국공합작으로부터의 자극, 사회주의의 민족협동전선론의 대두 등에 입각하여 북경지역에 있던 유력 인사들의 상당수가 대독립당조직북경촉성회에 가입하였던 것으로 보인다.55) 설립 당시 북경촉성회의 회원수는

무려 73명에 이르렀다.[56]

대독립당조직북경촉성회의 설립을 주도하였던 창조파의 원세훈은 1926년 말 각지에 민족유일당을 설립하기 위한 기초로서 촉성회의 설립을 추진하였다. 그는 조성환의 도움을 받아 북만주의 新民府에 가서 이 지역에 민족유일당촉성회를 조직하려 하였다. 또한 그는 송호를 뽀그라니 치나야역에 머무르게 하여 북경과 노령과의 연락을 전담케 하려고 계획하고 있었다.[57] 대독립당조직북경촉성회의 조성환은 장건상을 상해에 파견하여 1927년 4월 11일 한국유일독립당상해촉성회가 조직되는데 기여하였다. 대독립당조직북경촉성회는 1927년 5월 大獨立黨組織廣東促成會, 1927년 7월 韓國唯一獨立黨武韓促成會, 1927년 9월 韓國唯一獨立黨南京促成會의 결성에도 영향을 미쳤다.

1927년 11월 9일 상해에서 한국독립당관내촉성회연합회가 개최되었을 때 조성환이 북경촉성회의 대표로 파견되어 민족유일당을 조직하기 위한 주비적인 활동을 전개하였다. 또한, 박건병·배천택·장건상은 한국독립당관내촉성회연합회의 상무위원(총인원 15명)으로서, 배천택·장건상은 집행위원으로 활동하였다.[58]

그런데, 1928년 5월 8일 申采浩가 대만의 基隆港에 상륙하려다가 일본의 수상경찰에 체포되어 대련감옥에 이송되었을 때, 원세훈은 신채호의

---

55) 대독립당조직북경촉성회의 설립 배경에 대해서는 金喜坤, 「韓國唯一獨立黨促成會에 대한 一考察-中國內 第一次 左右合作의 試圖-」, 『韓國學報』 33, 1983, 99-107면. 김영범, 「대한민국임시정부와 민족유일당운동」, 『대한민국임시정부수립80주년기념논문집』(國家報勳處, 1999), 487-496면. 尹大遠, 『大韓民國臨時政府의 組織·運營과 獨立方略의 분화(1919~1930)』서울대학교 박사학위논문, 1999, 292-312면. 참조
56) 「北京に於けるの不逞鮮人行動」(1929. 7), 『外務省警察史』支那의 部 北京篇, SP 108(국회도서관 MF 1960), 1815면.
57) 朝報秘第1401號, 「大獨立黨組織北京促成會に關する件」(1926. 11. 2).
58) 金喜坤, 「韓國唯一獨立黨促成會에 대한 一考察-中國內 第一次 左右合作의 試圖-」, 『韓國學報』33, 1883, 116·117면.

석방을 위해 활동하다가 朴觀海, 金雲, 李相一과 함께 중국 관헌에게 체포되어 일본경찰에 인계되었다고 한다.[59] 그리고 그는 1928년 8월 1일 신의주지방법원에서 징역2년을 받고 옥고를 치렀다.[60]

원세훈이 체포되어 투옥된 이후 대독립당조직북경촉성회는 위기에 직면하였다. 자금이 결핍되고, 회원이 감소되어 1928년 말 회원수가 18명으로 떨어질 정도로 북경촉성회의 세력은 약화되었다. 더욱이 1928년 2월 3일 중국대학에서 열린 임시회에서 사회주의계의 張志樂이 朴恒山과 함께 당일의 주석인 민족주의계의 李相一을 매도하자 민족주의계가 장지락을 잡아 폭행을 가한 사건 이후 북경촉성회 내의 민족주의계와 사회주의계는 심각하게 대립하였다. 민족주의계가 임시회에서 민족주의계 인물로만 간부를 선임하여 2월 21일 통고문과 선언서로 이 사실을 발표하자, 장지락 등은 2월 24일 북경촉성회의 현집행위원회를 비합법적인 것이라 하면서, 李相一과 金東州 등을 제명 또는 정권의 처분에 붙인다는 선포문을 발표하였다. 내분의 와중에서 북경촉성회를 이끌던 민족주의계의 李相一 등은 『民族의 血』이란 잡지를 발간하며 재기를 모색하였으나 그 뜻을 이룰 수 없었다.[61]

맺음말

1923년 국민대표회의시 창조파로서 활동하였던 원세훈, 신숙·이민창·강구우, 박건병 등은 소비에트러시아정부의 지원을 받아 노령에 임시정부를 수립하기 위해서 블라디보스톡에 갔다. 그러나 1924년 2월 소비에

---

59) 宋南憲, 『시베리아의 투사 - 元世勳』(천산산맥, 1990), 61면. 신채호의 체포시기에 대한 서술은 분명한 착오이므로 수정하였다.
60) 身分帳指紋原紙(경찰청).
61) 「北京に於けるの不逞鮮人行動」(1929. 7), 『外務省警察史』支那의 部 北京篇, SP 108(국회도서관 MF 1960), 1815-1818면.

트러시아정부로부터 축출 명령을 받고 이들의 대부분은 북경으로 돌아왔다.

북경에 돌아온 원세훈, 신숙·강구우·이민창, 박건병 등은 난관에 봉착한 임시정부의 창조계획의 탈출구로서, 또 독립운동계 인사들의 조소와 비난의 화살을 피하기 위해, 1924년 6월 민족유일당으로서의 한국독립당 조직안을 발표하였다. 그럼으로써 임시정부를 창조하려던 데에서 민족유일당을 조직하는 쪽으로 방향전환을 할 것임을 천명하였다.

재북경 창조파들은 1924년 8월 6일 북경에 재류하는 창조파와 창조파에 호의적인 인물, 그리고 민족유일당 결성에 찬성하는 북경지역의 인사들을 모아 北京韓僑同志會를 조직하였다. 그리고, 북경한교동지회를 매개로 중국정부의 도움을 얻어 친목과 상호부조, 기념식을 통한 독립의식 고취 등의 활동을 전개하였다. 그렇지만, 중국정부의 제한적 지원, 자금의 결여, 회원들의 분열 등으로 북경한교동지회가 크게 발전하지 못함으로써 소기의 성과를 거두지 못하였다.

그런데 1925년 1월 소비에트러시아정부가 일본과 소·일협약을 체결하였다. 이 협약 내에는 양국의 범인 인도조항이 있었는데, 이는 한국독립운동가를 일본정부에 인도함을 의미하는 것이었다. 다시 한번 소비에트러시아정부로부터 배신을 당한 창조파는 믿을 것은 결국 민족뿐이라는 생각을 하게 되었다.

재북경 창조파는 1925년 3월 1일 『앞잡이(導報)』를 발간하여 북경을 비롯한 중국 각지, 국내, 일본, 미주와 유럽 등지에 배포하여 소비에트러시아의 정책을 비판하고 민족의식을 고취하였다. 특히, 재북경 창조파는 비타협적인 폭력과 저항으로써 조국의 독립을 쟁취하기 위해서는 政府보다는 '一大獨立黨'을 건설해야 한다고 주장하였다. 또한 『앞잡이』를 통하여 독립운동은 정부기관보다는 黨에 의해서 추진되는 것이 유리하므로

黨적으로 결합하자고 촉구하였다.

창조파로서 민족유일당의 결성 방법을 분명히 주장한 인물은 원세훈이었다. 원세훈은 1925년 중반 『앞잡이』를 통하여 민족주의자들은 유일독립당, 사회주의자들은 유일공산당을 각기 구성한 후 최소한의 범위에서라도 통일전선을 해야 한다고 주장하였다. 그리고 1926년 초에 들어서 민족혁명자와 사회혁명자가 망라된 일대혁명당을 건설해야 한다고 주장하였다.

1926년 7월 독립운동계의 거목인 안창호가 상해에서 대동단결의 필요성을 제기하고, 같은 해 8, 9월 북경에 와서 독립운동계의 유력인사들을 만나 이것의 실현을 설득하였을 때, 원세훈은 안창호와 자주 만나 민족유일당 결성방법에 논의하였다. 이 때 원세훈은 각지에 민족유일당을 조직하기 위한 세포로서 각지에 민족유일당조직촉성회를 만들고 이것을 기반으로 민족유일당을 조직하려고 하였다.

바로 이러한 계획 아래에서 원세훈은 1926년 10월 북경에 거주하던 창조파와 안창호 등의 흥사단원, 혁명사 등에 소속된 사회주의자, 기타 민족주의자들을 결집하여 대독립당조직북경촉성회를 조직하였다. 그리고, 관내의 상해, 광동, 무한, 남경 등지에 민족유일당을 결성하기 위한 촉성회가 조직되는데 기여하였으며, 만주에도 이러한 조직을 만들려고 노력하였다. 또한, 송호 등을 통하여 노령의 동지들과도 제휴하려고 하였다.

그렇지만 1928년 5월 체포된 신채호의 구명운동을 벌이던 元世勳이 중국관헌에게 체포된 후 일본경찰에 넘겨져 투옥됨에 따라서 창조파의 민족유일당 결성 운동은 좌절을 경험하였다. 원세훈의 투옥 후 그를 따르던 李相— 등이 대독립당조직북경촉성회를 이끌었다. 그러나, 사회주의계의 민족 위주에서 계급 위주로의 전술변화, 민족주의계와 사회주의계의 내분, 자금의 결핍과 회원의 감소 등으로 인해 창조파의 대독립당조직북경촉성회를 통한 민족유일당 설립 운동은 실패를 보게 되었다.

• 투고일 : 2003년 10월 28일   • 심사완료일 : 2003년 11월 14일
• 주제어 : 창조파, 민족유일당, 북경한교동지회, 앞잡이사, 앞잡이(도보), 북경재류유지선인대회, 대독립당조직북경촉성회, 원세훈, 신숙, 신채호, 소·일협약

The Movement of Establishing a Korean National Party by the Creative Group in Beijing in the mid-1920's.

Cho, Kyu Tae

The creative group(創造派) is persons trying to found a new provisional government at National Conference(國民代表會議) held in Shanghai 1923. They wanted to found a new provisional government in Manchuria or Siveria with support of Soviet Russia. So they went to Vladivostok the end of 1923. But Soviet Russia didn't give a sufficient aid, on the contrary he induced them to go out of the territory.

Won Sei Hoon, Shin Sook, Park Kun Byung, etc returned to Beijing the beginning of 1924. And they changed the policy of establishment of a provisional government into it of organization of a Korean National Party(民族唯一黨). They organized the Korean Association of Beijing(北京韓僑同志會) August 1924. They tried to get supports of Korean in Beijing and aids of China government. But they couldn't accomplish their aims.

January, 1925, the treaty of Soviet Russia and Japan was concluded. It was meant that the Soviet Russia wouldn't support Korean Patriots to struggle against Japan. Won Sei Hoon, Park Kun Byung, etc of the creative were felt that national unification was most important for liberation of Korea. So They published the Leader of Korea(ap-jab-i, 앞잡이) March 1925 and put emphasis on establishing a Korean National Party.

When Ahn Chang Ho, a great leader of Korean national movement, talked about national unification at Sam-Il-Dang June 1926 and came to Beijing August 1926 to meet influential persons, Won Sei Hoon met him often and talked about the method of establishing a Korean National Party. He thought that cells had to be organized before establishing a Korean National Party. So first of all he organized the Promotive Association of Establishing a Korean National Party in Beijing(大獨立黨組織北京促成會). It gave much influence to establish many associations which were organized in Shanghai, Kwangdong, Moohan, Nanjing.

But after the arrest of Won Sei Hoon by Japan 1928, the Promotive Association of Establishing a Korean National Party in Beijing(大獨立黨組織北京促成會) lost vigor. Lee Sang Il endeavored to restore it, but he coulldn't attain his object because of secession of socialists, lack of money, decrease of members.

Key Words: The Creative Group, National Conference, Korean National Party, the Korean Association of Beijing, the Leader of Korea, the Association of Promoting to Establish Korean National Party in Beijinm, Won Sei Hoon, Shin Sook, Treaty of Soviet Russia and Japan

'滿洲國'에서의 일제의 米穀政策과 이주 조선인

김 영[*]

---- 목 차 ----

머리말
Ⅰ. 1932~1939년 일제의 미곡통제정책과 이주 조선인
  1. 미곡통제정책과 이주 조선인
  2. 이주 조선인의 소작실태
Ⅱ. 1940~1945년 일제의 수전확대정책과 수탈의 강화
  1. 수전확대정책
  2. 개척단에서의 조선인의 수전경작
  3. 미곡강제공출과 수탈의 강화
맺음말

머리말

일제가 1931년 9월 18일 만주사변을 일으킨 후 수립한 '만주국'[1]은 괴뢰국으로, 일제는 '만주국'의 사회경제전반에 결정적 영향을 주었다. '중국인 밭농사, 조선인 벼농사'라는 민족적 분담현상이 지속되는 '만주국'에서 특히 일본인의 미곡수요를 만족시키기 위한 미곡정책은 벼농사를 생업

---

* 遼寧大學 歷史學部
1) '만주국'은 괴뢰 滿洲國이란 의미에서 인용표기를 달았다.

으로 하는 이주 조선인의 이주와 정착생활에 결정적 영향을 주기 마련이
었다.

한국학계는 1980년대 후반부터 조선인의 만주[2] 이주에 관한 연구가
활기를 띠기 시작하면서 다양한 면에서 이주 조선인 사회에 대한 조명이
이루어졌지만 일제의 미곡정책이나 이주 조선인의 생업인 벼농사에 대해
서는 일제의 조선인 이주정책이나 독립운동의 배경에서 간략하게 스쳐지
나갔을 뿐, 별로 깊이 있는 연구가 없다.

일본학계는 일본이민정책을 중점으로 한 연구에서 이주 조선인의 미곡
생산에 대해 단편적으로 취급하였을 뿐이었다. 일부 학자는 외적, 量的
발전을 달성한 부문을 연구대상으로 하여 일제의 '만주국' 건설을 미화하
고 적극적으로 평가하려는 경향도 있다.

중국학계는 식민지 '만주국' 경제와 관련된 연구가 일제의 침략성, 수탈
성을 부각시키는데 치중한 나머지, 이 시기 농업경제의 근간도 아니고,
대부분의 작물이 위축한 가운데 계속 급속한 增産을 보인 미곡생산과
관련된 연구를 하기 만무하였다. 심지어 어떤 학자는 미곡생산이 발달했
다는 사실조차 인정하지 않거나 언급하지 않는다.

한·중 3국 학계의 '만주국'시기 미곡생산과 관련된 연구가 부진한 상
태에서 이 주제에 관한 연구는 근대 중국동북지역 벼농사의 발달사, 조선
인의 만주이주사, 일제의 이주 조선인에 대한 '시혜'와 '만주개발'의 본질,
이주 조선인의 생산, 생활의 실태를 밝히는 열쇠로서 중요한 의미가 있다.

---

2) 만주는 중국동북지역을 가리킨다. 남만주, 북만주는 公的, 私的인 문헌에서 자주 사용하고
   있었지만 지역 간 경계선은 분명치 않았다. 지세를 구분기준으로 할 경우에는 동남에 있는
   장백산과 서북에 있는 홍안령산맥을 분수계로 북쪽으로 흑룡강과 동해로 흘러가는 각 하천
   유역을 북만주라 하였고 남쪽으로 황해에 들어가는 각 하천유역을 남만주라 칭하였다. 철도
   를 구분기준으로 할 경우, 남만주는 만철이 경과하는 곳이었고 북만주는 중동철로가 경과하
   는 곳이었다. 일반적으로 봉천성을 남만, 길림성과 흑룡강성을 북만으로 지칭하기도 하였다.

I. 1932~1939년 일제의 미곡통제정책과 이주 조선인

1. 미곡통제정책과 이주 조선인

일본은 1910년대 말에 쌀 소동이 일어났지만 1920년대는 식민지 조선과 대만으로부터의 쌀 이입을 통해 쌀공급은 어느 정도 안정을 확보하였다. 그러나 1930년 세계공황의 타격으로 일본 양대 농산물의 하나인 쌀가격이 급락하였다. 그 가격변동을 살펴보면 1926년을 기준(100)으로 할 때 가격지수는 1929년 81.0, 1930년 69.3, 1931년 43.3, 1932년 55.0, 1933년 54.5로 급락하기만 하였고 1934년에 이르러서야 겨우 90.1로 일반물가 수준으로 회복되었다.[3] 일본정부는 미가폭락으로 인한 농민들의 수입격감과 가중된 농촌의 불안정 상태를 완화하려 미가에 직접 개입하였다. 그러나 조선에서의 산미증산계획의 실행으로 인한 조선 쌀의 공급증대로 말미암아 별 효과가 없었다. 일본에서는 조선 쌀의 이입을 규제하라는 여론이 들끓었고 조선에서도 쌀의 일본으로의 반출을 시기적으로 조절하기 위한 쌀 저장시설의 확충과 외국미 수입허가제의 적용, 만주 粟의 수입제한과 같은 조치를 취해가면서 일본으로의 쌀 移出量을 조절하기도 하였다.

'만주국'에서는 설립초기 대련, 봉천, 하얼빈 기타 대도시에서 쌀 수요가 급증하였고 중류이상의 소수 중국인의 米食경향이 나타나기는 하였지만[4] 대다수 중국농민이 그들의 주식인 조, 고량 등을 팔아 고가인 쌀을 소비하지 않으며 조선인 농민은 쌀 생산자이지만 쌀을 팔아 값이 싼 조나 고량을 구매하여 常食하기 때문에 잉여 쌀의 대부분은 대체로 일본으로

---

3) 小早川九郎, 『補訂 조선농업발달사』(자료편), 1960, 友邦協會, 121쪽.
4) 在外鮮人調査報告, 『滿蒙の米作と移住鮮農問題』, 1927, 東洋協會, 7쪽.

공급되기 마련이었다. 일본제국내의 이와 같은 미곡사정으로 말미암아 전시미곡사정악화전의 1939년까지 일제는 만주에서의 쌀 생산의 급격한 증가가 조선의 산미증식계획과 같이 일본에 판로를 구하는 사태가 나타나 일본의 미가폭락을 초래하고 일본농촌을 압박할까봐 쌀 증산규모와 급속한 발전속도에 대해 경계하고 늘어나는 소비를 충족시켜주는 정도 내에서만 증산하도록 하는 통제정책을 취하였다.[5] 즉 만주가 조선 및 일본에 의존하지 않고 쌀을 자급자족하는 것이 일본당국의 바램이었다.

'만주국' 설립 후 일제는 일본제국 엔화 블럭 경제체제 내의 전반적인 통제차원에서 일본을 精工業 地帶로, 만주를 농업지대로, 한국을 양자의 연결고리인 粗工業 地帶로 분업구조를 추진하면서[6] '만주국'에 식량공급 기지로서의 일부 역할을 떠맡겼다. 그러나 건국 후 5개년간은 치안의 확립을 주요 목표로 하고 약 13억원의 건설자금 중 11억 5천만원을 건국 당초 제일 급박히 발전시켜야 할 교통, 통신사업 및 철, 석탄, 전기 등 산업부분에만 투하하였다.[7] '만주국'의 농업은 일본이 필요한 면화, 연초 등 특수 농산물의 증산에만 주력하였다. 1934년 3월 30일 일본 閣議에서 결정을 본 『日滿經濟統制方策要綱』에서는 일본산업상황에 근거해 만주 쌀을 섬유공업(면직업공업), 양잠, 어업 등 5개 산업과 함께 제한하는 대상으로 행정적 통제를 가한다고 하였다.[8] 일본 농림성은 日滿양국의 자원, 기존

---

5) 그렇기 때문에 만주의 수도연구실험기관도 단지 웅악성과 공주령 2개소 밖에 없었다. 1940 닌 쌀 증산계획의 추진에 따라 북만에 哈爾濱, 佳木斯, 克山 등 지방에 시험기관이 증설되었다. 小島淸重郎, 1944 「水稻硏究三十年」『滿洲農業硏究三十年』 17쪽

6) 小林英夫, 『大東亞共榮圈の形成と崩壞』, 御茶の水書房, 1975, 79쪽; 1932년부터 北鮮開拓事業을, 1934년부터 南棉北羊政策을 대대적으로 전개하였다.

7) 大上末廣, 「滿洲國農業政策」, 大同學院, 1941, 『論叢』 4, 滿洲行政學會, 4쪽.

8) 『日滿經濟統制方策要綱』에서는 각종 산업을 3개 부류로 나누었다. 하나는 직접, 간접적으로 정부의 특별한 보호, 감독을 받는 교통, 통신, 철강, 경금속, 석유, 자동차, 兵器, 연, 아연 등 14개 산업분야였고 다른 하나는 장려, 보조의 목적으로 적당한 행정 및 자본적 통제를 가하는 제염, 펄프, 면화재배, 면양사육, 제분, 유지 등 7개 산업분야였으며 그 외에 섬유공업 (면직업공업), 양잠, 어업, 쌀 등 일본산업상황에 따라 제한의 목적으로 행정적 통제를 가하

산업의 발전상황에 따라 만주에서 쌀 증산장려를 하지 않겠다고 명백히 밝혔다.

일제는 ‘만주국’에서의 급속한 쌀 증산을 억제하기 위해 심지어 일본인 농업이민에 대해서도 무期 정착성공을 보장하기 위해 수전 주체의 일본인 농업경영안을 설정하기는 하였지만 이민사업이 진척됨에 따라 점차 畑作 본위의 경영법으로 바꾸어 갔다.9) 1936년 8월에 국책으로 제정한 본격적인 일본이민 ‘二十個年百萬戶移住計劃’10) 제1기 5개년계획에서 (1937-1941년) 일본이민의 개척지의 선정과 획득은 수리상황을 고려하지 않고 다만 국방과 치안확보를 위한 북만지역의 삼강성, 동안성, 북안성에 집중시켰다. 그리고 이 계획의 표준경영안인『北滿に於ける集團農業移民の經營標準案』에서도 입식 후 4년 간 이민단은 1호당 수전 1정보, 밭 9정보이란 수전경작보다는 전작경영위주의 경영안이었다.11) 일본이민단 농업경영에서 대자본 투자를 통한 치수, 수리사업을 추진하지 않아 수전의 비중은 대개 10%대 이하로 높지 않았다. 게다가 일본인농업이민 중 일확천금만 바라며 조선인에게 경작지를 轉貸하거나 도중에 退耕한 자도 적지 않아 그들에 의한 수전경작은 매우 제한적이었다.

조선인은 만주사변전 이미 60만명이 만주에 정착하고 있었다. ‘만주국’ 설립 후 관동군은 치안과 안정의 필요, 일본제국내의 미곡사정으로 인한 쌀 증산 규모에 대한 통제필요에서 미곡생산의 담당자인 조선인 이민에 대해 줄곧 통제하는 방침이었다. 그들은 각지에 散住한 조선인들을 집결

는 분야가 있었다. 原朗,「1930年代の滿洲經濟統制政策」, 滿洲史硏究會, 1972,『日本帝國主義下の滿洲-‘滿洲國’成立前後の經濟硏究』 51-53쪽 참조.
9) 船橋治,『滿洲移民關係資料集成』 13, 不二出版社, 218쪽.
10) 이 계획은 제1기 1937~1941년 10만 호, 제2기 1942~1946년 20만 호, 제3기 1947~1951년 30만 호, 제4기 1952~1956년 40만 호, 총계 100만 호이었다. 20년 후에 일본 농업개척민의 인구를 500만으로 만들어 일본의 5反 이하의 빈농 절반에 상당한 100만 호를 이주시켜 만주 인구 5,000만의 10분의 1을 점하게 함으로써 통치의 인적기반을 조성한다는 것이었다.
11) 石津半治, <滿洲開拓國策と米の問題>『農業の滿洲』 12-3, 1941, 2-3쪽.

시켜 이주범위를 통제하였는데 1934년 4월 일본국회에서『朝鮮人滿洲移住移民案』이 통과된 후에도 정책기조는 여전히 일본개척민을 적극적으로 유치하고 조선인 이민을 통제, 지도한다는 것이었다.[12] 1936년 후반, 조선인 이주사업을 전문적으로 책임진 만선척식회사가 성립된 후에도 표면으로는 조선인 입식을 통제 또는 지원하는 2개 목표를 내걸고 있었으나 실질적으로는 통제에 더 큰 비중을 두었다.[13] '만주국' 정부가 1936년 8월에 발표한『滿洲國に於ける鮮農取扱要領』에서도 조선인 입식을 지도, 원조하는 지역을 종전의 조선인 이민 집중 거주지인 간도, 동변도 23개 현에[14] 한정했고 일본인 이민 입식예정지역에는 원칙적으로 조선인 이주를 허용하지 않는다고 하였다.[15]

1937년 7월 7일 중일전쟁 발발 후 만주는 대륙침략의 병참기지로 부상되면서 철, 석탄, 전력 등 군수품 공업과 관계되는 광공업부문이 확대되는 동시에 군량 수요의 증가에 대비한 식량의 안정적 공급도 국방차원에서 중시되기 시작하였다. 이때부터 쌀은 軍需와 관계되는 작물로 등장하면서 전시 식량의 현지 조달을 위한 9개 증산대상 작물의 하나였다. 그리하여 쌀 생산의 주요 담당자인 조선인 이민에 대한 통제정책도 완화되면서 쌀 생산이 적극 추진되는 경향이었다. 이런 경향은 일본 식민당국의 조선인 이주정책에 의해 더욱 조장되었다. 1937~1939년 사이에 入滿한 집단, 집합이민의 90%는 조선 남부지역 출신이었고[16] 1939년 총 3,000호 이민 중 총독부가 할당한 지역은 충청도 35%, 전라도 35%, 경상도 35%, 강원도 5%로 기본적으로 조선남부지역이었다.[17] 1939년 분산이민의 약 70%도

---

12)『滿洲年鑑』, 1940, 339쪽.

13) 滿洲拓植公社東京支社,『滿洲開拓政策に關する內地側會議要錄』, 1939, 163쪽 참조.

14) 연길, 왕청 화룡, 혼춘, 안도, 무순, 홍경, 집안, 장안, 관전, 환인, 통화, 몽강, 輝南, 金川, 반석, 류하, 청원, 림강, 撫松, 동풍, 해룡, 목릉이 포괄된다.

15) 東亞局第2科關係執務報告,『外務省執務報告』6, クリス출판사, 1938, 266쪽.

16) 朝鮮總督府,『朝鮮總督府施政年報』, 1941, 498쪽.

조선 남부지역 출신이었다.[18] 조선남부 수전지대 출신의 이주 조선인들의
증가는 '만주국'의 쌀 생산을 한층 더 추진시켜 날로 늘어나는 재만 일본
인의 식량을 충족시킬 수 있을 뿐만 아니라 조선 남부지역에 밀집된 인구
를 줄여 격화된 모순을 완화시킬 수도 있었던 것이다.

중일전쟁 발발 후 쌀 증산을 중시하면서 수리건설에 대한 투자를 행해
하기 시작하였다. 沈陽지역을 보더라도 1937년 '만주국' 수리개척단은
동릉구 滿融屯에서 '商租水利株式會社'를 설립하고 혼하남안 上夾河에
서 '東幹線'공사를 착수하여 滿融, 渾河農場, 金家灣, 曺仲屯, 金寶臺일대
수전 17,000무를 개척하였으며 1939년에는 '西幹線'를 수축하여 北營子,
大淑堡 新興屯 王秀庄子, 胡家甸, 代古家, 西蘇堡에서 수전을 만들었
다.[19]

그러나 '만주국' 정부 제2기 경제건설 5개년계획(1937~1941년)에서는
여전히 일본인 이민을 적극 지도 장려하고 중국 산동, 하북이민을 제한하
고 조선인 이민에 대해서는 통제한다는 방침을 명시하였다. 1938년에 제
정한 『鮮農取扱要綱』에서 이주 조선인의 통제집결지역에 대한 규정을
撤廢하였지만 농업경영을 목적으로 한 이주 조선인은 해마다 1만 호로
통제한다고[20] 하였다. 당시 만주로의 이주는 소정의 이주증명서 지참이
필수였는데 조선측의 신의주, 滿浦鎭, 惠山鎭, 上三峰, 南陽과 만주측의
안동, 집안, 장백, 개산둔 및 도문의 5개 所에 특별히 개척총국의 辦事處를
설치하여 증명서 없이 만주로 들어갈 수 없도록 하였다. 1940년 6월말
이주증명서 없는 972호, 1,057명이 조선으로 송환되었다.[21] 일본제국내의
미곡사정이 악화되지 않은 1939년까지 日滿정부는 이주 조선인의 만주

---

17) 滿鐵調查部, 『滿洲農業移民槪說』, 104~105쪽.
18) 『滿鮮日報』, 1940년 1월 11일자.
19) 沈陽市人民政府地方志辦公室, 『沈陽市志』 8, 농업, 1998, 352-353쪽.
20) 高見成, 『鮮滿拓植株式會社, 滿鮮拓植株式會社 五年史』, 1941, 168~169쪽.
21) 위의 책, 80쪽.

이주를 시종 통제하였다.

쌀 생산규모를 결정하는 중요한 요소인 수리관개의 규모는 미곡증산 통제정책을 제일 잘 보여준다. 만주에서의 수전의 개간, 치수, 관개는 反當 일본, 조선의 1/4 이하의 낮은 비용밖에 필요하지 않았다. 일본에서 새로이 수전을 만들려면 해안 간석지를 개간해야 하므로 反當 적어도 200圓이상이 소요되었고 조선에서도 약 150원이 필요했다. 이에 반해 만주에서는 反當 30~40원만 투자하면 수전을 조성할 수 있었다.[22] 그럼에도 불구하고 '만주국' 건국 후 몇 년간 정부차원에서는 일본 농업이민 용지를 확보하기 위한 토지조사사업만을 추진하면서 단지 수리시설에 대한 개량과 水患을 避免하기 위한 소규모 수리공사만을 행하였다.

日滿정부는 정부차원의 수리공사를 별로 행하지 않았거니와 소작 조선인들에 의해 확대되는 수리에 대해서도 통제를 가함으로써 수전 면적의 무제한 확대를 방지하였다. 1934년 5월 1일 봉천성에서는 23개 所의 수리국이 폐지되었고 각 현에 수리합작사가 창립되었다. 1934년 3월 15일 봉천성의 농업수리조합령의 내용을 보면

> 제2조, 제3조: 수리조합은 조합사업으로 이익 받는 토지를 한 개 區域으로 구분해 그 구역 내의 토지소유자(토지상조자 포함)를 조합원으로 한다.
> 제4조: 수리조합을 설립할 때에는 5인 이상의 발기인이 있어야 하고, 토지의 3분의 2 이상에 해당되는 토지소유자의 동의를 얻어야 하며 성장의 허가를 받아야 한다.[23]

이 조합령에 의하면 토지소유자(상조권 소유자 포함)만이 수리조합원이 될 수 있었고 생산담당자인 소작인(대부분 조선인)의 권리는 배제되었다. 또 그 지역 토지의 3분의 2 이상을 차지하는 지주의 동의를 반드시 거쳐야

---

22) 千葉豊治, 「日本の食糧問題と滿蒙の農業」, 『農業の滿洲』4-1, 6쪽
23) 滿洲國協和會奉天地方事務局, 『奉天省に於ける水利組合に就て』1934.

만 한다고 규정함으로써 대지주 1명의 반대가 있어도 수로개통이 불가능하기 십상이어서[24] 일반 벼농사 담당자인 소작 조선인들의 수전 경작여건은 더욱 불리해졌다.

일제는 민간 수리사업을 '만주국' 정부의 허가사업으로 만들고 일본의 의사를 충분히 관철할 수 있는 日滿關係農事輔導委員會 설립을[25] 통해 미곡발전의 규모와 속도를 통제하였다. 1935년 實業部 대신 張燕卿은 각 省長에게『만주국 농업수리사업 취체에 관한 건』이란 실업부 훈령 제113호를 내려 새로 수리사업을 행하거나 기존 시설을 변경할 경우 사업계획서를 제출하여야 하고 稻田業者가 토지소유자가 아니거나 토지소유자와의 공동사업이 아닐 경우, 도전업자와 토지소유자간 계약서 등을 제출하도록 규정하였다.[26]『日滿人關係農業經營에 관한 輔導要領』에서도[27] 일본인에 의한 100天地 이상의 관개사업은 관개사업 계획서를 만들어 縣公署를 거쳐 省公署에 허가신청서 3통을 내야 하고 50天地 미만의 관개사업에 대한 허가는 縣公署에서 처리하며 공사시행으로 인한 분쟁도 관할 관헌이 調定한다고 규정하여 수리에 대한 정부차원에서의 통제를 강화하였다.

'만주국'정부는 1938년 12월 20일 칙령 제292호로『河川法』을 공포하

---

24)『全滿朝鮮人民會聯合會會報』15, 1934년 5월, 102쪽.

25) 東亞局,『外務省執務報告』2, クレス出版社, 1936, 425쪽; 중앙 실업부에는 輔導委員會 輔導本部를 설치하고, 각 성에는 지부, 현에는 분회를 설치하여 통제하였다. 奉天省 지부를 보면, 위원장은 봉천특무기관 田島少佐가 담당하였고 위원은 봉천일본총영사관 2명, 봉천 헌병대 1명, '만주국'협화회봉천사무국 1명, 전만조선인민회연합회 1명, 봉천성공서 4명으로 구성되었다. 「奉天省日滿關係農事輔導委員會章程」, 1935년 11월, 日本外務省外交史料館資料,『滿蒙各地ニ於ケル朝鮮人ノ農業關係雜件(6)』.

26) 사업계획서에는 그 지역 및 인접지의 현황, 공사설계서, 사업설명, 사업의 수익계산, 완성시일, 사업비와 관리비의 징수방법, 공사비의 借入 및 상환방법이 포괄되었다. 拓務省拓務局,『拓務時報』, 51, 1935. 6, 29쪽.

27)「日滿人關係農事輔導要綱」, 日本外務省外交史料館資料,『滿蒙各地ニ於ケル朝鮮人ノ農業關係雜件(6)』.

여[28] 수리사업을 하려면 반드시 興農部, 交通部의 허가를 받도록 규정함으로써 수전경영 수속을 더욱 번거롭게 만들어 일반 이주 조선인의 수전개발을 제한하고 일본농업이민들의 수전개척지를 확보해 주면서 주로 일본인에 의한 수전개발만을 추진하려 하였다.

미곡발전에 대한 통제를 한층 더 강화하여 늘어나는 軍需를 원활히 충족시키기 위해 1939년 6월 1일부터는 『米穀管理法』을 실행하였다. 이 법령은 수전의 조성, 수전의 休耕과 廢耕을 행정관서의 허가사업으로 규정하고 미곡의 매입과 매각, 수입과 수출을 만주양곡주식회사가 전적으로 책임지도록 하였다.[29] 이것은 철저한 미곡전매제도는 아니지만 양곡회사를 주축으로 전시경제체제에 알맞게 미곡의 생산으로부터 배급의 모든 과정에 강력한 국가통제를 가한 조치였다.

『미곡관리법』은 일반인들에게 수전조성을 금지하거나 제한하기 위한 것으로 받아들여졌다. 協和會에서도 전시 하 일본과 '만주국'의 식량문제가 중요한 과제로 부상된 시점에서 이와 같이 생산에서 배급까지의 전 과정을 일원적으로 통제하기 위해 시행되는 수전조성 허가제한제도는 국책과 배치된다고 하면서 해결해야 할 議案으로 제기하였다. 이 관리법을 철폐, 개정하라는 여론이 분분함에도 불구하고 정부는 하천의 물량이 풍부하지 않은 '만주국'에서 엄격한 관리 없이 무절제한 수전조성을 방치해 두면 계획실행에 차질을 빚을 수 있으며 민족분쟁을 격화시킨다는 이유를 대며 변경하지 않았다.[30]

---

28) 東北物資調節委員會, 東北經濟小叢書, 『農田水利』, 1947, 23쪽.

29) 「滿洲國米穀管理法」, 『農業の滿洲』 10-11, 1938, 12-14쪽; 이 법은 1944년 8월 14일 공포된 『農産物管理法』 중 생산에 대한 통제부분이 삭제되면서 자연히 소멸되었다.

30) 『滿洲日日新聞』, 1940년 10월 14일자.

2. 이주 조선인의 소작실태

일제가 미곡증산규모와 속도를 통제하고 정부차원의 수리공사에 대한 지원을 하지 않는 1939년까지의 쌀 증산은 미곡생산의 주요 담당자인 100여만에 이르는 이주 조선인들의 알뜰한 수전경작의 결실이라 할 수 있다.

'만주국'시기 이주 조선인들은 만주사변전에 금지되었던 토지상조권과 토지조차형식인 典이란 토지사용권을 획득할 수 있었지만31) 대부분은 여전히 토지소유권을 가지지 못한 빈곤한 소작인들이었다. '만주국' 건국초기 민족별 토지상조권 신고상황을 보더라도 조선인 4,464명이 81,040상의 토지에 대해 신고했는데 이는 전체 신고면적의 0.8%에 지나지 않아32) 토지소유권을 가진 자는 극히 소수였다.

일제가 조선인을 '보호', '지도'한다고 표방하는 '자작농창정'의 대상은 전체 재만 조선인 인구의33) 9.3%정도 밖에 되지 않았는데 그들이 자작농으로 될 가능성은 적었다. 그들은 중국인 지주의 소작농으로부터 일제의 소작농으로 전락한 것이나 다름이 없었다.34) '모범'적인 수전집단부락인 안전농촌에서의35) 늘어나는 조선인 이민들의 離村현상은36) 자작농설정

---

31) 조선인 朴魯敬은 1936년 12월 3일 신민현 오도구촌 북쪽의 왕큐씽(王奎星)의 120무를 5년 기한, 奉票 소양 1800元의 典錢으로 토지사용수익권을 얻었다. 기한이 되어서도 典錢을 돌려 받지 못하면 다시 5년간 기한을 추가할 수 있었다. 『奉天附近に於ける朝鮮人農家の小作慣習に就て』, 1924, 7~8쪽.

32) 滿洲國地籍整理局, 『商租權整理中間報告書』, 1937, 33~35쪽; 滿洲史研究會, 『日本帝國主義下の滿洲』, 1972, 388쪽.

33) 金哲, 『韓國の人口と經濟』, 岩波書店, 1965, 28쪽.

34) 『滿洲移民關係資料集成』 23, 217~221쪽.

35) 철령농촌, 영구안전농촌, 하동안전농촌, 수화안전농촌, 삼원포안전농촌의 총면적 11,320町 중 수전면적은 82%에 달하였다. 東亞勸業株式會社, 『營口·河東·鐵嶺·綏化·三源浦朝鮮人安全農村建設經過並現狀』, 1935, 7쪽.

36) 철령안전농촌은 경작면적 553정에서 반당 2석 5두의 실적을 올렸으나 동아권업회사가

의 허위성을 극명하게 드러내 주었다.

대부분의 조선인들은 정부의 통제 밖에서 아무 지원도 받지 못한 소작인으로 생계를 유지하고 있었다. 1935년 4월 길림성공서 민정청 토지과에서 제정한『朝鮮人ニ對スル小作辦法草案』을[37) 보자면 조선인 농민이 소작계약을 맺으려면 관할 일본영사관의 신분증서와 소작 신청서를 관할경찰서를 거쳐 縣公署에 제출해야 하였고 토지소작계약서를[38) 작성한 후에는 縣 公署의 認證을 받아야 하였으며 분쟁이 발생하면 현공서가 책임져 해결하도록 규정하였다. 또한 업주는 계약기간에 소작인이 고의로 1년 이상 소작료를 납부하지 않거나 借地를 황폐화하지 않는 이상 토지를 몰수 할 수 없다(제10조)고 규정하였다. '만주국'정부는 조선인의 소작권에 대한 통제를 통해 미곡생산 전반에 대한 관리와 통제를 강화하였다.

실제로 '만주국'시기 소작조건은 만주사변전과 비교해 별로 개선된 것이 없었다. 이 시기 남만에서의 수전적합지는 줄어들었고 북만에서는 개척단 입식 예정지 수매에 따른 미이용지에 대한 제한정책의 실행으로 말미암아 수전 지가는 상승하였고 수전에 종사하는 이주 조선인의 인구의 급증에 따라 조선인 농민간의 수전 획득 경쟁이 격화되어 소작료는 올라

반당 9두씩 징수하여 갔다. 결국 1934년 春耕期까지 조선인 233호 중 20호가 더 이상 견디지 못하고 이출함으로써 그 해 10월말에는 214호, 1,077명으로 줄어들었다. 奉天日本總領事館,『朝鮮人槪況』, 1934; 錦州省 盤山縣 榮興農村도 조선인 농민 596호를 수용하였지만 인원이 계속 줄어들어 1934년에는 조선남부 수전지대에서 수 차례 선발하여 보충하였다. 沖中守夫,「滿洲開拓農村現地報告」,『朝鮮』314, 朝鮮總督府, 1941, 16쪽; 영구안전농촌에서도 안전농촌이 설치된 1933년에 전체 23%에 해당되는 153명의 퇴촌자가 발생하였고 그 다음해인 1934년에 126명, 1935년에는 110명, 1936년은 96명, 1937년에는 158명, 1938년에는 189명으로 퇴촌자가 줄어들지 않았다. 陳野守正,『歷史からかくされた朝鮮人滿洲開拓團と義勇軍』, 1998, 155쪽.

37)「朝鮮人ニ對スル小作辦法草案」, 吉林省公署 民政廳 土地課, 日本外務省外交史料館資料,『滿蒙各地ニ於ケル朝鮮人ノ農業關係雜件(6)』.

38) 1935년 4월의『朝鮮人ニ對スル小作辦法草案』제6조에 의하면 租地계약에 기재해야 할 항목으로 토지의 소재지, 면적, 종류(수전, 한전 및 기타 수익상황), 租地기한, 租地料의 종류, 佃戶의 소작료 납부시기와 방법, 수리조건 등이 포괄되었다.

가기만 하였다. 소작료 상승은 또한 지가의 급등을 초래해 대다수 소작 조선인의 수전 경작조건은 불리해졌다. 해룡지방에서는 지주와 소작인의 수확물 분배율이 4 : 6에서 점차 5 : 5로 바꾸어 갔다.[39]

‘만주국’민법에 소작 계약기간이 5년으로 되어 있지만 그대로 잘 실행되지 않았다. 봉황성에서는 해마다 갱신하였고 開原縣에서는 현공서에서 4년으로 규정하였다.[40] 수리세는 1934년 수리세 철폐 이전에는 지주 부담으로 되어 있었지만 실제로는 소작 조선인 농민이 1무에 65~50전씩 지불하였다.[41] 게다가 노동력 부족문제가 심각해지고 노임이 증가해 짐에 따라 시기적으로 많은 노동력이 필요한 미곡생산은 더욱 불리해 지기만 하였다. 개원현 북진촌의 경우, 1935~1939년의 5개년간 日工 노임은 0.70원, 0.80원, 1.00원, 1.30원, 1.50원으로 높아가기만 했다.[42]

이주 조선인에 관한 사업을 책임진 만선척식회사와 일본인 大農場의 수전에서는 소작 조선인에게 분익소작제를 적용하였는데 토지개량비, 수리시설에 대한 자본투자와 농기구, 화학비료, 농약 등 先貸자금을 많이 투입하는 대신 소작료는 올라갔다. 소작인은 소작료로 벼의 4~4.5할, 종자비, 비료비의 4~4.5할, 수리조합비의 반액을 부담해야 하였고 회사내 각 부락에 설치된 ‘만주국’ 경찰분주소, 그 보조기구인 자위단 등을 유지하기 위한 村稅도 부담하여야 했다. 또한 소작기간은 1년으로 짧았기 때문에 조선인 소작농민의 소작권은 극히 불안정하였다.[43]

그리고 막강한 명령권, 규제력을 가진 회사는 소작 조선인들이 소작료를 지불한 후의 나머지 부분에 대해서도 마음대로 처리하지 못하게 하였

---

39) 奧田享・工藤耍, 「滿洲水稻作の社會的諸條件」, 『滿鐵調査月報』 21~12, 1941, 127쪽.
40) 위의 논문, 125쪽.
41) 『全滿朝鮮人民會聯合會會報』 3, 1933년 5월, 57~59쪽.
42) 奧田享, 工藤耍, 앞의 논문, 121~122쪽.
43) 滿洲拓植公社, 『第八十一回帝國議會說明資料』, 1942, 180쪽; 君島和彦, 「滿洲農業移民關係機關の設立過程と活動狀況-滿洲拓植會社と滿洲拓植公社を中心に」, 208쪽.

다. 영구농촌의 예를 들자면 1935년 이전에는 소작료를 낸 나머지에 대해
서는 자유처분에 맡겼지만 1935년부터는 생산량의 취급 및 공동판매 규
약에 따라 다음해 종자 및 기타 自家用으로 최소한도의 량만 남기게 하고
나머지는 모두 농무계 연합회에 11월말까지 供託시켜 공동판매하여 還金
하도록 하였다.44) 물론 供託과정에서의 減耗나 보관판매 및 화재보험료
등에 수요되는 여러 가지 비용은 공탁자 각자가 부담해야 하였다.45) 그리
고 금융회의 차입금, 농무계연합회 부담금 등을 還納한 후의 나머지는
금융회에 예금하도록 하였다. 稻刈取 탈곡규약에서는 가을걷이에서 밀매
나 隱匿하는 부정행위가 발생하면 收納委員會의 결의에 따라 위반자가
소속한 稧의 구성원(契員)全員이 連帶補償해야 하였다.46)

그리하여 이주 조선인 대부분은 그 지방 중국인과 일본인 농장의 소작
농으로 열심히 벼농사에 종사했지만, 가을 수확 후 소작료와 차입하였던
대금을 반환하고 나면 남는 것이 거의 없었다. 1934년 말 개원현 이주
조선인은 599호, 1,912명이었는데 1호에 보통 1정 8반~3정보의 수전을
경작하고 있었다. 소작조건은 대체로 수확물을 반반씩 나누고 幹線水道
를 제외한 水道費, 種子費 및 여러 公費의 절반을 소작인이 부담하였다.
그들은 사변전과 다름없이 여전히 중국인 하급생활자와 같은 최하층의
생활을 하고 있었다.47)

---

44) 「營口農村生産糧ノ取扱竝共同販賣規約」제2조에서는 農務稧員이 생산한 糧전부는 農務
 稧聯合會에 供託할 것(祭祀 등을 위해 자가용으로 2石이내를 공제할 수 있다. 수확량이
 30석이상인 자에 대해서는 2석 5두를 종자로 더 공제할 수 있다.)
45) 「營口農村生産糧ノ取扱竝共同販賣規約」, 1935년 11월, 日本外務省外交史料館資料, 『滿
 蒙各地ニ於ケル朝鮮人ノ農業關係雜件(7)』.
46) 「營口農村稻刈取脫穀規約」, 日本外務省外交史料館資料, 『滿蒙各地ニ於ケル朝鮮人ノ農
 業關係雜件(7)』.
47) 開原驛, 『開原縣下に於ける朝鮮人狀況調査』, 1934, 27쪽.

Ⅱ. 1940~1945년 일제의 수전확대정책과 수탈의 강화

1. 수전확대정책

1929년부터 시작된 세계대공황후 일본정부는 쌀 가격 안정을 도모하기 위한 방편으로 식민지 쌀의 일본 이입을 통제하였다. 1937년 중일전쟁 발발 이후 국방차원에서 미곡의 안정적 공급이 중시되기 시작하였지만 일본과 조선에서 1937년, 1938년 풍작이 연이어 져 1939년까지만 하여도 일제는 제국내의 미곡공급에 대해 낙관적이었다. 그러나 1939년 조선의 대흉작을 계기로, 만주에서의 재만 일본인의 급증, 일부 중국인의 米食경향, 저미가 공출로 인한 조선인의 米食경향 등 여러 요인까지 합쳐 일본, 조선, 만주에서의 전시 식량사정은 악화되어 일본제국 내의 전시체제를 위협하기에 이르렀다. 특히 1941년 12월 태평양전쟁이 발발한 후 일본제국 내의 식량자급체제의 확립은 더욱 절박해졌다.

일본제국내의 식량사정이 악화되자 일제는 만주를 '대동아공영권' 내의 식량공급기지로서의 역할을 강조하면서 비료 및 기타 생산자재의 개량과 우선적 배급[48], 병충해의 예방과 구축, 우량품종의 선정과 보급[49], 水

---

[48] 施肥에서는 1940년 1월이래 화학비료의 통제배급을 책임진 日滿商事와 그해 10월이래 『特産專管法』에 의해 大豆粕의 배급을 책임진 農産公社가 안동, 봉천, 금주, 간도, 길림의 남만 5성 관할하의 16만맥에 대해 硫安, 大豆粕의 현장배급을 추진하며 증산을 도모하였다. 荒川左千代, 「滿洲に於ける水稻の施肥に就て」, 『農業の滿洲』 15-4, 1934, 4~7쪽.

[49] 1941년 장려품종 결정위원회가 지정한 장려품종은 粳種은 陸羽132號, 萬年, 農林1號, 秀禾, 龜ノ尾3號, 嘉笠, 田泰, 小田代5號, 興亞, 靑森5號, 彌榮, 興國, 國主, 富國, 坊主6號, 走坊主 1號의 16종이었고, 糯種은 紅糯1號, 今田糯, 平六糯, 靑森糯5號, 松本糯 등 5종이었다. 中村誠助, 國立農事試驗場熊岳城支場, 「南滿ニ於ケル水稻作ノ硏究」, 1941, 『滿洲水稻作 ノ硏究』, 滿洲農學會, 1943, 17쪽. 1943년에는 『農作物優良品種普及機構整備要綱』을 제 정하여 우량품종의 확실한 보급을 기하였다. 日滿農政硏究會新京事務所, 1943, 『滿洲に於 ける水稻品種育成增殖竝に普及に關する硏究』, 45~46쪽.

稻多收穫競作會를 개최하는[50] 등 일련의 기술적 개량 및 개발을 통한 미곡증산을 추진함과 동시에 그전까지의 미곡증산통제정책을 수전면적의 확대를 통한 쌀 생산량의 대대적인 급증정책으로 전환하였다.

日滿정부는 수리공사에 대한 보조, 수리조합„ 수전자급농장의 설치 등 여러 가지 조치를 취하며 대규모 수리공사를 통한 수전조성사업을 추진하였다. 1939년 6월에는 新京(長春)에서 자본금 2000만원을 출자하여 '만주토지개발회사'를 설립하였는데[51] 이 회사는 1940년부터 20년간 수전 75만 맥, 한전 675만 맥을 조성한다는 목표를 세우고 수전 개발을 주요 사업으로 하여 1940~1942년 3년간 해마다 수전조성 보조비를 200만원씩 지출하였다. 특히 습지가 많은 삼강성을 수전 개발의 중점지역으로 확정하였다. 일본인 및 조선인 開拓團의 수전경영에서『營農標準案』에 근거해 지급되는 약간의 보조비는 수전관리비로 사용하기에도 부족하였기 때문에 1940년, 1941년 전후부터는 수리공사비용을 절감하기 위해 滿洲拓殖公社가 인근 몇 개 개척단을 통합하여 통일적으로 施工하고, 수리공사 준공 후에 각 開拓團이 독립적인 생산단위로 관리하고 시설자금, 경영자금 등을 각자 상환하는 방식을 취하였다.[52]

1942년에 제정된『농지의 防水와 배수공사 助成綱要』에서는 방수, 배수공사를 하여 경작지를 조성하는 지방단체(성, 시, 현, 기)에 대해 40% 이내의 施工補助費(총액 80만원)를 지급한다고[53] 규정하며 각지의 수리사업을 촉진하였다.

---

50) 1940년도 제1회 全國水稻多收穫競作會는 북만, 남만 2구로 나누어 현, 기, 성별 선발을 통해 우수한 자에 대해 1,000원에서 30원에 이르는 償金을 5등급으로 나누어 주고 大臣償을 수여하는 등의 방식을 통해 쌀 증산에 대한 관심을 환기시켰다. 興農部農産司,『1940년도 제1회 全國小麥水稻多收穫競作會報告書』, 1941, 10~11쪽.
51) 『滿洲年鑑』(1942), 310쪽.
52) 앞의『農田水利』(1947), 24쪽.
53) 위의 책, 74쪽.

1943년 1월 20일 국무원 회의에서는『戰時緊急農産物增産方策要綱』을 결정하고 같은 달 ‘만주국’ 홍농부는『水利組合設立要綱』(훈령 제33호)을 반포하여54) 특정 단체나 개인이 개척용지 이외의 水系를 단위로 공동사업단체인 수리조합을 설립해 농업 수리시설의 신축, 개량 및 관리 등과 관련된 사업을 공동 경영하도록 하였다. 이 조치는 쌀 증산에 영향이 큰 용수 부족문제나 水利糾紛을 해결하는데 효과가 좋았다. 1944년 말까지 수리조합은 24개나 되었다.

1943년 4월 8일 ‘만주국’ 홍농부는 수전 면적을 늘이고 쌀 공급의 부족함을 어느 정도 해소하기 위해『自給農場設置要綱』(훈령 제201호)을55) 발표하여 일본 큰 회사들의 자급농장설립에 대해 보조비를 지급하고 賦稅나 出産糧食稅를 면제해 주는 혜택을 제공해 주기도 하였다. 만철이 경영한 수전 自給農場으로는 小孤家農場, 길림농장, 해림농장, 奇峰農場, 吉山農場, 鎭西農場, 웅악성농장이 있었다. 自給農場은 기간지 및 비교적 쉽게 경작지로 개간할 수 있는 곳에만 설립되고 미개간지는 별로 많이 개간하지 않는 문제점 때문에 전체 식량증산에는 큰 효과가 없었다.

1943년에 이르러 戰時下 만주에 있는 200여만 명 일본군의 軍需인 쌀이 남방으로부터의 수입이 더욱 어렵게 되자 일본은 1943년 9월에 日滿共同糧食自給體制 확립을 선포하고 내각에서는 1944년부터 1945년까지 단지 2년간에 대규모 수전을 조성한다는『滿洲國緊急農地造成事業要綱』을 통과하였다.

‘만주국’ 홍농부도 이에 알맞게 1944년 5월 11일에『1944년도 農地造成改良事業助成要領』(훈령 제180호)을56) 발표하여 농지의 적극적인 개간과 개량을 위한 여러 가지 조치를 취하였다. 그 주요 내용은 다음과 같다.

---

54) 위의 책, 121쪽.
55) 滿洲工商公會中央會,『滿洲國産業經濟關係要綱集』1, 1944, 79~80쪽.
56) 위의 책, 76~79쪽.

① 지방 실정에 따라 현, 旗, 특수단체, 회사, 개인은 미개간지, 습지를
　적극적으로 개척 개량하여 수전 및 한전으로 개간, 경영해야 한다.
② 수리사업계획의 실행을 우선시하고 수리조합을 整備, 增設하며 이들에
　게 법인자격을 주어 중앙수리조합을 설립한다.
③ 도시인구의 歸農방법을 강구하며 농촌 노동력을 조절하고 遊休노동력
　을 활용하는 조치를 취한다. 소작관계를 조정하고 현지실정에 따라 조
　세를 감면해 준다.
④ 水田造成面積 50陌 이상, 수전 개량면적 100陌 이내에 대해서는 총
　공사비(수전조성의 경우는 畦畔 공사비를 포함해) 3할 이내의 보조금을
　지급한다. 특별한 공사에 대해서는 이 제한에 따르지 않는다.

이렇게 戰局이 긴박해짐에 따라 긴급증산을 위해 개척단의 경영과 입식
에 당분간 지장이 없는 범위 내에서 중국인 농민과 조선인 농민들에게
개척지 내의 방기해 둔 미개간지를 개척하게 하였고 대규모 수리사업에
대해 보조비를 제공하고 농촌노동력을 확보해 주었다. 『1944년도 농지조
성과 개량사업강요』의 공정별 보조율은 저수지공사 70%, 引水施設工事
50%, 用水幹線工事 40%, 防水堤工事 40%, 많은 자재가 필요한 工事는
40%, 일반 공사는 30%이었다.57)

‘만주국’ 긴급 농지조성 사업의 수전조성 계획면적 128,976ha 중, 새로
수전조성 하기로 한 곳은 삼강성의 학립강, 연강구, 대평, 동안성의 黑臺,
길림성의 신개하, 음마하, 岔路河, 북안성과 龍江省에 걸친 呼裕爾, 북안
성의 수화, 용강성의 감남, 금주성의 반산, 봉천성의 강평 12개 곳이었다.
이 계획은 만주농지개발공사, 만주척식공사, 濱江省防水開發事業局, 省
公署, 縣公署가 각자 책임지고 경영하도록 되었는데58) 工事費는 일본과
‘만주국’정부가 각각 절반씩 책임지고 노동력은 ‘만주국’에서, 일본은 주

---

57) 위의 책, 73쪽.
58) 앞의 『農田水利』(1947), 105쪽.

로 양수기, 석유발동기, 각종 펌프, 혼합기, 준설기, 트럭, 공기압착기, 기관차, 변압기 등 필요한 자재들을 공급하고 기술상의 원조를 책임지기로 했다.[59]

‘만주국’정부는 위 사업에 필요한 노동력 확보를 위해 국가권력을 최대한 동원하였다. 1943년부터 國民勤勞奉公制의 확립을 통해 國民皆勞體制를 강화하였다.[60] 농업노동력 부족지대에서는 농번기에 노동력 공출을 줄이고 학생, 학동, 협화청소년단, 勤勞奉公隊를 歸農시키기도 하였다. 그리고 농민들의 離農을 방지하고 도시의 비생산인구를 농촌에 보내기 위해 생활필수물자 배급을 강화하는 등의 조치도 배합하였다.[61] 수리공사장에 酷使된 노동력의 대부분은 國民皆勞體制 하의 ‘國民勤勞奉公隊’인 중국인과 일부 화북의 苦力들이었다.[62] 대규모의 수리공사의 완공은 실로 중국인의 피와 땀의 결실이었다. 1943년에 제2송화강 좌안 七家子提水站과 수로를 수축할 때 첫해에는 매일 48,000명, 2년째는 매일 68,000명을, 3년째는 매일 80,000명의 노동력이 동원되었다. 그 외에 산동에서 온 3,000명의 苦力까지 동원되었다.[63]

1944년 겨울이후 침략전쟁이 敗勢로 기울면서 일제는 직접 戰力을 증강시키는 것 외에 기타 산업에 대해서는 관심을 두지 않았지만 개척단의 수전조성만은 끝까지 추진하였다. 긴급농지조성사업은 1944~1945년 8월까지 1년 반 밖에 지속되지 않았지만 긴급수전조성의 성적은 ‘만주국’ 전 시기 중에서 가장 뛰어났다. 1944년도 긴급농지조성사업의 수전조성

---

59) 『日本の海外活動に關する歷史的調査』 8, 滿洲編(上), 1985, 30~31쪽.
60) 松村高夫, 「日本帝國主義下における‘滿洲’への中國人移動について」, 『三田學會雜誌』 64-9, 51쪽.
61) 滿洲工商公會中央會, 앞의 책, 76~78쪽.
62) 노동통제위원회는 1938년도의 入滿 허가인원을 1937년도의 38만에서 47만명으로, 1939년 1월에는 91만명으로, 1940년은 140만명으로 설정했다. 松村高夫, 「日本帝國主義下における‘滿洲’への中國人移動について」, 『三田學會雜誌』 64-9, 1971, 45쪽.
63) 姜念東, 伊文成 외, 『僞滿洲國史』, 1982, 369쪽.

계획 47,398ha의 83.8%인 40,204ha의 수전이 조성됨으로써 그 대부분이 완성되었다.[64] 이 시기 '만주국'정부의 쌀 증산정책은 대규모의 수리공사를 통한 큰 면적의 수전조성에 두었기 때문에 일반 농민의 자연 流水에 의한 수전 조성은 적었다.

2. 개척단에서의 조선인의 수전경작

1939년 12월 22일 日滿정부는 『滿洲開拓政策基本要綱』을 발표하고 일본제국 내의 전시 식량자급 확보가 절박해 지자 이제까지의 치안유지를 위해 북만지역에 집중시키고 전작위주로 경영했던 일본인 개척민정책을 바꾸어 그들로 하여금 쌀 증산의 핵심적 역할을 담당하도록 하였다. '대동아전쟁' 발발 1주년이 되는 1942년 12월 8일에 만주개척총국이 발표한 『戰時緊急實行方策』에서는 개척정책의 중점은 '입식의 확보'와 '증산의 확보'라고 명백히 밝혔다.[65] 일본개척민에 의한 쌀 증산을 확보하기 위해 日滿정부는 일본개척단의 수전적합지 마련에 급급하였다. 그들은 시가의 3분의 1도 안 되는 낮은 가격으로 수전을 강제 수매하였고 1942년부터는 『滿洲開拓第二期五個年計劃實行方策』을 통해 군사상 및 기타 특별한 경우에 未利用地가 아닌 곳에서도 개척지로 삼을 수 있게 함으로써[66] 일반 旣墾地에 대한 강권적 침탈경향에 한층 박차를 가하였다. 조선인 농민의 수전이 일본인 개척단의 용지로 선정되어 강제 수매되는 일도 많았다.[67]

---

64) 앞의 『農田水利』(1947), 120쪽.
65) 『滿洲移民關係資料集成』 5, 381쪽.
66) 滿洲國興農部開拓總局, 『滿洲開拓第二期五ヵ年計劃實施方策』, 1941 29쪽; 淺田喬二, 「滿洲農業移民政策の立案過程」, 滿洲移民史研究會, 『日本帝國主義下の滿洲移民』, 1976, 87쪽.
67) 흑룡강성 巴彦縣 文史資料에 의하면 1938년 1월 일본개척단은 조선인 수전마을 新街基에 진입하여 주민들에게 7일 내에 떠나라고 하였다. 주민들 중 7호는 조선으로 귀국하였고 13호는 친척을 찾아 湯原縣 蘇里河로 이주하였고 20호는 새로 개척되는 동흥현으로 이주하였고 나머지 6호는 정처 없이 떠났다. 오직 朴敬振 1호만 남아 일본개척단 농장의 논물을 보았다고 한다. 權寧朝, 「조선민족의 이주와 중국동북일대 근대 벼농사의 개척」, 『재외한인

　일제는 일본인 개척민에게 식량자급체제 확립의 중추적 역할을 담당하도록 강조하고 일본개척단에서 자작농주의를 원칙으로 하였지만 그들은 의무화된 강제 공출할당량을 완납하기 위해 수전을 조선인에게 소작시키는 경우가 많았다. 1939년에 진출한 제8차 이민단의 하나인 大八浪移民團에서는 1942년에 이주 조선인에게 경작시킨 수전 소작지가 전체 수전면적의 64.4%에 이르렀다.[68] 일본인 개척단에 의한 수전 ‘개척’은 조선인 소작인을 이용한 ‘開拓’이라 할 수 있다. 1940년도의 滿鐵北滿經濟調査所의 북만 수전경영개선에 관한 자료에 의하면 일본집단개척단(제1차～제9차)의 생산량은 만주 전체 벼 생산량의 5%정도 밖에 안 되었다.[69] 일본 개척민은 쌀 증산 담당자로서의 역할을 충분히 이행하지 않았다.

　1940년 5월에『開拓團法』이 조선인 이민에게도 적용되면서 1941년 6월 만주척식공사가 조선인 이주사업을 책임지고 1942년 10월『朝鮮人開拓民第2期5個年計劃要綱』에서는 1942년부터 5개년간 집단개척민과 집합개척민 5천 호, 분산개척민 5천 호의 규모로 대체로 해마다 1만 호씩, 5년 동안 5만 호를 송출할 계획을 세웠다. 그 중 조선인 집단개척민은 일본인 개척민과 마찬가지로 개척단법에 준해 취급하고 집합개척민은 개척진흥농회가 책임졌다. 조선인 집단개척은 1939년에 개시되어 1944년 6월까지 모두 20개 단, 31,771명이 입식되었고 집합이민은 1937년～1944년 6월까지 모두 196개 단, 65,059명이 入植하여 조선인 집단, 집합개척민은 합계 96,830명에 이르렀다. 여기에 분산이민 52,916명을 합하면 조선인 개척민은 1944년에 거의 15만명에 육박하였다.[70]

연구』2, 1992 , 137쪽.

68)　大東亞省,『第八次大八浪開拓團綜合調査報告書』(1943년) 7-9쪽; 小林英夫, ＜滿洲農業移民の營農實態＞, 滿洲移民史硏究會,『日本帝國主義下の滿洲移民』, 1976, 459쪽.

69)　小林英夫, 위의 논문, 480쪽.

70)　開拓總局招墾處,『朝鮮人開拓民入植統計』, 1944, 1쪽.

「표 1」 1939~1943년 조선인 집단개척민의 出身 道 別 구성(단위; 명. %)

道	경기	충북	충남	전북	전남	경북	경남	평북	강원	함남	함북	합계
人員	520	3045	2790	6573	5354	6068	4344	99	1542	45	1274	31,654
비율	1.64	9.62	8.81	20.77	16.91	19.17	13.72	0.31	4.87	0.14	4.02	100%

출전; 1943년, 1944년도 의용대개척단의 출신도별은 제외; 開拓總局招墾處, 1944 『朝鮮人開拓民入植統計』 2쪽을 참작하여 작성.

「표 1」을 보면 조선인 집단개척민은 전라도, 경산도 출신의 朝鮮南部 稻作地帶의 농민이 70.57%를 차지하였음을 알 수 있다. 이것은 이 시기 일제의 조선인 집단개척민의 주안점을 쌀 증산에 두었다는 것을 보여준다.

태평양전쟁 발발 후 조선총독부는 종전의 이민 적격자를 가려서 모집하던 방침에서 지방 행정력을 동원하여 반강제적으로 조선인 농민을 설득하여 만주로 이주시켰다. 그들의 원만한 입식은 쌀 증산계획을 완성할 수 있는 인적 보장이었기 때문이다. 하루 식사도 제대로 할 수 없었던 조선인 소작농들은 개척촌에 가면 집, 농지, 소, 농기구가 모두 준비되어 있어 몸만 가면 된다는 조선총독부의 기만선전에 속아서 북만의 개척지로 갔다. 그러나 그들에게 분배된 것은 놀랄 만큼 황막한 荒地 뿐이었다. 하얼빈시 교외의 郡力鄕 高甲龍의 말에 의하면 그들이 조선총독부의 선전을 믿고 개척촌에 갔더니 만주척식공사가 준 것은 농경지가 아닌 原野였다고 한다. 그들은 놀란 나머지 회사의 엄한 감시에도 불구하고 도망갔으며 그 해 그 개척촌은 소멸했다고 한다.[71] 개척촌이 소멸해버렸다는 것은 그것이 얼마나 절망적인 '개척지'였던가를 설명해 주었다.

전시총동원체제 하에서 쌀 증산이 국책의 하나로 추진되면서 개척민과 수전 농장의 소작 조선인 농민에 대한 간섭과 규제, 소작료 수탈은 더욱

---

71) 金贊汀, 「「滿洲」・そこに打ち捨てられし者」, 『世界』 499, 1937년 3월, 316~319쪽.

강화되었다.[72] 개척단이나 농장에서 책임진 여러 前貸資本인 수리조합비, 비료대금 등 농사개량비용의 반납액이 많아졌고 수전지가의 상승에[73] 따라 올라간 소작료까지 합산하면 나머지는 얼마 되지 않으며 이것에 대해서도 처분권을 잃은 채 현금만을 받거나 저금통장만 받아야만 하였다. 생산비를 밑도는 낮은 공출가격에서 이것으로는 다른 잡곡도 충분히 사 먹을 수도 없었다.

그 뿐만 아니라 개척민이나 조선인 소작농들은 농장측의 명령에 따라야만 하였고 그렇지 않으면 불량소작인으로 찍혀 放逐되기 일쑤였다. 그들은 그 이전보다 더 많은 노동과 생산비를 부담하여야 하였지만 단순 재생산조차 유지하기 어려운 상태였다. 鳳城縣에 있는 佐藤機械農場을 보면, 가을논갈이, 땅고르기, 묘대관리 등이 농장에서 책임지고 행한 대가로 조선인 소작인들은 55%의 고율 소작료를 납부해야 했고 나머지 45%에 상당한 부분도 자유로이 처분할 수 없었으며 여러 비용을 공제한 후 현금으로 받아야만 하였다.[74] 조선인 개척민들과 소작인들은 일본패전 때까지 기아와 추위를 참으며 황무지를 개간하고 수전을 경작하였지만 거의 전부의 쌀을 빼앗기며 최저의 생활도 유지하기도 어려웠다.

1945년 8월 일제가 철퇴될 때까지 미곡생산의 주요 담당자인 이주 조선인들은 여전히 소작농의 지위에 머물고 있었다. 1946년 중국 토지혁명 때 흑룡강성 오상현 新樂 조선민족촌의 통계를 보더라도 이 촌의 239호 중 토지를 소유한 지주는 1호도 없었고 다만 일본개척단의 토지를 맡아

---

72) 여러 형태의 수전 농장들은 비록 농장이라 칭하였지만 거의 조선농민을 소작농으로 하는 지주경영형태였다. 滿洲農産公社總務部調査科, 『滿洲に於ける米穀經濟の發展過程』, 1943, 58쪽.

73) 오가황농장의 例를 들면 동아권업회사 매수 당시는 1天地당 100圓쯤이었지만 1936년 만선척식회사 매수 때는 300원 내외, 1940년에는 1200원~1500원으로 올랐으며, 1941년에는 2000원 이상으로 치솟았다. 橫山敏男, 「南滿に於ける水稻の生産事情」, 『農業の滿洲』 14-11, 1942, 26쪽.

74) 橫山敏男, 「南滿に於ける水稻の生産事情〉, 『農業の滿洲』 14-11, 1942, 25쪽.

경영하는 부농 5호가 있었을 뿐이었고, 기타 98%의 농호는 토지 없는 소작농이거나 머슴꾼이었다.[75]

3. 일제의 미곡강제공출과 수탈의 강화

40년대 전시총동원시기에 일제는 미곡정책의 중점을 미곡공출에 두었다. 그들은 강제적, 폭력적 방식을 동원하여 생산비보다 낮은 공출가격을 정해 쌀을 강제 공출하도록 하였고 그 공출대금조차 상당 부분을 저축 명목으로 공제하고 지급하지 않으며 최대의 수탈을 감행하였다. 이 시기는 이주 조선인들에게 실로 통제와 수탈로 일관된 수난의 시기였다.

통제이후의 벼 매수가격은 기타 물가의 급등에 반해 줄곧 낮게 책정되었다. 종래 벼 가격은 고량, 옥수수에 비해 4~5圓, 대두에 비해 2~3圓 높았지만 1939년 수매가격은 고량, 옥수수와 비슷하였고 대두, 玄粟 보다 낮았다. 특히 최대 出廻期인 12월 이후에는 장려금이 없어져 가격은 형편없이 낮아져 쌀 가격은 벼의 생산비가 높음에도 불구하고 고량, 옥수수, 대두보다 1원 더 낮았다.[76] 1940년 2월 18일 주요농산물가격은 20%~25% 이상 되었지만 벼는 9.3%에 불과해 가격의 인상율이 제일 낮았다.[77]

생산비에 못 미치는 저미가정책의 실행은 자급자족을 위해 벼농사에 종사하면서 지주에게 소작료를 납부한 나머지의 대부분을 판매하고 그 대금으로 값싼 조, 기타 식량을 소비하는 稻作위주의 조선인들에게는 결정적인 타격을 주었다. 1941년 심양, 봉성, 반산의 쌀 수매가격은 생산비보다 100kg당 2円 정도 낮았다.[78] 그리고 고량, 속, 옥수수, 소맥의 공출비

75) 權寧朝, 「黑龍江省近代水田的發展與朝鮮民族〉, 『中國東北地區經濟史專題國際學術會議文集』, 1989, 134쪽.
76) 川本國義, 「1939年度 岔路河附近 水稻作に關する所見」, 『農業の滿洲』11-12, 24쪽.
77) 藤原泰, 『滿洲國統制經濟論』, 1942, 273쪽.
78) 滿洲國興農部農政司調査科, 『1941年度主要農産物生産費』; 淺田喬二, 小林英夫, 『日本帝國主義の滿洲支配-15年戰爭期を中心に-』, 1986, 526-527쪽.

율 12%~39%인데 비해 벼 공출비율은 절반이상이었고 1943년에는 70%에 이르렀다.[79] 벼농사에 종사하는 이주 조선인들의 소작료가 거의 50%인 분익소작임을 감안할 때 그들은 소작료를 납부한 후의 대부분을 공출한 셈이다. 이와 같은 低米價 공출에 소작료와 공출을 낸 이후 농민들은 생계를 유지하기도 어려웠다. 1940년 4월 16일 남만주농사주식회사 사장 金昌煥은 海城, 盤山 두 현의 농민 대표로서 미곡 가격인상과 만주양곡회사가 수득한 이익차익을 농촌에 돌려보내라는 진정서를 올리기도 하였다.[80]

일제는 침략전쟁확대에 따른 더욱 절박해 진 미곡공출의 최대화와 증산을 추구하기 위해 선후 장려금 지불, 先錢制, 後錢制, 생활필수품 배급 등 여러 방안을 마련하였다. 1941년은 1939년부터 실행된 공출 장려금 지불정책에 이어 100kg에 1원의 현금을 미리 교부하고 강제로 收買계약을 맺는 先錢制를 실시하였다. 1942년 11월에는『농산물 공출촉진용 면제품 배급 임시조치에 관한 건』을 반포하고 1942년 11월~다음해 3월말까지 공출한 농민에 대해 농산물 1톤에 면포 15碼, 면사 2개, 타올 하나, 양말 한 컬레를 공정가격으로 배급 판매하며 공출의 증대를 期하였다. 1943, 1944년도에는 先錢制度를 폐지하고 농산물 100kg에 1엔의 後錢을 지급하며 극히 낮은 쌀값도 조금 올렸다. 그리고『戰時緊急農產物增產要綱』을 발표하여 공출량 1톤에 면포 10碼, 中入綿 1滿斤(약 600그람), 綿絲 2紐를 1942년도와 같이 농민에게 특별 배급하는[81] 방책으로 저미가정책하의 미곡공출의 최대화를 기하였다.

이와 같은 생산비보다 낮게 책정된 가격으로 쌀 생산자가 감당하기 어려울 정도의 공출량을 채우기 위해 ‘만주국’정부는 위와 같은 조치를 취하

---

79) 東北財政委員會調查統計處,『舊滿洲經濟統計資料』, 柏書房, 1991, 301쪽.
80)『滿鮮日報』1940년 4월 6일자.
81)『滿洲開發四十年史』(上卷), 792쪽.

는 동시에 행정적 규제도 강화하였다. 1940년 9월에 『米穀管理法改正件』
을 公布하여 미곡의 생산자와 취득자는 농산물 거래장 또는 지방 행정관
서가 지정한 장소 외에서는 미곡을 매각 할 수 없으며 몰래 미곡을 수입,
수출하면 1년 이상의 有期徒刑, 혹은 10만원 이하의 벌금을 내도록 하였
다.[82] 1941년부터 홍농합작사는 공동집단공출를 실시하며 농민의 단독운
반을 금지하고 부재지주에 대한 현물 소작료 납부까지 금지하면서 쌀
유출을 방지하였다.

 '만주국' 중앙과 각 성에는 방대한 '出荷督勵班'을 조직하여 공출을 '독
려'하도록 하였고 각 현에서는 '搜荷督勵本部'를 조직하여 현장, 부현장
이 본부장 및 부본부장 직을 맡고 日本軍部隊長이 顧問職을 맡도록 하였
다.[83] 그 아래에 또 搜荷工作班, 取締班, 情報班, 配給班, 靑少年特別工作
班 등등도 두었는데 이들은 향촌에 내려가 집안을 들치며 糧食을 수색하
고 마음대로 욕하고 때리기까지 하면서 공출을 강요하였다. 일단 은닉이
발견될 경우는 당사자를 체포하여 엄하게 다스렸다.[84] 당시 '搜荷班'은
쌀을 암거래하거나 평민이 입쌀을 먹으면 反滿抗日의 죄를 씌우거나 경
제범인으로 懲罰하였고 공출을 완성하지 못한 관공서에 대해서도 처벌을
내렸다.[85] 여기에서 식민지 수탈의 야만성을 선명하게 볼 수 있었다.

 만주척식공사는 1942년부터 협화회 조선인보도위원회를 조직해 조선
인 개척민을 상대로, 戰時下 황국신민으로서 나라에 충성하는 표시로 공
출에 적극 참여하도록 독려하는 미곡공출촉진운동을 전개하였다. 그러나
이주 조선인들은 자가 식량 확보에 노력하면서 쌀 대신 공출이 적은 작물
을 경작하면서 공출에 비협력적이었다. 1942년도의 미곡공출은 할당액

---

82) 滿洲糧穀株式會社, 『滿洲糧穀要覽』 1940, 16~21쪽.
83) 東北經濟小叢書, 『農産・流通篇 (下)』, 1947, 187~188쪽.
84) 李樹田, 『中國東北通史』, 1991, 699~701쪽.
85) 烏廷玉 張云樵 張占斌, 『東北土地關係史研究』, 1990, 223쪽.

42만 톤에 비해 30만 톤 내외로 떨어졌다.[86]

일제는 전시식량수요의 급증, 쌀 공출의 부진으로 공급이 제한되어 있는 상황 하에서 공출의 강화만으로 기대수요를 충족시킬 수 없었으므로 節米의 구체적 방책으로 엄격히 쌀 배급판매제를 실행하면서 소비를 최소화시켰다. 1939년 9월의 『生活必需品價格竝配給統制要綱』에서는 쌀을 甲級品으로 정해 양곡회사가 공정가격을 정하여 배급을 통제하게 하였고[87] 1941년 8월에는 『生必物資計劃配給要綱』을 발표하여 쌀을 배급품목으로 정해 배급권으로 판매 배급하였다. 1943년 3월에 『飯用米穀配給要綱ニ關スル件』이 발표되면서[88] 단지 日系 '만주국' 국민을 배급대상으로 제한하면서 미곡배급정책을 한층 더 강화하면서 쌀의 소비를 극소화시켰다. 그리하여 '만주국'의 쌀의 '餘分'은 늘어나기만 하였다. 1939년도는 '餘分'은 3,761톤이었지만 1940년은 37,253톤, 1941년은 28,150톤으로 많아졌다. 이것은 완전히 일제 전시경제에 종속되어 미곡 소비규제 및 배급정책을 통해 소비를 최소화시킨 효과를 단적으로 증명해 주었다.[89]

맺음말

'만주국'시기 사회경제전반에 결정적 역할을 한 일제는 침략을 일삼는 과정에서의 일본제국내의 전시미곡사정에 따라 미곡증산통제정책을 펴기도 하였고 대대적인 미곡증산추진정책을 실행하기도 하였다. 일본제국내의 전시미곡사정 악화전인 1939년까지는 치안과 안정의 필요, 쌀 생산량의 급격한 증가가 일본으로의 수출급증으로 이어져 일본의 미가폭락과

---

86) 滿洲農産公社總務部調査科, 『滿洲に於ける米穀經濟の發展過程』, 1943, 98쪽.
87) 滿洲工商公會中央會, 『滿洲國産業經濟關係要綱集』1, 公大印刷所, 1944, 147~148쪽.
88) 위의 책, 127~138쪽.
89) 『滿洲米穀生産と需給調査』, (遼寧省檔案館日文資料 農林 2095호, 1942) 謄寫本, 38쪽.

일본농촌을 압박할까봐 쌀 증산규모와 급속한 발전속도를 경계하면서 미곡증산 통제정책을 취하였다. '만주국' 초기에는 일본산업의 발전상황에 따라 만주 쌀을 제한대상으로 정해 행정적 통제를 가하기도 하였다. 이와 같은 미곡통제정책기조 하에서 미곡생산의 주요 담당자인 조선인의 이주와 그들의 소작권은 줄곧 통제되었고 쌀 생산규모를 결정하는 수리공사도 정부차원에서 별로 행하지 않았거니와 민간 수리사업도 허가사업이 되었다.

1940년대에 들어서서 일본제국 내의 전시 식량사정은 악화되어 전시체제를 위협하기에 이르자 미곡증산통제정책을 대규모의 수리공사를 통한 수전면적의 확대로 쌀 생산량의 대대적인 급증을 실현하는 미곡증산확대정책으로 전환하였다. 이 시기 쌀 증산이 국책의 차원에서 추진되면서 강제적, 폭력적 방식이 동원해 생산비보다 낮은 공출가격으로 쌀을 강제공출하였으며 개척민과 수전 농장의 소작 조선인 농민에 대한 간섭과 규제, 소작료 수탈도 강화하면서 최대의 수탈을 감행하였다.

'중국인 밭농사, 조선인 벼농사'라는 민족적 분담현상이 지속되는 '만주국'시기 벼농사가 어떤 작물의 발달사에서도 찾아볼 수 없을 정도로 급속한 발전을 이룬 것은 해마다 급증한 이주 조선인들이 생존을 위해 끈질기게 여러 불리한 여건들을 극복해 가면서 꾸준히 수전경작을 담당하였기 때문이었다. 1944년 수전면적은 326,000ha, 생산량은 698,000kt에 이르렀다.[90] 1945년 수전분포도와 만주사변직전 1930년 수전분포도를 비교해 보면, 수전면적이 1,000町 이상의 현은 1930년에 불과 18곳 밖에 안 되었지만 1945년에는 1,000ha이상(1町=0.9917ha) 되는 현이 63개 현으로 늘어났다. 특히 북만에서의 수전 확대가 두드러졌는데 興安嶺 以西지역 및 북만 북부지대의 일부를 제외한 만주 전역에 수전이 분포되었다.

---

90) 『東北經濟小叢書 · 農産』(生産篇), 93~95쪽.

　'만주국'시기 수전면적의 확대와 쌀 생산량의 증대는 일제가 전시식량을 확보하기 위해 기형적으로 미곡생산을 중점적으로 추진한 결과로, 기타 대두, 소맥, 육도 등 기타 주요 농산물의 생산을 대폭 위축시키고 희생시킨 왜곡된 발전이었다. 또한 이 발전은 수전 면적 증가폭에 크게 미치지 못한 생산량의 증가로, 단위당 수확량의 증가에 따른 생산량의 증대가 아닌, 전형적인 식민지지배원리인 최대의 공출과 최소의 소비가 적용된 생산담당자인 이주 조선인에 대한 수탈을 강화하여 일방적 희생을 강요하는, 그들 생활의 빈곤을 초래케 하는 왜곡된 발전이었다. 여기에서 일제가 표방한 '만주개발', '조선인 생활개선', '근대화'는 자기이익을 우선시하는 근대화임을 알 수 있다.

• 투고일 : 2003년 10월 30일　• 심사완료일 : 2003년 11월 19일
• 주제어 : '만주국' 벼농사, 일제의 만주미곡정책, 중국동북지역의 이주 조선인, 稻作, 수전

The Rice Policy of the Japanese Imperialists in 'Manchuria' and Emigrant Koreans

Kim, Young

The study on the rice policy of the Japanese imperialists who played a decisive role in the society and economy of 'Manchuria' where the Chinese did dry-field farming and the Korean people did rice farming is a key to clarify the development history of rice farming in the northeastern region of China, the emigration history of Koreans to Manchuria, the bestowal of favors by the Japanese imperialists on the emigrant Koreans and the essence of their development of Manchuria, and the realities of rice production and living conditions of the emigrant Koreans. Particularly, this study is of great significance because the studies on the theme by the academic circles of Korea, China and Japan are not active.

At the time of Manchuria the Japanese imperialists carried out both the increased rice production control policy and the extensive increased rice production policy depending on the wartime rice conditions of the Japanese Empire. Until 1939 when the wartime rice condition became worse, they adopted a policy to control the size of the increased rice production and the speed of the rapid development for fear that the security and stability and the rapid increase of rice production should lead to the rapid increase of export to Japan, thus causing the sharp decline of rice price in Japan and pressing the agricultural villages. As the worsened rice condition endangered the wartime systems of the Japanese imperialists in 1940s, they converted to the policy to increase the rice production through the large-scale irrigation works and the expansion of rice paddies. As the increased rice production policy was carried out on a national level from that time, they went ahead with the extensive exploitation of the emigrant Koreans. Nevertheless, the number of Koreans emigrating to Manchuria increased rapidly, and they overcame the disadvantageous conditions for the survival tenaciously, enduring their exploitation. Therefore, the rice farming in Manchuria experienced a rapid development that cannot be seen in any development history of crops. This development was, however, abnormal and distorted. The 'Manchurian development, 'improvement of living conditions for Koreans and 'modernization' advocated by the Japanese imperialists were nothing but their modernization policy which gave priority to their self-interests.

Key Words : rice farming in Manchuria, rice policy of the Japanese imperialists in Manchuria, emigrant Koreans in the southeastern region of China, rice farming, rice paddies.

일제 파시즘기 영화 정책과 영화계의 동향*

이준식**

목 차

머리말
Ⅰ. 영화 신체제 이전의 영화 정책
Ⅱ. 조선영화령의 제정과 영화 신체제의 성립
맺음말

머리말

이 글은 일제 파시즘기 영화의 사회사 연구이다. 영화 자체에 대한 분석[1] 보다는 이 시기 일제의 영화 통제 정책이 영화계에 어떤 영향을 미쳤으며 다시 영화인들이 그러한 정책에 대해 어떻게 대응했는지를 밝히는 데 목적이 있다.

영화는 20세기 이후 사람들의 삶에 가장 큰 영향을 미친 것 가운데

---

* 이 논문은 한국학술진흥재단의 2002년 기초학문 인문사회분야 지원사업으로 선정된 '일제 파시즘체제와 한국사회: 민중의 생활상과 지식인'(KRF-AM-1008)의 1차년도 과제 가운데 하나인 「문화 선전 정책과 전쟁 동원 이데올로기」의 일부이다.

** 연세대학교 국학연구원 연구교수

1) 영화 내용에 대한 분석으로는 연세대학교 국학연구원이 2003년 5월 16일과 17일에 주최한 국제 학술 회의('일제하 파시즘 지배정책과 민중의 생활상')에서 발표된 이준식, 「문화 선전 정책과 전쟁 동원 이데올로기」 가운데 Ⅲ장 2절을 참고할 것.

하나였다. TV가 등장하기 전까지만 해도 영화는 생산과 유통에서 다른 매체와는 비교가 안될 정도의 강력한 대중성을 지니고 있었다. 이와 관련해 영화는 20세기에 들어서자마자 이윤 획득의 중요한 수단이 되는 동시에 강력한 이데올로기 선전의 도구가 되었다. 후자와 관련해 그 시작은 소비에트러시아였지만 그것이 가장 극명하게 드러난 것은 1920년대 이후 차례로 등장한 파시스트 국가들 곧 이탈리아, 독일, 일본이었다.

일제 파시즘은 이탈리아나 독일 못지 않게 영화의 대중적 영향력을 중시했다. 특히 침략 전쟁이 확대됨에 따라 영화는 '사상전'의 가장 중요한 '무기'로 간주되었다. 보기를 들어 당시 일제의 영화 정책을 책임지고 있던 조선총독부 경무국 도서과장 모리(森浩)에 따르면 조선의 경우 오락 기관이 적기 때문에 "영화가 지닌 영향력, 지도력은 다른 무엇보다도 뛰어나다"는 것이었다.[2] 따라서 일제는 전시 동원 체제에 들어서면서 '영화 신체제'[3]라는 이름 아래 영화를 철저하게 통제하려고 했다.

이와 같이 일제 파시즘기 선전 정책에서 영화가 매우 중요한 위치를 차지하고 있었음에도 불구하고 이 시기 영화계의 움직임에 대한 본격적인 연구는 국내 학계에서는 거의 이루어지지 않았다. 단지 한국의 영화사를 다루면서 일제의 영화 정책을 개괄하거나 영화계의 움직임을 간략하게 언급하는 몇 편의 글이 있을 뿐이다.[4] 그런 가운데 일제 파시즘기 영화에

---

2) 森浩, 「朝鮮に於ける映畫に就いて」, 『映畫旬報』 87(1943), 4쪽.
3) 영화 신체제의 성립 시기에 대해서는 다양한 견해가 제시될 수 있다. 여기서는 일단 당시 언론에 '영화 신체제'라는 기사가 등장하기 시작한 1940년 9월에 주목하고자 한다. 『每日新報』, 1940년 9월 13일, 14일, 16일, 17일, 18일, 11월 20일, 11월 30일 등을 볼 것.
4) 대표적인 것으로 安鍾和, 『韓國映畫側面秘史』(현대미학사, 1998: 초판 1962); 李英一, 『韓國映畫全史』(삼애사, 1969); 유현목, 『한국영화발달사』(책누리, 1997: 초판 1980); 최영철, 「일본 식민치하의 영화정책」, 『한국학논집』 11집(1987); 이효인, 『한국영화역사 강의 1』(이론과 실천, 1992); 김소희, 「일제시대 영화의 수용과 전개 과정」, 『한국학보』 75(1994); 김종원·정중헌, 『우리 영화 100년』(현암사, 2001); 김학수, 『스크린 밖의 한국영화사 1』(인물과사상사, 2002); 김수남, 『한국영화감독론 1: 해방전 한국영화작가 12인』(지식산업사, 2002); 김화, 『새로 쓴 한국영화전사』(다인미디어, 2003) 등을 볼 것.

대한 기존의 서술은 다음과 같은 몇 가지 한계를 드러내고 있다.

먼저 사실을 소개하는 데 그치고 있다는 점이다. 더욱이 그 가운데 상당 부분은 왜곡된 것이라는 데 문제가 있다. 이를테면 등록제와 관련된 부분만 보기로 하자. 유현목의 경우 어용 단체인 조선영화인협회에 대해 "이 협회에 가입하지 않은 영화인들은 일체의 작품 활동이 불가능"했다고 서술한 바 있다.5) 그러나 후술하듯이 영화인들의 활동을 규제한 장치는 조선영화인협회의 결성 이후에 시행된 등록제였다. 이러한 오류는 가장 최근에 나온 책에서도 나타나고 있다. 김화는 등록제를 처리한 기능심사위원회의 구성에 대해 위원 12명 가운데 10명이 조선총독부 관리이고 영화인은 2명에 불과한 것으로 서술하고 있다.6) 그런데 후술하듯이 기능심사위원회에는 참여한 영화인은 7명이었다. 이와 같이 사소해 보이지만 실제로는 중요한 의미를 갖는 부분에서 잘못된 서술을 찾아내는 것은 어려운 일이 아니다.

두 번째는 이보다 더 심각한 문제인데 일제 파시즘기를 이해하는 시각과 관련된 것이다. 기존의 서술은 일제의 영화 정책이 영화계에 미친 부정적 영향을 강조하다 보니 역사의 주체로서의 '조선인'은 뺀 채 일제의 정책만 그리는, 그것도 그저 '가혹했다고 하더라' 식으로 그리는 것에 머물고 있다. 그러다 보니 영화인들이 일제에 협력하고 '친일' 영화를 만든 것도 '울며 겨자 먹기'7) 또는 '강제적 굴레'8)에 의한 것으로 해석된다. 이는 친일 행위에 대한 역사적 평가와도 관련되는 것이기 때문에 첨예한 문제가 될 수밖에 없다. 그런데 '강제'의 구체적인 내용이 무엇이었으며 실제로 강제가 어떻게 작용했는지에 대한 논의는 거의 찾아볼 수 없다.

---

5) 유현목, 앞의 책, 259쪽.
6) 김화, 앞의 책, 89쪽.
7) 安鍾和, 앞의 책, 274쪽; 유현목, 앞의 책, 259쪽.
8) 김수남, 앞의 책, 66쪽.

대부분의 논자들이 친일 영화를 만드는 데 관여한 영화인에 대해서는 '만부득이한 상황'과 '공과론'을 내세워 의도적으로 이름을 거론하는 것을 회피하거나[9] 설사 친일 영화를 만들었다고 하더라도 강제에 의한 것이기 때문에 일방적으로 매도할 수만은 없다고 주장하면서[10] 그렇지 않은 영화인에 대해서는 사실 여부를 규명하는 작업도 없이 '반일'이니 '민족'이니 하는 수식어를 붙여 추앙하고 있다.[11] 심지어 친일 영화를 만든 영화인들도 겉으로는 일제에 순응했지만 실제로는 의도적인 怠作을 통해 일제에 저항했다는 해석을 하는 경우도 있다.[12] 물론 이러한 경향에 대한 비판으로 1980년대 이후 일부 연구자들이 친일 문제를 본격적으로 다루기도 했다.[13] 그러나 이 경우에도 영화인의 친일 문제에 대해 여전히 조심스럽게 접근하고[14] 있으며 영화인들이 왜 그리고 어떤 과정을 통해 친일의 길을 걷게 되었는지에 대해서는 충분한 설명을 제시하지 못하고 있다.

세 번째는 영화 통제가 이루어지는 시대 상황 곧 파시즘 체제에 대한 고려 없이 단순히 통제의 강화 또는 친일 영화의 등장으로만 이 시기를 파악하는 경향이 두드러졌다. 그 결과 사회 전반에 걸쳐 파쇼적 통제가

---

9) 보기를 들어 이영일, 앞의 책, 163쪽 볼 것.

10) 보기를 들어 김수남, 앞의 책, 79쪽 볼 것.

11) 대부분의 영화 연구자들이 공통적으로 꼽고 있는 이 시기의 반일 민족 영화인은 윤봉춘(尹逢春), 이규환(李圭煥), 전창근(全昌根)이다. 그 이유는 일제의 영화 통제 정책에 협력해 선전 영화를 만들지 않았다는 사실 하나뿐이다. 그런데 문제는 그렇게 된 것이 자의였는지의 여부가 현재로서는 밝혀지지 않았다는 데 있다.

12) 위의 책, 280~281쪽. 여기에는 당사자의 사후 변명도 한 몫을 했다. 해방 이후 스스로 친일 행위에 대한 자기 합리화를 시도한 대표적인 보기로 안종화, 최인규(崔寅奎), 안석영(安夕影) 등을 들 수 있다. 安鍾和, 앞의 책, 282~289쪽; 崔寅奎, 「『國境』에서 『獨立前夜』에-十餘 年의 나의 映畵自敍」, 『三千里』 복간 5호(1948); 安碩柱, 「『沈淸』과 『靑春의 勝利』-土月會 以後 解放까지」, 『三千里』 복간 6호(1948) 등을 볼 것.

13) 대표적인 경우로 이효인, 앞의 책을 들 수 있다. 이효인은 이 책의 「발성영화와 친일영화」라는 장에서 친일 영화(인)에 대해 비교적 소상하게 언급하고 있다.

14) 이를테면 이효인의 경우 감독에 대해서는 단호하게 친일 영화인으로 범주화하면서도 "연기자와 기술 부문의 영화인들은 호구지책으로 부득이하게 일했을 가능성이 감독에 비해 훨씬 컸다"고 언급함으로써 논의의 일관성에서 문제를 드러내고 있다. 위의 책, 291쪽.

이루어지는 가운데서도 왜 이 시기에 영화 신체제라는 이름 아래 통제의 질적 변화가 나타나게 되었으며 그러한 변화가 영화계의 재편에 어떤 영향을 미쳤는지를 잘 설명하지 못하고 있다. 파시즘과 영화는 밀접한 관련을 맺고 있다. 1920년대 이후 등장한 파시즘 체제는 예외 없이 영화 통제를 표방하고 나섰다. 영화의 이데올로기적 성격이 가장 극명하게 드러난 것은 파시즘 국가였다. 그런데 파시즘 체제라는 요소를 고려하지 않음으로써 영화 통제에 대한 일제의 정책적 의도, 나아가서는 그러한 일제의 의도에 따른 조선 영화계의 재편이 가져온 사회적 효과에 대해서도 설명할 수 없었던 것이다.

이 글은 이상에서 언급한 한계를 극복하려는 문제 의식에서 출발한다. 특히 논의의 초점이 되는 것은 다음의 세 가지이다. 먼저 일제가 추진한 영화 통제 정책의 구체적인 내용 및 지향점을 파시즘 지배 체제라는 맥락에서 검토할 것이다(Ⅱ장). 다음으로는 당시 영화인들이 영화 신체제를 어떻게 인식하고 있었는지의 문제를 영화인 자신들의 글과 발언을 통해 정리할 것이다(Ⅲ장 1절). 그리고 마지막으로는 영화 신체제에 대한 영화인들의 인식이 영화계에서의 활동을 통해 어떻게 구체화되었는지의 문제를 살펴볼 것이다(Ⅲ장 2절).

Ⅱ. 영화 신체제의 성립 과정

1. 영화 신체제 이전의 영화 정책

애초에 일제가 영화 통제에서 중시한 것은 검열이었다. 검열의 핵심은 '나쁜' 사상이 민중에게 파고드는 것을 방지하는 데 있었다. 검열에서는 조선의 특수성 곧 민족 문제가 중시되었다. 이를테면 미국 서부극의 인디언과 백인이 싸우는 장면은 일본에서는 아무런 문제가 되지 않았지만

조선에서는 민족 감정을 자극한다는 이유로 삭제되었다.[15]

그런데 애초에 검열은 각 지방의 경찰이 담당하고 있었다. 일제는 1926년 8월부터 '활동사진필름검열규칙'을 제정해 검열을 중앙 곧 경무국 도서과로 통합했다.[16] 검열을 중심으로 한 일제의 영화 정책은 1930년대 중반까지 지속되었다. 그런 가운데 영화 정책에 변화가 나타나기 시작한 것은 1934년 8월에 기존의 '활동사진필름취체규칙' 대신에 '활동사진영화취체규칙'을 실시하면서부터였다.

이 무렵 조선인들에게는 영화가 큰 인기를 끌고 있었다. <표1>에서 알 수 있듯이 해마다 영화관을 찾는 관객은 늘어났다.[17] 그런데 관객이 즐겨 본 영화는 주로 외국 영화 특히 미국 영화였다.[18]

이러한 상황에서 1934년 이후 일제는 관객의 흥미를 일본 영화 쪽으로 유도하기 위해 새로운 정책을 실시했다. 그 핵심은 외국 영화의 상영 제한이었다. 곧 극장 상영 영화 가운데 외국 영화가 차지하는 비율이 1934년 9월 1일 이후에는 전체 상영 분량의 3/4, 1936년에는 2/3, 1937년 이후에는 1/2을 넘지 못하도록 규제하는 조치가 취해진 것이다.

이어 1930년대 말이 되면서 일제는 영화를 조선 민중의 전쟁 동원에 필수적인 요소로 간주하기 시작했다. 특히 국가총동원법(1938)을 실시한 것을 계기로 영화 통제 정책의 질적 전환을 모색하게 되었다. 그것이 구체화된 것이 영화법의 제정에 의해 출범한 일본의 영화 신체제를 조선에도

---

15) 山本喜久男, 「戰時體制下の映畵動向」, 『世界の映畵作家 31 日本映畵史』(キネマ旬報社, 1985), 90쪽.

16) 1920년대의 검열 제도에 대해서는 朝鮮總督府警務局, 『活動寫眞フィルム檢閲槪要』(1930) 볼 것.

17) 이 표의 관객 수는 조선인과 일본인을 합한 것이다. 민족별 관객을 따로 집계한 자료는 현재 보이지 않는다. 다만 대체로 영화관 관객 가운데 7~8할이 조선인이었다고 한다. 歸山敎正, 「朝鮮映畵界の印象」, 『映畵旬報』 51(1942), 18쪽; 時實象平, 「朝鮮の映畵館」, 『映畵旬報』 87(1943), 51쪽 등을 볼 것.

18) 安夕影, 「米國映畵와 朝鮮」, 『朝光』 5권 7호(1939), 169쪽.

적용하는 것이었다.

<표 1> 영화관 관객의 추이

연도	흥행일(일)	관객(명)	관객 증가 지수
1927	12,989	3,621,179	100
1928	14,840	3,848,494	106.3
1929	14,610	4,077,382	112.6
1930	17,724	5,111,529	141.2
1931	18,339	5,296,415	146.3
1932	18,792	5,874,021	162.2
1933	20,042	5,876,715	162.3
1934	21,169	6,500,490	179.5
1935	25,111	8,783,647	242.6
1936	27,222	8,892,331	245.6
1937	30,980	11,959932	330.3
1938	34,121	13,996,760	386.6
1939	36,661	17,223,304	475.6
1940	41,713	21,690,524	599.0
1941	44,018	25,086,843	692.8

자료:『映畵旬報』, 87(1943), 55쪽.

2. 조선영화령의 제정과 영화 신체제의 성립

일본에서 영화법이 시행된 것은 1939년 10월부터였다.[19) 영화법은 국민을 국가가 원하는 방향으로 동원하는 장치로서의 영화를 통제하기 위한

---

19) 영화법에 대해서는 不破祐俊,『映畵法解說』(大日本映畵協會, 1941) 볼 것. 그리고 영화법이 일제의 선전 정책에서 차지하는 의미에 대한 논의로는 佐藤忠男,「國家に管理された映畵」,『講座日本映畵 4 戰爭と映畵』(岩波書店, 1986); 古賀太,「戰前の映畵統制の映畵史的意味について」,『映像學』4권 2호(1990); 櫻本富雄,『大東亞戰爭と日本映畵』(靑木書店, 1993); 加藤厚子,「日中戰爭期における映畵統制-映畵法制定をめぐって」,『史學雜誌』109편 6호(2000a); 加藤厚子,「映畵法施行以降における映畵統制」,『メデイア史研究』, 10(2000); ピーター B. ハーイ,『帝國の銀幕 十五年戰爭と日本映畵』(名古屋大學出版會, 2001) 등을 볼 것.

것이었다. 조선에서도 조선영화령(이하 영화령으로 줄여 씀)이 1940년 1월에 공포된 데 이어 같은 해 8월부터는 시행되었다. 영화는 "전시하 국민 생활에 빠뜨릴 수 없는 오락인 동시에 국책 수행상의 유력한 무기"[20]로 간주되었다. 그리고 식민지의 특수성을 반영해 국책 영화의 핵심은 '내선 일체'와 '황민화'로 규정되었다.[21]

영화법과 영화령은 영화 정책에 일대 전환점이 되었다. 전환의 핵심은 보아서는 안 되는 영화가 상영되는 것을 규제하는 정책에서 반드시 보여 주어야 할 영화를 보도록 하기 위해 제작, 배급, 흥행에 이르는 영화의 모든 과정을 체계적으로 통제하는 것이었다. 곧 취체와 검열 위주의 '소극적 통제' 또는 '금압주의'에서 전쟁 동원 이데올로기를 주입하는 지도 조성 중심의 '적극적 통제' 또는 '통제주의'로 바뀐 것이다.[22] 그것은 완성된 영화에 대한 통제만이 아니라 앞으로 만들어질 영화는 물론이고 영화를 제작하고 배급하는 기구를 일제의 의도에 맞게 정비하는 통제까지 포함하는 것이었다. 따라서 영화령의 제정은 단지 통제의 강화가 아니라 질적 전환을 의미했다.

사실 법령으로서의 영화령 자체의 내용은 간단했다. 곧 "영화법 제19조의 규정을 제외하고는 같은 법에 따른다"[23]라는 규정에서도 알 수 있듯이 영화법을 거의 그대로 적용한 것이었다.[24] 영화령의 핵심은 영화 사업과 종업자(從業者)의 등록제를 통해 영화의 제작 및 배급을 통제하는 데 있었다.[25]

---

20) 池田國雄, 「半島の映畫界を語る」, 『朝鮮』 320(1942), 38쪽.
21) 黑田省三, 「朝鮮映畫雜感」, 『映畫評論』, 1941년 7월호, 49쪽.
22) 京畿道保導聯盟, 『保導上より見たる映畫問題』(1939), 26쪽; 加藤厚子, 앞의 글(2000a), 265쪽.
23) 日本映畫雜誌協會, 『昭和十七年 映畫年鑑』(日本映畫雜誌協會, 1942), 7-14쪽. 19조 규정은 영화위원회 설치에 관련된 것으로 영화법에서는 큰 비중을 차지하지 않았다.
24) 실제로 통제의 구체적인 내용을 규정한 것은 '조선영화령시행규칙'이었다. 전문은 위의 책, 7-14~7-22쪽 볼 것.

먼저 영화 사업 등록과 관련해 애초에 일제는 기존의 업자[26]에 대해서는 그 권리를 1년 동안 인정하면서 그 기간 안에 합의에 의해 별도의 통제 회사를 만들도록 한다는 방침을 갖고 있었다. 그러나 주도권을 놓고 각 회사의 이해 관계가 첨예하게 대립함으로써 통제 회사의 단일화는 쉽게 진전되지 않았다.[27] 조선총독부가 영화업자들에게 빠른 기간 안에 통제 회사를 만들지 못하면 생필름[28] 공급을 중단하겠다고 하자 제작 회사와 배급 회사의 일원화는 급진전되었다. 그리하여 1942년 2월 먼저 사단법인 조선영화배급사(이하 '영배'로 줄여 씀)가 창립되었고 9월에는 조선영화제작주식회사(이하 '조영'으로 줄여 씀)가 창립되었다.

사단 법인의 형태를 취한 '영배'는 처음부터 조선총독부의 직접 통제 아래 놓여 있었다. 창립위원장이 경무국 도서과장이었다든지 창립 이후 상무에 경무국 영화검열실 주임 출신인 오카다(岡田順一)가 취임했다는 사실은 '영배'의 성격을 잘 보여준다.

'조영'의 경우 외형상으로는 주식 회사였다.[29] 그러나 주주 총회에서 선임한 취체역도 총독의 승인을 받도록 되어 있었다. 결국 '조영'도 사실상 조선총독부의 통제 아래 있었던 것이다. 여기에 일제는 '조영'의 영화 제작을 "고도 국방 국가의 요구에 따르는 것"[30]으로 통제하기 위해 상위

---

25) 이밖에도 외국 영화 수입 제한, 우수 영화 장려, 문화 영화 강제 상영, 대본 사전 검열, 국가가 인정한 영화를 제외한 연소자의 영화관 입장 금지 등이 영화령의 주요 내용이었다.

26) 기존의 영화 회사는 조선영화주식회사, 고려영화협회, 명보영화합자회사, 한양영화사, 경성영화제작소, 조선구귀(九貴)영화사(나중에 황국영화사로 개칭), 조선예흥사, 조선문화영화협회, 경성발성영화제작소였는데 곧 조선예흥사가 없어지고 새로 평양의 동양토키영화촬영소 및 선만(鮮滿)기록영화제작소가 등장했다.

27) 이하 통제 기구의 설립 과정에 대한 서술은 高島金次, 『朝鮮映畵統制史』(朝鮮映畵文化硏究所, 1943)를 바탕으로 한 것이다.

28) 생필름은 영화의 원료를 가리킨다. 그런데 일본 영화계는 생필름의 수급을 미국으로부터의 수입에 크게 의존했다. 미국이 대일 경제 제재 조치의 일환으로 생필름 수출을 금지하자 생필름 부족 사태가 벌어지고 있었다.

29) 주요 주주 가운데 조선인은 김성호(金聖浩), 하준석(河駿錫), 정운갑(鄭雲甲), 박흥식(朴興植), 방태영(方台榮), 이근택(李根澤), 김연수(金季洙) 등이었다.

기구로 조선총독부 산하의 황도문화협회 안에 영화기획심의회를 설치했다.

이상의 과정을 통한 영화 신체제의 성립과 동시에 '조영'의 제작 편수는 1년에 극영화 6편, 문화 영화 5편, 뉴스 영화 12편으로 제한되었다. 이는 단지 생필름 부족 때문만이 아니었다. 거기에는 좀더 복잡한 일제의 의도가 깔려 있었다. 그것은 "우수한 영화를 적게 만들어 더 많은 사람이 보도록 한다는 것"[31]이었다. 곧 제작 편수의 축소와 그에 따른 배급의 조정을 통해 관객의 선택권을 제한함으로써 싫든 좋든 선전 영화를 보도록 강요하기 위한 것이었다. 그리고 이는 다시 영화인들이 영화를 만드는 데 참여할 수 있는 기회를 축소시킴으로써 그나마 영화계에서 계속 활동하기 위해서는 일제의 영화 통제 정책에 순응하도록 만들었다.

한편 일제는 통제 회사의 출범 이전부터 영화인들에 대한 등록제를 실시했다. 등록 분야는 연출, 촬영, 연기였다. 등록 여부를 결정할 기능심사위원회가 출범한 것은 1940년 12월이었다.[32] 기능심사위원회는 위원장(경무국 도서과장) 외에 11명의 위원(조선총독부 직원 3명, 경성제대 교수이자 당시 대표적인 파시즘 문화 이론가이던 가라시마[辛島曉], 그리고 조선영화인협회 간부 7명)과 실무를 담당하는 3명의 간사로 구성되었다. 등록을 위한 심사 가운데 신원 조사는 경무국, 영화인으로서의 기능 심사는 조선영화인협회가 담당하는 형태로 역할 분담이 이루어졌다. 그러나 실제로 심사를 주도한 것은 경무국이었다. 이는 3명의 간사 가운데 2명이 경무국 영화검열실 직원이었다는 데서 단적으로 드러난다. 그리고 실제로 심사에서 중시된 것도 기능보다는 신원 조사였다.

---

30) 池田國雄, 앞의 글, 38쪽.
31) 위의 글, 37쪽.
32) 日本映畵雜誌協會, 『昭和十七年 映畵年鑑』(日本映畵雜誌協會, 1942), 7-22쪽.

Ⅱ. 영화 신체제에 대한 영화인의 대응

1. 영화 신체제의 지지

일본에서 영화법 제정이 논의되고 있던 1938년 말이면 조선에도 영화법이 적용될 것이라는 보도가 등장하기 시작했다.[33] 이는 당시 조선 영화인들에게 적지 않은 충격을 준 것으로 보인다. 그러나 그 충격은 바로 국가에 의한 영화 통제 체제를 환영하는 분위기로 정리되었다.

현재 남아 있는 기록으로는 영화 신체제에 대한 반대 의사를 표명한 사람은 한 명도 없다. 대표적인 찬성론자인 김정혁(金正革)에 따르면 영화령 제정의 소식은 조선의 영화인들을 '유사 전야의 흥분'[34] 상태에 빠뜨렸다고 한다. 심지어 나중에 영화 신체제에서 발을 빼는 이규환도 영화령의 시행을 앞둔 영화계의 상황을 '큼직한 왕운(旺運)이 떠도는 것'으로 규정하면서 통제 회사의 출현과 등록제의 실시를 환영할 정도로 영화인들은 영화 신체제에 대한 기대를 숨기지 않고 있었다.[35]

여기서 영화령 제정 이전부터 영화계에 일정한 변화가 나타나고 있었다는 데 유의할 필요가 있다. 변화는 두 가지 측면을 내포하고 있었다. 하나는 일제의 검열을 의식해 스스로 영화의 형식과 내용에 제한을 가하고 있었다는 점이다. 일찍이 1930년대 초에 나운규(羅雲奎)는 "한 작품이 발표되기까지는 적어도 수십 차의 개작을 당한다. 검열관에게 당하는 것이 아니라 스스로 자기 작품을 커트하거나 개작해야 하기 때문"이라고 한 바 있다.[36] 이러한 자기 검열은 결국 민족의 현실을 정면으로 직시하는

---

33) 『每日新報』, 1938년 12월 11일, 28일, 1939년 3월 19일 등을 볼 것.
34) 金正革, 「朝鮮映畵의 現狀과 展望」, 『朝光』 6권 4호(1940b), 126쪽.
35) 李圭煥, 「映畵界展望-映畵人들의 心身安定이 必要」, 『朝光』 6권 1호(1940), 139~140쪽.
36) 羅雲奎, 「現實을 妄覺한 映畵評者들에게 告함」, 『中外日報』, 1930년 5월 13일~15일.

영화를 회피하는 경향으로 이어졌다.[37] 1930년대 중반 이후 영화인들이 검열을 피하기 위해 이른바 '문예' 영화 또는 어린이의 세계를 다룬 영화[38]에 치중한 데는 이러한 배경이 작용하고 있었던 것이다.

다른 하나는 조선 영화에 대한 반성의 목소리가 높았다는 점이다. 그런데 반성의 초점은 민족의 요구를 충실하게 담아내는 데 실패했다는 것이 아니라 기술과 예술의 측면에서 외국 영화나 일본 영화에 뒤떨어진다는 데 있었다. 당시 영화인들은 "금일의 조선 영화의 수준은 내지(內地: 일본-인용자) 영화보다도 수년 내지 10년 뒤진 것"[39]으로 보고 있었다. "외국 영화에 대하면 너무도 차이가 많아서 그것을 따라갈 수 없다"[40]고 할 정도였다. 한때는 프롤레타리아 영화 운동에서 활동하던 서광제(徐光霽)가 도쿄의 영화계를 방문하고 난 뒤 고백한 "우리는 너무 모르고 덤볐다"[41]라는 말은 이 무렵 영화인들의 심경을 대변하는 것이었다. 서광제에 따르면 "동보(東寶)의 동경촬영소 스테이지만 해도 열 개나 되며 한 스테이지에 있는 라이트만 해도 조선 안에 있는 라이트를 전부 합한 것보다 많았다. 그들의 카메라 한 개에 붙은 렌즈만 해도 조선의 모든 카메라 렌즈를 모아 놓은 것보다 많았다"는 것이다.[42] 실제로 당시 제작된 발성 영화의 경우 녹음은 모두 일본에 가서 해야 하는 실정이었다. 그 결과 제작비도 많이 들고 시간도 많이 걸릴 수밖에 없었다.[43] 이러한 상황에서 일본 영화나 외국 영화와 경쟁할 수 있는 영화 특히 자본과 기술의 집적도가 높은 토키 영화[44]를 제작하는 것은 불가능하다는 것이 서광제의 생각

---

37) 김학수, 앞의 책, 114쪽.
38) 전자의 보기로 윤봉춘의 『도생록』, 김유영(金幽影)의 『애련송』, 『수선화』, 박기채(朴基采)의 『무정』, 후자의 보기로 최인규의 『수업료』, 『집 없는 천사』 등을 들 수 있다.
39) 徐光霽, 「朝鮮映畵와 '신세리티'-一年間朝鮮映畵界總決算」, 『朝光』 4권 12호(1938), 69쪽.
40) 李創用 외, 「映畵製作 裏面公開 座談會」, 『朝光』 5권 5호(1939), 232쪽.
41) 金正革, 「企業의 合理化를 樹立하라-映畵界上半期總決算」, 『朝光』 6권 8호(1940c), 116쪽.
42) 徐光霽, 「東京映畵界 見聞記」, 『朝光』 6권 6호(1940), 164쪽.
43) 安鍾和, 앞의 책, 229쪽.

이었다.

이와 관련해 당시 영화인들 사이에서는 조선 영화에 대해 비하하는 분위기가 팽배해 있었다. 박기채에 따르면 "지금까지 조선 영화는 허다한 비난을 받아 왔다. 그 비난을 종합하여 일언에 부(附)하면 기술적으로 저하하다는 것이 전부"라는 것이었다.[45] 나운규의 『아리랑』(1926), 이규환의 『임자 없는 나룻배』(1932) 등 극소수의 영화를 제외하면 세계의 영화 수준에 현저하게 뒤쳐져 있다는 것이었다.[46] 심지어 "불순, 무교양, 저능"이라는 세 단어로 조선 영화계를 규정하는 논자도 있을 정도였다.[47] 조선 영화는 저질 영화로 분류되었고, 따라서 그 수준을 향상시키는 것이 당면 과제로 간주되었다. 결국 좋은 영화를 만들기 위한 기술과 자본의 집적, 그리고 인력의 육성이 필요한데 영화인만의 힘으로는 이것이 불가능한 이상 국가 권력에 의한 통제가 필요한 것이 아닌가 하는 분위기가 고조되고 있었다.

이러한 분위기에 앞장을 선 것은 제작자인 이창용(李創用), 이재명(李載明), 최승일(崔承一), 감독인 이규환, 안종화, 안석영, 서광제, 박기채, 최인규, 김정혁, 이병일(李炳逸), 방한준(方漢駿), 배우인 이금룡(李錦龍), 김한(金漢), 평론가인 주영섭(朱永涉), 임화(林和), 이헌구(李軒求), 오영진(吳泳鎭), 작가인 유치진(柳致眞), 이광수(李光洙), 김기진(金基鎭), 그리고 언론인인 유광렬(柳光烈), 백철(白鐵) 등이었다. 이들은 언론 매체의 좌담회[48]나 기고문[49]을 통해 영화 신체제에 대한 지지를 표명했다. 그렇다면

---

44) 徐光霽, 앞의 글(1940), 49쪽.
45) 朴基采, 「朝鮮토키와 新課題-新技巧 把握을 爲한 一提言」, 『朝光』, 6권 8호(1940), 280쪽.
46) 김정혁에 따르면 "조선에 있어서의 영화 제작 사업은 십수 년의 장구한 역사를 가졌다고 하지만 그 대부분은 조선인 팬만을 대상하는 유치한 작품"이라는 것이었다. 金正革, 「朝鮮映畵振興策의 目標」, 『三千里』 13권 1호(1941), 162쪽.
47) 八峯生, 「朝鮮映畵の新出發」, 『春秋』 2권 8호(1942), 107쪽. 팔봉생은 김기진(金基鎭)의 필명이다.
48) 대표적인 것으로 李載明·安夕影·安鍾和·金正革·林和·柳致鎭, 柳光烈·白鐵, 「映畵

지지의 이유는 무엇이었을까?[50]

文化人懇談會」, 『每日新報』,1940년 2월 10일; 李創用·李載明·安鍾和·朴基采·崔承一·崔寅奎·李圭煥·安夕影, 「事變三週年과 半島文化의 黎明(座談會)」, 『每日新報』, 1940년 7월 8일; 廣川創用 외, 「朝鮮映畵新體制樹立のために(座談會)」, 『映畵旬報』, 30(1941); 白鐵·日夏英太郞(許泳)·廣川創用·崔寅奎·李載明, 「座談會 朝鮮映畵の全貌を語る」, 『映畵評論』, 1941년 7월; 安夕影·朴基采·方漢駿·林和·李創用·徐光霽·李炳逸·李錦龍 외, 「朝鮮映畵의 新出發(座談會)」 『朝光』 8권 1호(1942); 堂本敏雄 외, 「座談會 朝鮮映畵の特殊性」, 『映畵旬報』, 87(1943) 등을 볼 것.

49) 대표적인 것으로 李創用, 「高麗映畵의 今後」, 『朝光』 5권 11호(1939); 李創用, 「企業化의 確立」, 『每日新報』, 1940년 1월 1일; 李創用, 「映畵界와 新體制」, 『每日新報』, 1941년 1월 3일; 李載明, 「實際 製作의 第一步」, 『每日新報』, 1940년 1월 3일; 李載明, 「國家와 映畵」, 『每日新報』, 1940년 8월 8일; 李圭煥, 「映畵界展望-映畵人들의 心身安定이 必要」, 『朝光』, 6권 1호(1940); 李圭煥, 「우리 銀幕 打開策-才德兼備의 企業家를 待望」, 『朝光』, 4권 6호(1940); 安鍾和, 「映畵의 文化的 意義」, 『每日新報』, 1939년 3월 24일; 安鍾和, 「우리 銀幕 打開策-大資本의 企業體를 要望」, 『朝光』, 4권 6호(1940); 安鍾和, 「新體制에 順應하는 朝鮮映畵의 將來」, 『每日新報』, 1940년 9월 13일~18일; 安鍾和, 「新體制와 映畵人協會의 任務」, 『三千里』, 13권 6호(1941); 安鍾和, 「映畵刷新의 時 映畵의 國家使命」, 『每日新報』, 1941년 10월 27일~29일; 安夕影, 앞의 글; 安田榮, 「大東亞戰과 映畵人의 任務」, 『每日新報』, 1941년 12월 18일, 20일; 徐光霽, 「朝鮮映畵界의 新秩序-'映畵令'과 '映畵人協會' 組織에 對하여」, 『朝光』, 5권 10호(1939); 徐光霽, 「新體制와 映畵」, 『人文評論』, 1940년 11월호; 徐光霽, 「最近의 朝鮮映畵界」, 『每日新報』, 1941년 10월 7일~9일; 徐光霽, 「映畵界의 總決算 映畵人의 國家理念把握」, 『每日新報』, 1941년 12월 16일~17일; 朴基采, 「實施되는 映畵令」, 『每日新報』, 1940년 2월 5일; 方漢駿, 「우리 銀幕 打開策-豊富한 財團과 機械 條件」, 『朝光』 4권 6호(1940); 金正革, 「映畵의 精神」, 『文章』, 2권 1호(1940a); 金正革, 앞의 글(1940b); 金正革, 앞의 글(1940c); 金正革, 「映畵令의 實施와 朝鮮映畵界의 將來」, 『朝光』 6권 9호(1940d); 金正革, 앞의 글(1941); 金漢, 「銀幕遺憾」, 『朝光』, 6권 12호(1940); 朱永涉, 「朝鮮映畵界展望」, 『春秋』, 1권 신춘호(1941); 林和, 「朝鮮映畵論」, 『春秋』 1권 10호(1941); 李軒求, 「萎縮의 一年-映畵」, 『文章』 2권 10호(1940); 吳泳鎭, 「映畵と朝鮮大衆」, 『映畵評論』, 1943년 1월호, 이근삼·서연호 편, 『오영진 전집 제4권 시나리오·영화평론』(범한서적, 1989); 八峯生, 앞의 글; 李光洙, 「新體制下의 藝術의 方向-文學과 映畵의 新出發」, 『三千里』, 13권 1호(1941) 등을 볼 것.

50) 나중에 문예봉(文藝峰)은 "『조선해협』, 『그대와 나』 등 내선일체를 설교하고 일제를 예찬하는 영화에 출연할 것을 강요받았다. 거부하면 가택이 수색되고 사상범으로 마크되었다"고 말한 바 있다. 『朝鮮時報』, 1985년 3월 18일. 물론 이러한 주장에도 일면의 진실은 있을 것이다. 그러나 모든 영화인들이 강요에 의해서만 영화 신체제에 협력한 것은 아니었다. 문예봉의 경우도 한 기고문에서 "금년 안에는 영화령이 효력을 발생한다니 어서 좋은 회사가 생겨서 우리들에게 힘껏 일을 시켜주기 바란다"고 언급한 바 있다. 文藝峰, 「두려운 새해」, 『每日新報』, 1941년 1월 3일. 영화 신체제의 성립이 영화계를 활성화하는 계기가

첫 번째는 "최초의 문화 입법"[51]이라고 불리던 영화법과 영화령에 의해 영화가 국민 문화로 인정을 받고 영화(인)의 사회적 지위가 향상되었다는 인식 때문이었다. 오영진에 따르면 "지금까지 의붓자식 취급을 받고 멸시 속에 소외당하던 조선 영화"의 "지위를 결정적으로 확립"시킨 것은 "조선 영화 자신의 성숙이나 진보적인 인사들에 의한 노력"이 아니라 "정책"이 었으며 따라서 "조선 영화도 시대에 어울리는 강도 높은 정치성"을 요구 받을 수밖에 없다는 것이었다.[52] 이러한 생각은 이 시기 다른 영화인에게 서도 보편적으로 나타나고 있었다. 보기를 들어 주영섭은 영화령에 따른 등록제가 영화인의 "사회적 지위를 향상"시키고 "직업인으로서의 자각과 의무를 촉진"하는 한편 "'최저의 생활과 최대의 명예'를 약속"[53]할 것이 라는 기대를 표명했다. 많은 영화인들이 영화법과 영화령의 제정이 결국 예술의 모든 부문 가운데 영화가 가장 중요하다는 것을 국가가 인정한 것으로 받아들였다.[54] 심지어 "새로운 시대의 권력자"[55]라는 자부심을 토로할 정도였다.

두 번째 이유는 영화령의 주요 내용 가운데 하나인 제작 및 배급의 일원 화를 통해 영화계가 "분산적인 자유 방임의 영화 기업 기구"[56]를 타파하 고 "고도의 통일적 기업화의 관문"에 들어설 것이라는 기대 때문이었다. 영화인들은 당시 영화계의 현실을 "군소난립의 무질서"[57]로 인식하고 있 었다. "대자본의 강력한 기업체의 생산 기관"[58]이 종래 조선 영화의 최대

될 것이라는 기대를 갖고 있었던 것이 문예봉에게만 국한되지는 않았을 것이다.

51) 金正革, 앞의 글(1940), 254쪽.
52) 吳泳鎭, 앞의 글, 247쪽.
53) 朱永涉, 앞의 글, 246쪽.
54) 金正革, 앞의 글(1940a), 167쪽; 安夕影(1941), 「映畵排優와 監督이 되는 法」, 『三千里』 13권 6호(1941), 246쪽.
55) 金正革, 앞의 글(1940d), 254쪽.
56) 위의 글, 256쪽.
57) 徐光霽, 앞의 글(1939), 316쪽.
58) 安鍾和, 「文化一年總決算-映畵界」, 『朝光』 6권 12호(1940), 137쪽.

약점으로 꼽혀 오던 자본 부족의 문제를 해결할 수 있을 것으로 기대하고 있었던 것이다. 또한 자본 문제와도 밀접하게 관련된 기술 문제의 해결에 대한 기대를 품고 있던 영화인도 적지 않았다. 대표적인 경우로 "기술적인 발전"이라는 측면에서 영화 통제를 찬성한 박기채를 들 수 있다.[59] 주영섭은 이를 "수공업적이 아니라 과학적 체제를 갖춘 조선 영화의 산출" 또는 "'그림 엽서'에서 '흘러가는 그림'"으로의 전환이라는 말로 표현한 바 있다.[60] 나아가 "대자본의 집중"[61]이 결국 "방랑적인 영화 제작업의 남립(濫立)과 따라서 무익한 경쟁의 격화"[62]를 방지하는 효과를 가져올 것으로 기대하는 측면도 있었다. 특히 제작자와 자본가의 입장에서는 자유 경쟁의 제한이란 매우 매력적인 것이었다. 일단 일제의 의도에 따라 독점적 사업자로 지정이 되기만 하면 엄청난 이윤을 안정적으로 획득하는 것이 가능했기 때문이다.

세 번째는 해외 영화의 규제와 해외 시장 개척에 대한 기대 때문이었다. 물론 여기서 해외가 갖는 의미는 달랐다. 전자의 해외는 주로 미국을 가리키는 것이었다. 영화인들은 미국 영화의 규제가 조선 영화의 새로운 활로가 될 수 있을 것으로 생각했다.[63] 반면에 후자의 해외는 대동아공영권을 가리키는 것이었다. 영화인들은 조선의 관객만으로는 충분한 이윤을 획득하기 어렵기 때문에 "내지와 만주의 시장을 획득하고 나가서는 동아공영권을 우리의 시장으로 만들고 한 걸음 더 나가서는 세계를 상태로 하는 작품을 제작"[64]할 필요가 있다고 보았다. 그리고 실제로 한 영화 제작자가

---

59) 安夕影・朴基采・方漢駿・林和・李創用・徐光霽・李炳逸・李錦龍 외, 앞의 글, 145쪽.
60) 朱永涉, 앞의 글, 246쪽.
61) 安鍾和, 「映畵의 文化的 意義」, 『每日新報』, 1939년 3월 24일.
62) 金正革, 앞의 글(1940d), 256~257쪽.
63) 윤봉춘에 따르면 "박래(舶來: 해외-인용자) 영화는 금지하는 이런 좋은 기회에 있어서 조선 영화를 발전시키는 데는 절호의 시기"라는 것이었다. 尹逢春, 「映畵發展策: 資本・藝術・俳優」, 『朝光』 5권 1호(1939)
64) 朱永涉, 앞의 글, 247쪽. 김정혁도 "내지, 만주 등에 판로를 개척"하는 현상에 고무되어

1939년 말에 "나도 나도 하고 내지니 만주니 조선 영화 선외(鮮外) 진출에 대한 열의가 지금 절정에 달한 감"[65]이 있다고 쓸 정도로 당시 조선 영화계는 해외 진출 붐에 휩싸여 있었다. 그런데 해외 진출에 대한 기대는 일제가 내세운 대동아공영권의 논리에의 포섭으로 이어질 가능성을 갖고 있었다. "조선 영화가 살아나갈 길은 내지에 시장을 얻는 것이다. 제국의 북지(北支) 대륙 진출과 아울러(강조-인용자) 그 지방에 안정의 뒤를 따라 조선 영화도 내지 영화와 함께 북지에서 외국 영화의 등을 밀고 진출하지 않으면 벌써 금일 조선 영화의 생명은 없어질 것이다"라는 서광제의 주장이 이를 잘 보여준다.[66] 특히 관심의 대상은 조선과 인접해 있을 뿐만 아니라 이미 일제의 지배가 상대적으로 안정화되어 있던 만주의 거대한 시장이었다. 일제도 조선 영화의 해외 진출을 의도적으로 부각시키고 있었다.[67] 이 시기에 많은 영화인들이 만주국 영화계와의 교류를 강조하고 나선 것도 이와 무관한 것이 아니었다. 실제로 1938년에는 『한강』 등 5편, 그리고 1939년에는 『군용열차』 등 3편이 만주국으로 수출되었고 고려영화사는 처음부터 만주와 중국으로의 진출을 염두에 두고 『복지만리』(1940년, 전창근 감독)를 제작했다.[68] 영화 신체제의 성립을 전후해 만주국의 국책 회사이던 만주영화협회와 최고 스타이던 리코란(李香蘭)[69]에

있었고 윤봉춘도 "내지와 만주국에 수출"하는 것의 중요성을 지적한 바 있었다. 金正革, 앞의 글(1941), 162쪽; 尹峰春, 앞의 글, 112쪽.

65) 李創用, 앞의 글(1939), 738쪽.

66) 徐光霽, 「朝鮮映畵의 將來」, 『朝光』 4권 8호(1938), 231쪽.

67) 보기를 들어 조선군 보도부의 다카이(高井邦彦)는 "조선 영화는…조선만을 상대로 할 것이 아니라 내지와 대륙까지를 상대로 제작하여야 할 것이라 봅니다. 즉 발은 조선에 두되 손은 내지와 대륙에 내밀라는 것입니다"라고 주장했다. 朴啓周 외, 「『君と僕』를 말하는 座談會」, 『三千里』 13권 9호(1941년 9월), 118쪽.

68) 李台雨, 「滿洲國映畵界近況」, 『朝光』 4권 8호(1938)

69) 리코란은 본명이 야마구치(山口淑子)인 일본인이면서도 중국인이라고 알려져 있던 배우였다. 당시 일제는 만주와 중국을 배경으로 한 영화를 많이 만들고 있었다. 대표적인 보기로 조선에서도 흥행에 크게 성공한 『중국의 밤』(支那の夜)을 들 수 있다. 이 영화에서 리코란은 일본인 남성과의 사랑을 이루기 위해 스스로 친일파가 되어 주위의 항일파를 설득하는

대한 기사70)가 신문과 잡지에 자주 등장한 데는 이러한 요인이 작용하고 있었던 셈이다.

네 번째는 영화 통제가 당시 영화계에서 문제가 되고 있던, 상업주의 영화 특히 미국 영화로 인한 도덕의 타락을 배격하는 기회가 될 것이라는 기대 때문이었다. 이를테면 안석영은 1930년대 말에 이미 미국의 상업주의 영화가 대중을 타락시키는 것을 "코카인"으로 비유하면서 "나는 이런 미국 영화를 즐겨 하지 않는다"라고 주장한 바 있다.71) "(영리를 목적으로- 인용자) 저열한 작품을 제작하여 대중에게 악영향을 준다"72)고 본 이광수나 "아편적 독성을 지니고 모든 사람에게 중독증 같은 유행을 전파"하는 것으로 본 김정혁73) 등도 비슷한 생각을 갖고 있었다. 이러한 생각은 구미(歐美)로부터 이입된 "자본주의, 자유주의, 상업주의"를 배격하고 "전체주의 사상 밑에서 국가를 위하고 다시 한 걸음 더 나아가서 대아세아주의 사상 밑에서 동아 신질서 건설과 동아공영권의 수립을 근저로 한 문화활동"74)으로서의 영화, "국책을 건설하는 데 가장 필요한 도구"75)로서의 영화 제작을 적극 지지하는 것으로 이어졌다. 한편 영화기획심의회 위원이던 유치진의 경우도 "나는 대중의 영혼을 좀먹는 퇴폐적인 저질 상업극보다는 국민극이 낫다는 생각을 했었다…내가 국민극 운동에 동참한 가장

중국인 여성 역을 맡았다. 따라서 '리코란'이라는 이름 세 자는 만주사변에서 중일전쟁으로 이어진 일제의 대륙 침략을 상징하는 문화적 코드였다고 할 수 있다. 리코란에 대해서는 四方田犬彦 편, 『李香蘭と東アジア』(岩波書店, 2001) 볼 것.

70) 보기를 들어 李台雨, 앞의 글; 李台雨, 「滿洲映畵界의 現狀」, 『朝光』 6권 3호(1940); 李台雨, 「李香蘭의 藝術과 私生活」, 『朝光』, 6권 4호(1940); 李台雨, 「鮮滿映畵의 첫 握手로 製作된 『福地萬里』 遂完成」, 『朝光』, 6권 5호(1940); 三千里社編輯局, 「李香蘭 金信哉 會見記」, 『三千里』 13권 4호(1941) 등을 볼 것.

71) 安夕影, 앞의 글(1939), 169, 171쪽.

72) 李光洙, 앞의 글.

73) 金正革, 앞의 글(1940a), 167쪽.

74) 李光洙, 앞의 글.

75) 金正革, 앞의 글(1940d), 254쪽.

큰 이유도 바로 영리 만능의 경제 구조에서 괴뢰화되어가는 우리 연극을 영리의 구속에서 해방시켜서 연극 본연의 자태로 되돌아가게 하자는 데 있었던 것"이라고 술회한 바 있다.76) 여기서 연극을 영화로 바꾼다면 유치진이 일제의 영화 통제 체제에 적극 참여한 이유를 충분히 짐작할 수 있을 것이다. 그렇다면 이 무렵 조선의 영화인들이 생각하던 건전한 영화의 구체적인 내용은 무엇이었을까? 김기진에 따르면 그것은 "국어(일본어 -인용자)의 보급, 내선일체의 철저, 일본 정신의 파악, 필승 체제에의 적극적 협력, 직업 봉공(奉公), 증산, 저축, 개로(皆勞)의 실천, 방공(防空)·방첩 정신의 앙양, 동양 윤리 사상의 함양, 시사 인식의 강화" 곧 "황민화, 총력전의 고조, 건전 오락"을 주요 내용으로 하는 것이었다.77)

2. 영화 신체제에서의 활동

영화 신체제를 지지한 영화인들은 "당국의 알선"78)에 의해 1940년 2월 조선영화인협회를 결성했다.79) 창립 당시 간부는 회장 안종화, 상무 이사 안석영, 이사 이규환, 이명우, 서월영(徐月影), 상무 평의원 김택윤(金澤潤), 평의원 서광제, 최인규, 양세웅, 김한, 이필우(李弼雨), 서기 김정혁 등이었다.80) 조선영화인협회는 "일본 영화의 일익으로서…내선일체의 실

---

76) 유치진, 「자서전」, 『동랑 유치진 전집 9』(서울예대 출판부, 1992), 162~163쪽. 실제로 유치진은 1940년대 초에 나치 식의 문화 통제를 적극 지지하는 글을 발표한 바 있다. 柳致眞, 「國民演劇樹立에 對한 提言」, 『每日新報』, 1941년 1월 3일.

77) 八峯生, 앞의 글, 99~100쪽.

78) 金正革, 앞의 글(1941), 161쪽.

79) 金正革, 「映畵와 理想-映畵人協會一週年回顧②」, 『每日新報』, 1941년 2월 15일; 安夕影, 「朝鮮映畵의 갈길-映畵와 新體制」, 『朝光』 7권 1호(1941). 그런데 이 단체를 결성하려는 움직임은 1939년 7월부터 시작되었다. 1939년 9월 발기인회가 열렸을 때 발기인은 안종화, 안석영, 이규환, 방한준, 왕평(王平), 이명우(李明雨), 양세웅(梁世雄) 등 이었다. 金正革, 「映畵와 理想-映畵人協會一週年回顧①」, 『每日新報』, 1941년 2월 13일.

80) 「朝鮮映畵人協會役員及職員」, 『三千里』 13권 6호(1941), 193쪽. 1942년에는 왕평, 김일해 등이 간부로 새로 선임되었다.

을 거두기를 기한다"[81]라는 목적에서 알 수 있듯이 영화령의 실시를 앞두고 영화인들에 대한 정지 작업을 벌이려고 한 조선총독부의 "외곽 단체"[82]로서의 성격을 갖고 있었다.[83] 실제로 조선영화인협회는 출범 직후 "조선영화령 기념 영화제에 참가할 것, 영화인 등록 준비, 조선신궁 참배" 등을 결의함으로써 영화 통제에 충실하게 따르는 모습을 보였다.[84] 그러나 조선영화인협회에서 정작 주목해야 할 부분은 따로 있다. 그것은 영화령에 따라 실시된 영화인 등록제의 영화계측 파트너 역할이었다.[85] 실제로 기능심사위원회의 안종화, 안석영, 이규환, 김한, 서월영, 양세웅, 이명우, 김정혁[86]은 모두 조선영화인협회의 간부였다. 곧 조선영화인협회는 등록제를 통해 영화인 개개인에 대한 통제를 강화하려는 일제의 방침을 영화계 내부에서 실행하는 기구로서의 성격을 갖고 있었던 것이다.

한편 일제의 내선일체 정책에 조선의 영화인들이 순응하는 모습은 창씨개명으로도 나타났다(뒤의 <표 3> 참조). 물론 창씨개명만을 갖고 일제에의 협력 여부를 판가름할 수는 없지만[87] 안종화 등의 경우 이후의 행적

---

81) 「朝鮮映畵人協會規約」, 『三千里』 13권 6호(1941), 190쪽.
82) 『每日新報』, 1939년 8월 19일; 徐光霽, 앞의 글(1939), 315쪽.
83) 안종화는 협회의 목적을 다음과 같이 좀더 구체적으로 밝힌 바 있다. "관민 일체로 되어 국가 총력 운동에 한 모퉁이의 힘이 되고 혈맥의 하나가 되자 함에 그 발족이 있었던 것이다.…협회원은 영화를 한편으로 총후(銃後)의 민중의 일상 생활을 지도하는 생활 독본이 되게 해야 하고 한편으로는 더 나아가서 국가의 대이상을 위한 성전에 있어서 무기도 되어야 한다. 여기서 우리는 성지를 받드는 무사임을 깨달아야 할 것이다." 安鍾和, 앞의 글(1941), 190~191쪽.
84) 『每日新報』, 1940년 8월 1일.
85) 일제는 "영화령에 규정된 등록에 필요한 기능 증명서의 발행을 조선영화인협회 안에 설치된 기능심사위원회에 위탁"하는 조치를 취했다. 「朝鮮總督府映畵行政の沿革と統制經緯」, 『映畵旬報』, 87(1943), 24쪽.
86) 日本映畵雜誌協會, 『昭和十七年 映畵年鑑』(日本映畵雜誌協會, 1942), 7-22쪽.
87) 이 시기 일제는 공식적으로 창씨개명의 비강제성을 선전하고 있었다. 그리고 오히려 확실한 친일 인물에 대해서는 상징적인 효과를 위해 종전의 조선식 성명을 계속 사용하는 것도 묵인하고 있었다. 따라서 창씨개명을 하지 않은 영화인의 경우 "친일 어용 영화인이라고 매도"할 수 없다는 주장은 이 시기 일제 지배 정책의 흐름을 제대로 파악하지 못한 것으로

과 관련시켜 볼 때 일찍부터 영화 통제에 적극 따르고 있었던 것으로 보인다.

나아가 조선의 영화인들은 극소수를 제외하고는 등록제에 응했다(뒤의 <표 3> 참조). 등록이 되지 않는다는 것은 사상이나 능력에 문제가 있다는 것을 의미했다. 왜냐하면 등록제의 실시를 통해 "확고한 신념과 재능을 가진 영화인"만이 살아남을 수 있었기 때문이다.[88] 미등록자에 대해서는 영화령에 의해 단역으로 출연하는 것 외에는 일체의 영화 활동이 금지되었다. 그런데 기능 심사는 의외로 단순했다.[89] 문제는 경찰의 신원 조사였다.[90] 일제에 따르면 등록제는 "국민 문화 창조의 담당자로서의 공공적 자각을 환기"[91]하는 일과 불가분의 관계에 놓여 있었다. 따라서 '국민'이라는 자각이 결여된 영화인은 등록시키지 않는다는 것이었다. 기능 심사보다 경찰의 신원 조사가 중시된 것도 바로 이러한 이유 때문이었다. 결국 등록제가 노린 것은 심사를 통과하기 위해 일제의 의도에 맞추어 알아서 행동하도록 하는 효과를 가져오는 데 있었던 셈이다.[92]

당시 100여 명을 조금 넘던 영화인 가운데 최종적으로 기능 등록에서 빠진 사람은 극소수였다. 대부분의 영화인이 기능 등록에 참여했다. 심지어 나중에 일제의 선전 영화를 만들 수 없어 영화계에서 발을 뺐다고 하는 윤봉춘, 이규환, 전창근도 처음에는 등록에 응했다. 영화인들이 등록

보인다. 김수남, 앞의 책, 232쪽.

88) 朱永涉, 앞의 글, 246~247쪽.

89) 실제로 일본의 교토(京都)에서 실시된 연출부 기능 시험에는 "영화의 사회적 사명을 논할 것(국어), 일본은 왜 큰 희생을 치르면서 중국에서 대사업을 벌이고 있는가, 사치품 판매 금지의 이유는 무엇인가, 영화법에서 등록 제도의 목적은 무엇인가, 나치스·동원 계획·국민 정신 총동원에 대해 아는 것을 간단히 쓸 것(이상 국민 상식)" 등, 마음만 먹으면 쉽게 정답을 쓸 수 있는 문제가 나왔다. 『日本映畵』, 1940년 9월호; 岡本純, 『戰時下の日本映畵』(砦書房, 1979), 155~156쪽에서 재인용.

90) 『每日新報』, 1942년 2월 4일.

91) 岡田順一, 앞의 글, 117쪽.

92) 등록이 영화인에 미친 심리적 효과에 대해서는 安鍾和, 앞의 책, 284~286쪽 볼 것.

이 갖는 의미를 모르지 않았을 것이다. 따라서 적극적으로 참여했느냐 소극적으로 끌려갔느냐를 불문하고 영화인들은 등록을 통해 일제의 영화 통제를 수용한 셈이었다. 오랫동안 검열 등에 의한 통제를 받아오던 영화 인들은 일제가 내세운 영화의 '혁신'과 '질적 향상'이라는 데마고그에 쉽 게 조정되고 만 것이다.

이와 관련해 『삼천리』에서 실시한 흥미로운 설문 조사 결과가 있다.[93] 설문의 내용은 "신체제의 영화로써 당장 제1착으로 어떤 것을 만들고 싶습니까(감독 제씨) 또 어떤 영화의 어떤 역을 맡고 싶습니까(배우 제씨)" 라는 것이었다. 그런데 이 설문에 대한 영화인 특히 연기자의 응답에는 몇 가지 유형이 나타나고 있었다.

먼저 연기자 가운데 몇 명은 적극적으로 신체제에 부응하는 배역을 맡 고 싶다는 뜻을 피력했다. 이를테면 한은진(韓銀珍)은 "내가 남자라면 『히 틀러 일대기』에 히틀러 역을 해보았으면 합니다"라고 했고, 이금룡은 "새 동아를 건설하는 조선 청년의 씩씩한 행동을 주제로 한 작품의 주인공 역"을 맡고 싶다고 했다. 그리고 전택이(田澤二), 한일송(韓一松), 장진(張 陣)은 각각 "전운 속에 활약하는 반도인 장교", "시국색을 가미하고 예술 적"인 영화의 "지원병", "국가 이념을 고취"하는 영화의 "돌격대" 역을 희망했다. 응답의 내용을 보면 한은진 등의 경우에는 상당한 정도로 내선 일체의 이데올로기를 내면화했거나 적어도 영화 신체제에 적극 부응함으 로써 자신의 입지를 강화하려는 의도를 가졌을 가능성이 있다.

한편 김한과 독은기(獨銀麒)는 각각 "연기자로서 어느 역이든지 소화", "신체제의 영화로나 어떤 영화에서든지 연기자로서 그저 성의와 마음 준 비는 꼭 같을 줄 압니다"라는 답을 했다. 곧 영화계에 몸을 담고 있는 이상 내용과는 상관없이 '좋은' 영화를 만들 수 있으면 된다는 생각을

---

93) 「新體制와 映畵·演劇人心鏡記」, 『三千里』 13권 1호(1941), 216~221쪽.

드러낸 것이다. 이들은 전자에 비해 내선일체의 내면화 정도는 약하지만 영화인들에게서 잘 나타나는 기술주의 때문에 영화 신체제에 쉽게 동화될 수 있었을 것이다.

이에 비해 김소영(金素英), 주인규(朱仁奎), 지경순(池京順), 태을민(太乙民) 등은 "어려운 문제", "연구중", "생각이 나지 않습니다"라는 식으로 교묘하게 답변을 회피했다. 어떤 형태로든 일제 파시즘 체제를 지지하는 입장을 표명하지 않고서는 지식인, 예술가의 존립 자체가 불가능했던 당시의 시대 상황을 고려했을 때 내선일체와 영화 신체제에 대한 이들의 태도가 앞의 두 경우와는 상당히 달랐음을 짐작하기란 그리 어려운 일이 아닐 것이다.94)

적극적 지지이든 소극적 순응이든 영화 신체제로 편입된 영화인들이 벌인 활동은 크게 두 가지로 분류된다. 그 하나는 영화를 만드는 것이었고 다른 하나는 영화 이외의 분야에서 활동하는 것이었다.

이 가운데 기본이 된 것은 당연히 전자였다. 그런데 영화 신체제 아래 만들어질 수 있는 영화는 일제가 원하는 영화 곧 조선 민중을 전쟁에 동원하기 위한 이데올로기 공세의 내용을 담고 있는 선전 영화였다. 「표 2」에서 알 수 있듯이 이 시기에 만들어진 영화의 핵심은 지원병 제도나 징병제와 관련해 내선일체를 대중에게 선전하는 데 있었다. 이러한 선전 영화를 만드는 데 중심 역할을 한 것은 2편 이상의 작품을 연출한 방한준, 박기채, 최인규, 안석영, 이병일, 신경균 등과 3편 이상의 작품에 출연한 독은기, 남홍일, 서월영. 김한, 이금룡, 최운봉, 김일해, 김소영, 김신재, 복혜숙 등이었다.

---

94) 감독의 경우에도 "적은 힘들이 합하여 큰 힘이 되는 진리"라고 교과서적인 답을 한 이규환에 비해 김정혁은 "참다운 정신의 내선일체적인 것"이라고 답을 함으로써 일제의 영화 통제 정책에 적극 부응하는 모습을 보였다.

<표2> 주요 선전 영화

제목	연도	제작	연출	내용	종류	비고
국기 아래 나는 죽으리(國旗の下に我死なん)	1939	경성발성 영화제작소	이익	내선일체	문화 영화	
산촌의 여명	1939	조선문화영화협회			문화 영화	전매국 기획
바다의 빛	1940	조선문화영화협회			문화 영화	
지원병	1940	동화흥업/최승일	안석영	지원병	문화 영화	박영희 원작, 안석영 각색
승리의 뜰(勝利の庭)	1940	황국영화	방한준	지원병	문화 영화	
복지만리	1940	고려영화사·만주영화협회	전창근	만주 이민 및 민족 협화	극영화	
반도의 봄	1941	명보영화	이병일		극영화	
그대와 나	1941	조선군 보도부	허영	내선일체,지원병	극영화	육군성 보도부 및 조선총독부 후원
풍년가	1941	고려영화사	방한준		극영화	
흙에 산다(土に實る)	1942	조선영화주식회사	안석영	인삼 재배 장려	문화 영화	전매국 기획
명랑한 도로(明るい鋪道)	1942	경성발성 영화제작소	박기채	교통 선전	문화 영화	경기도경찰부 위촉
우러러 대공(仰げ大空)	1942	조선영화주식회사	김영화	항공 선전	문화 영화	조선군보도부 및 체신국 후원
우리는 이제 간다(我等今ぞ征く)	1942	總力聯盟·조영	박기채	징병제 보급 선전	문화 영화	무료 순회 상영
조선해협	1943	조영	박기채	내선일체, 지원병	극영화	
조선에 온 포로(朝鮮に來た俘虜)	1943	조영	안석영	조선에 수용된 영국군 포로	문화 영화	조선군사령부 후원
소화 19년	1943	조영	森永健次郎	징병제 보급 선전	문화 영화	조선어 시나리오
반도의 소녀들(半島の乙女たち)	1943	조영	이병일	銃後 여성	문화 영화	
영광의 날(榮光の日)	1943	조영		해군 특별 지원병	문화 영화	
망루의 결사대	1943	東寶·고려영화협회	今井正	내선일체, 국경 수비 경찰	극영화	조선총독부 후원, 경무국 지도
젊은 자태	1943	조영	豊田四郎	징병제	극영화	

제목	연도	제작	연출	내용	종류	비고
거경전	1944	조영	방한준	어업 보국	극영화	해군 특별 지원병 제도 실시 기념
태양의 아이들	1944	조영	최인규	징병제	극영화	
병정님	1944	조영	방한준	징병제	극영화	조선어판
사랑과 맹서	1945	東寶·조영	최인규 今井正	해군 특별 지원병	극영화	1945년 5월 개봉
감격의 일기	1945	조영	신경균			1945년 7월 개봉
우리들의 전쟁	1945	조영	신경균			1945년 8월 개봉
신풍의 아들들	1945	조영	최인규			1945년 7월 개봉
血과 汗	1945	조영	신경균			1945년 8월 개봉

　이 가운데 감독의 경우 신경균을 제외하면 모두 '조영' 사원이었다는 점이 주목된다. 곧 '조영' 입사 여부가 연출 활동을 보장받는 중요한 기준이었던 셈이다. 초기에 영화 신체제에 적극 협력하던 안종화를 비롯해 등록에 응한 바 있던 이규환, 전창근 등 '조영' 사원이 아닌 감독은 단 한 편의 영화도 연출하지 못했다. 그런데 이들은 공교롭게도 모두 상대적으로 연령이 높은 층이었다. 이들과 비슷한 연배 가운데 영화 제작에 관여할 수 있었던 것은 '조영' 연출부 주임이던 안석영 뿐이었다. 따라서 감독의 경우 일종의 세대 교체가 이루어진 것으로도 볼 수 있을 것이다.

　연기자의 경우 먼저 <표 3>을 통해 흥미로운 사실을 발견할 수 있다. 감독과 마찬가지로 '조영' 사원의 활동이 가장 활발했다는 것이 바로 그것

<표3> 등록 영화인의 영화 활동

이름	나이	분야	본명	창씨개명	조영	주요 활동	비고
方漢駿	36	연출			연출	『승리의 뜰』, 『풍년가』 『거경전』, 『병정님』	
李圭煥	38	연출		岩本圭煥			

이름	나이	분야	본명	창씨개명	조영	주요 활동	비고
崔寅奎	31	연출		星寅奎	연출	(『망루의 결사대』 기획) 『태양의 아이들』, 『사랑과 맹서』(공동 연출), 『신풍의 아들들』	
安鍾和	40	연출		安田辰雄			
朴基采	35	연출			연출	(『명랑한 도로』) 『우리는 이제 간다』, 『조선해협』	
徐光霽	36	연출		達成光霽	연출		
尹峰春	40	연출					1943년 누락
洪開明	36	연출		德山嵩			
安夕影	41	연출		安田榮	연출주임	(『지원병』) 『흙에 산다』, 『조선에 온 포로』	
申敬均	30	연출		大空敬均		『감격의 일기』, 『우리들의 전쟁』, 『혈과 한』	
金永華	28	연출				(『우러러 대공』)	
李炳逸	32	연출	李炳祿		연출	(『반도의 봄』) 『반도의 소녀들』	
全昌根	35	연출		泉昌根		(『복지만리』)	
梁世雄	35	촬영		三原世雄	촬영과주임		
孫勇進	34	촬영		慶孫博行			
李弼雨	46	촬영		瀬戸武雄			
李明雨	40	촬영		瀬戸明	촬영과기사		
黃雲造	30	촬영		河野雲造			
崔順興	24	촬영					
李信雄	29	촬영					
李丙穆	26	촬영		李家丙穆			
柳長山	27	촬영		柳川實			
朱仁奎	39	연기		安川文治		(『망루의 결사대』) 『거경전』	
羅雄	33	연기		羅山俊夫			
金德心	29	연기	金德龍				
崔聖薰	28	연기	崔世昊				
獨銀麒	31	연기		光成建	연기자	『조선해협』, 『젊은 자태』,	

이름	나이	분야	본명	창씨개명	조영	주요 활동	비고
						『거경전』, 『신풍의 아들들』, 『우리들의 전쟁』, 『혈과 한』	
李鍾哲	33	연기		森本茂			
李源鎔	37	연기		松山正雄	연기자	『조선해협』, 『거경전』	
南弘一	25	연기		豊原敬基	연기자	『조선해협』, 『젊은 자태』, 『거경전』	
朴昌赫	36	연기		朴村重伯	연기자	『조선해협』, 『거경전』	
徐月影	38	연기	徐永琯		연기자	『조선해협』, 『젊은 자태』, 『거경전』	
金漢	33	연기		星村洋	연기자	『조선해협』, 『젊은 자태』, 『병정님』	
李海浪	26	연기		甄源吉良			
朴淵	32	연기		三木淵			
趙澤元	35	연기		福川元			
李錦龍	36	연기		香山長春	연기자	『조선해협』, 『젊은 자태』, 『거경전』, 『병정님』	
柳玄	30	연기		金原龍復			
崔雲峰	28	연기		高峰昇	연기자	(『그대와 나』) 『조선해협』, 『젊은 자태』, 『태양의 아이들』, 『감격의 일기』, 『우리들의 전쟁』	
安禮昊	26	연기					
田澤二	30	연기		宮田泰彰		(『망루의 결사대』) 『거경전』	
	36	연기		金原廣			
張翰	36	연기		夏原三十五			
沈影	32	연기		靑木沈影		(『그대와 나』, 『망루의 결사대』)	
孫一平	32	연기		伊原東龍	연기자	『조선해협』, 『거경전』	
崔南鏞	30	연기		岡本富平			
宋創冠	32	연기	宋仁吉				
金東圭	29	연기	金甲童				
荻山一郎	33	연기		荻山一郎			
朴昌煥	35	연기		新井文雄			

이름	나이	분야	본명	창씨개명	조영	주요 활동	비고
朴孤松	32	연기	朴峙庸				
金逢華	31	연기		金子進			
朴齊行	43	연기		新井齊行			
異曉	27	연기		永川讓次	연기자		
李秀若	27	연기		大山秀若			
金一海	36	연기		金山正錫	연기자	『조선해협』, 『거경전』, 『병정님』, 『우리들의 전쟁』	
玄芝涉	26	연기		佳山允茂			
南承民	31	연기	南泰元		연기자	『조선해협』	
秦薰	40	연기		三溪淸		『거경전』	
韓一松	29	연기	韓啓源				
姜魯石	27	연기	姜命洙				
朴學	28	연기	朴漢九				
李載玄	26	연기		海城久正			
高奇峰	28	연기		高奇基峰			
權寧八	25	연기			연기자	『젊은 자태』, 『거경전』	
林雲鶴	36	연기	정학종				1941년 누락
朴景柱	29	연기		大山勇			
金素英	28	연기	金惠得		연기자		
金信哉	23	연기		星信哉		(『그대와 나』)『조선해협』, 『망루의 결사대』, 『거경전』, 『태양의 아이들』, 『신풍의 아들들』, 『혈과 한』	
姜貞愛	34	연기		馬場福云	연기자	『조선해협』	
卜惠淑	38	연기		富川馬利	연기자	『조선해협』, 『젊은 자태』, 『거경전』, 『감격의 일기』	
文藝峰	25	연기	林丁元		연기자	(『그대와 나』)『조선해협』, 『젊은 자태』, 『태양의 아이들』	
池京順	26	연기		池元京順			
盧載信	26	연기	盧甲順				
金永順	24	연기		金井永順			

이름	나이	분야	본명	창씨개명	조영	주요 활동	비고
韓銀珍	24	연기		清上銀珍			
柳誠愛	35	연기	柳漢順				
河玉珠	22	연기		河村蘭子			
李俊嬉	23	연기	李日春				
金蓮實	31	연기		金井實千代			
李蘭影	25	연기		小林玉順			
洪清子	23	연기		山川清子	연기자	『조선해협』	
金玉	30	연기		松原禮子			
白蘭	20	연기	崔玉善				
張世貞	21	연기		張田世貞			

자료:「映畵製作從事者登錄名簿」,『昭和十七年 映畵年鑑』, 7-22쪽
　　　「登錄技能者名簿」,『映畵旬報』, 87(1943), 26~27쪽
　　　김종욱 편저,『실록 한국영화총서(하)』(국학자료원, 2002)
비고: 1. 연령은 1942년을 기준으로 한 것이다.
　　　2. 활동의 ( )는 '조영' 출범 이전에 제작된 영화를 가리킨다.

이다. 일제가 요구한 등록에 응했으면서도 조연급 이상으로는 단 한 편의 영화에도 출연하지 못한 연기자가 많았지만 '조영' 사원은 대부분 두 편 이상의 영화에 조연급 이상으로 출연했다. '조영' 사원이 아니면서 여기에 해당하는 경우는 주인규, 전택이, 김신재, 심영(沈影) 정도였다. 그런데 심영의 경우 출연한 두 편이 모두 '조영' 출범 이전에 제작된 영화였다. 곧 '조영' 비사원인 심영에게는 '조영'에서 제작하는 영화에 출연할 기회가 주어지지 않았던 것이다. 이에 비해 김신재는 '조영' 사원인 최인규의 처였기 때문에 '조영'의 작품에 출연할 수 있는 기회가 주어진 것으로 보인다. 이렇게 볼 때 '조영' 출범 이후에 영화에 출연할 기회를 한번이라도 가진 주인규와 전택이를 예외로 한다면 '조영'과의 관계가 영화에 출연하는 가장 중요한 기준이 되었음을 짐작하기란 어려운 일이 아니다.

　이 무렵 영화 제작은 '조영'으로 국한되어 있었고 제작 편수도 급격하게

줄어들었다. 이는 영화에 참여하는 기회를 얻기 위해서는 '조영'의 사원이 되든지 다른 방법으로 영화 신체제에 협력을 해야만 했다는 것을 의미한다.

영화를 만드는 활동과 관련해 또 하나 주목해야 할 것은 일본 영화인과의 교류이다. 이 시기 영화인들은 대거 일본 영화 회사가 주도하는 영화 제작에 참여했다. 대표적인 합작 영화인『그대와 나』에는 허영(감독), 문예봉, 김신재, 최운봉, 심영, 김소영(이상 출연) 등,『망루의 결사대』에는 이창용(제작), 최인규(편집), 주인규, 전택이, 전옥, 심영, 김신재(이상 출연) 등,『젊은 자태』에는 안석영(고증), 복혜숙, 문예봉, 이금룡, 서월영, 독은기, 최운봉, 김영(이상 출연) 등이 참여한 바 있다. 그리고 일제는 이러한 교류를 영화계에서의 내선일체의 실현으로 선전하고 있었다.95)

한편 영화 신체제에 포섭된 영화인들은 영화를 만드는 것 이외에도 다양한 방법으로 일제의 파시즘 체제에 동원되었다. 더 많은 조선인을 전쟁에 동원하려는 일제의 입장에서 대중에게 인기가 있는 영화인(특히 연기자)들은 매우 유용한 존재였다. 따라서 일제는 영화인을 전쟁 선전에 적극 활용했다. 그 가운데 몇 가지 보기를 들면 다음과 같다.

이를테면 1941년 9월 문예봉, 심영, 장세정 등은 경성에서 전쟁 채권 가두 판매 활동을 벌였으며,96) 조선영화인협회의 안종화, 안석영, 이규환, 서광제 등은 부여신궁(扶餘神宮)97)에서 근로 봉사 활동을 벌였다.98) 심지

---

95) 실제로 김소영의 경우『그대와 나』에 같이 출연한 아사기리(朝霧鏡子)와의 교류를 "참된 내선일체의 한 쌍"이라는 말로 표현한 바 있다. 金素英, 「『그대와 나』의 內地撮影日記」, 『三千里』, 13권 12호(1941)

96) 日本映畵雜誌協會, 『昭和十七年 映畵年鑑』(日本映畵雜誌協會, 1942), 7-3쪽;『每日新報』, 1941년 9월 14일, 17일, 19일.

97) 일제는 역사의 측면에서 내선일체를 선전하기 위해 고대 일본과 밀접한 관계를 맺고 있던 백제의 수도 부여에 신도(神都)를 건설한다는 계획을 세웠다. 이 계획의 핵심인 부여신궁이 진구황후(神功皇后)와 3명의 역대 천황을 제신으로 하는 관폐대사(官弊大社)로 정식으로 승인을 받은 것은 1939년 6월이었다. 이후 부여신궁은 경성의 조선신궁과 함께 조선의

어 『그대와 나』의 감독인 허영은 조선군의 촉탁으로 임명되기도 했다.[99] 그리고 일부 영화인들은 조선영화인협회 외에 일제가 만든 각종 친일 단체에 가입하기도 했다.[100] 그러나 그보다 더 일반적이고도 효과적인 것은 신문과 잡지의 좌담회에 참여하거나 글을 기고함으로써 일제의 선전 정책을 지지하고 선전 영화를 홍보하는 것이었다.[101]

맺음말

영화는 근대의 산물이다. 일제는 이 영화를 식민지 조선의 민중에 대해 지배 이데올로기를 선전하는 도구로 활용했다. 이것이 가장 잘 드러난 것이 일제 파시즘기였다. 영화령의 제정과 영화 신체제의 확립을 통해 일제가 궁극적으로 노린 것은 조선 민중을 일제의 침략 전쟁에 동원하는 것이었다. 영화 신체제 아래 일제는 영화의 제작 및 배급을 철저하게 통제 했다. 이러한 일제의 정책 변화에 대해 영화인들은 적극적 협력 또는 소극 적 순응의 모습을 보였다. 그 경계를 파악하는 것은 결코 쉬운 일이 아니 다. 그러나 이 시기 영화인 가운데 적극적 저항의 모습을 보인 경우는

대표적인 신사가 되었다. 일제는 부여신궁을 성역화하기 위해 1940년부터 봉사대라는 이름 아래 조선인들을 대거 동원했다. 손정목, 「부여신궁 조영과 소위 부여신도 건설」, 『일제강 점기 도시계획연구』(일지사, 1990)

98) 『每日新報』, 1941년 2월 9일; 徐光霽, 「聖汗」, 『朝光』, 5권 12호(1941)

99) 日本映畵雜誌協會, 『昭和十七年 映畵年鑑』(日本映畵雜誌協會, 1942), 7-2쪽.

100) 보기를 들어 황도학회에는 안종화, 안석영, 조선임전보국단에는 안종화가 가입했다. 김학 수, 앞의 책, 119쪽; 통일시대민족문화재단 홈페이지(http://www.historyfund.com)

101) 주 46)과 47)에 언급된 것 외에 沈影, 「志願兵 映畵 『君と僕』에 出演한 나의 感想」, 『三千 里』, 13권 11호(1941); 金素英, 앞의 글; 安田榮, 「大東亞戰과 映畵人의 任務」, 『每日新報』, 1941년 12월 18일~20일; 白鐵·沈影 외, 「『그대와 나』를 中心한 內鮮映畵人座談會」, 『每 日新報』, 1941년 9월 14일~23일; 黃澈·卜惠淑·金玲·金正革 외, 「徵兵映畵 『젊은 자태 』座談會」, 『每日新報』, 1943년 7월 1일~6일, 8일; 丸山定夫 외, 「映畵 『若き姿』を語る(座 談會)」, 『國民文學』, 1943년 7월호; 三千里社編輯局, 「李香蘭 金信哉 會見記」, 『三千里』, 13권 4호(1941) 등을 볼 것.

거의 발견되지 않았다. 기껏해야 일부의 영화인만이 자의에서이든 타의에서이든 침묵 및 은둔의 길을 택했을 뿐이다.

물론 일제 파시즘기를 살았던 사람들이 파시즘 지배 체제에 대해 어떤 생각을 갖고 있었으며 그러한 생각이 어떻게 행동으로 구체화되었는지를 순응 또는 저항이라는 단순한 이분법으로 파악하기 어렵다는 것은 분명하다. 일제의 파시즘 지배가 그 이전과는 비교할 수 없을 정도로 강력한 것이었지만 그런 가운데서도 이 시기에는 조선인 사이에서 다양하고도 새로운 모색(적극적 저항, 침묵 및 은둔, 소극적 순응, 적극적 협력 곧 친일)이 이루어지고 있었다. 이 가운데 어느 하나만 가지고 이 시기의 역사상을 파악하는 것은 일면적일 수밖에 없다. 그러나 적어도 영화계에 국한해 본다면 영화 신체제에 대한 영화인들의 대응은 적극적 협력과 소극적 순응의 모습이 지배적이었다. 일부의 영화인들이 침묵 및 은둔의 길을 택하기도 했지만 그것도 자발적인 것이라기보다는 떠밀려서 그렇게 되었다는 느낌을 지울 수 없다. 더욱이 영화라는 강력한 대중 매체를 통해 민중을 자각시키려는 움직임은 영화 신체제 아래에서 전혀 나타나지 않았다.

영화령의 제정과 영화 신체제의 성립 과정에서 영화인들은 일제가 조선인들을 전쟁에 동원하기 위해 만든 선전 영화의 제작에 관여했다. 그리고 이들은 통일 민족 국가의 수립을 둘러싼 해방 정국의 소용돌이 과정에서 그리고 남한에서 단독 정부가 수립되고 분단 체제가 고착되는 과정에서 대체로 우익의 편에 섬으로써 이후 영화계의 핵심 세력으로서의 지위를 계속 유지할 수 있었다. 적극적 협력이든 소극적 순응이든 일제 지배 권력이 의도한 영화 신체제로의 편입이라는 길을 선택한 결과 영화인으로 살아남을 수 있었던 이들의 영향 아래 한국 영화계는 이후 오랫동안 탈정치와 예술이라는 이름 아래 사실 권력에 저항하는 길을 포기함으로써 또 다른 정치적 기능을 수행했다. '국책'이라는 이름을 내건 일제 파시즘기의 영화 정책은 단지 당대의 영화계와 조선 사회에만 영향을 미친 것이 아니라 해방 이후의 한국 영화계와 한국 사회에 지속적으로 영향을 미친 셈이다.

마지막으로 일본이 낳은 대표적인 영화 감독 구로사와(黑澤明)의 말을 인용함으로써 이 글을 마무리하기로 하자. 구로사와는 일제 파시즘기에 군부의 선전 정책에 협력하는 영화를 만든 자신의 행위에 대해 "나는 일본 군국주의에 대해 아무 저항도 못 했다. 유감스럽게도 어떤 적극적인 방식으로도 저항할 용기가 없었음을 시인하지 않을 수 없다. 필요하다면 비위를 맞춰가면서 그렇지 않으면 비난을 면해 가면서 그저 버텨 나갔을 뿐이다.…전후 기간의 자유와 민주주의는 내 스스로 싸워 얻은 것이 아니었다. 그것들은 나보다 큰 힘에 의하여 내게 주어졌을 뿐이다"라고 고백한 바 있다.[102] 이러한 최소한의 자기 고백 과정마저 없이 해방 후의 한국 현대사는 전개되었다. 그리고 그것이 바로 오늘날 친일의 문제를 해결하는 데 큰 난관으로 작용하고 있는 것이다.

• 투고일 : 2003년 10월 30일　　• 심사완료일 : 2003년 11월 12일

• 주제어 : 일제 파시즘, 영화 신체제, 조선영화령, 조선영화인협회,
　　　　　조선영화제작주식회사

---

102) 구로사와 아키라, 『감독의 길: 구로사와 아키라 자서전』(오세필 옮김)(민음사, 1997), 255쪽.

Cinematic Policy and Trend during the Period of Japanese Imperial Fascism

Lee, Jun Sik

The purpose of this paper is to examine the implications of the Japanese imperial policy on cinema during its period of fascism in the Korean cinema and how Korean film makers responded to the policy.

Cinema is a modern product. Having a strong popular appeal, it became an important way of making profit and, at the same time, an effective tool for ideological propaganda immediately after its introduction in the 20th century. The latter characteristic of cinema is most evident in the fascist countries that appeared after the 1920s.

Fascism of imperial Japan understood cinema's power of influence on the mass. Especially, as it expanded its imperial war, it saw the film as an important weapon in ideological warfare. Imperial Japan utilized the film to propagandize its ruling ideology to the Korean people. Through the enactment of Joseonyeonghwaryeong (Decree on Joseon Cinema) and the establishment of a new cinematic system, imperial Japan ultimately intended to mobilize the Korean people for its imperial invasions. To do so, imperial Japan strictly controlled the production and distribution of films.

Under such policy of imperial Japan, the Koreans in the cinematic circle either actively cooperated or passively went along with the new cinematic system. However, the line that distinguishes between these two groups are not finely drawn. Nevertheless, what is clear is that there was no one who actively resisted the system. At the most, only a very few people rejected it in silence.

The enactment of the Decree on Joseon Cinema and the establishment of the new cinematic system led to the participation of many Korean film makers in making of the films that propagandize the mobilization of Koreans for the imperial war. As such the Korean cinema influenced by early film makers who survived by participating in the new cinematic system of Japanese imperial rule took on a different political function as it abandoned its role of resistance to power under the name of 'de-politicization and fine art.' In other words, the cinematic policy of Japanese imperial fascism under the name of 'national policy' not only influenced its contemporary cinema circles and Korean society but also continued to influence the Korean cinema circles and society well after the liberation.

Keywords: Japanese imperial fascism, new cinematic system, *Joseonyeonghwaryeong*, Association of Joseon Film Makers, Joseon Film Production Company

북한주민의 역사인식과 의식변화

이주철 · 최완규[*]

목 차

머리말
Ⅰ. 1950년대 사회주의적 개조와 주민통제에 대한 인식
Ⅱ. 1960년대 국제정세 변화와 군사정책에 대한 인식
Ⅲ. 1970년대 조직사업 강화와 남북관계에 대한 인식
Ⅳ. 1980년대 경제침체와 북한체제에 대한 인식
맺음말

머리말

본 연구의 목적은 6 · 25전쟁 이후부터 1980년대까지 북한의 주요 사건에 대한 조선로동당의 역사서술과 북한 국경지역 주민들의 인식을 비교하고, 이를 바탕으로 1980년대 북한 주민의 의식의 변화를 찾아내고자 하는 것이다. 본고의 연구는 1990년대 이후 북한주민의 현실인식 태도와 인식의 변화를 이해하는데도 도움을 줄 것이다.

주민의 역사인식 및 의식의 변화를 조사하기 위해 먼저 북한 역사의 주요 사건에 대한 문헌자료를 정리 분석하였다. 북한의 역사 평가를 참고

---

* 제1저자 이주철 : KBS 연구원, 공동저자 최완규 : 경남대 교수

할 대표적인 문헌 자료는 『조선전사』[1] 『김일성저작집』, 『김일성전집』, 『조선로동당 력사교재』, 『조선로동당 략사』, 『조선로동당력사』[2] 등이 있다. 이들 자료 중에서 조선로동당 직속 당력사연구소편 『조선로동당력사』 (1991)를 우선적으로 사용하고, 『조선전사』 26-33권과 『조선로동당 략사』 (1979)를 보충적으로 사용하였다.

북한주민의 역사인식을 조사하기 위한 탈북자 인터뷰는 36명에 대해 실시되었는데, 대상자들의 연령은 70대에서부터 30대까지 다양하게 구성되었다. 개별 인터뷰를 실시한 탈북자들은 북한의 국경지역인 신의주, 혜산, 청진에 거주하였던 사람들로 북한 외부의 소식을 상대적으로 많이 접할 수 있는 특징을 가지고 있었다.

가능하면 연령대가 높은 탈북자들을 면접하고자 하였으나, 해당 지역 탈북자들에 대한 접촉 등 여러 가지 여건의 어려움으로 인하여 표본이 체계화된 충분한 인터뷰가 이루어지지는 못했다. 그러나 면접자들의 수가 증가함에 따라 자연스럽게 일치점이 확인될 수 있었고, 과학적인 확증에 미치지는 못한다 하더라도 그동안의 많은 연구 성과들에 비추어 추세나 경향을 논하는 것은 가능하다고 판단된다.

본 연구는 중요한 역사적 사건을 시기별로 선택하고, 이 사건들에 대한 북한정권의 인식과 탈북자들의 인식을 서술하였다. 시기구분은 1950년대, 1960년대, 1970년대, 1980년대로 구분하여 서술하였는데, 이렇게 시기구분을 한 것은 북한측의 역사서술과 남한측 연구자들의 북한사 시기구분 등을 참고하여 정한 것이다. 이상의 시기구분은 도식적으로 보이지만, 남북한 역사연구자들의 서술에서 상당한 일치를 보이고 있는 것들이며,

---

1) 과학·백과사전출판사, 『조선전사』, 28-33권
2) 조선로동당 중앙위원회 직속 당력사연구소편, 『조선로동당 력사교재』(1964)/ 조선로동당 중앙위원회 직속 당력사연구소편, 『조선로동당략사』(1979)/『조선로동당력사』(1991) 조선 로동당출판사

북한의 역사를 설명하는데 유용한 구분이다.[3] 해방에서 한국전쟁에 이르는 시기는 인터뷰에 응한 탈북자들 중에서 직접적인 경험자들이 충분하지 않은 관계로 서술에서 제외하였다.

본 논문에 활용할 인터뷰에 응한 탈북자 수는 36명인데, 연령으로는 1930년대 생에서 1970년대 생까지 포함하고 있다. 직업은 노동자, 사무원, 벌목공, 의사, 설계원, 인민반장, 외화벌이 일군, 장사, 주부, 교원 등 다양하며, 성별로는 남자가 조금 더 많은 편이다. 인터뷰 결과를 성별, 연령별, 직업별 등으로 나누어 교차 분석하는 것이 필요하지만, 대상자가 소수여서 통계적인 의미를 가지지 못하기 때문에 통계적인 분석은 하지 않았다. 그러나 북한 주민의 의식조사에서 가장 중요한 '체제 순응적' 표본과 '체제 비판적' 표본이 다수 포함되 있다는 점은 긍정적으로 볼 수 있다. 즉 본 연구를 위한 탈북자 인터뷰에는 조선로동당 당원도 상당수 포함되어 있으며, 스스로 월남자 가족, 지주가족, 북송교포 출신으로 성분이 나쁘다고 대답한 응답자도 상당수 포함되어 있다. 그리고 이들의 36명의 탈북 연도는 1990년, 92년, 93년, 94년, 2001년, 2002년이 각 1명이고, 96년 3명, 97년 10명, 98년 10명, 99년 5명, 2000년 2명이다. 따라서 북한의 식량위기가 극심했던 1990년대 후반의 탈북자들이 표본의 주를 이루고 있다.

<표1> 인터뷰 탈북자의 당원 여부와 성분 관련 사항

피면접자	당원여부	성분문제	피면접자	당원여부	성분문제
C1			S1	○	
C2	○	지주성분/ 성분 나쁨	S2		지주출신/ 성분 나쁨

---

3) 시기구분에 관한 논의는 이주철, 「북한국가의 역사적 변천 : 정치제도적 측면에서 본 시기구분」(『현대북한연구』, 2001년 4권 1호), 47-51쪽 참조

C3	○	북송교포/ 성분 나쁨	S3		북송교포/ 성분 나쁨
C4		성분나쁨	S4	○	
C5	○		S5		월남자가족/ 성분 나쁨
C6			S6	○	
C7	○	월남자가족/ 성분 나쁨	S7		북송교포/ 성분 나쁨
C8		월남자가족/ 성분 나쁨	S9	○	
C9	○		S10		성분 나쁨
C10	○		S11		
C11	○	62년 중국에서 입북/ 성분 나쁨	S12		성분나쁨
C13			S13	○	
C14	○		S14	○	
C15	○	성분 나쁨	S15	○	성분 나쁨
C16			H1		월남자가족/ 성분 나쁨
C17	출당		H5	○	이남 출신, 명예군인가족
C20			H6	○	
C23			H7	○	월남자가족/ 성분 나쁨

* C는 청진, S는 신의주, H는 혜산 거주 경험자임

* 성분문제는 부모나 처가와 관련된 경우 모두 포함했으며, 인터뷰 과정에서 스스로 '성분이 나쁘다'고 밝힌 경우를 대상으로 표시하였음

Ⅰ. 1950년대 사회주의적 개조와 주민통제에 대한 인식

1. 농업협동화

6.25 전쟁후 복구과정에서 조선로동당은 1953년 중앙위원회 제6차전원회의 결정을 통해 일부 지역에 대한 농업협동화를 조직하기 시작하였다. 이 때 조선로동당은 농업협동화의 3가지 형태를 제시하고 농민들 스스로 농업협동화의 형태를 선택하도록 하였다. 농업협동화는 3가지 형태로 구분되었는데, 제1형태는 노동력을 협조하는 형태이고, 제2형태는 반사회주의형태이며, 제3형태는 토지와 생산도구를 조합에 통합시키고 오직 노동

력의 질과 양에 따라 분배하는 완전한 사회주의 형태였다.

협동조합을 조직하는 것은 자원성의 원칙에 근거한다고 하였지만, 실질적으로 협동조합을 추진하는 과정에서는 강력한 조직적 선동이 이루어졌고, 협동화 참여시에 제공되는 지원을 선전하였다. 농업협동화는 농민들의 자원성 원칙에 따라 진행하기로 하였지만, 농민들의 토지에 대한 집착으로 인해 강력한 선전과 회유가 불가피했던 것이다. 특히 제1형태인 노동력을 협조하는 형태보다 제3형태인 사회주의형태로 빠르게 협동화를 진행하려는 과정에서 많은 어려움도 나타났다.

북한 정권은 협동화를 추진하는 농촌들에 관개공사, 비료생산, 농기구증산을 적극 지원하고, 군과 도시의 노동력을 동원하여 지원하였다. 적극 추진된 농업협동화 과정이 중농층을 망라하면서 날카로운 계급투쟁 양상이 전개되기도 했지만, 조선로동당의 집중적인 지도하에 1957년에는 총 농가 호수의 95.6%, 총경지면적의 약 94%가 농업협동조합에 망라되었다.[4] 마침내 1958년 8월까지 농업협동화가 완료되었고, 마을단위의 협동조합을 리 단위로 통합하는 작업이 진행되어 조합수가 3,843개로 감소하였다.[5]

농업협동화 문제에 대한 북한정권의 해석은 조선로동당 직속 당력사연구소에서 펴낸 『조선로동당 략사』(이하는 '1979년판 략사'로 바꿔 씀), 『조선로동당력사』(이하는 '1991년판 력사'로 바꿔 씀)에서도 차이가 있다. 1991년판 력사에서는 1979년판 략사에 서술된 중농과 부농에 대한 구체적 계급정책, 농업협동조합의 규모와 관련된 지도 방침, 조합간부의 배치와 조합원들에 대한 교양사업, 농업협동조합에 대한 국가의 물질적 지원, 농업협동화 후의 농업 생산의 증가와 농민들의 생활 향상에 관한 통계 서술 등이 삭제되었다.

---

4) 『조선전사』, 29권, 68쪽
5) 위의 책, 72쪽

전체적으로 볼 때 1991년판 력사에서는 농업협동화에 대한 서술이 간략해져 있고, '자원성의 원칙'을 부정하는 것은 전혀 아니지만, 1979년판 력사에 비하여 보면, 농업협동화 추진과정에서 조선로동당의 지도적 역할을 보다 강조한 것으로 이해할 수 있다.[6]

이상과 같은 1991년판 력사의 서술이 갖는 의미는 농업협동화의 성과에 대한 통계 서술을 삭제한 것에서 실마리를 읽을 수 있다. 북한 정권이 자랑해왔던 농업협동화가 북한내 농업정책 실패의 원인으로 지목되는 현실이 서술 비중의 축소로 이어진 것으로 판단할 수도 있다.

농업협동화 문제에 대한 탈북자들의 인식도 1991년판 력사의 경향과 일치점이 있다. 탈북자들은 농업협동화의 실시로 인해 1946년에 실시된 토지개혁의 '사적 소유 원칙'이 부정되었고, 실제 협동화의 전개과정에서 많은 갈등이 발생하였음을 지적하였다.

북한의 토지개혁은 북한 정권이 가장 자랑하는 일의 하나인데, 1958년 농업협동화의 완료로 인하여 북한 주민들의 일부가 토지개혁에 대해 부정적인 생각을 갖게 된 것도 확인할 수 있었다. 농업협동화가 추진되자 농민들은 농지를 뺏기는 것이 아닌가 하는 생각을 하였고(H1-1), 일부 계층은 불만이 있었지만 무서워서 불만을 나타내지 못했다.(C7-1) 초기 실시과정에서는 대체로 소극적이었지만, 차츰 중농이 고립되면서 협동화에 참여하게 되었다.(C7-1) 기존의 연구와 여러 사람의 증언을 통해 보아도 중상층 농민들은 농업협동화에 대해 불만을 가졌지만, 곧 복종하지 않을 수 없는 여러 가지 조건이 형성되었다.(C8-1)

농업협동화에 대해 탈북자들은 자원적이라기 보다는 강제적으로 추진

---

6) "농업협동화에서 자원성의 원칙을 지킨다는 것은 결코 이 운동을 자연발생성에 내맡긴다는 것을 의미하지는 않았다. 그것은 농민대중 속에서 사상교양과 실물교육을 적극적으로 진행하면서 그들로 하여금 자각적으로 농업협동화의 길에 나서도록 하는 것이였다"(당력사연구소편, 『조선로동당력사』, 1991, 331쪽)

된 것으로 인식하고 있으며, 농업협동화 후에 벌어진 농업 소득의 부족으로 말미암아 상당히 부정적인 인식을 가지고 있었다. 인터뷰 결과로 볼 때, 북한 주민들의 농업협동화에 대한 인식은 농업생산성의 증가가 미진함으로 인하여 조선로동당의 선전과 상당한 괴리를 가지고 있는 것으로 보인다.

2. 6·25 참전 중공군에 대한 평가

유엔군과 남한군이 압록강변까지 전진하게되자, 북한 지도부의 지원을 요청받은 중공군이 개입하였다. 김일성으로부터 작전지휘권을 넘겨받은 중공군의 개입으로 전세가 다시 역전되어 유엔군은 12월 4일 평양에서 퇴각하고, 1951년 1월 4일에는 서울에서마저 철수하였다. 유엔군은 다시 반격에 나서 3월 14일 서울을 탈환하고, 38도선을 중심으로 전쟁이 진행되었다.

1953년에 정전협정을 맺으면서 중국은 북한과 함께 정전협정 당사자가 되었고, 전후복구작업에도 참여하였다. 소련과 동구의 사회주의 국가들도 북한의 복구사업을 지원하였지만, 중공군은 북한에 주둔하면서 농촌의 일손돕기에서부터 각종 건설 등 다양한 지원을 하였다.

유엔군을 퇴각시킨 역할을 한 중공군에 대하여 1979년판 략사는 "이 시기 중국인민은 '항미원조보가위국'의 기치 밑에 지원군을 조선전선에 파견하였다"[7]고 한 줄로 서술하고 있다. 그리고 1991년판 력사에서는 "형제적 중국인민들은 자기 조국의 안전을 보위하고 조선인민의 정의의 투쟁을 지원하기 위하여 '항미원조보가위국'운동을 힘있게 벌리였으며, 자기의 우수한 아들딸들로 지원군을 조직하여 조선전선에 파견하였다"고 서

---

7) 조선로동당 직속 당력사연구소편, 『조선로동당 략사』(당력사연구소편, 『조선로동당 략사』1권, 돌베개, 358쪽). (본고에 인용된 『조선로동당 략사』의 쪽 수는 남한 출판사 돌베개에서 분권 간행한 1, 2권의 것이다)

술하고8) 김일성저작집의 "전쟁의 3계단은 우리 인민군대가 중국인민지
원군 부대들과 함께 적의 공격을 좌절시키고"9)를 인용 간단히 서술하고
있다. 대체로 북한은 중공군의 역할을 극도로 축소하고, 북한군대와 '유격
대'의 역할을 과장하고 있다. 이상의 서술을 보면, 중공군의 지원에 대한
북한정권의 서술이 대단히 인색하고, 구체성을 상실한 것임을 알 수 있다.

반면에 탈북자들은 신의주의 경우 '허허 벌판이 된 상태에서 다 굶어
죽을 상황이었는데, 중공군이 군 장비를 풀어서 식량을 지원해주고 집도
지어주었다'.(S1) 또 '중공군은 형편이 괜찮았고, 일도 많이 하고 군기가
엄했다'(C8-1)는 기억을 가지고 있었다. 증언이 충분하지는 않았지만, 6.25
전쟁 참전 중공군들에 대한 북한 주민들의 인식은 나쁘지 않음을 확인할
수 있었다.(C7-1, C8-1, H1-1)10)

이러한 북한 주민들의 중국에 대한 인식은 북한 정권이 주민들의 중국
에 대한 우호감을 억제하려는 의도와 상관없이 6.25전쟁 과정에서 이루어
진 중공군의 역할을 이해하고 있음을 보여준다.

3. 중앙당 집중지도사업

1956년 '8월종파사건'이 발생한 후 김일성은 소련과 중국의 압력에 굴
복하여 9월 중앙위원회 전원회의를 열고 윤공흠 등의 출당조치를 철회하
고, 최창익과 박창옥 등을 복직시켰다. 하지만 1957년 5월 조선로동당

---

8) 당력사연구소편, 앞의 책, 1991, 281쪽
9) 『김일성저작집』 6권, 181쪽
10) 북한 주민들의 중공군에 대한 인식을 해방 직후 진주한 소련군과 비교하면 상당한 대조가
되다. 이미 여러 증언에서 알려진 바와 같이 해방직후 소련군의 행패는 상당하였다. 소련군
은 점령 후 부녀자들을 폭행하기도 했고 전리품을 챙기면서 북한 주민들의 불만을 샀다.
신의주학생사건에 참가했던 사람 중에는 소련에 끌려가서 수용소 생활을 하고, 나중에
반역자로 총살을 당하기도 했다. (S1) 이 같은 설명은 실제 그 동안의 많은 증언이나 연구의
결과와 일치하는 것이다.

중앙위원회 상무위원회는 '반혁명분자들과의 투쟁을 강화할 데 대하여'
라는 결정을 채택하고, 김일성 반대파들에 대한 숙청에 나섰다. 이 과정에
서 최창익 등 연안계는 완전히 제거되었고, 박창옥 등의 소련계도 숙청되
거나 소련으로 망명 또는 자진 귀국하였다. 1958년 3월 조선로동당은 당
대표자회의를 소집하여 조선로동당 내의 조직을 정비하였으며, 하부에서
는 연안계 등의 '종파' 영향력을 제거하는 작업이 계속 진행되었다.[11]

남로당 숙청 이후 북한 주민들도 남한 출신자와의 접촉을 꺼려했는데
또 한번의 숙청작업이 북한사회 전반에 커다란 반향을 불러오고, 당원과
인민대중을 크게 위축시켰다. 김일성은 계속적으로 지식층의 소극성과
보수주의를 비판하였고, 1958년 9월 조선로동당 중앙위원회 전원회의에
서는 보수주의와 소극성을 극복하고 사회주의 건설의 속도 증가를 위한
대책으로서 전체 당원에게 호소하는 '조선로동당 중앙위원회 편지(붉은
편지)'를 채택하였다. 인텔리 개조의 발단은 경제부문의 기술자, 관리 간
부에서 시작되었으나 전체 인텔리에게 파급되었고, 경제정책에 불만이
있었던 인텔리에 대한 숙청사업이 진행되었다. 약 1개월간 계속된 '붉은
편지' 토의사업을 통하여 노동계급의 지위는 제고되었고, '붉은 편지' 사
업은 남아있는 구인텔리에 대해 직접적인 타격을 가하였다.[12]

이어서 조선로동당은 '반혁명분자', '적대분자'를 적발, 처단하기 위한
운동을 전군중적으로 몰아갔다. '승리한 사회주의제도'의 공고화를 외치
며 당원뿐만 아니라 전체 인민에게 '공산주의 교양'을 강요하였다. 1958년
12월부터 1960년 말까지 약 2년간에 걸쳐 실시된 중앙당 집중지도사업은
'반혁명분자'의 적발 처단과 북한 주민의 '정치·사상적 성분'의 파악,
종파투쟁의 지방차원에서의 마무리를 목적으로 하였다.

---

11) 당력사연구소편, 앞의 책, 1991, 349-350쪽
12) 김남식, 「북한의 공산화과정과 계급노선」(『북한공산화과정연구』, 아세아문제연구소),
    192-198쪽

중앙당 집중지도사업으로 주민들은 '혁명적 요소', '반혁명적 요소', '중간층'으로 분류되었는데 반혁명적 요소는 숙청 또는 감시의 대상이 되었다. '반혁명적 요소'의 적발은 자수와 신고를 바탕으로 신원조회를 추진하였고, 소조투쟁 단계로 진입하면서 고문이 자행되고, 반혁명 사건이 날조되기도 하였다. 반혁명적 요소는 과거의 성분을 기본으로 하여 정치사상적 성향이 고려되었는데, 거주제한자인 149호 대상자 8,000여 세대는 자강도, 양강도, 함북 지역으로 이주되었고, 각 지방의 사회안전부에 등록되어 대중적인 감시를 받았다. 중앙당 집중지도사업의 결과 반혁명적 요소에 해당하는 인원은 300만 명에 달했고, 약 50%의 간부가 철직 또는 강직(降職)되었다고 한다.[13]

1964년에 발간된『조선로동당 역사교재』는 중앙당집중지도사업 이후 지도기관들이 검열된 핵심당원들로 튼튼히 꾸려지게 되었다[14]며 이 사업에 대한 긍정적 평가를 내리고 있다. 하지만 1991년판 력사에서는 1979년판 략사에 서술된 '복잡한 계층'과의 사업[15]에 대한 서술을 삭제하고 있다. '복잡한 계층'과 관련된 서술을 삭제한 것은 1991년판 력사가 북한체제가 가지고 있는 '부정적 요소'에 대한 서술을 회피하고자 하는 의도와 관련이 있어 보인다.

이상에서 지적하였듯이 북한 정권은 중앙당집중지도사업에 대한 언급을 회피하고자 하는 입장에 있는 것으로 보인다. 반면에 중앙당집중지도사업에서 상당한 상처를 경험한 경우도 있는 북한 주민들의 증언은 매우 생생하다. 6.25전쟁과 '농업협동화', '8월종파사건'과 같은 중대한 사건들이 마무리되면서 북한 사회의 갈등 요소가 내적으로 확대되고, 통제가 강화되었기 때문이다.

---

13) 위위 글, 202-214쪽
14)『조선로동당 역사교재』(1964), 392쪽
15) 당력사연구소편,『조선로동당 략사』2권, 1979, 121쪽

이번 탈북자 인터뷰에서 중앙당 집중지도사업을 직접 체험한 고연령자는 많지 않았다. 따라서 소수의 증언에 불과하지만, 이 사건이 개인의 신상에 대단히 중요한 영향을 미치는 문제였기 때문에 오랜 시간이 흘렀음에도 불구하고 명확한 인식이 남아 있었다.

중앙당 집중지도사업으로 인해서 많은 사람들이 어려움을 겪었고, 특히 이 사업으로 인해 불이익을 본 사람들은 상당히 많은 불만을 가지게 되었다.(C7-1) 특히 가족 중에 월남자가 있었던 경우에는 대단히 위축된 생활을 할 수밖에 없었으며, 가족들 사이에서도 말조심을 하며 살아야 하는 공포감을 가지게 되었다.(C8-1)

중앙당 집중지도사업은 북한체제가 철저하게 성분을 중심으로 움직이게 되는 확고한 토대가 된 것으로 볼 수 있다. 해방이후 사회질서가 재편되었지만, 중앙당집중지도사업을 계기로 완전한 성분사회의 틀을 구축하게 되었다고 볼 수 있다. 중앙당 집중지도사업이 전개됨으로써 월남자 가족 등이 불이익을 받게 되었지만, 성분으로 인한 불이익은 이후에도 지속적으로 '성분불량자' 들을 괴롭혔다. 예를 들면 중앙당집중지도사업 중에 자백 문건을 작성하였던 월남자 가족이 1962년에 당조직에서 재검토를 받으면서 지방으로 추방당하는 일이 벌어지기도 했다.(C7) 월남자 가족이 지방으로 추방당한 경우는 1961년과 1962년에 평북도에서만 10만 세대에 이르렀다.(S1)

특히 이번 탈북자 인터뷰에서는 많은 북한 주민들이 성분문제로 인하여 심한 차별을 받았고, 그로 인하여 체제 내에서 심한 좌절에 빠져 있었음을 알 수 있었다.16) 이들은 한결같이 자신의 성분이 나쁨으로 인해서 받았던 고통을 답변했다.

1962년에만 해도 본인이 열심히 하면 성분에도 불구하고 입당도 가능하

---

16) 성분문제로 인하여 갈등을 겪었던 탈북자 관련 파일의 번호는 C2, C3, C4, C7, C8, C15, S5, S10, S12, S15, H1, H7 등을 들 수 있다.

였다(S4)는 경우도 있었다. 그러나 대체로 1960년대부터 성분이 나쁘면 공부를 잘해도 소용이 없었기 때문에 공부를 할 의욕이 없었고, 예술이나 체육부문에서도 본인 능력보다는 부모의 뒷받침이 중요하였다.(C4, C5, C7, S5) 특히 성분에 따라 진급할 수 있는 단계가 규정되어 있다고 인식하였고(C5, S12) 성분으로 인하여 진급을 못하면 좌절에 빠지기도 했다.(C7) 또 결혼에 있어서도 성분은 중요한 조건이었다.(C11, C17)

한 탈북자는 북한 사회가 성분문제로 인해 인재를 양성하지 못하고 있음을 강조하였고, 보위부에서 전쟁시에 총살을 시킬 성분 나쁜 사람들의 명단(한 개 리에 4-5명)을 가지고 있는 것을 직접 보았다고 답변하기도 했다.(C7) 1950년대의 중앙당집중지도사업은 지속적으로 북한 주민들의 삶을 규정하는 결과를 가져왔으며, 특히 '성분 문제'를 가진 주민들의 체제에 대한 인식에 결정적인 영향을 주었다.

4. 천리마작업반운동

1956년까지 3개년 경제계획이 성과적으로 완수되었다고 하지만 북한 경제는 여전히 많은 과제를 안고 있었고, 김일성은 소련과 동구를 순방했음에도 불구하고 외부의 원조를 확보하지 못하였다. 특히 국내외 정세가 복잡한 상황에서 조선로동당 3차대회에서 제시된 5개년 계획을 실행하는 일은 많은 어려움이 있었다.

전력과 화학공업과 같은 중요한 중공업 부문의 복구도 완료되지 못하였으며, 인민경제 각 부문에서 요구하는 수요도 충족시킬 수 없었다. 각종 설비와 자재, 자금이 부족하였고, 인민들의 소비품과 주택도 부족하였다. 이러한 어려움을 극복하기 위한 방안으로 내부의 경제적 여력을 최대한 동원하고 설비이용률을 높이도록 하였고 인민대중에 대한 정치적·도덕적 자극을 통해 노동생산성과 창의성을 높이고자 하였다.

이에 따라 1956년 12월 조선로동당 중앙위원회 전원회의에서 1957년에는 1956년에 비하여 21%의 공업생산을 높이기로 결정하였고, 김일성을 비롯한 당과 정부의 간부들이 모두 전국 각지의 공장, 농촌으로 파견되었다.[17] 당과 정부의 적극적인 호소는 인민대중의 생산혁신의 의지를 불러일으켰고, 각 공장에서는 내부의 노력을 통하여 생산량을 증가시켰다. 그 결과 1957년 공업총생산액은 전해보다 44% 증가하였고, 알곡 생산계획도 112%로 달성되었다.[18]

1991년판 력사에는 생산경쟁운동인 천리마운동이 조선로동당의 총노선이 되어 경제와 문화, 사상과 도덕의 모든 분야에서 끊임없는 혁신을 일으키며 사회주의 건설을 비상히 촉진시키는 전인민의 혁명운동이 되었다고 서술되어 있다. 그리고 모든 근로자들을 공산주의적으로 교양 개조하여 당과 수령에 뭉치고 혁명적 열의와 창조적 재능을 발양하여 사회주의를 더 빨리 건설하고자 한 것이 천리마운동의 본질이라고 의미부여하고 있다.[19]

천리마작업반운동에 대해 탈북자들은 상반된 입장도 있었지만, 대체로 긍정적인 입장을 나타냈다. 여러 명의 탈북자들이 당시 천리마작업반운동에 대해 찬성했으며, 좋은 일로 생각했다고 답변하였다. 또 공산주의가 빨리 되기를 기대하였으며, 나라를 세우자는 열망과 혁신의 의지가 있었다.(C7-1, C23, S5, H1-1) 이들 중에는 성분문제로 인하여 갈등을 가진 탈북자도 있다는 점과 이 시기 천리마작업반운동에 대한 긍정적인 대답이 많이 있다는 점에서 천리마작업반운동에 대해 북한 주민들이 긍정적인 생각을 가지고 있었다고 판단할 수 있다.

하지만 천리마작업반운동이 계속 진행되면서 노동 강도가 높아지고 노

---

17) 당력사연구소편, 앞의 책, 1991, 354-355쪽
18) 위의 책, 356쪽
19) 위의 책, 357쪽

동량도 증가하였다. 8시간 노동시간이 지켜지는 일이 없었고, 가족까지
동원하고 밤을 밝히면서 일을 했다.(S5) 또 노동량은 증가한데 비하여 개
인 생활이 크게 나아지는 것이 없음으로 인하여 불만도 있었다.(C8-1, S5)
그리고 천리마작업반운동이 진행되는 과정에서 천리마작업반으로 만들
기 위해 많은 조작이 벌어지기도 했다(S1)는 사실을 탈북자들은 지적하고
있다. 이같은 탈북자들의 주장은 실제 현장에서는 흔한 경험이었다는 점
에서, 북한주민들의 천리마운동에 대한 인식도 탈북자들의 증언과 거의
비슷할 것으로 보인다.

Ⅱ. 1960년대 국제정세 변화와 군사정책에 대한 인식

1. 재일동포 귀국

재일동포에 대한 해방 초기 북한의 관심은 기본적인 우호감과 관심을
나타내는 이상의 단계는 아니었다. 그러나 1955년 5월 북한을 지지하는
한덕수를 중심으로 한 세력이 재일본조선인총연합회(조총련)를 결성하면
서 새로운 국면이 전개되었다. 조총련이 창설된 후부터 재일동포들은 더
욱 조직화되어 절대 다수의 재일동포들이 조총련 산하에 집결하였고, 북
한은 1957년 4월부터 조총련에 교육원조비를 송금하였다.[20] 조선로동당
은 조총련에 대한 지도력을 강화하였고, 이를 바탕으로 재일동포들의 집
단귀국 결의가 채택되었다.

1958년 9월 김일성은 재일동포의 입북 후 생활조건 보장과 귀국에 필요
한 수단과 비용 제공을 약속하였고, 남일 외상과 김일 제1부수상이 일본정
부에 재일동포 귀국 실현을 요구했다. 이에 호응하여 재일동포사회에서도
귀국운동이 전개되었고, 민족차별과 생활고에 시달려 오던 재일동포사회

---

20) 위의 책, 386쪽

에서의 귀국운동은 고조되었다.21) 이처럼 재일동포 입북사업은 북한과 조총련의 협의를 거쳐 진행되었으며, 일본적십자사와 북한적십자사간에 칼카타협정이 체결되면서 재일동포의 입북이 1959년 12월부터 시작되었다. 칼카타협정에 의한 입북은 1967년까지 계속되었는데, 재일동포 약 75,000명(전체 입북자의 약 80%)이 1959~1961년사이에 입북하였다.22)

재일동포의 입북 의미에 대해 1991년판 력사에는 "위대한 수령 김일성동지의 현명한 령도와 극진한 배려에 의하여 1959년 12월부터 '자본주의로부터 사회주의에로의 민족의 대이동'이라고 불리는 재일동포들의 공화국에로의 귀국사업이 진행"되었다고 간단히 서술되어 있다.23) 그리고『조선전사』에서도 북한 사회주의제도의 우월성을 널리 알리고, 북한의 대외적 권위를 높인 것를 가장 중요한 의미로 서술되어 있다.24) 입북한 재일동포의 북한체제 적응문제에 대해서는 입북 재일동포들이 집과 가정용품 등 모든 것을 제공받고 교육의 혜택을 입었으며, 안착하여 지혜와 재능을 남김없이 발휘하였다고 긍정적으로 서술되어 있다.25)

이번 탈북자 조사에서 여러 명이 입북 재일동포에 관한 증언을 하였으며, 재일동포 출신 탈북자의 증언도 있었다. 탈북자들은 청진에 거주하는 재일동포들은 1000세대 정도(C3), 신의주에 거주하는 재일동포들은 5천에서 만 명이 넘을 것(S4, S6)으로 설명하였다.

북한 주민들은 재일동포들이 입북할 당시 기뻐했고, 환영하였다.(C7-1, C23) 그러나 북한 주민들은 그들의 일본에서의 생활이 예상보다 좋았던 것을 알 수 있었고, 적응할 수 있겠는지 우려하기도 했다.(C8-1, S1) 재일동

---

21) 이주철,「입북재일동포의 북한체제적응에 관한 연구」(『통일문제연구』, 1999, 제11권 1호), 109쪽
22) 재일동포의 입북에 대해서는『조선전사』29권, 491-508쪽 참조
23) 당력사연구소편, 앞의 책, 1991, 386-387쪽
24)『조선전사』29권, 505쪽
25) 위의 책, 507쪽

포들은 일본에서 듣던 '지상 낙원'선전과 너무 다르기 때문에 북한에 온 것을 후회하는 경우도 생겼고(C23, S3) 가져온 것을 팔아쓰고 생활이 곤란해지자 불만을 터트리기도 했다.(C8-1) 북한 주민과 재일동포들은 서로 좋아하지 않는 상황이 되었고, 재일동포들도 잘 적응하지 못했다.(S4) 하지만 대체로 재일동포들은 처음에는 말없이 지냈고, 북한정권도 자본주의 사회에서 교육받고 사회주의 교육을 받지 못했기 때문이라며 심하게 단속을 하지 않았다.

그러나 입북 재일동포들은 생활이 곤란해지고 생활보장이 안되면서 불만도 커지고, 이들의 '동향이 나빠지면서' 북한 정권의 이들에 대한 생각도 나빠졌다.(C7, S3) 입북 재일동포들은 북한 정권에 대해 나름대로 불만이 있었고, 어차피 출세길이 막혀 있기 때문에 개의치 않고 불만을 터트리기도 했다.(S6) 이에 대해 북한 정권은 당과 국가에 대한 도전으로 보고 그간의 행동에 대한 자료를 가지고, 관리소·수용소에 가두거나 처벌을 하였다.(C3, C7-1, C8-1, S3) 입국 재일동포들은 보위부에 간첩으로 잡혀가는 경우가 많았는데, 보위부에서는 출장 중인 사람을 기차에서 비밀리에 잡아가는 경우도 있었다.(S4)

입북 재일동포들은 군 입대에 제한을 받고, 희망하는 학교 진학, 직장과 거주지 이동, 입당하는데도 어려움을 겪게 되었다.[26] 결과적으로 볼 때, 입북재일동포와 북한 주민들 모두 재일동포의 귀국이 가져온 결과에 대해서는 부정적인 인식을 가지고 있다고 할 수 있다.

---

26) C3, S3. 입북 재일교포들도 당원이 될 수 있는데, 대개 총련계 사람들이고 돈이 많으니까 당원이 될 수 있었다고 한다.(S4) 입북 재일교포 중에는 북한에 공장을 선물하고 지배인을 하는 경우도 있다.(H7)

2. 4대 군사노선과 월맹 지원

1960년대에 들어서면서 북한은 군사력 증강과 경제발전을 동시에 수행하는 국방경제 병진노선을 내걸었다. 북한이 이렇듯 1960년대에 군사노선으로 치달은 데는 남한의 4.19와 5.16군부쿠데타, 소련과 중국의 갈등 본격화, 1962년 10월 쿠바사태, 월남전 등을 배경으로 들 수 있다.

이상과 같이 대내외적으로 긴장이 고조되는 가운데 1962년 10월에 조선로동당 중앙위원회 제4기 5차 전원회의에서 이른바 '경제건설과 국방건설의 병진'노선의 기본 틀이 제시되었다. 이어서 북한은 1963년부터 4대 군사노선(전군 간부화, 전군 현대화, 전민 무장화, 전국 요새화)를 적극적으로 추진해 나갔다. 그러나 북한 정권의 이러한 군사노선은 과다한 군사비의 지출을 초래하였고, 경제발전에 문제가 나타나기 시작하였다. 결국 이 과정에서 북한은 국방을 강화시켰으나 그들이 목표로 했던 경제의 동시발전에는 실패하였다.

또 이 시기에는 미국의 존슨 정부가 1964년의 통킹만 사건(미국 구축함에 대한 북베트남의 어뢰정 공격)을 계기로 미군을 직접 전투에 참가시켰고, 한국정부는 1964년과 1965년에 의료지원단과 전투부대를 파병하였다. 남한의 월남 파병 사실이 잘 알려진 반면 북한의 월맹 파병은 잘 알려지지 않았으나, 북한도 월맹에 군수지원과 파병을 한 것으로 최근 확인되고 있다.[27]

당중앙위원회 제4기 제5차 전원회의에 대한 1991년판 력사의 서술은 7개년 계획 2년 동안 "공업과 농업 생산이 높은 속도로 장성하고, 그 결과 자립적 민족경제의 토대가 더욱 강화되고 인민생활을 획기적으로 높일 수 있는 넓은 전망이 열려 졌다"[28]는 1979년판 략사의 선전적 서술과

---

27) 2000. 3. 29 연합뉴스 보도

국방력 강화로 인하여 경제발전과 인민생활에 큰 부담이 되었다[29]는 내용
이 삭제되었다. 더불어 1991년판 력사에서는 1979년판 략사에 비하여 중
공업에 대한 서술의 비중이 축소되어 상대적으로 경공업과 인민생활 향상
과 관련된 서술의 비중이 증대되었다.

북한정권의 이상과 같은 서술의 수정은 이 시기에 경제 성장에서 상당
한 어려움이 있었음을 인정하는 것이며, 동시에 국방력 강화로 인한 인민
생활의 어려움에 대한 지적을 회피하려는 것으로 이해할 수 있다.

월맹 지원문제에 대해 1991년판 력사는 반제반미투쟁의 초점을 이루고
있던 베트남 인민들의 투쟁과의 연대성을 강화하기 위해 주력하였으며,
그들의 투쟁을 지원하는데서 모든 사회주의 나라들과 공산당, 노동당들이
일치한 행동을 보장하도록 하기 위하여 적극활동 하였다고 서술하고 있
다.[30] 그리고 『조선전사』에서는 베트남에 정치적 지지와 함께 경제, 군사
적 원조를 무상으로 제공하였고, 지원병을 파견하는 공동대책을 취하기에
노력했다고 서술하고 있다.[31]

북한 정권의 4대 군사노선 추진에 대해 탈북자들은 국방강화의 필요로
받아 들였다(C7-1, H1-1)는 증언이 있었다. 이 부분은 최근에 필자가 인터
뷰한 결과에서도 참고할 수 있는데, 1990년대 후반의 경제위기 속에서도
북한 주민들은 '국가와 민족'을 지킨다는 대의명분에는 일체감을 가진
것으로 나타났다.[32] 이러한 조사 결과들을 참조해 볼 때, 북한주민의 4대
군사노선에 대한 호응은 일반적인 여론으로 이해할 수 있다.

월맹 파병에 대해서는 비공개로 했기 때문에 알지 못했다는 탈북자의

---

28) 당력사연구소편, 앞의 책, 2권, 1979, 161쪽
29) 위의 책, 2권, 1979, 164쪽
30) 당력사연구소편, 앞의 책, 1991, 455쪽
31) 『조선전사』 31권, 515-516쪽
32) 이주철, 「북한주민의 정권인식과 체제선전에 대한 반응」(『통일문제연구』 2002년 상반기
호), 270쪽

증언이 있었다.(H1-1) 하지만 인민군 장교출신의 탈북자는 "67년부터 72년에 걸쳐 북한 전투기 조종사가 미그21기 등을 몰고 베트남에 가 월맹 군복을 입고 참전했고 이 과정에서 약 80명이 사망한 것으로 알고 있다"고 증언하기도 했고, 한 탈북자는 "의료부대는 물론 공군 육군이 참전했다는 얘기는 북한에서 널리 알려진 사실"이라고 증언하기도 했다.[33] 대체로 월남전 파병문제에 대해 북한의 인민들은 당시에는 충분한 정보를 가지고 있지 못했던 것으로 보여진다.

3. 농업현물세의 폐지

농업현물세는 1946년 6월 북조선임시인민위원회가 토지개혁 이후 각종 잡세를 철폐하고 농업생산물의 일부를 국가에 바치게 한 현물조세제도이다. 농업현물세의 목적에는 노동자, 사무원들의 식량을 보장함으로써 도시와 농촌간의 연계를 강화하고, 노농동맹을 강화하려는 의도가 들어 있었다. 처음에는 농업현물세가 25%에 달했으며, 1956년부터는 실수확고에 관계없이 고정현물세제를 실시하고 세율을 평균 20.1%로 낮추었다. 1959년에는 협동농장의 공동 축적을 강화하기 위하여 농업현물세의 평균 부과비율은 22.4%로부터 10%로, 알곡을 포함한 모든 농작물수입에 대한 농업현물세의 평균부과비율은 20.1%로부터 8.4%로 낮추어졌다. 그리고 경제토대가 약한 산간지대의 일부 농업협동조합에 대해서는 현물세를 완전히 면제하기 위한 준비를 진행하였고, 1966년에 농업현물세를 폐지하였다.[34]

북한정권은 농업현물세의 폐지에 대해 국가가 수매체계를 통해 농가의 잉여농산물을 확보하였기 때문에, 농민들을 세금에서 완전히 해방하고 유족한 생활을 마련해 주려는 정책이었다고 서술하고 있다.[35]

---

33) 2000. 3. 29 연합뉴스 보도
34) 『조선전사』, 30권, 164쪽

이에 대해 탈북자는 농업협동화 이후 몇 해는 분배도 괜찮았는데, 매해 국가 계획이 증가하고 먼저 계획량을 징수하고 분배를 하게 됨에 따라 농민들의 생활이 나빠졌다(C8-1)는 증언을 하였다. 또 농업현물세의 폐지는 형식일 뿐이며, 수매량이 늘어났기 때문에 농민의 소득은 오히려 감소하였다(C7-1, H1-1)는 증언도 있었다. 증언의 구체성으로 볼 때 농업현물세의 폐지에 대해 북한 농민들은 실질적인 이익이 전혀 되지 못한 것으로 인식하고 있지만, 청소년층이나 농민이 아닌 사람들에 대한 체제 선전에서는 상당한 효과를 나타낸 것으로 보인다.[36]

4. 프에블로호 나포사건, 미군 정찰기 EC-121 격추사건

1968년과 1969년은 북한의 남한과 미국에 대한 도발이 극성을 부린 해였다. 북한은 1968년 1월에 30여명의 무장 게릴라들을 보내 청와대를 습격했고, 같은 해 10월과 11월에는 120명의 무장 공비가 삼척, 울진 지역에 침투했다. 또 1968년 1월에 동해에서 미국 군함 프에블로호를 나포하였고, 1969년 4월에는 EC 121 정찰기를 격추하였다. 이 때 미국정부는 북한을 폭격할 방안까지 고려하였지만, 월남전의 상황에 따라 거의 1년간의 협상을 통하여 프에블로호 승무원 82명을 석방 받는 것으로 마무리되었다.

북한정권은 1991년판 력사에서 프에블로호 사건에 대해 미국이 '보복'을 운운하면서 핵항공모함을 비롯한 많은 군함들과 비행기들을 동해안으로 보내 위협하였고 당장 전쟁이 터질 수 있는 엄중한 사태가 조성되었다고 서술하고 있다.[37]

---

35) 위의 책, 164쪽, 166쪽
36) C23의 인터뷰는 농업현물세 폐지에 대한 여론이 좋았다는 설명이 있으며, 불만이 있었어도 말할 수 없었다는 설명도 있었다.(C7-1)
37) 당력사연구소편, 앞의 책, 1991, 443쪽

프에블로호사건과 미군 정찰기 격추사건은 6.25전쟁 이후 북한과 미국이 충돌한 최대의 사건이었으며, 이에 대해 탈북자들은 매우 뚜렷한 기억을 가지고 있었다. 북한 주민들은 나포 과정에 대한 궁금증을 갖기도 했고(C8-1) 북한 해군의 위력을 높이 평가하기도 했다.(C5) 프에블로호 사건 당시 대부분의 북한 주민들은 비상식량을 준비하고 비상대피 훈련을 하였다.(C2) 이 시기에 북한 주민들은 대부분 전쟁이 발발할 것으로 알고 대단히 긴장하는 상황이 벌어졌던 것으로 인식하고 있었다.(C1-1, C2, C5, C7-1, C8-1, H1-1)

Ⅲ. 1970년대 조직사업 강화와 남북관계에 대한 인식

1. 정치적 통제 강화와 사회주의 헌법 개정

1967년 5월 조선로동당 중앙위원회 제4기 15차 전원회의를 계기로 상당수 고위간부들이 숙청을 당하고, 유일사상체계의 확립이 강조되었다. 중요 숙청 대상자는 김일성의 항일혁명 전통 수립에 소극적인 입장을 보였던 박금철과 대남총책 이효순 등이었다. 따라서 이들에 대한 숙청은 조선로동당의 유일사상체계 확립문제와 함께 제기되었다. 유일사상체계 확립은 김일성 개인숭배운동을 수반하면서 전개되었는데, 모든 의식은 김일성에 대한 찬양에서 시작하였고, 언론도 김일성을 찬양하는 것이 주된 임무가 되었다. 대대적인 숙청이 전개되고 유일사상체계 확립과 개인숭배 캠페인이 전개되는 가운데 북한사회에서는 각종 사회조직에 대한 동원화 경향이 급격하게 나타났는데, 이 과정을 김정일이 주도하였다.

1970년대 초부터 김일성유일사상체계를 확립하기 위한 각종 생활총화와 사상교양사업으로 북한 주민들은 모두 꽉 짜여진 생활에 묶이게 되었다. 1972년 사회주의헌법으로 개정하여 절대 권력자인 김일성의 지위를 법적으로 제도화하였고, 김정일은 1973년부터 조직지도부를 책임맡고 후계체제 구축을 진행하였다.

1991년판 력사에는 후계자 문제에 대한 서술 항목을 추가하고, 정치적 수령의 후계자 문제를 통해 무게 중심을 김일성에서 김정일로 이동하고 있다. 1991년판 력사는 후계자 문제에 대해 김정일의 출생과 성장과정, 정치적 활동을 서술하면서 김정일 후계의 구축이 갖는 '정당성'을 자세하게 서술하고 있다.[38] 각급 당조직과 전국 각지 당원들과 근로자들이 김정일을 당과 인민의 영도자로 모실 것을 청원서와 편지를 당중앙위원회에 보냈다한다. 그리고 조선로동당은 이러한 간절한 소망을 담아 1973년 9월 당중앙위원회 제5기 제7차 전원회의에서 당중앙위원회 비서로 김정일을 추대하였고, 이어서 1974년 2월에 열린 당중앙위원회 제5기 제8차 전원회의에서 당중앙위원회 정치국 위원으로 추대하고 유일한 후계자로 추대하였다.[39]

1972년의 사회주의헌법 개정에 대해서는 간부들 속에 불만이 있었고 우상화가 더 심해졌다는 증언(C7-1)이 있었지만, 특별한 변화가 없는 일로 기억하거나(C1-1, C9-1) 아예 기억에 남는 일이 없다는 증언이 많았다. 이 부분에 대해서는 여러모로 검토가 필요하지만, 1972년 사회주의 헌법이 북한 주민들에게는 크게 새로울 것이 없는 사건으로 인식되었던 것으로 보인다.

반면에 김정일의 등장과 1970년대 조직사업이 강화되었던 것에 대한 탈북자들의 증언은 매우 인상적이다. 북한 주민들로부터 공통적인 불만을 산 대표적인 일은 조직생활이었다. 북한의 모든 인민들은 조직 생활을 통해 교양되고 동원되는 것인데, 1960년대까지는 일을 안한다고 해서 잡아넣는 일이 없었고, 먹고사는 일을 하는데도 통제가 상대적으로 약하였

---

38) 위의 책, 470-473
39) 위의 책, 473쪽

다.(C8)

그러나 1970년대부터는 더욱 강화된 조직 생활로 정권이 주민들은 너무 통제하고 억압했다고 탈북자들은 답변하였다.(C1, C5-a, C5-b, C7-1, C8-1, C10-1, C17, C20, C23, S7, S9, S10, S11, S14, S15, S16, H1, H6, H9) 김정일 등장이후에는 2일 생활 총화가 있어서 이틀에 한번 씩 본인이 잘못한 것을 고백하고 용서를 받아야 했다.(C14) 그러나 총화가 지나치게 잦은 것에 대한 불만이 나오면서 1988년부터 노동자, 사무원은 주생활 총화, 농민은 10일 생활총화로 변하였다.(S4)

실제 통제의 내용에 대해서 일부 탈북자들은 특히 거주 이전의 자유가 없고(C23, S7, S10) 성분 차별(H1, S15) 직업의 자유 없음(C5-a) 언론의 자유 없음 등을 대답하였다. 또 한 탈북자는 1985년 이전에는 야간 일까지 12시간 이상을 일하고, 청년회에 들어가서 2-3시간 신년사, 유일사상체계 등을 암기하고 새벽 3-4시에 집으로 가기도 했다고 답변하였다.(C5) 또 다른 탈북자는 아침 7시 독보회, 저녁 8시까지 기본작업, 1-2시간의 학습회, 그리고 연장 작업을 하기도 했다는 답변을 했다.(C5)

북한 거주시에 체제에 순응적이었던 탈북자들조차도 체제의 통제가 지나치다고 답변하는데는 일정한 공통점을 나타내고 있다는 점에서 북한 주민들이 대체로 북한 정권의 조직 사업에 대해 상당한 불만이 있음을 알 수 있다. 하지만 보위부와 연결된 인민반에서부터 사회 전반에 배치된 감시 체계가 인민들에게 공포감을 주어 체제를 유지하는데 기여하였고 북한 주민들은 최고권력자와 당정책에 관련된 일에 대한 말조심을 늘 의식하였다.(C1, C4, C6, C7, C9, C11)

북한 주민들은 1970년대 초에 강화된 정치적 통제에 대해 속으로 불만을 품은 사람도 있었고(C1-1, C7-1, C8-1, C23) 순응한 사람들도 있었다.(C5, C9-1) 대체로 볼 때 연령이 높았던 사람들이 불만이 더 많았던 것으로 보이며, 청년층이 보다 순응적인 태도를 보인 것으로 볼 수 있다. 또 제한된 인터뷰이지만 성분이 나쁜 사람들이 더 많은 불만을 가진 것으로 나타났다.

1970년대 초반의 통제 강화에 대해 탈북자들은 모두 김정일의 후계체제의 등장과 관련 지어 이해하고 있는 경우가 많았다.(C7-1, C8-1, C23, C7-1, S16) 1973년에 진행된 주민등록사업과정에서 "사람들이 많이 없어졌다. 간첩이라고 해서 잡아갔다"는 증언이 있는데(C24) 이런 설명은 이 시기에 상당한 내부 단속이 벌어졌고 북한 주민들이 통제강화에 대해 불안해하였음을 보여준다.

2. 7.4 공동성명

1960년대 말에는 북한의 모험적인 행동으로 긴장이 고조되었는데, 1970년대 초반에는 닉슨독트린과 미소, 미중관계의 개선으로 동북아정세가 급변하였다. 1971년 남북적십자사 사이의 접촉이 시작되어 1972년에 이후락 중앙정부장이 비밀리에 평양을 방문하여 김일성을 만나고, 5월에 박성철 제2부수상이 서울을 방문하여 박정희를 면담하였다. 비밀리에 진행되던 이후락, 박성철의 평양, 서울 방문과 이를 통해 이루어진 양측간의 고위회담에서 합의된 내용을 '서로 상부의 뜻을 받들어 이후락과 김영주'가 1974년 7월 4일에 서울과 평양에서 남북공동성명의 형식으로 내외에 공포하였다.

7.4남북공동성명에서 가장 핵심적인 내용은 '자주통일, 평화통일, 민족대단결'의 3대원칙이며, 성명 발표후 남북적십자 본회담, 남북조절위원회 공동위원장 회의, 남북조절위원회 회의가 열렸다. 그러나 1973년 8월에 남북조절위원회 평양측 공동위원장인 김영주가 일본에서 발생한 김대중 납치사건을 이유로 남북대화의 중단을 선언함으로써 7.4남북공동성명으

로 시작된 남북대화는 중단되고 말았다.

1979년판 략사와 1991년판 력사는 모두 7.4남북공동성명에 대한 북한 측의 주동적 조치를 주장하고, 전체 조선인민들이 남북공동성명을 열광적으로 지지하였다고 서술하고 있다. 그리고 조선로동당이 남북공동성명의 정신에 따라 북과 남의 대화를 성공으로 이끌기 위하여 모든 노력을 다했다고 서술하고 있다.[40] 반면에 남한에 대해서는 북한에 대한 적대적인 감정을 고취하면서 '10월유신체제'를 만들고 애국적 인민과 민주인사들에 대한 파쇼적 폭압을 강화하였다고 비난하고 있다.[41]

7.4공동성명이 발표되자 북한 주민들은 통일에 대한 희망을 가질 일이 아니라고 생각한 경우도 있었고(C8-1) 통일을 기대하는 경우도 있었다.(C5, C7-1, C23, C7-1, S16, H1-1) 통일을 기대한 경우에는 금방 통일되는 줄 알았다는 증언도 있었다.(C5, C7-1, H1-1) 탈북자들의 증언을 볼 때 남한에서와 마찬가지로 북한 주민들도 통일에 대한 기대감이 대단히 높았음을 알 수 있다. 통일을 기대한 사람들은 연방제 통일을 생각하였고, 이후락을 북한측이 맘대로 움직이는 것으로 생각한 경우도 있었다.(C7-1) 통일을 기대했다는 증언자들 중에는 성분이 나쁜 사람과 나쁘지 않은 사람들이 모두 섞여 있어서 북한 정권의 발표가 있은 후 북한 주민들이 통일에 대한 상당한 기대감을 가졌음을 알 수 있다.

3. 3대혁명소조운동, 숨은영웅따라배우기운동

1972년 북한은 사회주의헌법을 개정하면서 3대혁명을 규정하고 1973년에 3대혁명을 추진하기 위한 전위대로서 3대혁명소조를 조직하였다. 3대혁명소조는 김정일이 직접 지도한 것으로 알려지고 있으며 각급 생산

---

40) 위의 책, 514쪽
41) 위의 책, 515쪽

단위는 물론 행정기관·문화기관·각급 학교까지 파견되었다. 3대혁명소조운동은 표면적으로는 당정책 관철을 명분으로 간부들의 보수주의·경험주의·요령주의·기관본위주의·관료주의 등을 개조하기 위한 사상투쟁에 목적을 두고 있었지만, 실질적으로는 김정일 후계체제 구축에 목적이 있었다. 각 기관에 파견된 3대혁명소조원들은 공장·기업소의 간부들과 많은 갈등을 빚었던 것으로 알려지고 있다.

또 북한정권은 1979년에 전주민들의 자발적인 노력동원을 독려하기 위해 숨은영웅따라배우기운동을 제기하였다. 이 운동은 주민의 노력을 동원하여 경제의 부진을 해결하려한 운동으로 김정일의 통치기반 강화와 지도력 선전에 이용되었다.

3대혁명소조운동의 발기에 대해 1979년판 략사에서는 사상의식수준과 정치실무수준이 낮은 일부 일군들 속에서 보수주의, 경험주의, 기관본위주의, 관료주의가 적지 않게 나타나 사회주의건설에 큰 장애가 되었기 때문이라고 설명하고 있다.[42] 반면에 1991년판 력사에서는 경제규모가 커지고 경제건설의 모든 부문이 현대과학기술을 요구하는 조건에서 간부들이 가지고 있는 지식과 경험만으로는 사회주의 건설을 힘있게 밀고 나갈 수 없었기 때문이라는 순화된 서술을 하고 있다.[43]

1991년판 력사는 3대혁명소조운동의 진행과정에 대해 구체적인 중요회의를 적시하고 있으며, 김정일이 3대혁명소조사업을 당중앙위원회에서 통일적으로 지도하는 전일적인 체계를 세워주었다고 서술하고 있다.[44]

3대혁명소조운동과 숨은영웅따라배우기운동과 같은 대중동원에 대한 북한 주민들의 반응은 대체로 부정적인 경우가 많았다. 3대혁명소조운동에 대해 "간부 천지에 또 내려 보냈다"(C8-1) "노력 낭비, 경제 낭비이고

---

42) 당력사연구소편, 앞의 책, 2권, 1979, 287쪽
43) 당력사연구소편, 앞의 책, 1991, 487쪽
44) 위의 책, 489쪽

수령 선전일 뿐으로 손해만 있었다"(C7-1)는 불만을 갖거나, 자꾸 조여대
는데 대한 불만(C1-1, C5-1(a), C23, C7-1, H1-1, H9)이 많았다.

반면에 열심히 참여했다(C5-1(b), C9-1)는 증언과 다른 공장, 기업소에서
는 지시만큼만 일하는데 비하여 3대혁명소조는 새로운 발명과 간부의
부정을 적발하기도 했다(S15)는 설명도 있었다. 긍정적인 답변을 한 경우
는 3대혁명 소조운동이 진행될 당시에 청년기라는 특성이 영향을 준 것으
로 보이며, 대체적으로 연령이 많은 쪽에서 보다 부정적인 생각을 가지고
있었다.

숨은영웅따라배우기운동에 대해서 북한 주민들은 "들볶는다" "피곤하
다"는 생각을 가졌고(C1-1, C8-1, H1-1) "할 땐 열심히 했지만, 불만스러운
생각"을 했다.(C23) 부정적인 입장에서는 "대부분 욕을 하고 시큰둥"하거
나 "선전 수단"으로 인식했고(C7-1, C7-1, S16), 이기적인 입장을 보이기도
했다.(C5-1(a), C9-1) 반면에 "좋게 생각"하고 참여하기도 했다.(C5-1(b),
C9-1, S15, H6, H9)

3대혁명소조운동과 숨은영웅따라배우기운동에 대한 북한 주민들의 인
식은 연령대별로 차이가 있는 것으로 보인다. 이 시기에 북한사회는 전반
적으로 세대교체가 이루어졌고, 세대간 의식의 차이도 커진 것으로 보인
다.

4. 8.18 미군살해사건(판문점 사건)

1973년 8월에 7.4남북공동성명이후 유지되던 남북대화가 중지되고
1975년에는 베트남이 통일되었다. 1976년 8월18일 북한은 판문점 공동경
비구역에서 나무가지치기 작업을 하던 미군 장교 2명을 도끼로 살해하였
다. 사건 발생후 미국은 모든 책임을 북한이 겨야한다는 성명을 발표하였
고 주한 미군사령부는 데프콘 3 (전투준비태세) 명령을 내렸으며, 또한

미국방부는 오끼나와 등지의 전폭기 대대 및 해병대를 한국에 급파하고 항공모함 레인저호와 미드웨이호를 한국해역으로 이동시키는 등 강경한 대응태세를 취하였다. 21일 새벽 7시 UN군은 데프콘 2(전쟁돌입상태)하에서 문제의 미류나무 절단작업을 단행하였다. 한·미양국의 강경한 태세에 김일성은 인민군 총사령관 자격으로 21일 하오 스틸웰 UN군 사령관에게 사과의 메시지를 보내왔다.

이 사건에 대해 『조선전사』는 쌍방간의 난투로 인하여 양쪽에 다 부상자가 발생하였고, 미국의 '위협'에 대응하여 조선인민군과 로동적위대, 붉은청년근위대에 전투태세 명령을 내렸다고 서술하고 있다. 그리고 북한의 단호한 입장 앞에서 미국은 거만한 태도를 버리고 또 다시 북한 인민 앞에 무릎을 꿇고 군사정전위원회 제381차회의에서 북한의 제의를 받아들이지 않을 수 없었다고 서술하였다.[45]

탈북자들은 이 사건으로 인하여 벌어졌던 일에 대해 뚜렷한 기억을 가지고 있었다. 북한 주민들은 8.18 미군 살해사건이 발생하자 1968년에 프에블로호 사건이 발생했을 때와 마찬가지로 전쟁 발발을 심각하게 걱정하였다.(C5, C8-1, C7-1, H1-1) 북한 주민 중에서 나이가 많은 사람들이 지방으로 옮겨졌고, 성분이 나쁜 사람들은 강제로 소개당하는 경우도 있었다.(C14, H1-1) 하지만 북한 주민들은 대체로 북한 정권의 선전이 옳거나 남한이 나쁘다고 생각했었다.(C5, C7-1, C23, S16) 프에블로호 사건의 경우와 마찬가지로 대체로 북한 주민들의 국방 문제에 대해서는 정확한 정보를 알지 못했으며, 상당한 결속력을 보이고 있었음을 알 수 있다.

---

45) 『조선전사』 32권, 376-379쪽

Ⅳ. 1980년대 경제침체와 북한체제에 대한 인식

1. 경제 상황 인식

북한경제는 1960년대부터 성장이 둔화되기 시작하였고, 1970년대 초에 북한은 서방세계와의 무역확대를 시도하고, 이들 국가로부터 들여온 차관으로 대량의 기계와 플랜트 등 자본재를 들여왔다. 그러나 오일 쇼크가 발생하면서 70년대 후반부터 침체상태가 지속되어 대외채무 불이행사태가 표면화되었고, 1980년대 초에도 경제는 정상화되지 못했다. 이후 소련과 동구 사회주의국가들의 붕괴로 인하여 더욱 커다란 경제적 어려움에 봉착하게 되었다는 것이 북한 경제의 추이에 대한 일반적인 정리이다.

1980년대는 제2차 7개년계획이 완료되고, 제3차 7개년계획(1987-1993)이 시작된 시기이다. 1991년판 력사는 제2차 7개년계획에 대한 서술에서 김정일의 활동을 부각하고, 김정일이 주체사상탑과 개선문, 김일성경기장, 인민대학습당 등의 '대기념비적 창조물' 건축을 지도하고, '80년대 속도창조운동'을 제시한 것을 강조하고 있다.[46] 제2차 7개년계획 기간 동안 공업생산이 매해 평균 12.2%의 속도로 장성하였고, 인민생활도 훨씬 높아졌다고 서술하고 있다.[47]

북한의 역사 서술은 매 시기 인민 생활의 개선이 이루어진 것으로 되어 있다. 그러나 1991년판 력사에서는 김일성이 1982년 4월 당중앙위원회, 최고인민회의 합동회의를 비롯한 여러 회의에서 인민생활을 높이기 위하여서는 무엇보다도 먹는 문제를 잘 풀어야 하며 인민소비품 생산에서 새로운 전변을 가져와야 한다[48]고 강조한 사실을 서술하고 있다. 1980년

---

46) 당력사연구소편, 앞의 책, 1991, 533-534쪽
47) 위의 책, 536쪽

대 초에 '먹는 문제'를 강조해야 하는 상황이 전개된 사실을 서술한 것은 이 시기 인민생활에 상당한 문제가 있었음을 인정함을 보여준다.

　이상과 같이 알려진 북한 경제의 변화에 대해 탈북자들이 어떻게 인식하고 있었는가를 살펴보는 것도 유의미한 일이다.

〈표2〉 1970-1980년 북한 경제 실정에 대한 탈북자의 인식

	성분	1970년	1980년
C1		괜찮았음	좋지 못했음
C5		괜찮았음	잘 안풀렸음
C7	성분 나쁨	괜찮았음	어려웠음
C8	성분 나쁨	괜찮았음	경제가 완전히 하강선을 그음
C11	성분 나쁨	괜찮았음	괜찮았음
C13		괜찮았음	좋지 못했음
C14		나빠지기 시작함	기아자 발생함
C16		밥 먹고 살았음	
C20		먹고 살만함	살기 좋았음
S2	성분 나쁨	경제 회복 기대	경제회복 기대 상실
S6		74년부터 상품 부족	
S7	성분 나쁨	성장부흥기였음	괜찮았음
S9		식량문제 괜찮았음	괜찮았음
S10	성분 나쁨	75년부터 상품 부족	
S15	성분 나쁨		괜찮았음
H1	성분 나쁨	좋았음, 배급정상	경제 나빠지지만 괜찮았음
H4			괜찮았음

　<표 2>를 보면 청진, 신의주, 혜산 모두 대체적으로 1970년에는 경제가 괜찮았다고 인식하고 있는 것으로 나타났다. 일부 답변은 경제가 어려워지기 시작했음을 지적하고 있지만, 성분이 나쁜 경우에도 긍정적인 대답을 했다는 점에 의미를 둘 만하다. 1980년의 경제에 대해서는 괜찮았다

---

48) 위의 책, 579쪽

는 대답과 좋지 못했다는 대답이 반반 정도 나왔다. 「표 2」의 결과만을 놓고 본다면 1980년대에 접어들면서 북한 주민들이 경제가 나빠지고 있다고 인식한 것으로 정리할 수 있다.

〈표3〉 배급 감소 시기에 대한 증언

C1	80년대말 배급감소, 95년 반절 못줌
C2	93년부터 배급이 밀리고, 94년 배급 중단
C4	92년 배급 감소, 93년 배급 중단
C6	91년 배급감소, 92년 배급 중단
C9	90년부터 배급감소 후 중단
C11	80년대 후반기 배급 감소
C20	80년대말 배급감소, 94년 중단
S3	90년 배급 감소, 94년 재급 중단
S13	1990년 배급감소, 1995년 배급중단

위 <표 3>의 내용을 정리하면 북한 주민에 대한 식량 배급은 1980년대 말이나 1990년대 초부터 배급이 감소하기 시작하였음을 알 수 있다. 북한 지역이 기본적으로 쌀이 부족한 곳이지만, 1960-70년대 내내 쌀밥에 고기국을 먹는 나라를 만들자던 당의 목표를 향해 북한 주민들은 열심히 일하였다. 그러나 1980년대에 경제가 나아지지 못하고 1989년 제13차 국제청년학생축전의 부담에 이어 동구와 소련사회주의체제가 붕괴하면서 경제적 어려움이 중첩된 것으로 알려졌다. 이런 상황에서 다수의 탈북자들은 남한에 식량을 제공하고, '낭비적인 국제청년학생축전'을 치른 당의 정책에 대해 불만을 가지기도 하였다.

2. 김정일 후계 발표

김정일은 1972년 10월에 당 중앙위원회에 진입하고, 1973년 9월 당 중앙위원회 제5기 7차 전원회의에서 비서국 조직지도부 비서겸 선전선동부 비서로 선임되었다. 그리고 1974년 2월에 열린 제5기 8차 전원회의에서 당 중앙위원회 정치위원회 위원이 되면서 후계자로 공인되었다. 김정일은 당 정치위원에 취임한 후 당내 실권을 장악해 나갔고, 더불어 혁명 2세대와 실무형 지도자들도 진출하기 시작하였다.

김정일은 정치위원에 취임한 직후인 1974년 유일사상 10대원칙을 제시하며 김일성에 대한 절대숭배를 체계적으로 조직화하였고, 주체사상의 해석권도 독점해갔다. 마침내 1980년 10월 조선로동당 제6차대회를 통해 김정일 후계체제의 확립이 공개되었다. 이후 김정일은 1990년 국방위원회(위원장)의 제1부위원장에 선출되었고, 1991년에 조선인민군 최고사령관으로 추대되었으며, 1993년에 군사주권의 최고지도기관으로 격상된 국방위원회 위원장이 되었다.

1991년판 력사에는 제6차 당대회에서 김정일이 공식적인 후계자로 등장한 것에 대한 서술은 없는데, 이것은 김정일의 후계자 등극을 1970년대에 서술하고 있기 때문이다. 1991년판 력사에서는 "주체의 혁명위업을 끝까지 완성하며 우리 당을 영원히 주체의 당으로 강화발전시킬 수 있는 당의 조직사상적 기초가 튼튼히 마련되었다"[49]하여 김정일의 당지도를 높이 평가하고 있다.

1991년판 력사에서는 주체사상을 김일성이 창시하고, 김정일이 주체사상을 발전 풍부화시켰다고 정리하고 있다. 김정일은 1982년 3월 '주체사상에 대하여'를 발표하였는데, 여기에는 주체사상의 창시로부터 주체사상의 철학적 원리와 사회역사원리, 주체사상의 지도적 원칙, 주체사상의 역사적 의의가 체계 정연하게 서술되었으며, 주체사상의 모든 원리와 내용이 새롭게 심화발전되었다[50]고 한다. 1991년판 력사는 새로이 정리된

---

49) 위의 책, 527쪽
50) 위의 책, 539쪽

주체사상의 이론을 '김정일의 저작'을 중심으로 요약하여51) 서술의 중심을 완전히 김정일로 옮겨 놓고 있다.

김정일후계체제 확립이 공식화 되었을 때, 북한 주민들은 이미 기정사실로 받아들였지만 이견이나 반항심을 가지기도 했다.(C5, C7-1, C8-1, C7-1, C9-1, H1-1) 환영했던 주민들도 있었으며(C5, C23, S15, H9) 특별한 생각이 없거나 조직사업의 선전 속에서 받아들였던 주민들도 있었다.(C1, S16) 불만을 가졌던 사람들을 보면 성분이 나쁜 경우와 특별한 문제가 없는 사람이 섞여 있는데 비해, 불만이 없었던 사람들은 특별한 성분문제가 없었던 것으로 보인다.

따라서 김정일 후계구축을 받아들이는 문제에 대해 성분 문제가 인식에 중요한 영향을 미쳤음을 알 수 있다. 불만이 있었던 사람들은 김정일의 억압적 통치 행태에 대해 불만을 가지고 있었고, 김정일이 인기가 없었으며(C7-1) 봉건 왕조식의 후계 구축에 불만을 가졌다(C8-1)고 설명하였다.

3. 남한 수재민 지원

1984년 9월 서울·경기 일원에 내린 폭우로 인한 수해를 계기로 북한 정권은 남한에 수재물자의 제공을 제의하였다. 북한은 서울을 비롯한 수해이재민들에게 쌀 5만석, 천 50만 미터, 시멘트 10만톤, 기타 의약품를 구호물자로 보낼 것을 제의하였다. 그리고 이 구호물자를 이재민들에게 시급히 전달하자며 남한 적십자사와의 회담을 제의하였다. 이에 대해 남한적십자사는 실무접촉을 제의하였고, 적십자 실무접촉을 통해 북한측이 보낸 수재 물자를 인수하였다. 이 시기의 북한 경제는 큰 여력이 있지 못했던 때였던 것으로 확인되고 있다.

남한 수재민 지원에 대해 1991년판 력사는 김일성이 지체없이 동포애적

---

51) 위의 책, 540-546쪽

구호조치를 취하도록 하였으며, 40년의 분단 역사에서 처음으로 5만석의 쌀과 10만톤의 시멘트, 50만 미터의 천과 많은 의약품을 전달하였다고 서술하고 있다.[52]

북한 주민들은 남한에 대한 수재지원을 기본적으로는 동족에 대한 지원으로 이해하고 있었지만(C5, C9-1, S15, H6, H9) 남한의 식량 사정에 대해 의문을 갖기도 했다. 또 일부는 북한의 지원을 남한에서 받는다는 것에 대해 의심하기도 하고(C1-1, C8-1) 아까워하기도 했다.(C7-1)

하지만 지원 후에 북한의 사정이 악화되면서 북한 주민들은 정권의 대남 지원에 대해 상당한 불만을 가졌다.(C8-1, C23, S12, H1-1) “왜 남한에 선심”을 쓰고 “나라의 쌀통이 비었다”는 여론이 일었으며(H1-1, C7-1) 식량의 배급이 잘 되지 않거나 줄여서 배급되는 일로 인하여 불만이 생기기도 했다.[53]

4. 동구 사회주의국가의 붕괴와 제13차 세계청년학생축전

1988년 고르바초프 소련공산당 서기장이 유고를 방문한 후 공동 선언에서 사회주의 발전의 다양성을 인정하고, 소련에서의 계획 경제 철폐와 기본 인권 보장에 대한 논의가 공개적으로 진행되었다. 1989년에는 헝가리가 다당제를 채택하고, 야루젤스키 폴란드 대통령이 자유 노조의 비공산 연립 정부 수립 제의를 수락하는 등 동구 사회주의체제의 붕괴가 가시화되었다. 이어서 헝가리와 체코의 동독 난민들이 서독으로 가고, 동독 라이프치히에서 30만 명이 동독공산당 서기장 크렌츠 퇴진과 자유 선거, 여행 자유화 요구 시위를 하였다. 1989년 12월 동독의 호네커 등 전 정치국원이 모두 연금되고, 루마니아 차우세스쿠 대통령 부부의 사형이 집행

---

52) 위의 책, 593-594쪽
53) C1-1, C7-1, S16. 또 북한의 대남 지원 제의는 남한에서 진짜 받을 줄을 모르고 한 것이라는 설명도 있었다.(S12)

되었다.

이러한 격동의 시기에 1988년 서울올림픽이 개최되었고, 1989년에는 북한에서 세계청년학생축전이 개최되었다. 어려운 경제상황에도 불구하고 세계청년학생축전을 계기로 북한은 많은 아파트를 건설하였고, 5월1일 경기장과 양각도축구경기장, 서산축구경기장, 배구 경기관, 농구 경기관, 송구 경기관, 탁구 경기관 등을 건설하였다. 해외에서 많은 나라들이 축전에 참석하였지만, 북한은 많은 재정을 사용하고 커다란 경제적 부담을 가지게 되었다.

소련과 동구사회주의 국가의 붕괴를 1991년판 력사는 "국제공산주의운동 안에서는 당건설에서 혁명적 원칙을 포기하고 당의 령도를 약화시키는 기회주의자들의 책동이 우심해지고 있으며 이로 인하여 엄중한 후과들이 조성되고 있었다"[54]고 "제국주의자들과 반동들의 책동에 의하여 …… 일부 사회주의나라들에서는 사회주의제도 자체가 와해되는 엄중한 현상까지 빚어지게 되었다"[55]고 서술하고 있다.

조선로동당은 세계청년학생축전의 성과적 보장을 위해 많은 힘을 넣어 성황리에 진행되었으며, "우리 혁명의 국제적 련대성과 반제자주력량의 단결을 더욱 강화하며 온세계의 자주화를 힘있게 다그치는데서 중요한 계기가 되었다"고 서술하고 있다.[56]

대체로 심한 정보 통제 속에서 살고 있던 북한 주민들은 소련과 동구권의 변화에 대해 제대로 알지 못하였다. 그러나 동구권과 소련이 급속히 붕괴하여 경제적 어려움이 가중되면서 북한 주민들은 소련과 동구 사회주의체제의 붕괴를 인식하게 되었으며, 북한 주민들도 위기감을 느끼고 불안해 하였다.(C5, C8-1, C23, C9-1) 그리고 북한체제의 붕괴를 바라거나

---

54) 당력사연구소편, 앞의 책, 1991, 559쪽
55) 위의 책, 584쪽
56) 위의 책, 609-610쪽

(C7-1) 붕괴를 우려하는 경우도 있었다.(C1-1, C7-1, S15, H1-1, H9)

세계청년학생축전의 개최에 대해 북한 주민들은 외국인들은 대접하고 국제적 위신을 세우려는 정권의 동원으로 인하여 많은 어려움을 겪었고, 경제가 어려워졌다(C7-1, C9)고 생각하였다. 북한 주민들은 경제적 어려움에도 불구하고 축전에 대해 좋게 생각하고 신기해하기도 했다.(C5-1(b), C23, C9-1) 동시에 경제난을 걱정하는 반발도 있었고 특히 기관과 기업소 책임자들은 어려움이 많았다.(C1-1, C7-1, H1-1)

또 주민들이 특별한 여론이 있었던 것은 아니라는 증언도 있었는데 (C7-1, H6) 여러 가지 증언을 종합해보면 "할 것을 했다」는 기분으로 축전에 대해 찬성했지만, 생활이 어려워지면서 경제난을 걱정하고 여론이 나빠지게 되었다[57]는 것이 체제 순응적인 계층의 일반적인 인식이었던 것으로 보인다.

맺음말

해방이후 한반도의 북반부에 공산주의체제를 성립시킨 북한 정권은 1946년의 토지개혁을 통해 인민 대중의 호응을 끌어내고 국가건설에 총력을 동원하였다. 그러나 이 시기의 건설은 6.25전쟁으로 인해 모두 파괴되었고, 전후 복구건설과정에서 북한 정권은 농업협동화를 추진하였다. 농업협동화의 추진은 자원성을 강조하였지만, 농민들은 전쟁 전후에 경험한 '폭력적 과정'과 정권의 조직적 동원에 의하여 수동적으로 참여할 수밖에 없었다.

이어서 북한정권은 중앙당집중지도 사업을 통해 인민들을 성분별로 구분하고 통제하는 기반을 구축하였고, 인민들은 강화된 통제 속에서 불만

---

57) C5-1(a), H9 1898년부터 신의주에서는 식량배급시 쌀과 옥수수의 비율이 엉망이 되었다.(S13)

을 드러내지 못하고 수동화되어 갔다. 하지만 전후복구기에 이어 추진된 천리마작업반운동은 경제건설에 인민들을 동원하고 인민들의 상당한 호응을 끌어냈다. 1950년대는 북한 정권의 통제와 동원이 강화되고 이로 인하여 북한 인민들의 의식이 수동화된 시기라고 할 수 있다.

1960년대에 들어 북한 정권은 주변 국제정세의 변화에 대응하여 4대군사노선을 추진하고, 프에블로호사건을 일으키기도 했다. 이 시기에 북한 정권은 국방 강화에 주민들의 일치감을 끌어내고 사회전반의 불만을 누르고 긴장감을 유지하였다. 하지만 농업현물세 폐지와 같은 정책은 수매량의 증가 등으로 인하여 그 구체적 내용이 실질적으로 농민들의 호응을 받은 것은 아니었다.

1970년대 초에 7.4남북공동성명이 발표되고 남북 사이의 긴장완화 조짐이 나타났지만, 오히려 북한 정권의 독재구조와 김정일 후계계승 작업이 강화되었고, 모든 인민들에 대한 조직사업이 강화되었다. 1970년에 이런 변화가 올 수 있었던 것은 해방이후 북한체제의 교육만을 받은 세대들이 청장년층으로 성장하였던데 이유가 있다. 1970년대에 강화된 조직사업과 3대혁명소조운동에 대해 청년들은 상대적으로 순응하기도 했지만, 장년층 이상은 내면에 불만을 가지게 되었다.

1980년대는 세계 정세가 급변한 시기이고, 북한 정권으로서도 큰 변화를 맞이한 시기이다. 김정일이 공식적으로 후계자로 등장하여 북한정치에서 주도적 영향력을 행사하였지만, 경제는 1970년대 보다 더 어려워졌다. 북한 인민들은 1970년대에는 경제가 나아지리라는 희망을 가지고 있었던데 비하여, 1980년대는 경제가 나빠지는 불안감을 가지고 살았다. 이러한 과정에서 북한 정권은 세계청년학생축전과 남한에 대한 수재물자지원 등의 무리한 정책을 실시하였다. 북한 인민들은 이 두 가지 사업에 대해 모두 긍정적인 기대감을 가지고 있었지만, 사업이후 경제 여건이 나빠지면서 여론도 악화되었다. 또 이 시기에 중국의 개혁개방 효과가 북한에 넘어오고, 동구와 소련 사회주의 체제가 붕괴됨으로써 북한 인민들의 체제에 대한 믿음에는 상당한 혼란이 나타나기 시작하였다.

북한주민의 역사인식이 형성되는 과정에서 중요한 영향을 미친 것은 1950년대의 농업협동화, 중앙당집중지도사업, 천리마작업반운동, 1960년대의 4대군사노선, 1970년대의 정치적 통제강화, 1980년대의 경제형편과 동구사회주의국가의 붕괴를 들 수 있다. 이 사건들은 모두 북한사회주의 체제의 성격과 성과를 보여주는 것이며, 동시에 북한의 현실과 미래를 설명하는 것들이다.

대체로 북한 주민의 역사인식이 형성되는 과정에서 남한이나 미국 등 대외부문이 영향을 준 부분은 상대적으로 작았던 것으로 보이며, 그 원인은 북한 체제의 폐쇄성에 기인하는 것으로 보인다. 또 폐쇄체제의 특성상 주민들의 역사와 현실인식은 주로 인민들의 일상 생활과 관계되는 경제적인 문제, 체제의 동원과 통제 문제에서 변화된 것이라고 정리할 수 있다. 특히 사회주의를 목표로 진행된 ‘50년간의 건설’ 역사가 경제적 위기로 결과된 후에야 북한주민들은 자신들의 역사를 반성적으로 인식하게 된 것으로 보인다.

각 시기별로 여러 가지 어려움도 있었고, 주민들이 부분적으로 불만을 가지기도 했지만, 북한체제는 1980년대까지는 통제와 선전을 통해 주민들을 견인하는데 나름대로 성공해왔던 것으로 나타났다. 탈북자들의 증언을 정리해 보면 북한 인민들은 1980년대까지는 급격한 의식의 변화를 겪지 않았음을 알 수 있다. 1970년대까지의 3개 도시 주민들의 의식은 북한의 중앙이나 타지역과 크게 다름이 없었던 것으로 보인다. 그러나 1980년대에 경제가 위축되던 북한의 국경 도시 주민들은 개혁개방을 추진하는 중국 경제로부터 크게 영향을 받기 시작하였다. 이로 인하여 신의

주와 혜산 같이 중국과 국경을 마주하고 있던 도시 주민들의 의식은 중앙
이나 내륙지역보다 빨리 변화하기 시작한 것으로 보인다.

• 투고일 : 2003년 10월 9일   • 심사완료일 : 2003년 11월 9일
• 주제어 : 북한주민, 역사인식, 조선로동당, 경제 위기, 사회주의정
　　　　　책, 탈북자

The North Korea People's Understanding of History

Lee, Ju Cheol · Choi, Wan Kyu

This study researches the North Korea people's understanding of history from the 1950s to the 1980s. For this study, this writer analyzed the history of North Korean Workers' Party and interviewed 36 North Korean refugees. These 36 interviewees who dwelt near the border had various jobs in North Korea.

On the whole, they had accepted the propaganda of Korean Workers' Party until the 1970s. However, they began to feel uneasy about their future. North Korea people's understanding was deeply changed by the economical crisis in the 1980s.

The socialism policies of the 1950s , the national defense policies of the 1960s, the political control of the 1970s and the economic downturn of the 1980s affected North Korea people's understanding of history considerably.

North Korea people knew the historical events related to their daily lives and jobs. But they had little understanding of international relations and South Korea. What they understood was quite different from the propaganda of Korean Workers' Party.

Key words : North Korea people, understanding of history, Korean Workers' Party, economical crisis, socialism policy, refugees

21세기의 한국 사학의 방향 모색:
다원주의적 역사 서술을 위하여

박노자[*]

목 차

Ⅰ. 머리말을 대신하여 : 史學 위기의 실체?

Ⅱ. 탈(脫)정치화, 탈(脫)이념화된 역사 서술의 가능성

  1. 전통 사학의 정치성, 이념성

  2. 근대 민족주의 사학의 정치성, 이념성

  3. 실증사학의 정치성, 이념성

  4. 민중 사학의 정치성, 이념성

  5. 정치, 이념적 입장의 객관화?

Ⅲ. 나아가며

모든 진정한 역사는 현재의 역사이다.

- 크로체 (Benedetto Croce, 1866-1952) -

Ⅰ. 머리말을 대신하여 : 史學 위기의 실체?

외형적으로 보면 1980-1990년대는 전문 학문으로서의 한국사학 (국사학)의 全盛 시대이었음에 틀림없는 것처럼 보여진다. 사료의 정리와 디지털化가 『조선왕조실록』의 전산화가 상징하듯이 커다란 도약을 했으며,

---

* 오슬로대학교 인문학부 동구 및 동방학과 부교수

1970년대말까지 해도 고증이 되지 못했던 상당수의 구체적인 역사적 현상과 사건, 제도와 인물들에 대해서 상세한 연구 업적이 나왔다. 거의 해마다 100여권의 사학 전문 저서와 역서, 그리고 약 700-800편의 전문 논문들이 그야말로 쏟아져 나오는 것은 1980년대 후반의 한국 사학계의 일신된 모습이었는데,[1] 1990년대에 들어와서는 저서 및 논문의 급증의 추세는 더욱더 뚜렷해졌다. 종래의 사학이 잘 다루지 않았던 生活史 (예컨대 貧民史나 음식, 의상, 형벌, 일상적 폭력의 역사)나 女性史, 口述史 등의 영역의 활발한 탐구라든가, 일제 시대와 1945년 이후의 남북한 역사에 대한 새로운 관심 등도 최근 20년간의 사학 연구의 한 특징으로 볼 수 있을 것이다. 물론 아직까지 주목을 많이 받아온 주제 (예컨대 조선조의 유교사상사, 1894년의 동학운동, 3.1 운동의 역사 등)와 상대적으로 주목을 덜 받은 주제 (예컨대 조선시대의 불교사, 조선말기의 생활사, 1920-30년대의 무정부주의 운동 등) 사이의 편차가 상당하지만, 전체적으로 봤을 때에는 전문적 연구 영역의 확장과 심화는 그야말로 괄목하다라고 할 수 있다.

그러나 이와 같은 비약적인 발전에도 불구하고 왜 하필이면 '한국사학 위기'에 대한 이야기가 꾸준히 나오는가? 이유는 많을 것이다. 예컨대 구체적인 사실에 대한 고증을 유일한 '사학자다운 일'로 간주해온 실증학파의 영향으로 전문적 연구자에 의한 대중적 서술이 상대적으로 부진해왔다.[2] 그 결과로, 일반인들의 한국사 의식이 상당 부분 과거의 과장된 '제국적인' 역사상을 제공해주는 소위 '재야 사학'과 역사에 대한 매우 정확하지 못한 묘사를 하고 있는 TV의 사극 등에 의해서 크게 좌우된다. 또 한 가지의 문제는 사학계를 오랫동안 지배해온 실증 사학과 보수적

---

1) 박찬승, 「분단 시대 남한의 한국사학」, -『한국의 역사가와 역사학: 배종무총장퇴임기념 사학논총』, 창작과 비평사, 1994, 하권.
2) 오종록, 「역사학의 전문성과 대중성」, 『정신문화연구』 제75호, 1999년, 81-82쪽.

경향의 제도권 사학이 세계사적인 문맥이라든가 사회과학적인 이론을 상
대적으로 괄시한 나머지 한국사와 동아시아 지역의 역사가 어떻게 상응하
는지 한국 사회의 발달 과정과 다른 지역의 역사적 발전 과정이 어떻게
같고 다른지에 대한 학문적인 탐구가 태부족하다. 비교 사학이나 역사 이
론의 발전이 상대적으로 둔한 데다가 '통일 신라의 專制 왕권'3)이나 '고려
말 조선초의 신흥 사대부,'4) '조선 후기의 근대 지향적인 실학'5) 등의 문제

---

3) 1958년에 이기백 교수의 「신라 혜공왕대의 정치적 변혁」 (『사회과학』 제2집, 성균관대, 1958)
　　이라는 논문이 나온 뒤에 中代의 신라 (661-774: 무열왕계의 집권기)를 '專制 왕권'의 사회로
　　보는 것은 통설화됐다. 이 통설에 입각한 여러 연구자들이 이 시기의 당나라 식의 관료제
　　요소의 移植 시도들을 '중앙 집권화'로 개념화하고 중앙 귀족의 여러 파벌들의 권력 투쟁을
　　'왕당파'와 '反왕당파'의 투쟁으로 도식화시켰다 (대표적으로, 김수태, 『신라 중대 전제왕권과
　　진골귀족』, 서강대 박사학위 논문, 1991 참조). 문제는, 이 통설이 농장과 예속 농민, 그리고
　　私兵을 보유한 진골귀족들이 中代에 접어들어서도 그 신분을 그대로 유지한 점을 간과하고
　　8세기의 복잡한 政界 투쟁의 모습을 지나치게 단순화시키는 등 많은 문제점을 내포하고 있는
　　것으로 보인다. 최근에 한국학계에서 일각의 소장파 연구자들이 이 통설에 대한 문제를 제기
　　한 바 있다 (이영호, 「신라 혜공왕대 정변의 새로운 해석」, - 『역사교육논집』 13-14합집, 1990).
4) 기존의 연구에서는 고려말 - 조선초의 정치, 사회적 변화를 보통 '고려의 체제를 뒷받침했던
　　권문세족'과 '조선왕조를 옹립했던 신흥 사대부'의 정치 투쟁으로 보고, '신흥 사대부'들을
　　기성 지배층 상부인 '권문세족'과 본격적으로 다른 계층으로 간주했다 (예컨대, 이태진,
　　「고려말, 조선초의 사회변화」, 『진단학보』, 제55집, 1986 참조). 그렇게 해서 조선 왕조의
　　성립에 '진보적 의미'를 부여하는 것이었다. 그러나, 던칸의 사례 연구에 의하면 조선 초기
　　(1392-1592)에 가장 많은 문과 급제자를 배출한 문벌은 역시 안동 김씨 (112 명), 광산 김씨
　　(78 명), 파평 윤씨 (70 명) 등의 고려 말기의 대표적인 양반 名族들이었다. '지배 세력의
　　교체'는, 새로운 왕족인 전주 이씨, 그리고 몇 개 안 되는 신진 문벌 (봉화 정씨, 의령 남씨
　　등)의 등장, 그리고 소수의 고려말 문벌 (봉성 염씨, 행주 기씨)의 몰락을 의미할 뿐이다.
　　즉, 일부의 신진대사가 이루어졌다 해도 전체적으로는 양반 문벌 귀족 관료층이 그 기득권
　　을 유지할 뿐만 아니라 오히려 강화시켰다는 것은 던칸의 결론이다 (John B. Duncan, 『The
　　Origins of the Chosŏn Dynasty』, Seattle, University of Washington Press, 2000, pp. 3-154). 국내
　　에서도 던칸의 연구가 나오기 이전에도 조선 왕조를 옹립한 개혁 세력과 그 개혁에 반대했
　　던 세력이 실제로 같은 지배층의 구성원이었음으로 '세족'과 '사대부'의 대립 관계의 설정이
　　무의미하다는 주장이 제기된 바 있다 (김광철, 『고려후기 世族層연구』, 동아대 출판부,
　　1991). 즉, 중국에서의 唐宋교체의 사례를 의식한 듯한 실증 학파의 기존 연구자들이 한국사
　　에서도 '귀족층의 몰락'과 '중소지주 출신의 관료층의 등장'을 특정 왕조 교체기에서 찾으려
　　고 했지만, 이는 조선초기 중앙 관료 지배층의 강력한 귀족적 성격을 간과하는 결과를 초래
　　했다.

점들이 꽤나 많은 실증 사학과 1960-70년대의 보수 사학의 도그마들이 사학계 안에서 도전을 별로 많이 받지 못했다. 폐쇄적이고 교조주의적 경향이 강한 실증 사학과 보수 사학이 역사에 대한 일반 대중의 지적인 궁금증을 잘 풀어주지 않았는가 하면, 역사의 다면적인 전개 과정을 일률천편적으로 '계급 투쟁'의 도식으로 설명하려고 했던 1980년대 식의 민중 사학도 새로운 사회적인 분위기에서 더 이상 '절대적 진리'로 보이지 않는다.

1945년 이후에 남한의 사학에 가장 큰 영향을 끼쳐온, 오늘날의 대다수 전문 사학자들의 史論的, 방법론적 배경이 된 실증 (보수) 사학과 민중 사학의 문제점들을 여러 각도에서 조명할 수 있을 것이다. 예컨대 전근대 역사를 포함한 한국사 전체의 주체를 '한민족'으로 설정한다는 것은, 문화적, 지역적 차원에서 근대적인 '민족적' 통합이 이루어졌을 리가 없는 전근대사의 문맥과 잘 맞지 않은 부분이 분명히 있는 것이다. 나아가서는 - 특히 동아시아 全지역에 걸쳐서 발전해온 종교, 문화 현상의 연구에 있어서는 - 一國史의 내재적 한계도 돋보인다. 예컨대, 버스웰 (Robert

---

5) 정약용을 비롯한 조선시대의 여러 '이단적인' 사상가들을 '근대적 자유주의의 선구'로 보는 경향을, 이미 1930년대의 백남운이나 최익한의 글에서 찾을 수 있다. 1945년 이후에 남한에서는 한우근 (「이조 실학의 개념에 대하여」, -『진단학보』 제19집, 1958)과 천관우 (「조선 후기 실학의 개념 재검토」, 연세대 제1회 실학 공개 강좌, 1967) 등에 의해서 '근대 사상의 胚盤', '근대지향적 사상'이라는 실학觀이 통설로 굳어졌다. 문제는, 지두환 등이 이미 지적했듯이 성리학과 엄연히 구분하기 어려운 17세기의 유형원 등의 개혁론과, 脫성리학적 요소가 훨씬 더 강해 보이는 18-19세기 북학파의 학문을 다 같이 '실학'으로 유형화시키는 것이 과연 타당한가 (「조선 후기 실학 연구의 문제점과 방향」, -『태동고전연구』 제3집, 1987) 라는 점과, 중국의 경세학, 고증학과의 교류 과정에서 형성된 유교적인 개혁론인 북학을 왜 하필이면 서구적인 '근대'의 틀에다가 뜯어 맞추어야 하는가 라는 점이다. 즉, 가장 급진적인 실학적 개혁론인 박제가의 상공업 진흥론이라 해도, 기존의 유교적 사회의 기본틀을 본격적으로 부정한 것도, 피지배민의 입장에서 전개된 것도 아니었다 (조광, 「실학과 개화사상의 관계에 대한 재검토, -『조선후기사 연구의 현황과 과제』, 창작과 비평사, 2000). 그 개혁의 방향을 '근대적'이라고 할 수 있겠지만 이 경우에는 서구적인 '근대 국가' (부르주아층의 원시 자본 축적을 가능케 하는 대외 팽창 지향적 중앙 집권적 관료 국가)와 본격적으로 다른 모형의 '근대'를 추구한 개혁론임을 명시해야 할 듯하다.

Buswell)을 비롯한 수많은 외국 연구자들이 주장하듯이, 근대 이전의 한반도 불교는 그 교리적인 내용이나 의례 등의 측면에서 '한국 불교'라고 범주화시킬 정도의 중국 불교와의 차별성을 전혀 보이지 않았다는 것이다. 그들에 의하면 1920년대 이후의 민족주의적 —國史觀에 의거한 '한국 불교사' 범주의 확립이 불교사에 대한 전통적인 지역적 이해와의 커다란 괴리를 초래했다는 것이다.[6]

　'민족사'라는 범위 설정은, '민족'과 '국가'의 국경이 갈수록 상대화돼 가고, 민족주의의 억압적인 측면에 대한 각성이 점차 보편화돼 가는 1990년대 이후의 시대에 잘 맞지 않은 면이 있는 듯하다. 그러나 '민족'이라는 근대적인 개념을 전근대사에 투영시키는 것은 기존의 역사 서술에 만연한 '내재된 정치, 이념성'의 유일한 사례는 결코 아닐 것이다. 보수적인 성향의 사학자들이 조선시대의 성리학이나 1920-30년대의 우파적인 민족주의를 지나치게 理想化시킴으로써 - 많은 여성들이나 진보적 성향의 남성들에게 거부감을 일으킬 정도로 - 가부장적 위계 서열과 권위주의적 계몽주의에 대한 긍정의 태도를 當然化, 보편화한다. 그런가 하면 식민지 시대의 좌파 운동 내의 학벌 구조나 파벌주의, 가부장적, 계몽주의적 의식 등의 한계점에 대한 지적을 회피하는 듯한 태도를 보이는 등 역시 과거의 특정 부분을 理想化시키는 서술 방식을 벗어나지 못하는 민중 사학도 사회 구조가 급격히 水平化돼가고 대중들의 자율적 비판 의식이 예리해져 가는 오늘날에는 마치 과거의 유물로만 보이기 쉽다. 한 마디로 때로는 암묵적이고 때로는 명시적인 기존 사학의 이념적, 정치적 목적 의식이 오늘날에 와서는 전문 사학과 대중 사이의 괴리를 넓히는 듯한 느낌이다. 그러나

---

6) Buswell, Robert E., Jr. "Imagining 'Korean Buddhism': The Invention of a National Religious Tradition." - Hyung Il Pai and Timothy R. Tangherlini, eds. Nationalism and the Construction of Korean Identity, Berkeley, Center for Korean Studies, Institute of East Studies, University of California, Berkeley, 1998 등 참조.

역사란 '지금, 여기'의 수요를 충족시켜야 할 과거의 기록인 이상, 정치 이념적 요소가 얼마든지 포함될 수 있는 '현재성'은 역사 서술에서 빠질 수 없는 부분일 것이다. '현재적'요구가 반영되는 역사 학자의 주견이 어차피 역사 연구의 내용에 영향을 끼칠 수밖에 없는 상황에서는, 대중들을 실망시키고 소외시킬 일방적인 편향을 극복하고, 가급적 많은 독자들에게 호소력을 지닐 역사 서술을 생산할 길이 무엇일까? 21세기 한국 역사의 방향 모색에 있어서는 매우 중요한 이 질문에 대해서는, 20세기 한국 사학사의 경험을 바탕으로 해서 나름대로의 해답을 찾아보도록 하겠다.

Ⅱ. 탈(脫)정치화, 탈(脫)이념화된 역사 서술의 가능성?

1. 전통 사학의 정치성, 이념성.

역사, 즉 한 사회의 집단 기억은, 한국 사회에서 오래 전부터 정치 권력, 국가의 대(對)사회적 지배와 불가분의 관계에 있는 것으로 인식돼 왔다. 이미 김부식(1075-1151)은 그 유명한 「晉三國史記表」에서 역사 서술에 대한 '임금들의 善惡, 臣子들의 忠邪, 나라의 安危, 백성의 治亂에 관한 것을 들어냄으로써 후세에 勸戒를 보이는 것'[7]이라는 정의를 내린 바 있다. 즉, 역사는 과거의 긍정적, 부정적 통치 경험을 후세의 통치자들에게 알림으로써 그 통치 행위를 보다 효율적이고 유교적 규범에 보다 적합한 것으로 만드는 '治世'의 하나의 도구로 인식됐다. 물론 역사 서술의 지나친 교훈주의나 선악 이분법적 태도에 대해서는 - 특히 사회가 변혁기에 접어든 18세기에 - 일각의 선구적 사상가의 비판도 없지 않았다. 예컨대, 이익 (1681-1763)은 '평상시 역사를 읽을 때 매번 의문나는 것은 착한 자가 지나치게 착하고 악한 것은 지나치게 악하다는 것이다. 당시에 있어서

---

7) 『東文選』 권44.

반드시 그렇지 않았을 것이다. 역사의 저작이 비록 권선징악의 좋은 뜻에 서이긴 하지만 (…) 기실은 착한 것 가운데에도 악이 있고, 악한 것 가운데에도 선이 있는 것이다. (…)'[8] 라고 하여 지나친 是非褒貶에 대한오늘날에 와서도 시의 적절하게 들릴 만한 엄중한 경고를 했다. 그러나 그렇다고 해서 도덕 정치 (moral politics)를 펴야 할 통치 집단의 권선징악적 참고서로서의 정치화, 이념화된 역사의 근본적 틀을, 이익 같은 비주류 사상가들도 완전히 부정하지 못하였다.

2. 근대 민족주의 사학의 정치성, 이념성.

역사가 정치에 도움을 주어야 한다는 역사 서술의 당위적 태도는 근대에 들어와서도 본격적으로 바뀌지 않았다. 다만 차이점은, 정치의 대중화와 정치 주체로서의 '국민'의 부상에 따라 역사는 통치 집단의 참고서에서 하나의 민족을 국가 의식으로 충만한 '국민'으로 만드는 '애국심의 교과서'로 그 위치를 바꿨다. 申采浩(1880-1936)의 말대로, '국민'으로 통합돼야 할 민족에게 '나라를 크기 일으키기 위해서 국사가 있어야' 됐고, 애국심을 불러일으키고 민족의 영웅들을 모범으로 제시하기 위해서 역사 교육이 이루어질 필요성이 있었다.[9] 유교적인 '선악' 관념이 근대 자본주의적인 '민족/국민 의식'으로 대체됐지만, 역사 서술을 정치 행위의 주체에게 특정 이념을 주입시키는 도구 - 즉, 정치적 사회화의 도구 -로 인식하는 것은 그대로이었다. 흥미로운 것은, '국가 권위의 강화'와 '국민 통합'을 목적으로 내세우고 강력한 영웅주의적 경향을 보였던 19세기 초반, 중반의 토마스 칼라일(Thomas Carlyle, 1795-1881) 류의 '문학적' 역사가, 거의 반세기 이후에 - 유럽과 미국이 벌써 직업적인 '과학적' 역사의 시기에

---

8) 『星湖僿說』, 經史門, 「古史善惡」
9) 「역사와 애국심의 관계」, 『대한협회보』 제3호, 1908년6월.

접어들었을 때 - 한국에 도입된 것이었다. 安廓(1886-1946), 文一平(1888-1939) 등의 '文士型 역사가'에 의해서 '국민의 혼'(volkgeist) 개념을 중심으로 한 이와 같은 헤르데르(Johann Gottfried von Herder, 1744-1803)식의 민족주의적 사학이 일제 시대에 접어들어서도 폭넓은 독자층을 유지해왔다. 식민지 시대에 일본의 관학자들이 조선을 오리엔탈리즘적 멸시와 비하의 대상물로 만든 관계로 '우리의 우월성에 대한 인식을 드높이는 조선인 만들기의 도구'로서의 역사 서술에 대한 인식은 민족주의적 인텔리겐차 사이에서 오히려 공고화됐다.

3. 실증사학10)의 정치성, 이념성.

그러나 역설적으로도 역사의 정치적, 이념적 효용에 대한 인식이 일제의 폭압에 의해서 오히려 가일층 강해진 그 시대에 역사의 탈(脫)정치화, 탈(脫)이념화를 주장하는 전문적 사학자의 한 그룹이 나타났다. 이것은

---

10) '실증 사학'이라는 용어는 본래 1930년대에 결집돼 1953년 이후에 남한의 사학에서 일종의 '헤게모니적' 위치를 점하게 된 문헌 고증 학자의 그룹 (이병도, 김상기, 신석호, 이홍직, 김재원, 이선근 등)을 가리킨다. 그들은, 일본 관학자들의 '정체성론', '타율성론' 류의 오리엔탈리즘적 한국사觀에 대한 뚜렷한 대안을 1960년대초까지 제시하지 못한 측면에서는 일본의 식민사학과의 결별을 분명히 한 1960년대의 중견 연구자 (이기백, 김용덕, 김원룡, 이광린, 천관우 등)나 1970년대의 중견 연구자 (신용하, 김정배, 박용운 등)와는 명확히 구분된다. 일본 관학의 구각이 그대로 남아 있는 채 몇 명 안되는 연구자들이 고대, 중세사의 사례 연구와 개설서 작업에 몰두했던 1950년대와, 민족사관의 성립과 내재적 발전, 실학의 근대 지향성이 화두가 되는 등 역사 이해에 있어서는 일제 시대의 잔재들이 어느 정도 청소됐던 1960-70년대의 분위기가 질적으로 다르다는 것은 두말할 것 없다. 그러나 필자는, 1960-70년대의 '주류' 사학자들의 대다수가 1930-50년대의 문헌 고증 학자와의 학연 등을 통해서 밀접한 연결을 가졌다는 점, 위로부터의 권위주의적 근대화를 역사 전개의 목적으로 설정하는 보수적인 역사 서술이 1960-70년대에도 그대로 '주류'를 이루었던 점, 제도사와 지배층의 정치사가 1960-70년대에도 역사 연구의 주안점으로 남아 있었던 점 등을 참작하여 1960-70년대의 '주류' 사학도 넓은 의미의 '실증 사학'의 범주에 포함시킨다. 이 경우에는 '실증 사학'이 '1930-50년대의 문헌 고증 사학의 연장선상에서 성립된 親지배층적 내셔날리즘 중심의 보수적 사학'을 의미한다.

바로 1934년부터 『震檀學報』의 발간에 착수한 李丙燾 (1896-1989)를 중심으로 한 실증학파이었는데, 바로 그 학파는 여러 가지 이유로 말미암아 1945년 이후의 남한의 사학계를 주도하게 됐다.

일본 대학에서 체계적인 사학적 훈련을 받으면서도 일본 관학자들의 오리엔탈리즘적 태도에 대한 저항 의식을 품은[11] 한국의 첫세대의 실증학자들은, 그 학문적 태도의 근본으로 일본의 강단 사학에서 추앙 받았던 독일의 랑케(Leopold von Ranke, 1795-1886)의 '역사적 사실들을 원래 있는 그대로 기술한다'는 명제를 삼았다. 즉, 기존의 민족주의적 성향의 문일평이나 鄭寅普(1893-?) 등의 통속성이나 과장된 추상적인 민족주의적 접근 등을 비판적으로 본[12] 실증사학자들은 그 대안으로 제도, 경제, 사상사에 대한 체계적이며 과학적인 고증, 그리고 그 고증을 바탕으로 삼는 귀납적인 전체적 역사 서술을 그 대안으로 제시했다. 역시 흥미로운 점은, 랑케 류의 사학이 한국에 처음으로 도입된 시점인 1920-1930년대에, 실증 사학의 본고장인 독일에서는 제1차 세계대전 때 수 백만 명을 도살했던 제국주의 국가에 순응적이었던 랑케 학파의 권위가 진보적 지식인 사회에서 이미 상실되고 말았던 것이다. 새롭게 각광을 받는 마르크스주의 쪽으로부터의 '객관주의를 假裝하는 지배 계급의 논리'로서의 실증 사학의 비판도 만만치 않았지만, 에른스트 트뢸취(Ernst Troeltsch, 1865-1923)와 같은 기독교 자유주의자들도 랑케의 '현재성 의식의 부족'을 문제로 삼는다.[13] 즉, 민족주의 사학 도입의 경우와 마찬가지로, 실증 사학의 뒤늦은 도입도 서구에서의 급진화 추세에 반응하려 하지 않았던 일본의 우파적 사학계의 경향에 의존하지 않을 수 없는 조선의 '주류' 학계의 사정을 보여주었다.

---

11) 「근대 한국 사학의 발전: 斗溪선생과 이기백 교수의 대담」, -『역사가의 유향』, 진단학회 편, 일조각, 1991, 229쪽.

12) 위의 책, 223-225쪽.

13) Georg G. Iggers, 'The Dissolution of German Historicism', - R.Herr, H.Parker (ed.), Ideas in History, Durham, N.C., 1965, p. 304.

'뒤늦은 도입'은, 실증 사학에 대한 비판론도 동시에 도입될 수 있다는 것을 의미하기도 했다. 유럽과 일본의 마르크스주의자들의 '부르주아 학술의 허위성'에 대한 비판에 힘입은 白南雲(1894-1979) 등의 유물론 사학자들이 1930년대 초반에 실증 학파의 '방법론적인 무능'에 대한 맹렬한 비판을 퍼붓는 등14) 식민지의 지식인 사회에서 실증 학파의 헤게모니 장악 능력에 한계가 많았다.

그러나, 한국전쟁 때 실증사학자들의 비판 대상이었던 기성 세대의 민족주의적 사학자의 상당수가 납북되고, 전문성이나 과학성의 측면에 있어서는 실증사학자들과 가히 자웅을 겨룰 수 있는 사회경제학파의 주역들이 주로 월북한15) 1950년대 이후의 상황에서는, 이 '이병도 학파'는 자연히 남한의 사학계를 지배하게 됐다. 어쩌면 한국 (남한) 사학의 역사에서 1950-70년대를 말 그대로 '실증사학과 그 학문적 계승자들의 시기'라고 불러도 과언이 아닐 것이다.

'원래 있는 그대로'를 추구한다는 것을 구호로 내세우는 이 학파는 과연 역사의 서술을 탈(脫)정치화, 탈(脫)이념화시켰는가? 사료 비판이나 체계화 등의 분야에서 서구와 일본의 사학적 기술이 도입돼 전문성은 근대 초기의 민족주의적 사학과 비교할 수 없을 정도로 강화됐지만, 이는 곧 서술의 탈(脫)정치화, 탈(脫)이념화를 의미하지는 않았다. 사실, 다음과 같은 실증 학파의 거두 이상백 의 주장에서 보이듯이 실증주의자들의 근본적인 접근법은 '국민/민족'과 같은 정치적인 이념을 포함하지 않을 수 없었다:

---

14) 방기중, 『한국 근현대 사상사 연구』, 역사비평사, 1992, 108-109쪽.
15) 월북을 한 역사 학자 중에서는, 경성제국대학을 졸업한 실증 학파 학풍의 김석형 (金錫亨, 1915-1996), 박시형 (朴時亨, 1910-2001) 등도 포함돼 있었는데, 북한에서의 그들의 서술 활동은 1950년대에는 소련 식의 마르크스레닌주의, 그리고 1960년대 그 뒤에는 주체 사상형 (型) 체제 옹호적인 민족주의의 강한 영향을 각각 받지 않을 수 없었다. 조동걸, 「21세기의 한국사학의 방향」, -『한국사론 30: 21세기의 한국 사학』, 국사편찬위원회 편, 2000, 15-17쪽.

'역사의 사실이란 것은 항상 인간성 전체에 관련하는 것이다 (…) 개체를 조금도 변개함이 없이 전체에 관련시킬 수 있다. 일개의 사건이 그 시간과 장소의 제약을 받으면서 넓게 그 시대 전체에 관련하고 또 국민, 민족의 전반에 관련한다 (…)'16)

즉, 개별적 사실 하나 하나에 대한 고증은 결국 '민족/국민의 역사 전반'의 복원으로 이어져야 한다는 주장이었다. 역사의 주역으로 '국민/민족'으로 등장시키고 역사를 '민족화' (nationalization)시키는 의미에서는, 실증학파의 접근법은 식민지 시기의 민족주의적 사학의 보다 전문적, 과학적 연장으로 보인다. 그러나 실증 사학의 정치성과 이념성은 단순히 민족주의적 '국민 만들기' (nation-making) 프로젝트와의 연결에 그치지 않았다. 같은 실증 학자 중에서도 학술성, 전문성이 가장 높은 것으로 평가되는 이병도의 시사적인 글을 읽어보면 그가 역사를 단지 '학술을 위한 학술'로 결코 생각하지 않았다는 것을 충분히 느낄 수 있다:

북괴들이 현재 평화공세에 나서고 있는 것은 허위적인 가면이며 남침을 위한 한 수단에 불과한 것이지만, 우리가 부르짖는 평화 통일 정책은 먼저 대화를 통해 단계적으로 통일을 꾀하고자 하는 것이다. (…) 그러나 저들은 그 기회를 이용해서 도리어 자기네 선전과장으로 만들려 하다가 그것이 뜻대로 안될 것 같으니까 그 대화까지도 이제는 잘 응하지 않고 거부하는 태도로 나왔는데, 저들이 듣건 안 듣건 간에 '이니셔티브'는 우리가 늘 견지해야 할 것이다. 또 우리가 조금이라도 저자세만 보이면 저들은 더욱 고개를 들것이고 우리가 우세할 때는 감히 대담한 행위로 나오지 못할 것이다. 그러므로 우리는 첫째 自富自强하여 정치, 국방, 경제, 문화 기타 모든 면에서 북한 공산주의자들을 능가할 정도의 우세한 영역에 도달해야

---

16) 이상백,『조선문화사연구논고』, 을유문화사, 1947, 9쪽. 여운형 (呂運亨, 1885~1947)을 중심으로 한 비밀 결사 조선건국동맹에 관여하고 사회민주주의자 여운형과의 매우 가까운 관계에 있었던 이상백 (1904-1966)의 경우에는, 실증사학자 그룹 중에서 비교적으로 진보적인 정치, 사회적 경향에 속했다. 이동화,「8,15를 전후한 여운형의 정치 활동」, -『해방 전후사의 인식』, 한길사, 1980, 335-336쪽.

할 것이다. (…)

 근래 저속한 외래 풍조가 물밀듯이 들어오는데 이것을 만일 무비판적으로 맹목적으로 받아들인다면 큰 문젯거리로서 우리 나라의 양풍미속의 전통을 해쳐서는 안될 것이다. 그래서 사회 생활에 어느 정도의 질서가 잡히고, 안정이 되어야만 또 하나의 새로운 전통이 생길 것이다. 외래문화와 우리 문화를 잘 절충, 조절해서 조화를 이루고 새로운 문화 창조와 새 전통 정립의 방향으로 나아가야 할 줄로 믿는다. (…) 자기적인 특색을 드러내는 창의성을 발휘해야 할 때이다'[17]

즉, 실증사학의 거두 이병도는, 역사 서술을 포함한 '전통 정립', '문화 창조'를 '북괴보다 우세한' '부강한 남한 만들기'의 '민족 중흥'의 프로젝트와 분명히 무관하게 생각하지 않았을 것이다. 사실 학술적으로 '두레'와 같은 전통적 공동체 연구에 공을 많이 들인 이병도는, '공동체 본위주의'와 '외래 제도인 민주주의의 한국화(化)'를 내세웠던 1960년대 군사 정권의 권위주의적 '위로부터의 근대화 프로젝트'를 이념적으로 뒷받침해줄 만한 대(對)사회적인 발언을 적지 않게 했다:

 우리는 '우리 民族獨自의 正氣'를 蘇生시키고 擴充시키지 않으면 안될 것이다. 그리하여 全國民이 一致團結하고 協同하여 祖國의 直面한 諸難關을 克服하여야 하겠는바, 그러자면 무엇보다도 간절히 要請되는 것은 우리 民族이 밟아 나아가야 할 指導理念이라고 하겠다……나는 年來 史學的 또는 社會學的 立場에서 이를 考察하여 본 結果, 다음과 같은 結論을 얻게 되었다. 즉 遠古以來 共同體的 生活을 通하여 나타난 協同精神과 妥協主義를 抽出할 수가 있었다. (…) 지금 우리의 現段階에 있어서의 緊急한 要請은 무엇보다도 우리의 傳統的인 指導理念인 이 協同妥協精神을 잘 把握하고 向上시키는 同時에 저 外來의 새로운 形式의 民主主義를 折衝 融合하여, 먼저 指導層을 構成하는 中心體의 大同團結을 굳게 하여 大衆을 正道로 引導하는데 있다고 생각된다 (…)[18]

---

17) 이병도, 「광복 30년의 감회」, - 『월간 중앙』, 1975년 8월. 『成己集』(정화출판문화사, 1983), 221-233쪽에서 재인용.

사회, 정치적 성향의 측면에서 권위주의적 역대 정권들의 '공동체', '협동타협', '대동단결' 등의 우파적인 조합주의적 (right-wing corporatism) 이데올로기에 기울였던 이병도는, 역사 서술에 있어서도 예컨대 고대 신라의 '상부상조의 협동적 정신과 화합 충성의 德, 희생 정신, 君長에 대한 崇敬의 念'[19] 등의 정치 이념을 유달리 강조했다. 물론 같은 「진단학회」의 또 한 명의 발기인이었던 李瑄根 (1905-1983)의 정치 일색의 '국방 사관'이나 '화랑도 연구'와 그래도 비교할 수 없는 차원이지만, 어쨌든 이병도도 과거에의 현재적 정치 이념의 투영을 피하지 못한 것은 사실인 듯하다. 외면적으로 탈(脫)정치화를 지향했던 실증 학파의 이와 같은 '숨겨진 정치적 의제'의 존재는, 기존의 정치화된 역사학 전통의 영향, 국가 이데올로기와 불가분의 관계에 있었던 일본의 강단 사학의 영향, 그리고 1950-70년대의 우파적인 권위주의적 동원 사회에서 역사학자가 처하였던 사회, 정치적 여러 조건 등으로 설명될 수 있을 것이다. 그러나 중요한 것은, '원래 있는 그대로'라는 원칙이 역사 서술의 주체인 역사가의 주관적인 서술 태도의 차원에서도, 그 서술의 객관적인 내용의 차원에서도 실제로 실천되지 않았다는 것이다.

4. 민중사학의 정치성, 이념성.

기존 강단 사학의 체제 순응적인 경향에 反旗를 든 것은, 1970년대의 강만길 등의 선구자들의 실증 사학의 비판의 전통을[20] 이어받아 서구나 미국의 수정주의 사학과 많은 면에서 상통했던 1980년대 이후의 '민중

---

18) 이병도, 「내가 본 어제와 오늘」, -『나와 나의 祖國』, 신광문화사, 1966, 200-201쪽.
19) 이병도, 김재원, 『한국사. 고대편』, 을유문화사, 1959, 598쪽.
20) 강만길, 「국사학의 현재성 부재 문제」, -『분단 시대의 역사 인식』, 창작과 비평사, 1979, 38-50쪽.

사학'이었다. 1945년 이후의 남한에 결정적인 영향을 미쳐온 미국에서는 소위 '신좌파'의 수정주의 사학이 이미 1960년대에 활발한 활동을 벌이고 있었지만[21] 정치적 상황 (즉, 박정희 정권의 '불온' 사상 탄압)과 학계 안에서의 실증주의의 헤게모니 등으로 인해서 한국에서의 민중 사학의 보편화가 늦어지게 됐다. 실증 학파의 우파적인 정치성, 이념성은 어디까지나 '객관성'의 구호 뒤에 숨겨져 있었던 암묵적이고 함축적인 요소이었음에 반하여, 실증 사학을 '안정 희구적 체제 합리화의 역사학'으로 규정한 민중 사학의 좌파 민족주의적 정치, 이념적 성향은 거의 신채호 류의 급진적 초기 민족주의자 만큼이나 명시적이며 노골적인 것이었다. '국사'를 '애국심 발양의 수단'으로 보는 관점을 출발점으로 삼았던 1900년대의 신채호처럼, 1980년대의 민중 사학자들은 역사 서술이 '사회 변혁 운동의 도구'임을 선언했다:

> 우리가 민중사학을 '시대적 과제를 해결하여 새로운 사회를 건설하려는 진보적인 전체 민중 운동에 역사연구자들 (아니 우리 모두가)이 역사연구와 역사 교육을 통하여 동참하고 봉사하는 사학'이라고 정의한다면 민중사학을 실천하는 것은 민중운동에 동참하는 것으로서 민중사학은 역사를 과학적 변혁운동이론에 입각하여 분석, 설명하는 사학이면서 동시에 인간과 역사와 사회를 적극적으로 변혁하는 사학이다[22]

신채호가 역사 학자나 역사 교육자를 '국민 만들기'의 주체로 설정한 것처럼 민중 사학자들은 자신들을 '변혁 운동의 주체'로 보고 민중의 반체제적 투쟁에 초점을 맞춘, 그리고 현재의 민중의 반체제적 의식을 철저화시킬 수 있는 '현재성이 있는 역사학'의 탐구에 열중했다. 그러나 방법론적으로 매우 나이브한 초기의 민족주의자와 달리 마르크스주의의 수업을

---

21) Theodore Roszak, ed., The Dissenting Academy, New York, 1968, p. 100-108.
22) 임영태, 「민중 사학의 전진을 위하여」, - 『한길』 제6호, 1987년, 13쪽.

이미 받은 민중사학자들은 '현재성'과 '당파성' 못지 않게 '과학성'과 '합법칙성'도 엄격하게 요구했다:

> 민중사학은 분명히 당파적인 사관에 입각해 있지만 민중들의 투쟁사만
> 을 일방적으로 강조, 미화하거나 어느 집단에 정통성을 부여하는 것이 아
> 니라 민중적인 역사관으로 객관적인 역사를 眺望하는 것이다.[23]

즉, 민중의 계급 사회 극복을 위한 투쟁이 어차피 역사의 실질적인 큰 흐름의 주된 내용인 만큼, 바로 그 투쟁에 초점을 맞추고 오늘날의 투쟁을 위한 이념적인 기반을 제공하는 사학이야말로 바로 객관적이며 과학적이라는 논리이었다.

서구와 미국의 수정주의 사학의 경우와 마찬가지로, 한국의 체제 도전적인 민중 사학도 기존의 실증 사학의 맹점을 정확하게 지적한 바 적지 않았다. 예컨대 50-70년대의 주류 사학자들이 독립협회 (1896-1898년간) 를 '민권 옹립 단체', '개혁적 애국 운동'으로 보는 데에 반하여, 독립협회의 기본 이념이 皇權강화이었음을 밝힌 강만길 등의 선구적인 작업에[24] 힘입은 일군의 민중적 성향의 소장파 연구자들이 지주, 관료 단체로서의 독립협회의 계급적 한계와 서구 지상주의적, 친미적 독립협회의 '개화 사상'의 이념적 한계 등을 적절히 지적했다.[25] 물론 그렇다고 해서 서구식의 교과서적인 의회 정치론이나 법치론 등을 한국의 식자층에 최초로 소개해준 독립협회의 정치 문화 발전에의 공로를 부정할 수 없겠지만, 제도권 사학이 독립협회의 '민주성'이나 '개혁성' 등을 여태까지 과대평가해왔다는 사실을 노출시킨 것은 분명히 민중 사학의 공헌이라 할 수

---

23) 같은 글, 14쪽.
24) 강만길, 「대한제국의 성격」, -『분단 시대의 역사 인식』, 창작과 비평사, 1979, 132-138쪽.
25) 대표적인 업적으로, 주진오. 「독립협회의 경제체제개혁 구상과 그 성격」, -『한국민족주의론 III』, 창작과 비평사, 1985; 주진오. 「독립협회의 대외의식의 구조와 전개」, -『학림』, 8, 연세대학교 사학연구회, 1987 등을 들 수 있다.

있을 것이다. 다른 사례를 들자면 실증 사학이 아예 '역사 연구'의 범위에서 제외시킨 1945년 이후의 역사에 대해서 비판적인 멘스를 최초로 댄 것은 다름이 아닌 민중사학이었다. 실증 학파의 사학자들이 사회 참여적인 글에서 1960-70년대의 권위주의적 '위로부터의 근대화'를 '국력 신장'이라고 체제 순응적 민족주의의 입장에서 찬양했지만, 민중사학자들은 세계체제론이라는 그 당시의 최신의 이론을 도입하여 1970년대의 중화학 공업화 정책과 선진 자본주의 국가의 공해부문 제3세계 이전 전략의 구조적인 관계를 밝혔다.[26] 즉, '제도권에 갇혀 있지 않은 비판적인 눈'이라는 이점을 살리는 민중사학자들이 친(親)체제 강단 사학의 모순 구조를 드러냈음은 분명히 사실이다. 그리고 사례 고증에 치중한 실증 학자들에 의해서 상당히 '탈(脫)이론화'된 역사의 서술에 사회 과학적인 요소들을 보다 폭넓게 도입한 것도 민중 사학의 커다란 기여로 생각해야 할 것이다.

그러나, 서구와 미국의 진보 학계의 비판 이론으로 무장됐다는 것은 민중 학파의 史論에 비판적인 예리함을 부어넣었지만, '과학성'과 '현재성'이라는 - 사실 얼마든지 상반될 수도 있는 - 요구를 동시 충족시키기란 좀처럼 쉽지 않았다. '현재'의 요구가 어디까지나 권위주의적 개발 국가의 엘리트와 맞서 싸우는 반(反)헤게모니적 민중 세력 투쟁의 역사적인 정당성의 증명과 그 '계보'의 만들기인 만큼 근대적인 '민중 투쟁'의 개념을 전근대적 역사에 투영시키는 것은 크나큰 유혹 중의 하나였다. 더군다나 한국의 민중 사학에 일종의 모델을 제시한 일본의 마르크스주의적 사학이 이미 18세기의 '하쿠쇼 잇키'(百姓一揆)를 '반(反)봉건 계급 투쟁'으로 개념화하는 등 전근대적 기층민들의 생활권 투쟁을 '반(反)체제 투쟁'으로 해석했기에[27] 한국에서의 전근대적 기층민 운동들의 재해석 작업도 당연

---

26) 한국역사연구회 지음, 『한국역사』, 역사비평사, 1992, 394쪽.
27) 「百姓一揆」(保坂智 著), - 朝尾直弘 編集, 『岩波講座日本通史』第13卷, 東京, 岩波書店, 1994.

하게 보이지 않을 수 없었다.

따라서 민중사학자들은 특히 18세기 일본의 '잇키'들과 맞물리는 19세기의 조선의 '민란' - 예컨대 홍경래의 난(1812)이나 1862년의 동시 다발적인 전국적 기층민 항쟁 -에 주목하여 주로 징세 부정이나 관료 탐학을 대상으로 했던 그 운동들의 '한계성'을 지적하면서도 '농민들이 반봉건 투쟁의 주체가 될 수 있는 가능성을 열어주었다'[28)는 것을 높이 평가했다. 그러나 탐관오리의 전횡으로 경제적인 피해를 보거나 향촌에서의 영향력과 권위를 잃을 위험에 처해진 이명윤(李命允, 1804-1863)이나 유계춘(柳繼春, ?-1862) 등의 양반 계통의 운동 지도자들도, 탐학으로 인한 경제적 파탄의 문제를 꾸준히 합법적으로 해결하려다가 끝내 좌절돼 향촌의 권위자인 양반의 지도하에서 결국 무기를 들게 된 기층민들도[29) 과연 조직이나 의식의 측면에서 기존의 항쟁과 본질적인 차별성을 보이는가에 대해서 의문이 들지 않을 수 없다. 사실 이와 같은 질문을, 주로 관료의 부정과 과중한 부세를 저항의 대상으로 삼았던 일본의 18세기의 '잇키'에 대해서도 얼마든지 던질 수 있을 것이다.[30) "반(反)자본주의적 투쟁이라

---

28) 같은 책, 182-183쪽.

29) 송찬섭. 「1862년 진주농민항쟁의 조직과 활동」, - 『한국사론』 21, 서울대학교 국사학과, 1989, 317-371쪽.

30) Patricia Sippel, 'Popular Protest in Early Modern Japan: the Bushu Outburst', - 「Harvard Journal of Asiatic Studies」, Volume 37, issue 2, 1977, pp. 273-322; Stephen Vlastos, 「Peasant Protests and Uprisings in Tokugawa Japan」, Berkeley, University of California Press, 1986; James W. White, 「Social Conflict and Political Protest in Early Modern Japan」, Ithaca, Cornell University Press, 1995. 블라스토스 교수의 상세한 사례 분석에 의하면, 17-18세기의 농민 '잇키'들이 대개 지배 계급의 과도한 수취나 흉년 때의 진휼책 미비 등으로 도산과 아사의 위험에 빠진 窮民들의 생활권 사수 운동의 모습을 띠곤 했다. 운동의 주체는 보통 마을 공동체이었으며, 운동의 방법은 상급 관청에의 等訴 ('越訴'), 시위를 통한 탐관오리 ('惡役')의 징벌과 폐단 시정의 요구, 무력 시위, 그리고 비교적으로 드문 경우에는 폭력이었다. 폭력 사용의 자제는, 무장된 지배층과 원칙상 무기를 가질 수 없었던 농민 사이의 힘 불균형이라는 현실적 상황뿐만 아니고 지배자의 '仁政'에 호소하곤 했던 농민의 이데올로기와도 관련이 있었다. 즉, 농민들이 체제 변혁이 아닌 현존 체제 범위 안에서의 고충 해결을 현실적으로 원했던

는 역사적인 과제”를 늘 의식하는 민중사학자들이 전근대적 鄕班과 기층 민들의 항쟁에 ‘반(反)봉건’의 딱지를 쉽게 붙이곤 했지만, 그들 항쟁을 촉발시킨 것은 ‘반(反)봉건 의식’이 아니고 오히려 유교적 중앙집권적 (‘봉건’)국가의 왕조말기적 위기가 아닌가 싶다. 그들 항쟁 주체들에게 유교적인 국가의 (‘봉건적’) 규범들이 否定의 대상이 아니고 탐관오리의 전횡으로부터 지켜야 했던 최고의 가치이었던 만큼 ‘반(反)부패 항쟁’이나 ‘반(反)과도 수취 항쟁’을 이야기할 수 있어도 ‘반(反)봉건’이라는 용어를 쓰기가 곤란하지 않나 싶다. 역사에서 ‘반체제 투쟁’을 찾아야 한다는 ‘현재적’ 요구는, 민중 사학자로 하여금 치자와 피치자의 기본적 유교적 이념의 共有나 유교적 지배층 하층(향반층과 잔반층)의 남부 지방의 기층 공동체에서의 주도적 역할 등의 전근대적 사회의 중요한 측면들을 어느 정도 간과하게 했다. ‘과학성’의 차원에서 민중 사학자들은 1862년의 민란들의 ‘한계’를 지적했지만, ‘현재성’의 차원에서 1894년의 동학운동 (‘농민 전쟁’)을 정점으로 하는 ‘농민들의 심화, 격화돼 가는 반(反)봉건운동’이라는 도식에 매달리지 않을 수 없었다.

‘반(反)봉건 투쟁’을 역사의 사실에서 연역적으로 도출하여 역사 서술의 중핵을 만드는 도식성의 가장 가시적인 사례는 1894년의 동학 농민 항쟁을 ‘농민 전쟁’ 내지 ‘동학 혁명’으로 ‘승격’/‘현대화’시킨 것이다. 민중 사학의 논지에 의하면, 동학 농민들이 비록 ‘봉건 체제 자체를 타도할

것이었다. 이와 같은 기존의 ‘체제 순응적 불만 표현’이 획기적으로 바뀌기 시작한 것은, 지배층 안에서의 동요가 심해지고 마을 공동체 안에서의 빈부 격차가 커진 19세기 중반의 幕末 시절이다. 마르크스주의에 가까운 블라스토스 교수 자신은, ‘잇키’를 계급 갈등의 所致로 보면서도 농민들이 전체의 계급 질서 아닌 그 질서의 ‘폐단’만을 투쟁의 대상으로 삼곤 했다고 못박는다. 幕末 시절의 ‘잇키’들이 권력에 대한 보다 도전적인 - 그리고 훨씬 더폭력적인 - 모습을 띠고 東學의 개벽 사상과 유사한 ‘요나오시’ (世直し: 세상을 살기좋게 바꾸는 것)의 이념을 내세우지만, 그 때도 야스마로 요시노 교수의 지적대로 농민 봉기의 이데올로기는 추상적인 ‘집단적 구제의 유토피즘’의 한계를 넘지 못했다 (安丸良夫, 『日本の近代化と民衆思想』, 東京: 靑木書店, 1974, 88쪽).

생각을 갖지 못하는 이념적 한계'를 노출했지만 '봉건 사회를 변혁하려는 반(反)봉건 투쟁'에 나선 것이었으며 '봉건적 지배 질서를 해체하고 평등 사회를 건설하려는 의지'를 갖고 있었던 것이었다.[31] 민중 사학의 한국사 전체 비전에서는, 제국주의적 외세와 국내의 소수 지배층을 위한 '위로부터'의 반(反)민중적인 억압적인 '근대화'와 대조를 이루는 것은 바로 동학 '혁명'과 같은 '아래로부터'의 '진정한 근대화의 요구'이었다.[32] 물론 갑신 정변의 주역 - 갑오년의 친일 내각 - 일제 시대의 체제 순응적인 우파적 '문화 민족주의' - 1945년 이후의 남한의 지배층 등의 계보로 면면히 이어 지는 '위로부터의 근대화'의 추진 세력들이 외세에 종속된 것도, 민중을 愚民視하고 단순히 '계몽의 대상물'로밖에 보지 않았다는 것도 명백히 사실이다. 그들의 서구 중심주의적, 반(反)민중적 '개화/계몽 프로젝트'에 대해서 거부감을 갖고 역사 속에서 이에 대한 代案 찾기에 나서는 것은 진보주의자로서 지극히 당연한 일일 것이다.

문제는, 과연 우리가 '진보적으로' 상상하고 싶은 '동학 혁명'이 아닌, 동시대의 1차 자료에 반영된 1894년의 동학 봉기가 정말로 '대안적인 민중 친화적 근대화'로 이어질 수 있는 '반(反)봉건 혁명'이었는가 라는 점이다. '민중 사학자'들이, 동학의 보수성을 늘 강조해왔던 서구와 미국 학계의 접근법에도 일정한 영향을 받아 동학 봉기의 유교 理想 지향적, 근왕적 측면을 가장 상세히 고증한 柳永益의 작업을 '보수적 史觀'이라고 폄하하고 참고하려 하지 않지만, '과학성'의 차원에서 유영익이 제시한 논거를 단순히 무시할 수 없는 것이다. 즉, 吳知泳(1868-1950)의 소설적 회고록 『東學史』(1938년 탈고)가 아닌 1890년대 그 당시의 국내외의 1차적 자료 (『大韓季年史』, 『續陰晴史』, 『東京朝日新聞』 등)를 참고한 1950-60년대 의 학자들도 '반(反)봉건'적이라 판단할 수 있는 '평등사회건설'이나 '신

---

31) 한국역사연구회 지음, 『한국역사』, 255쪽.
32) 이기동, 『전환기의 한국 사학』, 일조각, 1999, 98-115쪽.

분질서폐지'의 요구가 어디에서도 보이지 않는다는 것은 문헌 고증을 통해서 확인한 바 있다.[33] 이와 같은 기존의 연구에 힘입어 동시대의 자료를 총망라해 검토한 유영익의 총체적 결론은, 자료에서 나타나는 동학 봉기 지도부 - 특히 全琫準 -의 이념적인 모습이, 어디까지나 탐학을 일삼는 민씨족벌과 '倭人'들을 몰아내고 대원군을 다시 권좌에 앉히고 유교적인 질서를 복원하려는 유교적인 義擧의 지도자의 이미지일 뿐이지 현재의 우리가 통상 생각하는 '근대 개혁가'나 '혁명가'의 모습은 전혀 아니다.[34] 유영익과 이념적 지향이 비록 달라도, 일차 자료의 전체적 분석에 근거한 결론인 만큼 단순히 무시하고 참고하지 않는 것은 아무래도 '과학성'이 아닐 듯하다. 물론 봉기와 관련된 향촌 사회 내에서의 '下克上'현상이 일부 나타난 것도 사실이고, 소수의 봉기 지도자들이 왕조 교체까지 생각했던 것도 사실이지만, 전통 사회의 역사에서 얼마든지 찾아지는 이와 같은 현상들만 근거 삼아 '반(反)봉건' 운운하기가 힘들 것이다. 그 당시의 기층민들의 열망에 가장 符合되는 것은 바로 이와 같은 '보수적인 유교적 개혁'인 만큼 동학 봉기에 대해서 '민중적'이라고 할 수 있겠지만 이와 같은 열망이 - 우리가 통상 서구사를 준거틀로 삼아 생각하는 - '근대화'로 이어졌을 가능성이 별로 없었던 것도 사실인 듯하다. 동학의 지도층인 잔반(몰락양반)층에[35] 의해서 유교 등의 조선 사회의 기존의 이데올로기들을 '재료' 삼아 만들어진 동학 사상의 속에서 서구의 유토피적 사회주의와 일면 비교될 수 있는 비폭력적이며 조화로운 미래 사회에 대한 기층민들의 기대와 희망들이 담겨져 있었음에 틀림없다. 그 기대들로부터 오늘

---

33) 朴宗根, 「甲午農民戰爭 (東學亂) における'全州和約'と'弊政改革案'」, - 『歷史評論』, 140, 1962, 40-49쪽.
34) 유영익, 『동학농민봉기와 갑오경장』, 일조각, 1998, 1-29, 178-206쪽.
35) 한우근, 「동학의 리더쉽」, - 『백산학보』 제8호, 1970, 500-502쪽; 박찬승, 「1894년의 농민 봉기와 농민 지도부의 성격」, - 『동학농민혁명과 농민군지도부의 성격』, 동학농민혁명기념 사업회 편, 서경문화사, 1997년12월.

날의 진보 운동가들도 분명히 강한 靈感을 얻을 수 있을 것이다. 그러나 그 추상적인 기대와 희망들이 1894년의 봉기의 과정에서 정치적인 실천으로 옮겨지는 과정에서 '부정부패 없는 이상적인 왕조 사회'를 현실적인 최고의 理想으로 삼았던 동학 농민들과 그 지도부의 보수성도 노출된 것은 사실일 것이다.36) 현실에 대한 보수적인 기층민들의 불만을 '혁명 의식'으로 '승격'시킨 것은 민중 사학의 정치적 이념성, 그리고 그 이념성이 갖는 역사 해석의 한계가 가장 선명하게 드러나는 대목일 것이다.

5. 정치, 이념적 입장의 객관화?

위에서 본 것처럼, 명시적(전통사학, 민족주의사학, 민중사학)이거나 암묵적(실증학파)인 정치성 내지 이념성이란 중세부터 현재까지 한국에서의 역사 서술의 중요한 전제 조건 중의 하나였다. 과연 한국뿐만인가? 랑케 류의 '실증 사학'의 근저에 근대적 국민 국가에 대한 강력한 긍정과 현실적 권력 관계의 합리화 등이 깔려 있다는 것도37) 역사 서술이 그 이념적인 골격의 측면에서 서술 그 당시의 문화적 양식과 지배 담론(내지 反지배 담론)의 '역사화'에 불과하다는 사실도38) 이미 서구나 미국의 상당수 전문가들이 수긍하는 바가 됐다. '지금 여기'의 어느 한 특정 담론의 담지자로서의 역사 전문가에 의한 역사 서술이, '객관성'에의 본인의 열망과 무관하게 사실의 취사선택이나 용어 선택, 집중 조명의 초점 선택,

---

36) 최근에는 동학 농민 봉기의 지도자들의 지향을, 조선왕조의 정치적 틀 안에서의 보수적인 개혁 ('보국안민론') 지향의 전봉준 등의 경향과, 기본적인 유교적 틀을 벗어나지 못한 천명 (天命) 사상 위주의 역성 혁명 지향의 김개남의 경향으로 나누어서 분석하는 연구 (이희근, 「1894년 동학지도자들의 시국인식과 정국구상」, - 『한국근현대사연구』 제8호, 1998, 96-97 쪽) 등이 나오는 등 동학 농민 봉기의 보수적인 모습이 분명해지고 있다.

37) Peter Novick, 「That Noble Dream: The 'Objectivity' Question and the American Historical Profession」, New York, Cambridge University Press, 1988, pp.26-27.

38) Hayden White, Metahistory. The Historical Imagination in Nineteenth-Century Europe, Baltimore and London, Johns Hopkins University Press, 1973.

인과 관계에서의 要因에의 의미 부여의 위계 질서 등의 측면에서 어찌할 수 없이 그 전문가의 정치, 이념적 경향을 어느 정도 반영하지 않을 수 없을 것이다. '지금 여기'의 제반 상황에 의해서 만들어지는 史觀은, 사료와의 접근의 과정에서 다소 수정된다 해도 사료 해석, 서술 경향에의 결정적인 영향을 미치지 않을 수 없다. 오늘의 입장에서 신채호 류의 '애국심 발양 용 사학'이 한없이 나이브하고 '비과학적'인 것으로 보이지만 오늘의 대다수 사학자의 저술을 미래 독자의 입장에서 살펴본다면 같은 인상을 받지 않나 싶다.

각종의 지배 담론들(hegemonic discources)과 반(反)지배 담론들(counter-hegemonic discources)들이 예리하게 대립하고 길항 관계를 이루는, 극도로 이념화된 오늘의 지적인 시공간에서 역사 서술의 주체가 그 정치적 이념성의 문제를 어떻게 정리하는 것이 바람직할 것인가?

지난 세기의 경험에 비추어 볼 때 실증 학파 식의 '객관성' 외피의 뒤집어쓰기보다는 민중 사학의 솔직한 '현재성'(presentism)과 '당파성'의 인정은 훨씬 더 효과적인 듯하다. '현재성'이 어차피 불가피하게 개입되는 마당에 그 개입의 사실을 인정해야 '현재적' 고려에 의한 지나친 억측이나 사실에 대한 지나치게 '현대적인' 해석을 스스로 수정할 수 있기 때문이다. 즉, '객관성'에의 호소가 자신의 주관성의 합리화나 절대화를 의미하지만, '현재성'과 '당파성'의 솔직한 인정은 일단 반성과 자기 수정, 자기 발전의 여지를 보다 많이 남긴다. 한 마디로, 최소한의 학문성과 신빙성을 보장하기 위한 접근 객관화의 시초가 바로 자신의 주관성에 대한 성찰이 아닌가 싶은 것이다.

'주관'의 인정과 개별적인 연구의 전제로서의 본인 '주관'에 대한 성찰은, 역사 연구의 내재적 한계성의 인정을 의미하는 동시에 그 한계성의 나름대로의 극복에 일조하기도 한다. 왜냐하면 '이데올로기'의 사회학의 대가이었던 만하임(Mannheim, Karl, 1893-1947)의 말대로 일체의 인식론적 주체들이 서로의 인식틀들의 이데올로기적인 측면을 인정하고 서로의 관점들을 적극적으로 탐구하고 타자들의 관점 속에서 받아들일 만한 요소들을 모색해야 결국 '주관들의 역동적인 융합'을 통해서 '주관의 지양'에 근접할 수 있기 때문이다.39) 즉, '주관'의 인정은 이데올로기적 타자들과의 생산적인 대화로 이어지면 보다 다각적인 연구와 과거의 다면적인 본질에의 보다 가까운 접근이 가능하다는 논리다. 하워드 진의 30여년 전의 지적대로 진보 학자들이 보통 주목하는 흑인 노예의 입장과, 보수 학자들이 강조하는 백인 자유인의 입장이 다 같이 균형적으로 조명됨으로써 과거의 다면성, 복합성이 노출돼야 '객관에의 어느 정도의 접근'이 가능하다는 것이다.40)

다원주의적인 '타자 의견에의 긍정적 관심'이 가장 필요한 분야는, 이념적인 좌표가 다른 부문에 비해서 분명해지지 않을 수 없는 근현대사의 문제들이다. 예를 들어서 女性史와 국가 권력의 미시적 차원에 대한 관심이 최근에 고조되는 가운데 한국의 '정통' 사학계에서 구한말의 기생 단속과 公娼制 도입에 대한 몇 편의 상세한 연구 업적이 발표됐는데, 그 중에서 송연옥의 '대한 제국기의 '기생단속령', '창기 단속령' '41)이라는 제목 하의 장문의 논문이 특히 철저한 문헌 고증을 바탕으로 해서 쓰여진 것처럼 보여진다. 1900-1910년간의 공창제 도입, 밀매음 단속의 강화 등의 매음의 '근대화' 정책의 주요 요인의 문제에 있어서는, 저자는 한국 관료(특히 관립 의학교 교장 池錫永)의 性病 예방 전략의 중요성도 언급하지만 주로 메이지 일본의 전례, 조선내 일본인 거류지에서의 매음 제도화의

---

39) Charles Beard, The Nature of the Social Sciences in Relation to Objectives of Instruction, New York, Chicago, 1934, pp. 19-20.
40) Howard Zinn, The Politics of History, Boston, 1970, p. 41.
41) 서울대학교 국사학과 편, 『한국사론』 제40권, 215-275쪽.

사례, 그리고 통감부의 매음 규제 정책의 영향을 강조한다. 물론 조선에서의 전통적 기생 풍속의 파괴와 상업적인 매춘 제도의 출현에 있어서 일본의 영향이 결정적이었음을 부인할 수 없다. 그러나 고미숙 등의 '탈(脫)근대적' 경향의 연구자들이 자주 지적하는 1900년대의 조선의 '신지식인'과 '근대적 관료'들의 '청결'과 '위생 관리'를 강조하는 근대적 병리학적 사고가[42] 과연 警務使 申泰休의 1904년의 集娼 구역 설정에 큰 영향을 끼치지 않았는가에 대한 의구심을 끝내 떨쳐버리기가 힘든다. 즉, 만약 연구자가 탈근대적 연구파의 성과마저 참고했다면 조금 더 다각적인 접근법이 가능하지 않았나 싶다. 역사의 부정적인 측면을 대개 '日帝의 영향'으로 해석함으로써 간접적으로 근대적 억압 제도의 설정에 대한 한국의 근대주의자/민족주의자들의 책임의 문제를 회피하는 '정통' 사학과, 한국 민족주의의 억압적인 측면을 과감하게 폭로하는 '탈근대적' 연구자들 사이에 분명히 이념적이라 할 수 있는 괴리가 존재하지만, '타자'의 견해에 대한 서로의 배려와 존중이 시급히 필요한 것이 아닌가 싶다.

제도사가 아닌 思想史를 또 하나의 사례로 들자면, 최근에도 소위 '實學'으로 범주화되는 조선조 후기의 일군의 '비주류' 유학자들을 '근대 지향적인' 내지 '유교의 한계를 극복하려는' 사상가로 보려는 시도들이 끊이지 않고 있다. 金容燮 류의 '내재적 발전론'에 대한 비판적인 검토가 국내 학계 내에서도 이미 이루어지고 있음에도 불구하고[43] 현재에도 '실학자들의 脫유교적 성향'을 일방적으로 강조하는 논문들이 끊임없이 나온다. 예컨대, 최근의 金駿錫의 柳馨遠(1622-1673) 史觀 연구[44]에서 유형원의 公田制, 노비 신분의 세습 타파, 화폐 사용 확대 등의 理想들이 '진보적인

---

42) 고미숙, 『한국의 근대성, 그 기원을 찾아서 : 민족, 섹슈얼리티, 병리학』, 책세상, 2001.
43) 「조선 후기 사회 어떻게 볼 것인가: 소농 사회론 vs 내재적 발전론」, -『신동아』 2002년8월호.
44) 김준석, 「조선 후기 진보적 역사관의 성립 - 유형원의 변법사관」, -『국사관 논총』 제93집, 2000년, 239-263쪽.

개혁안'이라고 평가되고, 그의 사관이 '變法的이며 진보적'이었다고 논증됐다. 물론, 김준석의 주장대로 유형원의 일부 사상이 그 당시의 일반적 士論과 나름대로의 차별성을 보인 것도, 유형원의 영향을 받은 18세기의 실학자(이익, 박지원 등)들의 현실주의적 지향이 19세기말 - 20세기초의 東道西機論者들에게 기술적 근대화의 일종의 이론적 근거를 제공한 것도 충분히 논증될 수 있는 바일 듯하다. 그러나, 남북한의 민족주의적인 사학이 주장하는 것처럼 유형원의 '실학'이 과연 '내재적 근대화의 사상적 맹아'로 서술되는 것이 적합한 것인가? 유형원이나 그의 영향을 입은 후대의 사상가들이 주자학적인 교조주의를 어느 정도 극복한 것은 문헌을 통해서 명백히 보이지만, 제임스 팔레(James B. Palais)가 논박하는 것처럼 늘 '古制'와 '古法'의 복원을 주장하고 토지, 신분제 개혁을 公田制 등의 유교적 理想 실천의 방안으로 인식했던 그들이 넓은 의미의 유교적 사고 틀을 결코 벗어나지 않았던 것이었다.45) 그리고 유교가 조선왕조의 근본 이념이었던 이상 지배계층의 가장 급진적인 개혁가라 해도 원칙상 유교를 '벗어나는' 것이 가능했겠느냐 라는 질문을 던지지 않을 수 없다. '근대화'의 문제에 있어서는 어디까지나 서구 중심주의를 벗어나지 못하는 남북한의 민족주의 사학자들이 조선도 서구와 같은 사상적 근대화의 단계를 밟아야 됐을 것이라는 정치성이 짙은 목적 의식에서 출발해 실학 사상을 마치 18세기의 프랑스의 계몽주의적 無神論과 동질적인 것으로 서술하고자 하는 듯한데, 이 관념적인 모델에서 유학적 신념, 행동양식과 지배층으로서의 신분이 불가분의 관계에 있었던 조선 사회의 특징이 철저하게 무시된다. 그러나 가장 아쉬운 것은, 김준석의 논문에서 팔레의 글이 아예 언급되지 않는 등 이념적으로 '타자'의 異見에 대한 하등의 긍정적인 관심은 보이지 않는다. 사상적인 '타자'가 이처럼 무시된다면 민족주의적인

---

45) Jamas Palais, Confucian Statecraft and Korean Institutions: Yu Hyŏngwŏn and the Late Chosŏn Dynasty, University of Washington Press, 1996.

'내재 발전론' 이데올로기 자체의 석화가 불가피한 것처럼 생각된다.

一言而蔽之하자면 정치성으로 인한 지나친 억측과 해석상의 편파성의 극복으로의 길은 바로 연구자 각자의 정치, 이념적 성향에 대한 認定과 정치, 이념적 성향이 다른 연구자에 대한 포용적인 태도일 것이다. 이념, 정치적인 스펙트럼 (spectrum)의 여러 구성 요소 사이의 열려 있는 대화의 분위기가 무르익어야 '차이'는 '발전'의 밑거름이 될 것이다.

Ⅲ. 나아가며:

21세기에 역사가 어떻게 전개될는지를 구체적으로 예측하기 어려워도 한 가지의 예상을 자신 있게 할 수 있을 것이다. '애국'이나 '계급 투쟁'에 대한 계몽의 대상이 되는 대중의 시대는 이미 지났다. 교육 수준에 있어서는 전문 역사 학자와 별다른 차이를 보이지 않을 21세기 대중들에게는, '절대적 권위'를 지닌 특정 이념을 중심으로 한 천편일률적인 역사 서술을 더 이상 강요할 수 없을 것이다. 역사 서술은 이제 독자를 계몽시키는 것이 아니고, 독자와의 동등한 대화를 진행하는 방식으로 이루어져야 할 것이다. 동등한 대화의 전제 조건이 솔직함인 만큼 역사학자가 자신의 이념적인 입장을 분명히 밝히고 '객관적인 서술'의 神話를 더 이상 들먹이지 않는 것이 좋을 듯하다. 그러나 동등한 대화에 나서려면 이외의 또 한 가지 중요한 조건은 자신의 主見을 '객관적 사실'이나 '진리'로 착각하지 않는 겸허한 다원주의적인 태도다. 그러한 태도를 가진다는 것은, 이념적 성향이 다른 연구자들의 史觀들을 긍정적으로 검토하고 그들과의 열린 대화에 나선다는 것을 의미한다. 이와 같은 열린 대화의 전제 조건은, 그 동안 특정 사회, 정치적인 상황과 요구에 의해서 만들어진 경직된 도그마 ('통일신라 전제왕권설', '조선초기 신진 사대부', '근대 지향적인 실학', '반봉건적 농민 투쟁' 등)들에 대한 비판적인 접근 등의 기존의 역사 이해에 대한 "거리 두기'와 분석적인 이해일 것이다. 도그마들이 역사 서술을 지배하는 한 같은 도그마를 신봉하지 않는 타자들과의 열린 대화가 불가능하다는 것이다. 역사학계에서 차이의 인정과 생산적 대화의 민주적 분위기가 무르익어야 학계의 소식이 일반인들에게 관심사가 될 수 있을 것이다. 한 마디로 多元化와 동등한 대화야말로 사학계가 21세기에 들어서 살 길일 것이다.

• 투고일 : 2003년 10월 11일   • 심사완료일 : 2003년 11월 10일

• 주제어 : 객관주의, 현재성, 민중사학, 사회 참여적 사학, 다원주의, 상대주의

In Search of Direction for Korea′s 21st C. Historiography: Towards Pluralistic Historical Narrative

Park, No Ja

The paper's topic is the problem of 'objectivism' versus 'presentism' in South Korean historical writing. 'Objectivist' position used to be the credo of the so-called 'positivist' (silchŭng) school, which dates back to the 1930s, but became a virtually dominant group in South Korea's historiographic circles in the 1950s. At the same time, the younger 'progressive' (minjung) historians, who entered the academia in the 1980s, were more inclined to publicly asserting their political and ideological engagement and considering historical writing a 'tool' for consciousness-building in 'present' political and social struggles. The first point of the present paper is that, while the 'objectivist' and 'presentist' orientations might have looked contrastingly different on surface, the reality was that of purely ideological clash. While conservative 'objectivists' were implicitly legitimising the authoritarian 'modernization from above' by focusing positively on the state institutions and dominant ideologies of the past, anti-systemic 'presentists' were more explicit in trying hard to undermine the legitimacy of the pro-American authoritarian system by projecting into the past the notion of 'class/anti-foreign domination struggle'. While coming public with their ideological commitment and problemizing many parts of the dominant conservative narrative may be 'presentism''s contributions, it seemingly shares also the self-centered authoritarian way of history writing with its traditional predecessors: 'progressive' interpretation of the past is offered as the truth, to be simply learned and followed, not discussed. Besides this, historicizing the narrative of 'class/anti-foreign struggle' also could lead to certain disregard towards past's own realities and standards: Confucian ways of life and thinking normal for the 19th C. Korean peasants, for one example, don't necessarily 'measure up' to the present-day 'progressive' standards. As the authoritarian, unabashed idiosyncratic way of writing history seems to alienate today's wider educated public from the professional history writing, the second point of this paper is the suggestion that, to become popular and readable, history should offer more of productive interchange, dialogue and cross-fertilization than it offers now. While 'taking a stand' may be unavoidable in historical writing, the other points of view should be also mentioned and argued for and against, thus making history a dialogue and not an exercise in 'force-feeding" one's own views only. More pluralist history, simultaneously engaged and relativist, has better chances to withstand the difficult competition for the public attention in the 21th C.

Key words : objectivism, presentism, progressive historiography, activist history, pluralism, relativism

中國地域 韓國獨立運動史料 蒐集戰略

송권면[*]

목 차

머리말

Ⅰ. 中國地域에 韓國 獨立運動 史料 實態

 1. 中國의 檔案制度

 2. 主要 地域別 史料 保存 現況

 3. 그동안 蒐集 努力과 成果

Ⅱ. 中國地域 史料 蒐集에 따른 問題點

 1. 法的·制度的 側面

 2. 管理的 側面

 3. 蒐集 運營 側面

Ⅲ. 向後 史料 蒐集戰略

 1. 巨視的 蒐集戰略

 2. 微視的 蒐集戰略

맺음말

머리말

중국은 해외에서 전개되었던 우리의 독립운동 주무대로서 관련 사료가 가장 많이 소장된 나라이다. 국토가 인접되어 있는데다가 일제의 한국

---

* 국가보훈처 보훈심사위원회 행정실장, 서울시립대 행정학과 박사과정

강점을 전후하여 수많은 애국지사들이 망명하여 독립운동을 전개한 곳이기 때문이다. 더욱이 滿洲[1]지역은 독립운동기지 건설과 무장항일투쟁이 전개되었던 곳이고, 關內[2]지역은 대한민국임시정부가 27년간 활동하였으며, 한국광복군·조선의용대 등 이루 헤아릴 수 없이 많은 단체에서 독립운동을 전개하였던 곳이다.

그러나 지금까지 중국지역에서의 우리 독립운동사료에 대한 연구로는 한국국가기록연구원 이승휘 박사의 "중국당안제도와 당안관의 역사와 현황", 서울대학교 사범대학 김기석 교수의 "한국학의 세계화를 위한 해외소재 한국학관련 사료 수집 및 정보화 방안 연구", 중국 대련대학 유병호 교수의 "중국 당안관에 소장된 한민족 독립운동사 자료" 등 몇 편의 연구 논문이 있을 뿐이다. 또한 1949년 중국공산화로 반세기동안이나 국교가 단절되어 수집이 안되었다가 1992년 한중 국교 수립으로 기대를 모았던 중국지역 독립운동 사료수집도 중국정부의 철저한 통제와 산재된 독립운동 사료에 대한 정보부족 등으로 제대로 이루어지지 않고 있는 실정이다.

본 연구는 중국지역에 산재되어 있는 한국 독립운동사료의 실태와 현황을 조사하여 효율적이고 체계적인 수집방안을 모색하는데 연구 목적이 있다. 연구 방법으로는 필자가 국가보훈처 보훈선양국 공훈심사과에서 독립운동 사료수집 실무를 담당하면서 수집한 자료와 2000년도 및 2001년도 중국사료 조사단에 참가하였던 경험,[3] 기타 국내외에서 발간된 문헌과 논문, 인터넷 자료 등을 통하여 중국지역 독립운동 사료소장실태를

---

1) 중국인들은 과거 일본이 중국 침략을 위하여 滿洲國을 만든 것과 관련하여 滿洲라는 용어를 매우 싫어하고 東北3省(遼寧省, 吉林省, 黑龍江省)이라는 용어를 주로 사용함.
2) 중국의 山海關 이남을 關內地域이라고 부름.
3) 2000. 11. 30~12. 6 국가보훈처 직원 3명으로 구성된 조사단이 북경·하얼빈·심양·신빈지역을 당안관과 도서관등의 독립운동사료 실태를 조사였으며, 2001. 7. 1~ 7. 14 국가 보훈처 직원 2명, 국내외 대학교수 3명이 서안, 중경, 장사, 의춘, 계동지역 당안관과 도서관, 대학 등에 산재한 독립운동사료 소장실태조사와 수집을 하였음.

분석하고 수집상의 제반문제점을 살펴보고 이를 바탕으로 향후 수집전략
을 제시하고자 한다.

Ⅰ. 中國地域에 韓國 獨立運動 史料 實態

1. 中國의 檔案制度

중국에서는 국가와 사회에 보존할 가치가 있는 문자, 도표, 음성, 영상
등 여러 형식의 가치가 있는 역사적 기록물을 '檔案'이라고 부른다. 중국
공산당은 1938년 延安에서 중공중앙 비서처 재료과를 설치하고 국공내전
과 항일전쟁의 어려운 여건 속에서도 "檔案이 곧 生命이다"라는 구호를
내걸고 歷史檔案과 現行檔案[4]을 수집·보존하기 시작하였다. 1954년 11
월에는 國務院 직속으로 國家檔案局[5]을 신설하였으며 이후 省과 市·縣
인민정부에도 檔案局과 檔案館(당안을 직접 보존 관리하는 곳)을 설치하
여 체계적이고 종합적인 당안관리 체제를 구축하였다. 2003년 현재 중국
의 檔案館은 총3,816개소인데 그중 국가종합당안관[6]이 3,046개소이고 국
가전문당안관 225개소, 부문당안관 142개소, 기업당안관 304개소, 문화사
업단위당안관 40개소, 部業단위당안관 59개소이다. 또한 당안관리에 대
한 법적 근거를 마련하기 위하여 1987년에는 「中華人民共和國檔案法」[7]
(이하 "당안법"이라고 약칭)을 제정·공포하였다.

중국정부는 당안사업에 필요한 전문 인재를 양성하기 위하여 1952년 11
월 중국인민대학에 당안학과를 설립하였다가 1980년 당안학원으로 발전시

---

4) 주로 해방전쟁(1949년)이전 당안을 역사당안으로, 이후 당안을 현행 당안으로 분류함.
5) 기록물 관리에 대한 정책과 행정을 주관하는 기관으로 우리나라 행정자치부 정부기록보존소
　와 유사한 기능을 수행하는 있음.
6) 中央檔案館을 비롯하여 중앙 국가관리 21개소, 省級 148개소, 地(市)級 581개소, 縣級 2,547
　개소 등이다.
7) 1987년 9월 5일 전국인민대표대회상무위원회 제22차회의과 제정됨.

키고, 천진대학과 남경대학 등에 당안학과를 설치하였다. 당안관의 직원들은 근무경력·업적·학력과 경력·외국어 실력 등에 따라 硏究館員·副硏究館員·館員·助理館員[8]·管理員 등의 직급으로 구분되어 있다.

국가기관, 군대, 정당, 사회단체, 기업사업단위[9]와 공민 등 전국가적으로 당안의 보존의 의무를 지니고 있으며(당안법 제3조), 중앙정부의 통일적인 영도 아래 각급 인민정부 등에서 분권적으로 관리와 안전관리를 맡고 있다.(당안법 제5조) 특히 당안 중 비밀인 것과 비밀의 변경과 해제에 대하여는 국가의 관련 법률과 행정명령에 따라 엄격하게 관리할 것을 규정하고 있으며(당안법 제14조) 당안의 보존, 보관기한의 표준, 폐기 등에 대해서는 국가 당안관리부문에서 제정한 법령에 의하고 자의적인 폐기를 엄격히 금지시키고 있다.(당안법 제15조) 국가당안관에 보관중인 당안은 일반적으로 30년이 경과하여야 사회에 개방하는데 경제·과학·기술·문화 등의 당안은 30년 이전이라도 개방이 가능하며, 국가안전과 이익에 관련된 당안은 비공개 연한을 연장할 수 있도록 규정하고 있다.(당안법 제19조) 이러한 당안에 대한 이용은 중화인민공화국 공민과 조직으로 합법적인 증명이 있을 경우 공개된 당안자료를 이용할 수 있게 규정되어 있다.(당안법 제19조 하단)

中華人民共和國檔案法實施辦法 제23조에는 외국인 혹은 외국조직이 중국에서 이미 개방한 당안을 이용코자할 때는 중국의 유관기관을 경유하여 해당 당안을 보존하고 있는 당안관의 동의를 얻은 후에야 이용이 가능하도록 규정하고 있다. 당안법 제25조에는 "당안을 휴대 혹은 복제하여 出境(출국과 동의어)하는 자는 海關(우리나라 세관과 같은 기능을 하는 기관)에서 이를 몰수하고 벌금에 처하며 몰수한 당안 혹은 복제품은 당안행정관리부문에 넘겨 처리하고, 범죄가 구성되는 자는 형사책임을 추궁한

---

8) 대학의 교수·부교수·강사·조교에 해당됨.
9) 개별 기관이나 기업체 등 직장을 단위라고 부르고 있음.

다.”라고 규정하여 외국인이나 내국인이 당안을 임의로 국외에 반출하는 것을 엄격하게 통제하고 있다.

2. 主要 地域別 史料 保存 現況

중국에 산재되어있는 우리의 독립운동사료중 문헌과 신문·잡지류는 주로 각급 도서관에 보존되어 있고 문서·보고서·서신·이력서·사진 등의 기록물은 주로 각급 당안관에 보존되어 있다. 본 연구에서는 지면과 시간 관계상 도서관 소장 사료에 대하여는 다음기회로 미루고 당안관에 소장된 우리의 독립운동사료에 대하여 중점적으로 살펴보고자 한다. 조사 방법으로는 중국 국가당안국과 각급 당안관에서 발행한 책자와 인터넷 홈페이지 자료, 대련대학 유병호 교수·국가기록연구원 이승휘 교수·서울대 김기석 교수 등의 논문자료와 성균관대학교 동아시아학술원의 인터넷 홈페이지 프로젝트 자료실에 게재된 자료와 필자가 중국지역을 출장하여 수집한 자료 등을 바탕으로 우리의 독립운동사가 많이 소장되어 있을 것으로 예상되는 지역 당안관의 현황과 우리의 독립운동사료 보존실태를 정리해 보고자 한다.

(1) 北京地方

① 中央檔案館 : 中共中央과 國務院 直屬機構로서 1954년 11월에 설립된 중앙당안관 주비처가 1958년 국가당안국 당안주비처와 합병하여 1959년 10월 정식으로 중앙당안관을 건립하였다. “五四運動”[10] 이후 중국 전역에서 전개된 혁명역사당안과 1949년 이후 중국공산당 중앙, 사회단체, 중앙정부의 당안, 특히 모택동, 주은래, 등소평 등 주요지도자의 手稿, 서신, 일기, 녹음 등 80만여 건의 당안과 80만여 권의 자료를 소장하고

---

10) 1919년 5월 4일을 기하여 북경대학생을 중심으로 전개된 항일운동.

있다. 우리 독립운동 관련자료로는 공산주의 계열 한인 항일단체인 조선독립동맹과 조선의용군, 그리고 항일연군에 대한 자료를 소장하고 있으며 韓偉健[11]·金山[12]·武亭[13] 등 한인공산주의자의 개인 당안도 소장되어 있다고 한다. 외국인에게는 비공개가 원칙이고 열람할 경우에도 원본이 아닌 마이크로 필름이나 복사본만 이용이 가능하다고 한다.

② 第一歷史檔案館 : 자금성안 고궁박물원에 위치해 있으며, 구 故宮博物院檔案館의 후신으로 역대 왕조 특히 明·淸 시대의 중앙 당안을 포함하여 약 1,000여 만건(책)을 수장하고 있다. 그 내용은 정치, 경제, 군사, 문교, 혁명, 외교, 천문기상, 산천내하, 지진재황, 궁정생활, 황족사무 등 명·청시대와 근대사에 관한 기록물을 보존하고 있다. 이곳에 소장된 禮部당안, 理藩部당안, 外務部당안에는 청조의 국경 및 조차지 설정에 관한 사료가 포함되어 있어 韓末과 淸末 조선과 청국간 외교문서가 많이 소장되어 있을 것으로 생각된다.

③ 北京市檔案館 : 1958년에 설립되었다. 332種 130여만卷의 당안과 3만여冊의 자료를 소장하고 있으며 明淸당안은 2,118卷, 民國時期 당안은 80여만卷으로 1911년부터 1928년 북양정부시기의 市政公所와 京師警察廳의 당안과 1928년부터 1949년 시기의 國民黨北平市政府 당안 등이다. 혁명역사당안은 1919년부터 1949년시기 국내혁명전쟁, 항일전쟁, 해방전쟁중에 형성된 당안들이 소장되어 있다. 우리의 독립운동사료로는 일제 강점시기 북경특별시 公署·사회국·경찰국·지방법원·檢察處·地方維持會特種犯罪臨時處理審判法庭, 河北高等法院檢察處, 河北北平

---

11) 일제 강점기 사회주의 운동의 3대 정파(서울-상해파, 화요파, ML파)의 하나인 ML파(마르크스-레닌주의)의 이론적 지도자로 중국에서는 李鐵夫라는 이름으로 활동하였음
12) 본명이 장지락이고 님웨일즈의 소설 "아리랑"의 주인공임
13) 본명이 김무정으로 팔로군 작전과장, 포병연대장, 조선항일군정학교장, 조선의용군사령관을 역임하고 한국전쟁시 북한군 제2군단장, 수도방위사령관으로 활동하다 김일성에게 숙청되어 1951년 8월 9일 사망하였음

第二監獄 당안에 부분적으로 산재되어 있을 것으로 생각된다. 2000년 12월 1일 필자를 포함한 조사단이 北京市豊台區蒲黃楡路 42號에 소재한 북경시당안관을 방문하여 조선족 직원인 이화영씨의 안내로 관계직원을 면담하였는데, 당안 목록과 관련 자료의 열람을 요구하자 외국인은 사전 중앙당안국의 紹介信[14]을 가져와야 열람이 가능하다고 말하면서 열람을 우회적으로 거부하였다. 공개 가능한 안내책자라도 달라고 요구하자 북경시당안관 소개책자와 팜플렛, 북경당안사료 목록색인 5종, 당안관지남 1권 등을 160元에 판매하였다.

④ 中國人民解放軍檔案館 : 工農紅軍[15]의 長征관련 당안, 항일전쟁에 관련 당안, 이른바 '抗美援朝戰爭'이라고 불리우는 한국전쟁에 참가한 '中國人民解放軍'에 관한 당안이 보존되어 있어 나름대로 공산주의계열에서 독립운동을 전개한 한인들의 행적연구에 도움이 되는 당안이 다수 소장되어 있을 것으로 생각된다.

⑤ 中央軍事委員會檔案館 : 중국공산당 군사위원회의 당안관으로 중국인민해방군에 관련된 당안이 보존되어 있다. 팔로군·신사군과 관련된 조선의용군 자료와 해방전쟁시기 제4야전군(동북군)의 주력이었던 조선족부대에 관련된 사료가 소장되어 있다고 한다.

(2) 遼寧省地方

① 遼寧省檔案館 : 1937년 5월 僞滿洲國[16] 은 '각 관서 등에서 보존된 옛날 서류들의 수집·정에 관한' 훈령을 반포하여 동북지구 淸代 및 만주시기 縣級 이상 각 관서 당안을 집중수집하여 瀋陽에 있는 '國立奉天圖書

---

14) 중국에서 당안을 열람하려면 열람자의 단위(소속기관)에서 발행한 소개신을 요구함.
15) 中國人民解放軍으로 개칭하기 전의 중국공산당군의 명칭.
16) 중국에서 정부나 정권 등의 명칭앞에 僞자를 쓰면 정통성이 없는 괴뢰정부를 뜻함.
　　예) 僞滿洲國, 僞汪精衛政府 等.

館’에 보존시켰다. 이에 기초하여 1954년 8월 중공 동북국은 ‘東北區 臨時 檔案保管處’를 설립하였고 1960년 7월에는 東北檔案館으로 발전시켰다. 1969년 11월 동북당안관이 폐지되고 소장 당안의 절반 110萬卷(冊)을 吉林·黑龍江省 檔案館에 갈라주고 나머지 절반은 遼寧省檔案館에 남겨두었다. 요령성당안관은 1958년 10월에 정식으로 개관되었는데 沈陽市에 있는 遼寧省政府院內에 소재하고 있다. 현재 요령성당안관에 보존되어 있는 자료중에는 明·淸·民國(中華民國의 略稱)·日僞 역사 당안 등 142만권의 당안과 자료를 보존하고 있다. 이중에는 民國檔案 110種 90여만卷(冊)과 日僞檔案 및 국민당 당안 등 역사적 가치가 높은 당안이 많이 소장되어 있다. 우리의 독립운동 관련 자료로는 동북(만주)지역에서 활동한 한인 독립운동단체 및 독립운동가에 관련한 당안이 많이 소장되어 있다고 한다. 동북 각지 관헌들이 張作霖정부에 보고한 독립운동단체에 관한 정보와 平安北道 高等警察署가 동북정권에 통보한 독립운동 단체 활동 등에 관련한 정보(抄件)와 재만 한인의 토지·교육·종교·국적 등의 사료가 소장되어 있으며, 동북정권이 독립운동단체와 재만한인을 取締하기 위해 내린 각종 法令·辨法·訓令 등도 소장되어 있다고 한다. 2000년 12월 8일 필자를 비롯한 조사단이 요령성당안관을 방문하여 부관장 趙煥林과 면담하였는데, 그의 말에 의하면 일제는 패망 직후 만주사변 이후의 사료 대부분을 소각하여 현 소장 사료는 1931년 만주사변 이전 사료가 대부분이라고 한다. 소장사료를 적극적으로 공개하지 못하는 이유는 인력과 예산 등의 문제로 아직까지 상당수의 소장사료를 제대로 분류치 못하였기 때문이라고 한다. 공개된 당안도 외국정부에서 열람을 하려면 사전에 외교경로를 거쳐 열람자의 신분과 열람목적, 열람범위 등을 기록한 열람신청서를 제출받아 열람승인을 받은 후에야 열람이 가능하다고 한다. 외국정부에는 원칙적으로 열람만 허용하고 사료복사는 해주지

않는데 다만 협정을 맺고 댓가를 지불하면 영인본으로 제작하여 제공해
줄 수 있다고 답변하였다.

② 新賓滿族自治縣檔案館 : 심양에서 70여㎞ 떨어져 있는 무순시 신빈
만족자치현은 청태조 누루하치가 발흥한 곳으로 과거이름은 興京이다.
이곳 신빈과 인근 왕청, 통화, 유하현 일대에는 초기 독립운동기지 건설과
항일무장단체들이 활동하던 지역으로 신빈현당안관에는 한인 독립운동
기지 건설, 正義府·國民府·朝鮮革命軍 관련 무장항일투쟁단체 활동
당안들이 많이 소장되어 있다. 2000년 12월 필자를 비롯한 조사단이 심양
에서 승합차량을 임차하여 산골오지인 신빈현를 다녀오다가 빙판길 차량
전복 사고를 겪으면서 신빈현 당안관장 曹文奇 선생을 면담하였다. 그는
滿族출신인데 남만지역 한인항일투쟁 역사 전문가이다. 그의 말에 의하
면 중국정부는 이곳 신빈현당안관을 특화시키기 위하여 요령성당안관에
소장된 신빈지역의 항일투쟁관련 당안을 다시 신빈현당안관으로 이전할
계획이라고 하며 현재도 이곳 당안관에 한인들의 항일투쟁자료가 많이
보존되어 있다고 전해주었다.

(3) 吉林省 地方

① 吉林省檔案館 : 1959년 11월 설립되었으며 長春市 中共 吉林省委院
內에 소재하고 있다. 1998년말 현재 455種 67만여卷의 당안을 보존하고
있다. 특히 중국건국이전 구정권 당안은 295種 34만卷로서 淸代檔案, 民
國檔案, 僞滿檔案의 3종류이다. 淸代檔案 중 주요한 것은 吉林將軍衙門
及其所屬司·局, 吉林地方高等法院, 吉林高等警察學堂 등 기관의 자료
와 移民, 行政區劃, 러시아 침입 등과 관련된 당안이다. 民國檔案은 吉林
省公署及所屬各廳 등의 機關과 敎育, 9·18사변, 萬寶山사건, 中東路사
건 등 사료적 가치가 높은 당안이 많이 있다. 僞滿檔案은 1931년부터

1945년까지 만주국 각기관의 자료들과 일본관동군 헌병대, 吉林省公署 등 日帝가 중국 동북지방에서 행한 정치, 경제, 군사, 문화 등에 대한 당안이다. 또한 혁명역사당안은 30宗으로 1923년부터 1949년기간중 중국공산당 만주성위와 農會, 反帝大同盟, 東北人民革命軍, 東北抗日聯軍의 항일투쟁 기록이다. 이러한 당안 중 사료적 가치가 높은 자료에 대하여 1981년 이후『溥儀宮廷吉活動綠』,『吉林政書』,『九·一八事變』,『萬寶山事件』,『東北地區革命歷史文件涵集』,『中共吉林省委重要文件涵編』,『周保中抗日救國文集』등 115권의 자료집을 발간하였다. 또한 吉林省檔案館에는 한인들의 이민과 망명, 독립군 활동, 한인 빨찌산 활동 관련 자료들이 많이 소장되어 있다고 한다.

② 延邊朝鮮族自治州檔案館 : 1949년 이전의 연변 각지의 당안이 집중 소장되어 있는데 여기에는 간민회를 비롯하여 한인민족교육기관과 종교단체에 관련된 자료는 물론 북로군정서와 대한국민회의 다수의 자료들이 소장되어 있다. 특히 북간도지역 한인의 토지·국적 등에 대한 상세한 자료들이 많이 소장되어 있다고 한다.

③ 通化縣檔案館 : 이 지역이 1920·30년대에 통화에 일본영사관이 설치되어 있었고 남만주지역의 중심 도시였던 관계로 張作霖정부가 남긴 독립운동단체에 대한 일제측의 정보기록(抄件)이 많이 소장되어 있다고 한다.

④ 集安市檔案館 : 이 지역이 참의부의 주요한 활동지역인 동시에 남만주지역의 항일무장단체들이 국내 진격전을 진행한 전초기지였던 관계로 중국관헌들이 참의부·서로군정서 등 독립운동단체에서 몰수한 문서(편지 포함) 및 군자금징수영수증 등이 보관되어 있다. 이외에 압록강 대안의 일제 평안북도 고등경찰서에서 보내온 독립군정보(抄件), 독립운동단체의 유물 등이 많이 보존되어 있다고 한다.

⑤ 長白縣檔案館 : 현지에서 활동하였던 대한군비단 관련자료, 이 지역에서의 3·1운동 관련자료들이 다수 보존되어 있다고 한다.

(4) 黑龍江省 地方

① 黑龍江省檔案館 : 1964년에 설립되으며 375宗 336,616卷의 당안과 44,394冊의 자료를 소장하고 있다. 2000년 12월 4일 흑룡강성 당사연구소에서 정년퇴직한 元仁山 선생의 안내로 필자를 비롯한 조사단이 흑룡강성 당안관을 방문하여 자료 열람을 요청하였지만 사전 승인 절차를 취하지 않은 외국인의 열람은 불가능하다고 거절당한 후 같은 건물 내에 있는 당사연구소사무실에서 원인산 선생의 주선으로 당안관 접대담당 여직원과 열람담당 처장을 역임한 분을 면담하고 비공식적으로 흑룡강성당안관 소장자료 현황과 열람절차 등에 대한 상세한 안내를 받았다. 외국인의 당안 열람은 사전에 열람목적·열람범위·열람자 인적사항·열람결과 자료 활용계획 등을 명기한 열람신청 공문을 흑룡강성 외사판공실에 제출하여 비준문서가 당안관에 오면 가능하다고 한다. 흑룡강성당안관의 소장자료는 크게 1) 당내부 문서 2) 역사관련 사료로 구분하며, 역사관련 사료는 다시 淸代文書·民國時期文書·僞滿(滿洲國)時期文書 등으로 구분 소장되어 있다고 하는데 그중 '滿鐵' 관련자료가 비교적 잘 보존되어 있다고 한다. 유병호 교수의 자료에 의하면 북만지방에서 활동한 신민부를 비롯한 독립단체에 관련된 일부 자료와 동북항일연군 자료의 대부분을 소장하고 있으며 북만지방 한인의 토지·국적 등 관련 자료도 상당수 보존되어 있다고 한다.

② 穆陵縣檔案館·牧丹江市檔案館 : 북만지역의 독립운동단체 활동에 관련된 많은 자료가 소장되어 있는 것으로 알려져 있다.

(5) 上海地方

① 上海市檔案館 : 상해시당안관은 1959년 설립되었는데 1,458種 112만卷의 당안과 5,854種 100,546冊의 자료를 보존하고 있는 중국 최대 규모의 당안관 중 하나이다. 특히 100여 만권에 달하는 역사당안은 건국 이전에 상해에서 활동한 1,000여 개 기구의 당안자료로써 i) 1949년 이전 중공의 지하조직 및 그 활동에 관한 '혁명역사당안' ii) 1949년 이전 국민정부를 비롯한 舊政權시기의 기록물 iii) 열강의 지배기구인 상해 公共租界와 상해 프랑스조계의 기록물 등이다. 이곳 상해시당안관의 소장 역사당안 중 국민당 중앙정부차원의 당안은 중국정부의 방침에 따라 남경소재 제2역사당안관으로 이관하고 이곳에는 상해시지방정부 차원의 당안만 소장하고 있다보니 1919년부터 1931년까지의 상해임시정부 등 한인 독립운동 사료 중에서 중국 중앙정부와 관련된 사료는 제2역사당안관에 소장되어 있고 이곳에는 상해시지방정부와 관련된 사료만 보존되어 있다고 한다. 특히 이곳에는 상해에서 간행된 각종 간행물에 실린 독립운동단체의 활동에 관련 사료들이 보존있는 것으로 알려진다.

② 徐家匯區檔案館 등 : 상해시 各區당안관에도 우리의 독립운동자료들이 소장되어 있는데 특히 徐家匯區檔案館에 상당수의 독립운동 관련 사료가 보존되어 있는 것으로 확인되고 있다.

(6) 南京地方

① 第二歷史檔案館 : 제2역사당안관(남경역사당안관이라고도 함)은 1949년 4월에 남경을 점령한 중국공산당이 駐寧辦事處를 설립하여 남경·상해 등지의 국민당정부의 자료를 수집하는 한편 동시에 국민정부 國史館에 소장중인 당안사료 및 기타 재산을 접수하여 중국 과학원 역사연구소 제3소 남경사료정리처를 설립하고 각지에 산재되어 있던 국민당

정부 당안, 북양군벌과 汪精衛 괴뢰정부의 당안을 수집·보관하였다. 1964년 남경사료정리처는 국가당안국 직속 제2역사당안관으로 승격되었다. 제2역사당안관은 1911년 신해혁명 이후 민국시기 국민정부의 당안을 중심으로 897種 1,578,522卷의 당안과 96,925種 217,514冊의 자료를 ⅰ) 남방혁명정부 당안　ⅱ) 북양정부 당안　ⅲ) 국민당 및 기타 당파 당안 ⅳ) 국민대회 및 국민참정회 당안　ⅴ) 국민정부 및 그 직할기구 당안 ⅵ) 국사기구 당안　ⅶ) 입법·사법고시와 감찰기구 당안　ⅷ) 행정기구 당안　ⅸ) 왕정위 괴뢰정부 당안　ⅹ) 인물당안으로 분류 보존하고 있다. 제2역사당안관의 소장자료는『中華民國史檔案資料匯編』,『北洋時期的 兵變資料』,『直戰爭』,『5·4愛國運動檔案史料』,『中國無政府主義化中 國社會黨』등의 자료집으로 출판되었다.

우리의 독립운동 관련 자료로는 대한민국임시정부와 한국광복군 관련 당안, 그리고 조선혁명당·조선의용대에 관련 당안 등이 소장되어 있다. 이외에 만주지역 한인단체들에서 남경정부와 교섭한 토지·국적·종교 등에 관한 자료와 駐韓中華民國 대사관·영사관의 보고자료도 보관되어 있다. 남경대학 역사과 교수 胡成의 말에 의하면 제2역사당안관 내 한국 관련자료가 꽤 많으나 미공개 상태라고 한다[17]. 제2역사당안관 소장 한국 독립운동에 대한 자료집으로는 楊昭全(1987),「關內地區朝鮮人反日獨立 運動資料匯編(1919~1945」上·下, 石源華·李輔溫(1995),「中國南京國 民政府外交部公報(1928.5~1949.6) 拔萃 大韓民國關聯史料」上·下, 등 이 출판되었다.

남경대학 박사과정 윤은자의 발표자료[18]에 의하면 全宗 번호가 700으 로 시작하는 국민당 관계당안과 인물당안은 원칙적으로 열람이 불가하다

---

17) 성균관대학교 동아시아학술원 인터넷 홈페이지 프로젝트자료실 「제2장 중앙당안관 안내 I -中國」.
18) 윤은자.(2000),「南京지역 당안관, 도서관, 서점과 근현대사 연구자」, 인터넷 자료.

고 한다. 열람시간은 월요일부터 금요일까지 8:00~11:30, 14:00~16:30까지이고 수요일 오후는 폐관한다고 하며, 열람에 따른 비용은 등기 및 수속비 10元, 열람비 매권당 10元, 복사비는 A4용지는 2元, B4는 4元, 마이크로 필름자료는 2.4元이라고 한다. 필자가 윤은자 선생에게 제2역사당안관 사료수집을 의뢰하였더니 외국인이 당안을 열람·수집하는데는 많은 제약이 따르고 특히 개인이 열람신청을 할 경우 전공분야와 일치하지 않으면 목록 열람조차도 불가능하다는 것이다. 그러면서 국가보훈처에서 직접 제2역사당안관측(담당자 판공실 부주임 Li Yu Ming)과 교섭하여 수집하는 것이 방안이 좋을 것 같다는 의견을 제시하였다.

② 江蘇省檔案館 : 1958년에 설립된 강소성당안관의 소장당안은 ⅰ) 明淸時期 당안 ⅱ) 民國時期 당안 ⅲ) 革命歷史 당안 ⅳ) 건국후 당안으로 분류되어 있다. 민국시기 당안과 혁명역사 당안중 우리의 독립운동관련 사료가 다소 포함되어 있을 것으로 생각되는데 윤은자 선생의 발표자료에 의하면 혁명역사당안의 열람과 복사가 엄격하게 통제되고 있어 접근이 어렵다고 한다.

③ 南京市檔案館 : 434宗 58만여권의 당안을 보존하고 있으며 민국시기의 남경시 정부당안, 일본군의 南京大屠殺 사건, 남경지역의 공산당 지하운동 관련 당안이 다수 포함되어 있어 나름대로 우리의 독립운동 자료도 소장되어 있을 것으로 생각된다.

(7) 重慶地方

① 重慶市檔案館 : 중경은 대한민국임시정부가 1940년 9월부터 1945년 11월까지 소재하였던 지역이지만 임시정부 관련 사료는 대부분 국민정부 당안을 집중보존하는 남경에 소재한 제2역사당안관으로 이관하고 이곳 중경시당안관에는 중경시지방정부차원의 사료들이 소장되어있다. 2001

년 7월 11일에 필자를 비롯한 조사단은 중경임시정부청사구지진열관 賈慶海 관장과 李鮮子 부관장의 안내를 받아 중경시 당안관을 방문하여 당안관 부관장과 담당부처장 등과 함께 만찬을 하면서 방문 목적을 설명하고 협조를 부탁하자 매우 호의적으로 협조하여 주었다. 7월12일 일행이 아침 9시부터 저녁 6시까지 9시간을 꼬박 자료 조사를 하였다. 重慶市居留韓僑調査表(1943년경), 韓國光復軍總司令官兵消費合作社 관련문서(1942~1943년) 등 광복군과 중경시 거류 한교자료 등 32건의 472매의 사료를 수집하였고, 별도로 이선자 선생으로부터 자신이 이미 수집한 12건 152매의 사료를 기증 받았다. 참고로 2001년도 국가보훈처의 요청에 따라 주중대사관에서 중경시당안국과 협의한 결과 열람조건[19]을 보면 열람시간은 월요일부터 금요일까지 오전열람시간은 08:30~12:00, 오후 열람시간은 14:30~17:00이다. 또한 열람에 따른 관련비용으로는 안내비 1인당 매일 100元, 당안보호비로 열람 사료 매페이지당 3.75元, 복사비로 매 페이지당 2.5元씩을 제시하고 있다.

(8) 西安地方

① 陝西省檔案館 : 1958년도에 설립되었으며 서안에 소재한다. 서안은 광복군 제2지대가 소재하였던 지역으로 광복군 관련 자료가 섬서성당안관에 약간 소장되어 있었다. 필자를 비롯한 조사단이 2001년 7월 3일 섬서사범대학 拜根興 교수의 안내를 받아 섬서성당안관을 찾았는데 성급 도서관으로는 규모가 작은 편이었다. 이곳도 다른 대부분의 도서관이나 당안관들처럼 열람시간은 오전에는 9시부터 12시까지, 오후에는 3시부터 6시까지였다. 열람신청은 관련단위(직장)의 소개신이 있어야 하는데, 우리는 배근흥 교수의 섬서사범대학 소개신과 우리 조사단에서 미리 준비해

---

19) 외교통상부에서 국가보훈처에 보낸 공문서(2001. 8. 3)

가지고 간 한국독립운동사연구회 소개신을 제시하였다. 근 1시간이 지나서야 열람이 허용되어 서둘러서 색인 목록집에서 관련자료 20여 권을 대출 받았다. 이 가운데 관련사료 4건에 56매의 자료를 복사 신청하였더니, 다시 1시간여만에 복사 승인이 났다. 폐관시간인 6시가 다 되어서 열람료와 복사료로 1,560元을 지급하고 관련사료를 인수받았다. 이곳에서 발굴한 사료 중에는 1942년 4월 23일 中國國民黨政府陝西省會警察局에서 작성한 西安市居留韓僑調査表가 매우 중요한 것으로 생각된다. 여기에는 서안지역 광복군대원 119명(실제명단을 세어보니 118명임)의 성명·성별·연령·중국에 온 시기·현주소지 등이 기록된 자료인데, 아직까지 학계에 보고되지 않은 것이다. 앞으로 광복군연구에 큰 도움이 될 자료라고 생각된다.

(9) 長沙·桂東·宜春地方

2001년 7월 일본군을 탈출하여 중국군 9전구 사령부에 투항한 후 중국군과 함께 대일항전에 참가한 한인학병들의 기록물을 찾아서 필자를 비롯한 조사단이 장사·계동·의춘 지방을 방문하여 해당지역 당안관과 도서관 등에서 관련자료를 수집하였는데 장사지역에서는 『力報』·『中央日報』·『湖南日報』·『湘鄕民報』·『國民日報』·『中報』 등 7종의 신문에 보도된 일본군을 탈출하여 중국군에 投誠한 韓籍兵士에 관한 기사 등 78건과『獨立公論』·『震光』·『韓民』·『朝鮮亡國慘死』·『日本帝國主義鐵蹄下的朝鮮』 등 12권의 잡지를 복사 수집하였다.

계동지역당안관에서는 1944. 4. 11 韓籍兵士의 投誠事實 보고자료와 1945. 7. 4『桂東民報』에 보도된 大感戰爭失望 韓籍敵軍紛紛投誠 등 4건 12매의 사료를 수집하였다.

(10) 其他

이상에 열거한 당안관 이외에도 山西省과 河北省지역에 소재한 省·市·縣級 檔案館에는 조선독립동맹, 조선의용군 등의 한인공산주의 단체와 楊林[20]·武亭·金枓奉[21]·鄭律成[22] 등 한인공산주의자들의 항일투쟁을 활동 등이 소장되어 있는 것으로 알려져 있으며, 廣州市 당안관에는 광주봉기사건[23]에 참가한 한인 공산주의자 등의 활동기록이 다수 보존되어 있는 것으로 생각된다. 南昌市에 소재한 江西省檔案館에는 일본군을 탈출하여 중국 9전구 사령부에 투항한 한인학도병 출신들에 대한 사료가 소장되어 있을 것으로 판단된다. 이상에서 열거하지 않은 중국 각지 당안관에도 우리의 독립운동 사료들이 무수하게 소장되어 있을 것으로 생각된다. 당안관이외에도 우리나라 경찰서와 같은 기능을 수행하는 각지의 공안국 당안실에는 중국 건국 이후 '歷史反革命'이란 죄목으로 검거된 민족주의 계열의 독립운동가와 일제의 밀정 혹은 일제에 투항한 사람들에 대한 개인 이력서와 활동상황·조직체계에 대한 진술서 등이 보존되어 있는 것으로 알려져 있다.

또한 각종 문헌이나 신문·잡지 등을 보존하고 있는 각 지역도서관과 대학도서관 등에도 우리의 독립운동 관련사료가 무수하게 소장되어 있는 것을 필자가 직접 확인할 수 있었다.

3. 그동안 蒐集 努力과 成果

1992년 한중 국교수립 이후 국가보훈처, 행정자치부, 정부기록보존소,

---

20) 본명은 金勳으로 1937년 云南講武堂을 졸업하고 중국 국민당과 중국공산당에서 항일투쟁을 전개하다 1937년 전사순국 함.
21) 조선독립동맹 주석을 역임함.
22) 8로군에서 활동하면서 『延安頌』·『國際歌』·『義勇軍進行曲』 등을 작곡함.
23) 1925년 6월 23일 노동자와 학생들이 대규모 시위를 벌이다 많은 사상자를 냄.

국사편찬위원회, 독립기념관, 한국정신문화연구원, 국회도서관 등 여러 기관에서 기울인 중국지역 사료 수집 노력과 수집실적을 살펴보면 다음과 같다.

(1) 國家報勳處

1990년이래 중국지역에서의 한국독립운동사연구가(楊昭全, 石源華, 謝俊美, 金春善 교수 등)와 협조하여 한국 독립운동관련 사료 수집 협조체계를 구축하였으며 1996년 이후 중국을 비롯하여 미국, 러시아, 일본, 대만지역에 한국독립운동에 조회가 깊은 학자들을 해외 독립운동사료수집위원으로 위촉[24]하고 관련 사료를 수집토록 의뢰하였다.

이렇게 수집한 중국지역 독립운동사료 중 사료적 가치가 있는 자료를 발췌하여 해외 독립운동자사료집을 영인발간하여 국내외 독립운동사 수집기관과 연구기관, 연구자들에게 배포하였는데 그 내용을 보면 먼저 중국지역 신문과 잡지중 한국관련 자료를 발췌하여 1992년 사료집 5권과 6권을 편찬하였으며, 1993년도에는 독립운동단체 기관지를 엮어서 사료집 7권과 조선의용대 통신만을 모아서 8권을 편찬하였다. 1998년에는 독립군단명부을 엮어서 사료집 20권을 발간하였다. 비록 사료집으로는 발간하지 못한 사료중에서 주요자료를 묶어서 중국관련자료집 8권을 영인제본하였다.

또한 중국지역 사료조사·수집을 위하여 2000년에는 필자를 단장으로 국가보훈처 직원 3명으로 구성된 조사단을 북경, 하얼빈, 심양, 신빈지역에 파견하여 도서관과 당안관 등을 방문하고 북경당안관 안내책자 등 30종의 38권의 관련 책자를 수집을 하였다. 2001년에도 필자를 단장으로 보훈처직원 2명, 교수 3명으로 합동조사단을 구성하여 서안, 중경, 당사,

---

24) 사료수집위원에게는 연 240만원정도의 활동비와 사료수집 실비를 보상하고 있음

의춘, 계동지역의 독립운동 사료 현황을 조사하고 釣府交下 行政院五月四日第九三零九號密令附發韓僑登記暫行辦法及聲請書(중경시경찰국 → 중경시장, 1940. 7, 33매), 韓國光復軍總司令 官兵消費合作社(중경시사회부, 1942-43, 60매), 爲本部合作事業?登記分送印核請(1943. 3, 한국광복군총사령부 → 중경시사회국, 15매), 中韓文化協會 관련자료(1945. 5. 26, 2매) 등 166건 1,289매의 독립운동사료를 수집하는 성과를 거양하였다.

2001년도에는 국가보훈처 건의에 따라 국무총리 지시사항 제2001-14호를 발령하여『국가보훈처는 범정부차원의 사료수집·관리체계를 마련하고 관련부처에서는 소장사료 정리 및 제공에 적극 협조할 것 특히 외교통상부는 재외공관으로 하여금 주재국 보유 관련사료 조사수집에 최대한 협조토록 조치할 것』이라는 내용으로 전 행정기관과 해외공관에 시달하였다.

(2) 政府記錄保存所

1996년 9월 중국 국가당안국 대표단이 정부기록보존소을 방문하여 기록물수집·직원연수 등 양국간 협력방안 논의하였다. 1997년 6월 중국 북경에서 국가당안국과 「한·중기록물교환 프로그램」 체결하여 기록보존 관련자의 상호방문 및 중국소재 한국관련 기록물 수집을 위한 기반 마련하였다. 1997년 8월 중국 국가당안국 부국장 등 7명이 정부기록보존소 및 부산지소를 방문하였다. 1998년 10월 정부기록보존소 직원 6명이 중국 국가당안국과 상해시당안관 등을 방문하였다. 1999년 6월 중국 국가당안국 보관부 주임 등 6명이 정부기록보존소 및 부산지소 방문하였다. 2000년 12월 정부기록보존소 직원 2명이 중국 국가당안국을 방문하였다. 2001년 7월에는 한국대표단 6명이 중국을 방문하여 「한·중기록물교환프로그램」을 재체결하고 중앙당안관과 북경시당안관 등을 방문하였다. 2002년 8월 한국대표단 6명이 중국 중앙당안관과 북경시당안관 등을 방문하였으며 중국 중앙당안관 기술부 주임 등 6명이 정부기록보존소를 방문하여 기록물전산화를 연수하였다.

(3) 國史編纂委員會

1999년 상해시당안관과 사료교류협정을 체결한 후『중국지역한인단체관계사료집』을 발간하였으며, 2000년 국사편찬위원장 일행이 북경시당안관과 흑룡강성당안관, 요령성당안관을 방문하고 각 당안관들과 개별적인 사료교류 협정을 체결하였다.

(4) 獨立紀念館

1992년 이후 독립기념관 연구원을 중국 요령성당안관 등에 파견하고 중국 조선족 등을 통하여 중국내 한국 독립운동사료를 수집하였으나 정확한 목록과 그 내용은 알 수 없다.

Ⅱ. 中國地域 史料 蒐集에 따른 問題點

중국 각지에 산재되어 있는 한국 독립운동사료를 수집함에 있어 현실적으로 겪는 많은 문제가 예상되는데 필자의 경험과 각종 자료을 근거로 하여 법적·제도적 측면과 관리적 측면, 수집운영 측면으로 나누어 문제점을 정리해보면 다음과 같다.

1. 法的·制度的 側面

중국 당안관에 보존중인 우리의 독립운동 사료를 수집하는데 가장 걸림

돌이 되는 것은 역시 중국의 법적·제도적인 면에서 중국정부의 폐쇄적 당안관리 제도인 것 같다. 중국은 당안관련법령(中華人民共和國檔案法 등)과 당안에 대한 통일적인 관리에 대한 행정적 업무를 담당하기 위하여 국무원 직속의 국가당안국과 각급 성·시·현 인민정부에 당안국을, 실제 당안에 대한 관리 보존을 담당하기 위하여 3,816개소의 당안관에서 설치하여 다음과 같이 지나칠 정도로 엄격하게 당안을　관리통제하고 있다.

(1) 檔案에 대한 嚴格한 管理와 公開 制限

당안법 제3조에는 "국가기관, 군대, 정당, 사회단체, 기업사업단위와 공민 등 전국가적으로 당안의 보존의 의무를 지닌다"라고 규정하고 있어 범국가적 차원에서 보존의무와 엄격한 관리의무를 명시하고 있다. 이러한 당안관리 행정책임에 대하여는 동법 제5조에서는 "중앙정부의 통일적인 영도아래 각급 인민정부 등에서 분권적으로 관리와 안전관리를 맡고 있다"라고 규정하여 중앙정부의 통일적인 지침에 의거 각급 인민정부에 분권적으로 관리책임을 지우고 있다. 보존당안 중 비밀의 성격이 있는 당안에 대한 관리로는 동법 제14조에서 "당안 중 비밀인 것과 비밀의 변경과 해제에 대하여는 국가의 관련 법률과 행정명령에 따라 엄격하게 관리한다"라고 규정하고 있다. 비밀이 아닌 일반 당안이라도 임의 폐기를 엄격히 금지하는 의미에서 동법 제15조에서는 "당안의 보존, 보관기한의 표준, 폐기 등에 대해서는 국가 당안관리부문에서 제정한 법령에 의하고 자의적인 폐기를 엄격히 금지한다"라고 규정하고 있는 등 중국에서는 당안에 대한 범국가적으로 엄격한 관리를 규정하고 있다.

당안에 대한 공개 또한 동법 제19조에서 "당안은 일반적으로 30년이 경과하여야 사회에 개방하며, 경제·과학·기술·문화 등의 당안은 30년 이전이라도 개방이 가능하다. 다만 국가안전과 이익에 관련된 당안은 비공개 연한을 연장할 수 있다”라고 규정하고 있어 일반적인 역사당안은 30년이상 경과되어야 공개하며 이 또한 국가 안전과 이익에 관련된 당안이라고 판단시에는 임의로 공개기간을 연기할 수 있게 규정하고 있다.

(2) 檔案 利用對象의 制限

공개된 당안이라하여 아무에게나 공개하는 것이 아니고 당안법 19조 하단에 “중국 공민과 조직으로 합법적 증명이 있을 경우 공개된 당안자료를 이용할 수 있다”라고 규정하고 있어 이용대상을 엄격하게 제한하고 있다. 실제로 당안관에서는 이용자 신분, 이용목적, 이용기간, 이용대상, 추후 활용계획 등을 기재한 단위(소속기관)에서 발행한 소개신을 첨부하여 당안을 신청하면 그때 그때마다 이용 승인여부를 심사하고 있다.

(3) 外國人에 대한 檔案移用 統制

中華人民共和國檔案法實施辦法 제23조에는 “외국인 혹은 외국조직이 중국에서 이미 개방한 당안을 이용코자할 때는 중국의 유관기관을 경유하여 해당 당안을 보존하고 있는 당안관의 동의를 얻은 후에야 이용이 가능하다”라고 규정하고 있다. 대부분 당안관의 경우 외교경로를 통하여 사전에 국가당안국이나 외사판공처 등의 경유하여 당안이용신청서를 제출하면 가부를 승인해 준다고 답변하고 있다.

(4) 檔案의 海外 搬出 禁止

당안법 제25조에는 “당안을 휴대 혹은 복제하여 出境(출국과 동의어)하는 자는 海關(우리나라 세관과 같은 기능을 하는 기관)에서 이를 몰수하고 벌금에 처하며 몰수한 당안 혹은 복제품은 당안 행정관리부문에 넘겨 처리하고, 범죄가 구성되는 자는 형사책임을 추궁한다”라고 규정하여 외국인이나 내국인이 사전 관계당국의 승인을 얻지 않은 당안을 임의로 국외에 반출하는 것을 엄격하게 통제하고 있다.

2. 管理的 側面

(1) 檔案 機關別 相異한 管理

중국의 당안은 중화인민공화국당안법 등 관련법령과 정무원 중앙당안국에 의거 국가에서 체계적이고 통일적으로 당안을 관리하고 있다고 하지만 실제로 당안관에 가서 사료수집을 해보면 각 당안별로 엄청나게 상이하게 관리하고 있는데 예를 들어 외국인들에 대한 당안열람에 있어 북경시당안관에서는 국가당안관의 비준을, 요령성당안관에서는 정식 외교통로를 거쳐서 신청을, 흑룡강성당안관에서는 성정부 외사판공실의 비준을 받아야 한다고 답하였다. 그런가하면 서안이나 중경지역에서는 별도의 비준절차 없이 한국에서 작성해 간 紹介信만 가지고 당안을 열람시켜주고 사료까지 복사할 수 있게 해주었다. 또한 동북 3성지역의 당안관에서는 열람만 가능하고 사료복사는 불가하다고 답하였는데 중경, 상해지역 당안관에서는 사료 복사도 가능하다고 한다. 이와 같이 각 당안 기구별로 상이하고 예측을 불허하는 자의적인 관리로 우리의 독립운동사료 수집을 더욱 어렵게 만들고 있다.

(2) 所藏 資料에 대한 分類 未洽

당안법에는 당안관별로 소장 자료에 대한 목록을 작성 비치하도록 규정되어 있는데 우리와 같이 소장 자료의 데이터베이스화가 된 곳은 드물고 대부분의 당안관은 수기로 된 소장자료 목록대장이 있긴 하지만 체계적인 분류도 잘 안되었으며 200~300매 묶음철의 전체 제목만 기록되어 있고 세부목록이 없다보니 그 안에 구체적으로 어떤 자료들이 있는지 제대로 알 수 없는 실정이다.

또한 실제로 당안관에 가서 책임자와 면담을 해보면 그나마 목록이 작성된 것은 일부이고 아직 상당수의 자료들은 인력과 예산, 장비, 시설 등의 부족으로 제대로 분류조차 못한 채 마대에 담아 보관 중에 있다고 말하고 있다. 1950년대 초반 중국에서는 간체자를 사용하기 시작하였는 바, 현재의 중국인중에는 기존의 한자인 번자체를 해독 못하는 사람들이 많다. 더더군다나 과거 초서체 등에 의한 수기로 작성된 문서는 중국인조차도 잘 해독을 못하고 있어 보존 당안중에는 이러한 자료를 해독하여 분류할 전문인력이 부족으로 쉽게 분류를 못하고 있는 것 같다.

(3) 過渡한 代價 要求

동북 3성지역의 당안관에서 외국조직에 대하여 당안을 복사해주지 않는 대신에 협정을 체결하고 일정 댓가(대략 1,000매정도 1권에 미화 1만불 정도)을 지불하면 영인본을 발간하여 제공해주겠다고 한다. 또한 당안의 열람과 복사가 가능한 당안관도 각기 당안관별로 제시하는 비용이 틀리다. 어느 당안관에서는 복사비만 징수하는데 반하여 어느 당안관에서는 당안보호비와 안내비, 열람비까지 징수하는 곳도 있다. 참고로 중경시당안관에서 제시하는 비용은 안내비로 1인당 매일 100元, 당안보호비로 열람 사료 매 페이지당 3.75元, 복사비로 매 페이지당 2.5元씩이다.

3. 蒐集 運營 側面

(1) 오랜 時間 經過로 發掘에 많은 어려움 隨伴

해외독립운동의 주무대였던 중국은 1945년 일제 패망 이후 남북분단, 1949년 중국 공산화로 1992년 한·중간 국교가 수립될 때까지 50여 년간의 장기간 국교단절과 상호 내왕이 없었을 뿐 아니라 중공군의 한국전

참전으로 오랜기간을 한·중간에 적대관계로 지내오면서 우리의 독립운동관련 사료들이 무관심 속에서 대부분 소실되고 관련 당사자들도 거의 작고하였다. 또한 중국의 행정구역 변경, 기구 개편 등으로 남아있는 관련 자료의 소재 파악을 더욱 어렵게 하고 있다.

(2) 檔案史料에 대한 情報 不足

중국지역 각급 당안관(3,816개소)이나 각급 도서관에 산재되어 있는 우리의 독립운동 관련 자료에 대하여 체계적인 접근을 위한 자료목록이나 현황 등 관련 정보가 거의 없는데 그 동안 국내의 많은 기관과 연구소, 대학 등에서 나름대로 중국에 산재한 독립운동사료 수집을 위한 노력을 경주하였지만 체계적인 접근도 안 이루어지고 조사 결과 등에 대한 상호 정보교류도 없다 보니 중국 산재 독립운동에 대한 체계적인 정보가 축적되어 있지 않고 있다.

(3) 有關機關間 共助體制 未構築

정부기관 중 독립운동 관련사료를 수집하는 기관으로는 독립유공자 포상과 민족정기 선양사업 등의 업무를 담당하고 있는 국가보훈처, 정부의 기록물을 수집 관리하는 행정자치부 정부기록보존소, 우리나라 역사를 통사적으로 수집·정리하는 국사편찬위원회, 국군의 역사를 정리하는 국방부군사편찬소, 그리고 독립운동 도서 수집과 관련하여 국회도서관·국립중앙도서관 등과 정부출연기관으로는 독립기념관과 정신문화연구원 등에서도 국내외 독립운동사료를 수집하고 있다. 이러한 독립운동사료 수집 유관 기관간에 서로 정보를 교류치 않고 경쟁적으로 사료를 수집하다보니 이미 다른 기관에서 수집한 사료를 이중 삼중으로 수집하는 등 해외에서 독립운동사료수집에 공조체제를 갖추지 못하여 아까운 외화만

낭비하고 있는 실정이다.

(4) 史料發掘專門家 不足

중국내에 산재되어 있는 우리의 독립운동사를 수집하기 위하여는 한국과 중국의 근현대사에 대한 역사지식에 정통하여야 할 뿐만 아니라 중국어·일본어·영어 등의 외국어 실력과 간체자·번체자·초서를 해독할 수 있는 능력, 중국의 당안관리체제에 대한 이해, 중국인들과 원만 한 인과관계를 조성할 수 있는 전문가가 필요한데 현재로서는 이러한 복합적인 능력을 지닌 사료발굴 전문가가 매우 드문 형편이다. 특히 중국에서는 關係文化라고 해서 공식적으로는 잘 해결되지 않는 일도 담당자와의 꾸준한 인간관계를 조성하면 쉽게 해결되는 사례가 많은 바 사료발굴도 당안관 직원들과 비공식적 인과관계가 요구된다.

(5) 史料蒐集專門組織 不在와 豫算不足

중국내에 산재한 독립운동사료 수집은 종합적인 계획에 의거 장기간에 걸쳐 지속적으로 사료 수집이 이루어져야 하며 이러한 사명을 수행할 안정된 조직과 충분한 예산이 뒷받침 되어야만 효과를 기대할 수 있을 것인데, 현재 관련 기관별로 중국 사료수집을 위한 전문조직도 없을 뿐 아니라 사료수집 예산도 담당직원이 1년에 한 두 번 중국 출장여비와 사료수집 실비 보상 등 극히 제한된 예산만 책정되어 있다보니 체계적인 사료 수집이 이루어지지 않고 있다.

(6) 韓國에 대한 敵對 感情 未淸算

한·중 국교수립 11년이 지나고 중국의 시장경제체제가 생활화되면서 중국인들이 한국인을 대하는 태도가 많이 개선되었지만 초기에는 관용여

권으로 중국을 출장하면 중국공안기관에서 계속 쫓아다니면서 동태를 감
시하는 관계로 원활한 업무수행을 위하여 관용여권을 반납하고 일반여권
을 다시 발급받아 관광객처럼 행세하면서 직무를 수행하였었다. 중국인들
과 같이 술을 마시면서 이야기를 나누다보면 한국이 과거 중국에 조공을
바치던 속국이었으며 청일전쟁으로 한국에 대한 지배권을 일본에게 빼앗
겼다고 말하고 있다. 어떤 사람은 중화인민공화국이 건국한 지 1년만에
抗美援助戰爭에도 참전하여 많은 중공군이 희생을 입었으며 한국전 참전
으로 대만을 통일할 수 있는 절호의 기회를 잃었다고도 말한다. 이와같이
필자가 접한 중국인 중에는 아직도 한국을 얕보는 생각을 가진 사람들이
많았다. 심지어 공산주의 사상이 뿌리깊게 박혀있는 사람들은 북한과 중
국간은 唇齒關係인 혈맹국이고 한국은 미제의 앞잡이인 적성국이라는
사고를 가진 자들도 있었다. 특히 동북3성 지방에서는 한국이 중국 조선족
을 부추겨 민족분규를 야기시키는 것을 막기위하여 한국인이 각종 기념물
설치나 기념행사, 학교건립, 선교활동 등을 금지시키고 있다.

  중국 관리나 일반 중국인들 중에는 중국내 소수민족들인 티벳트나 위구
르족, 몽골족, 조선족들이 중국으로부터 독립하려는 것과 연계하여 '독립
운동'이라는 용어에 민감하게 반응하는 경우도 있었다. 따라서 우회적으
로 '항일투쟁', '반일·반제운동'관련 자료를 찾는다는 표현을 사용하기
도 하였다. 아무튼 중국정부나 중국관리들이 한국정부가 나서서 중국내의
독립운동관련 자료를 수집하는 것에 자체를 곱지않은 시각으로 보는 경우
가 많은 것을 피부로 느낄 수 있었다.

Ⅲ. 向後 史料 蒐集戰略

  중국에 산재되어 있는 독립운동사료를 효율적으로 수집하기 위해서는

범국가적인 차원에서 보다 종합적이고 체계적이며 다각화된 전략이 필요하다고 판단되는데 필자가 평소 느낀 몇 가지 수집전략을 거시적인 측면과 미시적 측면으로 나누어 다음과 같이 제안해보고자 한다.

1. 巨視的 蒐集戰略

(1) 政府次元에서 中國當局과 協助體系 構築

먼저 당사국인 중국정부와 중국인들에게 우리의 독립운동사료를 스스로 발굴하여 우리에게 이전시켜 주는 시스템을 구축하는 것이 필요하다고 생각된다. 이를 위하여 먼저 국가대 국가 차원에서 중국 정부에게 과거 일본이 중국과 한국에서 자행한 악랄한 범죄 행각의 발자취와 이에 대응하여 중국과 한국 국민들이 항일투쟁을 전개한 귀중한 역사자료를 찾아내는 것은 과거의 잘못을 깨닿지 못하고 지도층의 야스쿠니 신사 참배, 역사교과서 왜곡, 망언을 일삼는 일본 극우세력에 대항하고 일본의 신 군국주의 부활을 막는 길임을 일깨워 협조체제를 구축하여야 소기의 성과를 거양할 수 있을 것으로 판단된다.

외교통상부나 국가보훈처, 정부기록보존소, 국사편찬위원회 중 1개기관을 지정 창구를 일원화하여 중국당국과 협정을 체결하고 실질적이고 가시적인 사료수집 효과가 나타내도록 해야할 것이다.

(2) 中國地域 散在 獨立運動 史料目錄 作成

각 기관에서 여러 경로를 통하여 이미 수집한 중국지역 독립운동 사료목록과 중국 각급 당안기구에서 발간한 목록집이나 인터넷 홈페이지 자료, 국내외 기관이나 연구기관 연구자들에 의해 조사 작성된 실태보고 자료 등을 근거로 중국 내 각급 당안 기구별로 소장자료 목록을 데이터베이스로 작성하여 중국지역에 산재한 독립운동 사료 Map을 작성하여 종합

적이고 체계적인 사료수집의 기본 자료로 활용할 수 있는 체계를 구축하
여야 될 것이다.

(3) 中國 史料發掘 專門機構 設置

현재와 같이 각 기관이나 연구소별로 중국지역에서 산발적이고 무계획
적으로 사료를 수집함에 따른 인력과 아까운 외화 낭비를 방지하기 위하
여 정부기록보존소, 국사편찬위원회, 국가보훈처, 독립기념관, 국립중앙
도서관, 국회도서관, 정신문화연구원 등에서 수행하는 중국지역 사료발굴
업무를 전문적으로 수행할 전담기구[25]를 설립하여 장기적이고 종합적이
며, 체계적인 사료발굴을 기하도록 한다. 만약 이러한 전문기구 설립이
어렵다면 하다못해 각 기관 합동발굴단이라도 편성하여 종합적이고 일괄
적으로 사료를 발굴·수집하여 소요기관에 제공해야 될 것이다. 또한 주
중대사관과 영사관(북경, 상해, 심양, 청도, 광주, 홍콩)에 사료수집 담당
영사를 배치하여 중국 중앙정부 및 지방정부를 상대로 사료수집 협조체계
를 구축하는 것도 필요하다고 판단된다.

(4) 中國 散在 史料 蒐集 專門家 養成

중국지역에 산재한 우리의 독립운동사료을 포함하여 한국관련 사료를
지속적이고 체계적으로 수집하기 위하여는 앞으로 상당기간 소요될 것이
예상됨으로 이를 수행할 전문가를 양성하는 것이 시급하다. 체계적인 수
집을 위하여는 독립운동을 포함한 한국과 중국의 근현대사와 중국어, 한
자(번자체, 간체자, 초서 등을 해독), 일본어, 영어 등의 외국어와 중국의
당안제도와 도서관리제도에도 박학한 복합적인 지식을 가지는 전문가 양
성이 시급하다.

---

25) 정부출연연구소 형태로 별도의 법인을 만드는 것이 바람직하다고 판단됨.

(5) 中國 檔案 情報化 事業支援

현재 매우 낙후된 중국의 당안관리의 현대화를 위하여 정부기록보존소와 국사편찬위원회, 독립기념관 등에서 시행한 기록물 정보화사업 경험과 국가기록연구원, 한국기록물관리학회 등 국가기관이나 민간연구단체 등에서 그동안 축적된 기록관리 기술을 되살려 중국 당안기록물 정보화사업을 지원해주는데 광화일 입력 스캐너, 마이크로 필름촬영기, 컴퓨터, 복사기 등 하드웨어적인 지원과 기록물 분류 및 관리기법 등 소프트웨어적인 지원, 그리고 인력지원 등이 필요할 것으로 본다. 이러한 중국 당안의 정보화사업을 지원해주는 반대급부로서 우리가 필요한 부분의 자료를 Copy해오는 방안을 중국에 제의해 볼만하다고 생각된다.

2. 微視的 蒐集戰略

(1) 中國地域 史料發掘 네트워크 망 構成

중국지역의 독립운동 사료 수집의 활성화를 위하여 국가보훈처와 국사편찬위원회에서 시행하고 있는 해외 사료수집 위원제를 확대하여 중국 현지의 역사학자, 역사연구기관, 유학생, 교환교수, 독립유공자 후손, 지역교민 등으로 사료수집을 위한 민관합동 네트워크망을 구성하여 관련사료의 수집과 관련 정보를 교류토록 하는 방안을 추진할 수 있을 것이며, 특히 학술진흥재단 등에서 파견하는 교환교수나 국비유학생에서 사료수집의 과업을 부여하는 것도 하나의 방안이라고 생각할 수 있다. 또한 사비로 유학생에게는 관련기관에서 장학금을 지급하는 조건으로 사료수집 과업을 부여할 수 있을 것이다.

(2) 機關間 蒐集史料 共同活用 및 情報共有體制 構築

　정부기관, 연구소, 대학, 연구자 등에 의하여 이미 수집된 중국지역 사료를 체계적으로 분류하여 목록을 데이터베이스화하고 또한 주요 사료는 광화일로 입력하여 관련 기관이나 연구자가 공동으로 활용할 수 있는 정보공유체제를 확립해 나가야 할 것이다. 이런 정보공유 체제가 이루어지면 같은 자료를 2중 3중 수집하는 불필요한 인력과 시간 그리고 예산을 절약할 수 있을 것이다. 참고로 2001년 국가보훈처 주관으로 국사편찬위원회, 정부기록보존소, 독립기념관, 한국정신문화연구원, 국회도서관, 국립중앙도서관, 서울대규장각, 국방부군사편찬위원회 등의 기관들을 하나로 엮어서 회의를 소집한 "독립운동사료수집 관계기관 협의회"을 통하여 기관간 사료수집과 정보를 공유하는 시스템을 더욱 활성화해나가야 할 것이다.

(3) 大學 및 研究所 韓國學研究中心 등 活用

　이해 당사자인 우리가 당안관이나 도서관 등에 보존중인 독립운동사료를 직접 수집하는데는 위에서 살펴본 것과 같이 많은 애로와 장애가 있다. 이러한 문제점을 해결하는 방안의 하나로 북경대학교, 중앙민족대학교, 상해복단대학교, 요령대학교 등에 설치되어 있는 한국학연구중심[26] 이나 중앙정부나 각급 인민정부에서 설립한 사회과학원, 민족연구소 등과 협정을 체결하고 우리의 독립운동사료를 수집할 수 있을 것이다. 참고로 2000년도 필자가 북경대학교 한국학연구중심과 흑룡강성 민족연구소를 방문하여 타당성을 타진하자 경비만 지원된다면 얼마든지 가능하다고 적극적인 반응을 보인바 있다.

---

26) 중국에서는 센터(Center)라는 용어를 안쓰고 中心이라는 용어를 쓴다. 따라서 "한국학 연구 중심"은 한국에서는 "한국학연구센터"라고 표현할 수 있을 것임.

(4) 臺灣·美國·日本 등 第3國을 통한 間接的인 史料 蒐集

국민당정부가 대만으로 철수시 南京國史館에 소장되었던 상당량의 당안을 대만으로 반출하여 國史館 및 中央硏究院近代史硏究所檔案館, 中國國民黨黨史館 등에 분산 보존중에 있다. 따라서 대만에 소장된 중국지역 우리의 독립운동사료를 발굴하여야 될 것이다. 또한 중국 근현대사료 중 상당량이 미국과 일본의 연구소와 대학 등에 많이 유출되었다고 하는 바, 예를 들면 미국 하버드대학 엔칭 연구소에 소장된 중국 사료 중 한국 독립운동 관련 사료도 상당량 포함되어있다고 하는 바[27] 해외에 유출된 중국 사료 중 이러한 우리의 독립운동 관련 사료가 있는 지 보다 적극적으로 조사하여 이를 수집해야 할 것이다. 중국지역 독립운동사료를 수집할 때 이해 당사자인 우리가 직접 수집코자 할 때 많은 장애가 있고 당안관계자의 곱지 않은 시각으로 사료수집이 어려울 때는 미국, 일본 등 제3국의 연구기관에 의뢰하여 간접적으로 수집하는 것도 하나의 방법이라고 생각한다.

맺음말

중국의 당안기구나 도서관 등에는 특히 일제에게 국권을 침탈당한 후 국권회복을 위하여 국경을 넘어 중국으로 망명하여 풍찬노숙하면서 일제와 투쟁을 하였던 애국선열들의 발자취가 담긴 많은 사료들이 산재되어 있다. 이러한 애국선열들의 독립운동 발자취를 찾아내어 지금까지 우리에게 알려지지 않은 역사를 재조명하고 늦었지만 독립유공자로 발굴포상하여 애국선열의 숭고한 뜻을 계승하는 일은 국가의 어떤 일보다 시급하고 중요한 일이라고 생각된다. 중국내에 산재되어 있는 우리의 항일 독립운

---

27) 정신문화연구원 정용욱 박사 등에 의해 확인됨

동사료를 빠른 시일안에 체제적으로 수집하기 위하여는 중국의 당안이나 도서관리 시스템에 대한 연구와 당안관이나 도서관별로 소장된 우리의 독립운동 목록을 조사하여 D/B화 하며 이러한 사료를 종합적이고 계획적으로 수집하여야 할 것이다. 정부에서는 이러한 일을 수행하기 위한 인력, 예산, 조직관리에 과감한 투자를 해야 할 것이다. 또한 정부는 과거 일본 제국주의가 한국과 중국에서 자행한 과오와 한·중 양 국민이 공동의 적인 일제와 대항하여 전개한 자랑스러운 항일투쟁역사를 발굴하여 재조명하므로써 침략미화 망언과 지도층의 야스쿠니 신사참배, 역사교과서 왜곡 등을 일삼는 일본 극우세력에게 과거의 잘못을 일깨워 주는 것이 중국의 국익에도 큰 도움이 된다는 사실을 중국당국에 이해시켜서 중국정부가 적극 발벗고 나서서 우리의 독립운동사료를 찾아주는 협조체제를 구축해야만 소기의 성과를 거양할 수 있을 것으로 판단된다.

일제하 아나키즘운동의 전개

인쇄일 초판 1쇄 2003년 12월 20일
         2쇄 2015년 04월 20일
발행일 초판 1쇄 2003년 12월 30일
         2쇄 2015년 04월 23일

지은이 한국민족운동사학회
발행인 정 찬 용
발행처 국학자료원
등록일 1987.12.21, 제17-270호
서울시 강동구 성내동 447-11 현영빌딩 2층
Tel : 442-4623~4 Fax : 442-4625
www. kookhak.co.kr
E- mail : kookhak2001@hanmail.net

ISBN 978-89-541-0149-3 *03910
가 격 25,000원

*저자와의 협의 하에 인지는 생략합니다.
*잘못된 책은 구입하신 곳에서 교환하여 드립니다.